国家哲学社会科学基金重大项目"丝绸之路经济带框架下的中俄全面合作研究"最终结项成果(项目号16ZDA040)

京师史学文库

亚欧合作研究

实践与创新

李兴 著

中国社会科学出版社

图书在版编目（CIP）数据

亚欧合作研究：实践与创新／李兴著. -- 北京：中国社会科学出版社, 2024.9. --（京师史学文库）.
ISBN 978-7-5227-3802-4

Ⅰ. F114.46

中国国家版本馆 CIP 数据核字第 20245JS175 号

出 版 人	赵剑英
责任编辑	张　浩
责任校对	姜志菊
责任印制	李寡寡

出　　版	中国社会科学出版社
社　　址	北京鼓楼西大街甲 158 号
邮　　编	100720
网　　址	http://www.csspw.cn
发 行 部	010-84083685
门 市 部	010-84029450
经　　销	新华书店及其他书店

印　　刷	北京明恒达印务有限公司
装　　订	廊坊市广阳区广增装订厂
版　　次	2024 年 9 月第 1 版
印　　次	2024 年 9 月第 1 次印刷

开　　本	710×1000　1/16
印　　张	29.25
插　　页	2
字　　数	465 千字
定　　价	158.00 元

凡购买中国社会科学出版社图书，如有质量问题请与本社营销中心联系调换
电话：010-84083683
版权所有　侵权必究

北京师范大学历史学院"京师史学文库"
编委会

顾　问：刘家和　瞿林东　郑师渠　晁福林
主　任：张　皓　耿向东
副主任：刘林海
委　员：(按姓氏拼音排序)
　　　　安　然　董立河　杜水生　何立波
　　　　黄国辉　李　帆　李　兴　李　渊
　　　　罗新慧　毛瑞方　庞冠群　单月英
　　　　武家璧　吴　琼　叶锦花　湛晓白
　　　　张双智　张　升　赵云慧　赵　贞
　　　　郑　林　周文玖

总　　序

北京师范大学历史学科是北京师范大学最早形成的系科之一，由1902年创立的京师大学堂"第二类"分科演变而来。1912年称北京高师史地部；1928年单独设系；1952年院系调整，辅仁大学历史系并入；1980年成立史学研究所；2006年历史系与史学研究所合并，组建北京师范大学历史学院；2018年古籍与传统文化研究院等部分师资并入历史学院。

北京师范大学历史学院是国内历史学人才培养和科学研究的重镇，学科门类齐全，体系完备，积淀厚重，特色显著，名家辈出，师资雄厚。现有考古学、中国史和世界史三个一级学科，是国内同类学科中最早获得一级学科博士学位授予权及博士后流动站资格的单位之一。其中，中国史为"双一流"建设学科，在全国第四轮、第五轮学科评估中位居A$^+$学科前列；拥有中国古代史、史学理论与史学史两个国家重点学科，教育部人文社科重点研究基地"史学理论与史学史研究中心"、教育部与国家文物局"国家革命文物协同研究中心"、教育部等四部委"铸牢中华民族共同体意识研究培育基地"等研究平台；中国古代史、史学理论与史学史、中国近代文化史、中西历史及文明比较等研究享誉学界。

在北京师范大学百廿年的历程中，经过以陈垣、白寿彝和刘家和等为代表的多代学人辛勤耕耘，历史学科在学术研究方面取得了突出成就。《中国通史》《何兹全文集》《古代中国与世界》《南明史》《清代理学史》《1927—1950年中英两国关于西藏问题的较量与争论》等一大批优秀成果获得国家级或省部级等奖励，产生了极大的学术和社会反响。

为推动文化繁荣，推进文化自信自强，推动中华优秀传统文化创造性转化、创新性发展，繁荣历史学研究，提升学科建设和研究水平，历史学院特组织"京师史学文库"学术文丛，集中展示北京师范大学历史学科的最新学术研究成果，以飨学林。"京师史学文库"分为考古学、中国史和世界史三个子系列。

本文丛取名"京师史学文库"。按：《尔雅》中注："京：大也"；"师，众也"。在先秦典籍中，"京师"又用来指周天子居住的都城。《春秋·桓公九年》："纪季姜归于京师。"《春秋公羊传》的解释是："京师者何？天子之居也……天子之居，必以众大之辞言之。"北京师范大学源于京师大学堂，位于中华人民共和国的首都，肩负着国家教育事业和学术研究之重任。取名京师，既是简称，也希望学科同人齐心协力，弘学术之大道，惠社会之大众，成京师之大者。

北京师范大学历史学院"京师史学文库"编委会
2023 年 8 月 8 日

目 录

绪 言 …………………………………………………………………（1）

第一编 倡议与认知

第一章 "丝绸之路经济带":倡议提出与实施意义 …………………（27）
 第一节 倡议的提出:"丝绸之路经济带"与"中国梦" …………（27）
 第二节 实施意义:"丝绸之路经济带"是实现"中国梦"的
    战略支撑 ……………………………………………………（29）
 第三节 实施意义:"丝绸之路经济带"是实现"中国梦"的
    策略保障 ……………………………………………………（31）
 第四节 "丝绸之路经济带"与上海合作组织的关系 …………（33）
 第五节 分析与思考 ……………………………………………（34）

第二章 欧亚经济联盟的理论与实践 ………………………………（40）
 第一节 问题的提出 ……………………………………………（41）
 第二节 欧亚经济联盟顶层设计的理论思考 …………………（46）
 第三节 欧亚经济联盟运行的动力与阻力 ……………………（56）
 第四节 小结 ……………………………………………………（73）

第三章 俄罗斯学界"一带一盟"关系认知透析 ……………………（76）
 第一节 俄学界初期对"一带一盟"的不同认知 ………………（78）
 第二节 俄学界对"一带一盟"认知的新进展 …………………（85）

第三节　分析与思考 …………………………………………… (94)

第四章　中国学界对欧亚经济联盟的研究 ……………………… (99)
　　第一节　关于俄罗斯提出建立"欧亚联盟"构想的战略目标 …… (100)
　　第二节　关于俄罗斯推进新欧亚一体化进程、建立"欧亚联盟"的
　　　　　　动力与阻力 …………………………………………… (104)
　　第三节　关于欧亚联盟的发展前景及其对中俄关系、上海
　　　　　　合作组织的影响 ……………………………………… (108)
　　第四节　关于中国在欧亚联盟问题上的对策 ………………… (111)
　　第五节　小结 …………………………………………………… (119)

第五章　论俄罗斯在新时代中国外交中的地位 ………………… (121)
　　第一节　中俄关系的战略性 …………………………………… (122)
　　第二节　中俄关系的特殊性 …………………………………… (124)
　　第三节　俄可望成为我大国外交和"一带一路"建设的
　　　　　　重要伙伴 ……………………………………………… (128)
　　第四节　新时代发展中俄全面战略协作伙伴关系之原因 …… (132)
　　第五节　小结与思考 …………………………………………… (135)

第二编　实践与创新

第六章　"丝绸之路经济带"框架下中俄"五通"合作 ………… (141)
　　第一节　"五通"提出的背景 ………………………………… (141)
　　第二节　"五通"合作的成就 ………………………………… (143)
　　第三节　"五通"合作：原因、问题与前景 …………………… (161)

**第七章　亚欧中心跨区域合作体制机制比较分析："丝绸之路
　　　　经济带"、欧亚经济联盟和"新丝绸之路计划"** ……… (168)
　　第一节　"丝绸之路经济带"与欧亚经济联盟的比较 ………… (168)

第二节　"丝绸之路经济带"与"新丝绸之路计划"比较 …………（175）
　　第三节　小结与思考 ……………………………………………（181）

第八章　"丝绸之路经济带"框架下中俄经济合作的变化与发展 ……（186）
　　第一节　区域经济一体化理论框架的发展与实践 ……………（186）
　　第二节　2014年乌克兰危机后俄罗斯经济发展总体形势 ……（188）
　　第三节　现阶段中俄经济合作发展的新变化 …………………（190）
　　第四节　现阶段中俄经济合作呈现的新亮点 …………………（194）
　　第五节　中俄地区经济合作的新进展 …………………………（200）
　　第六节　小结 ……………………………………………………（206）

第九章　关于新时期中俄地方投资合作信任模式的初探 …………（208）
　　第一节　经济全球化与国家间的经济信任 ……………………（208）
　　第二节　中俄地方投资合作亟须建立信任模式 ………………（210）
　　第三节　信任信用化是信任模式的核心 ………………………（216）
　　第四节　信用衍生是信任模式的关键 …………………………（220）
　　第五节　对信任模式的保障机制 ………………………………（223）
　　第六节　小结 ……………………………………………………（224）

第十章　"丝绸之路经济带"框架下中俄边界地区合作：以黑龙江（龙江经济带）为例 ……………………………………（226）
　　第一节　问题的提出 ……………………………………………（226）
　　第二节　黑龙江：历史上曾经的争议之边 ……………………（231）
　　第三节　黑龙江：当今中俄的合作之界 ………………………（235）
　　第四节　中俄黑龙江合作：分析和展望 ………………………（244）

第十一章　中俄共建"冰上丝绸之路"的地缘政治经济分析 ………（256）
　　第一节　国际关系研究中的地缘政治经济学视角 ……………（256）

第二节 中俄共建"冰上丝绸之路"地缘政治经济优势 …………… (258)
第三节 中俄共建"冰上丝绸之路"的地缘政治经济障碍 ……… (266)
第四节 中俄共建"冰上丝绸之路"的对策思考 …………………… (271)
第五节 小结 ………………………………………………………… (275)

第十二章 "一带一盟"视角下中俄关系中的中亚因素分析 ……… (277)
第一节 中俄与共同的邻居——中亚 ……………………………… (277)
第二节 "一带一盟"对接与中亚因素 ……………………………… (280)
第三节 中—俄—中亚三方合作的对策思考 ……………………… (288)
第四节 小结 ………………………………………………………… (290)

第三编 问题与对策

第十三章 论"一带一路"主场外交视域下的中美俄三角关系 …… (295)
第一节 主场外交是中国特色大国外交的重要体现 ……………… (295)
第二节 中国的主场外交:中俄美三角关系的试金石 …………… (297)
第三节 "一带一路"主场外交:俄美态度的比较 ………………… (298)
第四节 结论与思考 ………………………………………………… (301)

第十四章 加强"丝绸之路经济带"框架下的中俄政党合作 …… (303)
第一节 "丝绸之路经济带"倡议下中俄政党合作的基础 ……… (303)
第二节 政党外交是推动"丝绸之路经济带"建设的重要力量 …… (308)
第三节 问题与相关对策建议 ……………………………………… (314)
第四节 小结 ………………………………………………………… (320)

第十五章 "丝绸之路经济带"框架下中俄能源合作:成就、问题与对策 …………………………………………………… (321)
第一节 关于中俄能源合作研究的简要综述 ……………………… (321)
第二节 近年来中俄能源合作的成就 ……………………………… (323)

第三节	中俄能源合作中存在的问题	(331)
第四节	关于中俄能源合作问题的对策建议	(335)

第十六章 "丝绸之路经济带"框架下的中俄人文合作机制：特点、问题与对策 (340)

第一节	国际关系中的人文因素	(340)
第二节	"一带一路"倡议下中俄人文合作机制特点	(342)
第三节	中俄人文合作机制存在的问题	(348)
第四节	思考与对策	(351)

第十七章 "丝绸之路经济带"框架下中俄教育合作：特点、问题与对策 (356)

第一节	中俄教育交流合作的特点	(357)
第二节	中俄教育交流合作的不足	(361)
第三节	对策建议	(365)
第四节	小结	(367)

第十八章 "丝绸之路经济带"框架下中俄媒体合作的问题与对策 (369)

第一节	"丝绸之路经济带"框架下中俄媒体合作的新发展	(369)
第二节	"丝绸之路经济带"框架下中俄媒体合作面临的挑战	(372)
第三节	"丝绸之路经济带"框架下中俄媒体合作的思考与对策	(376)

第十九章 "丝绸之路经济带"框架下中俄旅游合作：影响因素与改进建议 (381)

第一节	旅游合作是人文交流的重要内容	(381)
第二节	"丝绸之路经济带"框架下中俄旅游合作的成就	(383)

第三节　"丝绸之路经济带"框架下中俄旅游合作的
　　　　影响因素 ……………………………………………… (389)
第四节　促进中俄旅游合作的对策建议 …………………………… (398)
第五节　小结 ………………………………………………………… (401)

第二十章　进一步探讨、拓展和提升中俄关系研究的思考 ………… (403)
第一节　关于几个学理问题的思考 ………………………………… (404)
第二节　比较分析中俄关系与中美关系的特点 …………………… (407)
第三节　关于中俄关系中的经济因素 ……………………………… (408)
第四节　关于中俄关系中的历史因素 ……………………………… (410)
第五节　关于中俄关系中的元首外交因素 ………………………… (412)
第六节　关于上海合作组织在中俄关系中的作用 ………………… (413)
第七节　关于发挥"二轨渠道"作用的问题 ……………………… (415)
第八节　小结与思考 ………………………………………………… (416)

结　语 ………………………………………………………………… (419)

参考文献 ……………………………………………………………… (429)

后　记 ………………………………………………………………… (457)

绪　言

1991年12月苏联解体以来,中俄关系备受人们关注。出乎国内外很多人的意料,中国与新独立的俄罗斯联邦的关系取代中国与苏联的关系,很顺利地完成了过渡,并且取得了长足的发展,双方关系稳步提升。1992年12月,俄罗斯总统叶利钦访华,双方确认发展在和平共处五项基本原则基础上的"睦邻友好、互利合作"关系。1994年9月,中国国家主席江泽民首次访问俄罗斯。两国元首签署《中俄联合声明》,将中俄关系确定为"新型的建设性伙伴关系"。1994年9月,两国元首在莫斯科签署联合声明,宣布两国建立"睦邻友好、互利合作的建设性伙伴关系"。1996年4月,两国元首在北京签署联合声明,确定两国建立"平等信任、面向二十一世纪的战略协作伙伴关系"。2001年7月,两国元首签署《中俄睦邻友好合作条约》,将两国"世代友好,永不为敌"为好邻居、好伙伴和好朋友关系以法律的形式确定下来。2008年7月,中俄两国外长共同签署两国政府关于中俄国界线东段的补充协议及其附图,标志着中俄边界问题得到彻底解决。2012年6月,中国国家主席胡锦涛和俄罗斯总统普京共同签署《中华人民共和国和俄罗斯联邦关于进一步深化平等信任的中俄全面战略协作伙伴关系的联合声明》。2012年11月中共十八大召开以后,习近平同志高度重视中俄关系,中俄关系的发展进入了一个新时代。2014年5月,两国发表《中俄关于全面战略协作伙伴关系新阶段的联合声明》。2019年6月,两国元首习近平和普京共同签署《中华人民共和国和俄罗斯联邦关于发展新时代全面战略协作伙伴关系的联合声明》,并见证了多项双边合作文件的签署。2020年,两国元首签署了《中华人民共和国和俄罗斯联邦关于加强当代全球战略稳定的联合声明》。2022年2月，普京总统来京出席冬奥会开幕式，两国领导人进行了会晤。双方发表《中华人民共和国和俄罗斯联邦关于新时代国际关系和全球可持续发展的联合声明》，集中阐述中俄在民主观、发展观、安全观、秩序观方面的共同立场。但长期以来，质疑中俄关系，唱衰俄罗斯，唱衰中俄关系，甚至反对发展中俄关系的声音不绝于耳①。中俄关系中也确实存在"政热经冷媒体凉""上热下冷中不为""中央热，地方、企业冷""官方热，民间冷"等现象。

2013年9月，中国国家主席习近平在哈萨克斯坦发表演讲，正式、系统地提出了建设"丝绸之路经济带"的倡议。2015年5月，中俄两国元首习近平和普京签署了《中华人民共和国与俄罗斯联邦关于丝绸之路经济带建设与欧亚经济联盟建设对接合作的联合声明》。2019年6月，两国元首签署联合声明，再次强调丝绸之路经济带建设与欧亚经济联盟（以下简称"欧亚联盟"）建设对接合作，"一带一路"与"大欧亚伙伴关系"协调发展。2019年10月，中国国务院总理李克强与欧亚经济联盟各成员国总理共同宣布《中华人民共和国与欧亚经济联盟经贸合作协定》正式生效。2022年2月，两国签署《中华人民共和国和俄罗斯联邦关于新时代国际关系和全球可持续发展的联合声明》，承诺双方将积极推进共建"一带一路"与欧亚经济联盟对接合作，深化中国同欧亚经济联盟各领域务实合作。提高亚太地区和欧亚地区互联互通水平。双方愿继续推动共建"一带一路"和"大欧亚伙伴关系"建设并行不悖、协调发展，推动区域组织发展及双多边经济一体化进程，造福欧亚大陆各国人民②。其间两国签署了近20份合作文件，涵盖能源、经贸、体育等各个领域。2023年3月，应俄罗斯联邦总统普京的邀请，中国国家主席习近平首访俄罗斯。两国元首签署了《中华人民共和国和俄罗斯联邦关于深化新时代全面战略协作伙伴关系的联合声明》《中华人民共和国主席和俄罗斯联邦总

---

① 参见［俄］А. Д. 沃斯克列先斯基《俄中合作的发展逻辑、前景和主要演进方向》，《俄罗斯学刊》2019年第4期。

② 《中华人民共和国和俄罗斯联邦关于新时代国际关系和全球可持续发展的联合声明》，《人民日报》2022年2月5日第2版。

统关于2030年前中俄经济合作重点方向发展规划的联合声明》。2023年5月，应国务院总理李强的邀请，俄罗斯总理米舒斯京访华。中俄关系在各方面特别是在经贸合作方面得以继续推进。继2017年和2019年两次以后，2023年10月，普京总统作为嘉宾第三次参加中国"一带一路"国际合作高峰论坛，支持中国"一带一路"倡议与欧亚经济联盟对接合作、共同发展。2024年5月，普京总统新任期内首访中国。

从中俄关系的视角来看，当前中俄政治、安全、战略和外交等"高级政治"关系已经很好，互信水平很高，交往机制化程度也很高；需要加强的是经济、社会、人文等"低级政治"关系，以"一带一路"倡议为指导，以"一带一路"建设为框架。2021年6月，两国元首宣布《中俄睦邻友好合作条约》20周年期满后延期，从而为中俄两国关系的继续发展奠定了最重要的法律基础。

"丝绸之路经济带"建设与欧亚经济联盟（以下简称"一带一盟"）建设对接合作是为了弥补中俄关系的短板，夯实中俄关系的经济、社会和人文基础，推动中俄全面战略协作与合作，亚欧一体化区域治理进程，进而促进中国特色的大国外交、新型国际关系的发展和人类命运共同体的构建。无论是"一带一盟"对接合作，还是中俄关系的发展共进，都致力于共同利益、共同和可持续发展，都有天时、地利、人和之便，但障碍和困难因素也很多，也不可能一帆风顺、一蹴而就，都要经历风雨，经历曲折，包括第三方的分化，新冠疫情的影响，等等。创业艰难，任重道远。前景广阔，贵在不懈。意义重大，值得研究。

一 关于"丝绸之路经济带"框架下中俄合作研究概况

中俄关系这一研究课题从来都是学术界关注的重点对象。然而，苏联解体之后约十年间，国内学界对俄罗斯的研究处于摸索前进之中，相对比较保守。进入21世纪以来，随着中俄关系越来越明朗，发展势头越来越强，对于中俄关系的研究进入了一个发展时期。研究俄罗斯和中俄关系的机构和人员越来越多，产生了一大批关于中俄关系的研究成果。随着2013年"丝绸之路经济带"倡议的提出，为中俄关系研究的进一步加强提供了新的历史契机。十年来，学术界关于"丝绸之路经济带"框架下中俄关系的研究成果,可谓丰硕,汗牛充栋。为了行文方便,研究大体概括为以下五个方面,然后进行总体评价。

(一) 关于"丝绸之路经济带"倡议为中俄合作提供新机遇

张建平、李敬的《丝绸之路经济带与中俄合作新机遇》发表于《俄罗斯学刊》2014年第5期,认为在"丝绸之路经济带"建设方面,中俄拥有广阔的合作和发展空间,表现在经贸合作领域。朱雄关的《丝绸之路经济带战略中的中俄能源合作新机遇》发表于《思想战线》2015年第3期,认为当前的中俄能源合作面临着新机遇,因此在推进"丝绸之路经济带"倡议中要把握中俄能源合作的战略契合点。杨成的《丝绸之路经济带建设与中俄地区合作的新机遇》发表于《北方经济》2015年第7期,认为"丝绸之路经济带"倡议为中俄两国在东北和远东地区的合作提供了良机。刘晓音的《"丝绸之路经济带"对中俄贸易投资便利化的影响》发表于《学习与探索》2015年第6期,认为"丝绸之路经济带"和"欧亚经济联盟"的建设,将会促进中俄全方位的贸易投资合作,提升贸易质量,扩大贸易规模,深化能源合作,促进投资领域多元化发展,提升两国在经济现代化领域的合作和发展。姜振军的《中俄共同建设"一带一路"与双边经贸合作研究》发表于《俄罗斯东欧中亚研究》2015年第4期,认为中俄合作将极大地带动"一带一路"沿线和中俄东部毗邻地区经济社会的快速开发与振兴,推动中俄双边经贸合作的超常规发展。刘华芹的《利用丝绸之路经济带建设契机提升中俄经贸合作水平》发表于《国际贸易》2016年第6期,认为"丝绸之路经济带"是中俄经贸合作发展的重要契机,中俄经贸合作应该借此契机实现战略合作向全面合作的转型。齐欣的《"一带一盟"对接对中俄关系的影响分析》发表于《党政干部学刊》2017年第11期,认为构建利益共同体、命运共同体和责任共同体是"丝绸之路经济带"建设的出发点和落脚点,"丝绸之路经济带"建设和欧亚经济联盟建设的对接,将对中俄关系及欧亚地区产生深远影响,丰富了中俄新型大国关系的内涵,体现了中俄新型大国关系在地区层面的实践探索和在推动欧亚地区秩序重塑中的作用。郭连成、左云的《中国与欧亚经济联盟国家的贸易效率及潜力研究——基于随机前沿引力模型的分析》发表于《经济问题探索》2021年第3期,李翠萍的《"一带一路"背景下中国与欧亚经济联盟贸易效率及贸易潜力研究》，发表于《价格月刊》2021年第1期，两篇文章都对中国与以俄罗斯为核心的欧亚经济联盟的对接合作持肯定、乐观的态度，同时指出了存在的问题。陈文玲在《当代中国与世界》2021年第3期上发表《更加紧密的中俄关系是全球稳定之锚》，指出在当前国际形势下，中俄应在全面战略协作伙伴关系基础上走向更加深度的合作，建立更加紧密的贸易关系，持续加强建设"一带一路"倡议和欧亚联盟伙伴关系并加强两国金融领域合作，包括加强中俄商业银行的合作和共同建设绕开美元霸权结算支付体系的备用渠道。她还在"澎湃网"（2021年6月22日）上发表论文《中俄两国应该而且能够走向更加深度的合作》，特别指出，"一带一路建设与欧亚经济联盟结合起来，实现共商共建共享"，"共同建设冰上丝绸之路"。

（二）关于"丝绸之路经济带"与欧亚经济联盟对接合作

李永全在《俄罗斯东欧中亚研究》2015年第4期发表《和而不同：丝绸之路经济带与欧亚经济联盟》一文，认为"丝绸之路经济带"建设与欧亚经济联盟是两个不同的合作形式。前者谋求的是互利共赢的经济合作，而后者是追求具有政治、经济、文化、安全等多领域密切合作的一体化进程。秦放鸣、冀晓刚的《丝绸之路经济带建设与欧亚经济联盟对接合作研究》发表于《俄罗斯东欧中亚研究》2015年第4期，认为"丝绸之路经济带"与欧亚经济联盟两者的差异具体表现在区域开发与合作模式、受益主体和项目推进方式上。李兴的《"丝绸之路经济带"与欧亚经济联盟：比较分析与关系前景》发表于《中国高校社会科学》2015年第6期，认为"丝绸之路经济带"与欧亚经济联盟之间的合作可以大于竞争，机遇可以大于挑战。两者都是欧亚跨地区发展的方式，都以发展经济、提高民生、内外联通、互联互通为主要内容，都包括亚欧中心地带——中亚和俄罗斯，都有历史和现实基础，具有陆权思维。两者分别是中俄的国家大战略，有利于促进亚欧合作和南南合作。崔浩、张鑫的《求同存异、共同繁荣：欧亚经济联盟与丝绸之路经济带》发表于《财经界》2016年第14期，认为"丝绸之路经济带"与欧亚经济联盟的发展战略契合，外部环境相似，面临共同任务，所以双方应该求同存异，主动寻求利益的契合点和合作面。李新的《丝绸之路经济带对接欧亚经济联盟：共建欧亚共同经济空间》发表于《东北亚论坛》2016年第4期,认为"丝绸之路经济带"与欧亚经济联盟的对接路线包括软环境和硬环境两个方面,软环境对接即实现贸易投资便利化,以及商品、资本和技术、服务自由流动,从上海合作组织自贸区经过经济伙伴关系到整个欧亚大陆经济空间。硬环境对接即推进六大经济走廊,实现基础设施互联互通,推进产能合作,促进中国对相关国家的投资。李建民的《丝绸之路经济带、欧亚经济联盟与中俄合作》发表于《俄罗斯学刊》2015年第5期,建议"丝绸之路经济带"与欧亚经济联盟可将互联互通、电力、农业、金融等领域的合作作为重点方向。夏颖的《中俄关系再升级与智库合作》发表于《西伯利亚研究》2015年第6期,对中俄智库交流机制及其未来发展进行探讨,建议通过共同努力切实建构起具有鲜明时代特色的合作框架。杨雷的《"一带一路"与大欧亚伙伴关系的对接》发表于《东北亚论坛》2020年第6期,认为中俄所提出的两大倡议分别代表了各自在国际制度竞争有所加剧背景下的本国利益需求。二者都以拓宽欧亚经济合作渠道为首要目标。两大倡议的对接将增强国际社会新兴力量在国际制度体系构建和全球治理中的影响力,同时也能化解中俄双方潜在的矛盾,推动欧亚区域合作的进程。白雪冰、许昭、周应恒的《中俄农产品贸易特征及合作前景分析》发表于《俄罗斯研究》2021年第4期,建议中国应站在重构国际农产品供应体系的高度开展中俄农业合作,投资俄罗斯农产品生产链关键环节,加快签署两国农产品检疫协定,加强中俄涉农基础设施建设合作。刘中伟、唐慧远的《"丝绸之路经济带"构想下的中俄能源合作》发表于《全球化》2017年第1期,以"丝绸之路经济带"为新视角,展望中俄能源合作的前景,分析中俄能源合作对于共建"丝绸之路经济带"的重要意义,提出新构想下深化中俄能源合作的具体政策建议。宋小宁的《中俄能源贸易合作中存在的问题与对策分析》发表于《中国市场》2019年第29期,指出"一带一路"倡议使中俄能源合作步入了一个新台阶,顺应了经济全球化。但是,两国在合作中还存在着问题,这些问题应逐步加以分析解决。宁芳的《新时代中俄教育交流合作现状、问题与启示》发表于《教育理论与实践》2021年4月版,分析了当前中俄教育交流合作在跨境留学、政产学研合作、高校资源整合联合办学等层面都保持高水平的战略沟通和协作，但也存在着一些现实问题，如中俄联合办学呈现地域聚集性特征、资源互补性不强，留学人员选择专业单一化、存在语言障碍，政产学研合作缺乏市场牵引力等。

（三）"丝绸之路经济带"框架下中俄合作面临的问题

韩克敌、王志远的《"丝绸之路经济带"视域下中俄合作与风险防范的深入思考》发表于《俄罗斯学刊》2015 年第 5 期，认为中俄合作存在着一些客观问题，双方合作依靠政府推动实施，同时俄罗斯对中国存在防范心理。在"丝绸之路经济带"的框架之下，中俄需要必要的政策沟通，设施联通需要调节结构性矛盾，贸易畅通需要注重规范，资金流通需要关注效益与风险，民心相通需要强调建设性，从而切实有效地推动双方合作向着更高水平迈进。赵会荣的《中俄共建丝绸之路经济带问题探析》发表于《俄罗斯东欧中亚研究》2015 年第 6 期，认为对接合作面临的首要困难是来自俄罗斯单方面的疑虑和阻力。俄罗斯的处境、看待世界和原苏联地区的视角以及利益目标与中国存在差异，担心"丝绸之路经济带"削弱欧亚经济联盟的影响。除此之外，还面临着不确定因素，比如俄罗斯对协议的落实缓慢甚至违反，来自西方、欧亚地区国家的阻力。简爱、樊明方的《中俄共建丝绸之路经济带的现实困境及其破解》发表于《陕西国防工业职业技术学院学报》2015 年第 3 期，认为中俄合作共建"丝绸之路经济带"面临现实困境，中俄在中亚、蒙古及欧亚经济联盟中存在利益的交叉和博弈，俄罗斯对中国有所芥蒂，中俄贸易依然难以摆脱"政热经冷"的状态。姜岩、郭连成、刘慧的《"一带一路"背景下中俄跨境电商发展的机遇、挑战与对策》，发表于《欧亚经济》2021 年第 4 期，指出中俄跨境电商在获得快速发展的同时，也面临着电商平台单一、商品结构不尽合理、支付体系有待健全、物流成本较高且效率偏低以及俄跨境电商政策不稳定等问题。

（四）关于"丝绸之路经济带"框架下中俄全面合作的外部因素

黄孟芳、卢山冰、余淑秀的《以"欧亚经济联盟"为标志的独联体经济一体化发展及对"一带一路"建设的启示》发表于《人文杂志》2015 年第 1 期，认为中国在开展"一带一路"建设中，应加强与该组织及成员国合作，考虑和重视中亚国家的俄罗斯因素，务实推进能源及其他项目合作，才能在中亚地区持续稳步推动"一带一路"建设。袁胜育、汪伟民的《丝绸之路经济带与中国的中亚政策》发表于《世界经济与政治》2015年第5期，认为在"一带一路"总体战略规划下，中亚可望成为中国新国际主义原则实施的首要地区以及探索新大陆主义区域经济合作新模式的试验区、示范区和前期成果的展示区。徐坡岭的《俄罗斯在中亚的经济存在及对丝绸之路经济带战略的影响》发表于《西伯利亚研究》2014年第5期，认为中亚地区在俄罗斯地缘经济战略中占有特殊地位，2008年之后中、俄在中亚地区逐渐形成经济竞争局面，因此，中国在推进"丝绸之路经济带"倡议时要考虑俄罗斯在中亚地区已有的制度影响力和经济存在。杨文兰的《中俄蒙边境三角区经贸合作方略》发表于《开放导报》2016年第1期，提出海拉尔、赤塔、乔巴山是"丝绸之路经济带"上的节点城市。在"丝绸之路经济带"构建背景下，中俄蒙三角区应搭建"经济链"，建立"跨境经济合作区"，进行产业合作。陈小鼎、马茹的《上合组织在丝绸之路经济带中的作用与路径选择》发表于《当代亚太》2015年第6期，认为作为中国、俄罗斯与中亚国家间最重要的合作平台，上海合作组织在"丝绸之路经济带"的建设中发挥了不可替代的重要作用，提供了诸如政治安全保障、区域经济合作平台与人文合作机制等重要公共物品。与此同时，"丝绸之路经济带"所蕴藏的合作潜力有助于扩员后的上合组织整合印度与巴基斯坦的利益需求，提升组织的凝聚力与竞争力。李兴、耿捷在《学术探索》2019年第1期上发表论文《中俄关系中的中亚因素对"一带一盟"对接的影响》，认为中俄与中亚的关系是相互联系、相互影响的。中亚是"丝绸之路经济带"和欧亚经济联盟建设的重点区域，中亚因素会对"一带一盟"对接产生影响。一方面，中亚推动了中俄双方的合作，并为对接提供了合作领域；另一方面，中亚的内外部因素也对对接产生了不利影响。杨雷在发表于《东北亚学刊》2021年第4期的《美国的遏制政策与中俄关系的发展》一文中，分析美国为维护霸权地位和自身利益，先发制人地对中俄两国同时实施遏制政策。在特朗普任内，美国遏制政策的力度加大，中俄两国合作动力明显增强，双方在各领域的合作关系缓解了美国遏制政策造成的压力。两国要借《中俄睦邻友好合作条约》签署20周年之机进一步规划战略协作伙伴关系的框架和发展愿景，有助于促进多极化国际格局的形成。他发表于《俄罗斯东欧中亚研究》2021年第3期的《美国分化中俄关系效果分析——博弈论的视角》一文，指出美国越来越表现出分化中俄的战略意图，中俄要加强战略互信，公平有效地分配并不断扩大合作收益，降低与美国合作的预期收益。马洪喜的《中美战略竞争背景下的中俄关系：美国智库的评估》发表于《俄罗斯东欧中亚研究》2021年第3期，认为与美中关系、美俄关系进入"严寒期"不同，中俄关系提质升级。在美国看来，中俄伙伴关系的进一步拉近对美国及其盟友与伙伴的利益构成严峻挑战，尤其自2014年乌克兰危机以来中俄关系的加速发展对美国造成了严重影响。王晓泉的《中美俄大三角关系规律论析》发表于《俄罗斯东欧中亚研究》2020年第3期，指出中美俄大三角关系将长期存在。中俄将开展"经济与安全（政治）一体化"合作，推动新型经济全球化和世界多极化，主导欧亚大陆秩序改造。中国战略文化将对大三角关系产生深远影响。

（五）关于"一带一路"建设与中俄关系的综合研究

季志业的《伴而不盟的中俄关系》发表于《时事报告》2015年第2期，认为中俄结伴而不结盟是正确选择，否则就是对当今中国在世界上的地位和作用认识不足，对中俄关系的性质认识并不充分，对当前国际关系的特点也缺乏深入了解。复旦大学国际问题研究院、俄罗斯国际事务委员会和俄罗斯科学院远东所从2014年开始合作，每年联合发表关于中俄关系的系列研究报告。其中《中俄对话：2021年模式》认为，中俄战略伙伴关系的发展前景，不是新的同盟，而是新的协作方式。《俄罗斯研究》杂志编辑部2020年第3期组织了《新时代中俄全面合作与欧亚大陆经济空间再拓展》专题讨论，认为当前世界处于百年未有之大变局，国际社会正在走向新的发展十字路口。随着中俄全面战略协作伙伴关系进入新时代，"丝绸之路经济带"建设与欧亚经济联盟建设对接合作，成为两国巩固共同利益、最大限度维护地区秩序、推动国际秩序变革的重要抓手。在欧亚内陆广袤的经济空间中，"一带一路"倡议与欧亚经济联盟建设并行不悖，相互融通，推动两国战略一致性的形成与互联互通的深化推进。尽管两国在"一带一盟"对接上仍有部分问题有待解决，但双方都秉持积极开放心态推进对接合作。"一带一盟"对接能够给欧亚地区带来新的发展动力。谢霖博的《新时代中俄关系的前景展望》发表于《当代经济》2020年第2期，认为尽管中俄关系发展前景的质疑之声不绝于耳，中俄两国在战略上有着相互的需求，在能源领域存在巨大的互补性，在多边合作框架中有着广泛而深入的联系。因此，中俄关系具有广阔的前景，双边关系也将成为新的国际形势下互利互惠、合作共赢的典范。冯玉军的《中俄经济关系：现状、特点及平衡发展》发表于《亚太安全与海洋研究》2021年第3期，认为近年来中俄关系进一步升温，两国都试图以此减轻来自美国的战略压力、获取新的经济增长空间、改善各自面临的国际环境、推动世界格局和国际秩序向自己所期望的方向发展。在百年未有之大变局下，中俄关系只能搞好，不能搞坏。要准确把握中俄经济关系的成本和收益的关系，将维护和拓展中国国家利益作为发展中俄关系的根本出发点和落脚点，将运筹中俄关系服务于为中国营造良好的周边和国际环境，为中国的发展提供更多的经济和战略助力。冯绍雷的《中俄关系70年的当代意义》发表于《当代世界》2019年第8期，指出当代中俄关系之所以成为现行国际政治的典范，不止由于中俄关系强劲的内生动力和广泛的国际影响，还在于两国在近百年世界历史进程的宏大背景中有着共同或相近的历史经历，深化了对东西方关系百年巨变范式的进一步理解。同时，由于中俄都是海陆地缘政治大国，两国的长期合作揭示了地缘政治之于国际关系的内在关联性。中俄关系以及两国在所参与的"现代性"争议进程中均体现出对当今世界普遍而深刻的影响力。他还在发表于《俄罗斯研究》2020年第4期的《中俄欧在欧亚大陆的互动——兼论"一带一路"对三方关系的影响》一文中，肯定了"一带一路"这种目标合宜、小步推进、避免冲突、求同存异、非排他性的建构方式，能够为推进欧亚合作，乃至未来地区与国际秩序构建做出应有的贡献。邢广程的《中俄关系70年的多维思考》发表于《中国边疆史地研究》2019年第4期，指出中俄关系70年具有盟国关系、对抗关系和伙伴关系三种关系性质，同盟、论战泛化、战略冲突、关系正常化和伙伴关系五种模式。睦邻友好是主流。《中苏友好同盟互助条约》和《中俄睦邻友好合作条约》具有重要的历史价值和现实意义。边界问题彻底解决是中俄关系70年的重要成果。

中俄关系与国际环境的正向和负向影响是值得关注的研究课题,应避免两国关系出现巨大波动和摇摆,保持两国关系的平稳发展和递进。周力发表于《俄罗斯研究》2021年第2期《中俄关系的发展前景——20年后看〈中俄睦邻友好合作条约〉》,肯定在多个方面该条约起到了积极作用并大大推动了中俄关系的发展,使两国关系成为新型国际关系的典范。在中俄关系已达到历史最好水平、新时代全面战略协作伙伴关系进一步发展的当代情势下,中俄两国超越所谓结盟的定义,持续合法、合理、合情地进行有效务实合作,在打破西方话语垄断、维护国际秩序客观公道、维护世界和平等方面共同发挥积极作用。赵鸣文的《中俄关系:新时代全面战略协作伙伴》发表于《国际关系研究》2020年第3期,指出中俄关系是国际关系中最为重要的一组双边关系,在维系国际和地区和平稳定、全球战略平衡方面发挥着举足轻重的作用。两国政治互信和战略协作水平空前提升,军事和科技领域合作取得突破性进展,经济、金融、能源和道路基础设施等领域合作成果丰硕,农业、地方和人文领域合作突飞猛进。面对突如其来的新冠疫情,中俄继续合作应对。尽管两国关系发展仍面临诸多外部挑战和内部尚需进一步完善的方面,但中俄关系发展的内生动力强劲。新形势下,两国将进一步增进政治互信,改善双边贸易结构和投资环境,加强合作项目的前期可行性研究,推动新时代全面战略协作伙伴关系持续深入发展。

二 对已有成果的简要评价

21世纪以来,国内外研究"丝绸之路经济带"框架下中俄关系的成果颇丰,包括大量论文、报告和专著,可谓汗牛充栋。总体来说,从合作构想、宏观政策到具体实施,逐渐深入、细化,观点各有千秋,为以后的研究奠定了必要的基础。同时,这些研究成果也普遍存在以下几个问题。

(一)缺乏从"丝绸之路经济带"视角研究中俄全面合作的高水平专著

从专著来说,已有成果从各个不同视角对中俄关系、中俄合作进行了研究,比如李永全《丝绸之路经济带和欧亚经济联盟对接研究》(社会科学文献出版社2017年版),李兴等《"一带一路"与欧亚联盟对接合作研究》(时事出版社2018年版),等等,然而没有形成一本集中于从"丝绸之路经济带"视角全面、系统、深入地考察中俄关系的专著。而从论文来说，已有文章具有切入点和侧重点比较分散的特点。当然，这与丝绸之路经济带建设和中俄对接合作的实践是逐渐展开的过程相一致的。中俄全面合作研究不是一项小工程，不仅需要全面、系统的理论支撑，而且还需要周详到位的实践基础。目前对"丝绸之路经济带"框架下中俄关系展开的研究比较分散，多为宏观性、战略性、政策性的阐述，或出于应急需要、智库性质的对策研究，缺乏兼具全面性、综合性、务实性和深层次、精细研究与对策研究相结合的高水平专著。

（二）缺乏对核心关键词的理论研究

本书研究回避不了几个核心关键词，比如"丝绸之路经济带"、中俄全面战略协作伙伴关系、对接合作、全面合作、"一带一路"、"一带一盟"、"欧亚全面伙伴关系"，等等。已有成果缺乏对这些核心关键词的理论分析，比如"丝绸之路经济带"是战略还是倡议，如何定性中俄全面战略协作伙伴关系、如何定位"一带一盟"的对接合作、如何理解中俄全面合作的性质，等等。如果对这些核心关键词没有清晰的理论认识，则不利于分析中俄关系的实质，不利于进一步在"丝绸之路经济带"框架下分析中俄全面合作并提出有针对性的、建设性的对策和建议。

（三）缺乏俄罗斯方面对相关问题的观点

国内学者多从中国的视角分析中俄关系，但很少关注俄方学者的观点，也很少站在俄罗斯的角度来看待这一问题。这可能是受到了俄语条件和俄文材料的限制。只有了解俄方的想法，进行换位思考和双向互动，也考虑到俄方合理的利益关切和发展诉求，才能真正地、可持续性地调动俄方的积极性，对中方进行战略协作和对接合作，我们才能提出更为合理、更具有可操作性的对策建议，从而有利于在"丝绸之路经济带"框架下推动中俄全面合作。

（四）缺乏对中俄以外第三方因素的必要关注

已有成果多集中关注中俄两个国家。然而，在"丝绸之路经济带"框架下分析中俄关系，关注点不能仅局限于中俄两国。中国是"丝绸之路经济带"倡议的发起者和推动者，俄罗斯是"丝绸之路经济带"最重要的沿线国家之一，也是"丝绸之路经济带"建设最重要的参与者与合作者之一，然而却不能忽视中亚五国等国家在"丝绸之路经济带"建设和中俄关系中发挥的作用。按照我国国家发展和改革委员会、外交部、商务部三部委联合发布的文件，丝绸之路经济带以中国为中心，共分六大经济走廊，其中中亚地区是最重要的沿线区之一，有两条经济走廊——新欧亚大陆桥（又称第二欧亚大陆桥）、中国—中亚—西亚经济走廊经过中亚地区。中亚地区又是俄罗斯的"特殊利益区"，中亚大部分国家是俄罗斯主导的独立国家联合体、欧亚经济联盟和独联体集体安全条约组织中的重要成员，也是中俄作为主要创始成员国的上海合作组织的重要成员，所以，中亚国家，以及作为非亚欧大陆国家。但经济实力强大的美国，对"丝绸之路经济带"建设和"一带一盟"对接合作的影响也不可小觑。

（五）缺乏高质量的、具体的、可操作性的政策建议

对于"丝绸之路经济带"框架下中俄合作研究，学术界从开始的充满疑虑发展到表示肯定，再发展到现在克服难题、设计合作路径和方案，以及设定时间表、路线图等，即从"是什么"到"为什么"，再到"问题在哪里"、"我们怎么做"。相当一部分成果紧跟国家的政策，以正面肯定为主，看不到有可能出现的困难。即所谓只知其一，不知其二；另一部分成果则以罗列困难、障碍、问题、风险为主，至于说该怎么办，为什么要这样办，则缺乏分析，语焉不详，即所谓只知其然，不知其所以然；还有一部分成果虽然提出了一定的对策建议，却过于笼统、模糊、抽象，不够具体、到位，缺乏精准施策的针对性和可操作性，因而不免在对策建议的建设性和高质量等方面打了折扣。

三 本成果主要内容及逻辑联系

最终成果共三编，共20章。第一编：倡议与认知，含第一章至第五章。第二编：实践与创新，含第六章至第十二章。第三编：问题与对策，含第十三章至第二十章。另外，前面有"绪言"，后面有"结语"。

第一编：倡议与认知

本编分析"丝绸之路经济带"倡议的主要内容、提出的背景和实施的意义、实践的机制特点，以及俄罗斯主导的欧亚经济联盟的主要内容，提出背景和机制体制特点。中国方面提出了"丝绸之路经济带"与欧亚

经济联盟的对接合作,共同发展倡议。这对俄罗斯来说,既是一个难得的机遇,也是一个重大的挑战。"一带一路"建设绕不过地跨欧亚的俄罗斯。俄罗斯对于"丝绸之路经济带"和"一带一路"倡议,对于"丝绸之路经济带"与欧亚经济联盟即"一带一盟"的关系的认知经历了一个演变过程。是对接合作,还是相互竞争,俄罗斯学界的认知复杂,从最初的失落、不解、疑虑、担忧,历经彷徨的戒心、犹豫的观望、反复的算计、矛盾的煎熬、纠结的徘徊,到逐渐有所理解、有所兴趣、有所热情。从一定程度的部分理解,并非甘心地模糊支持,无奈的局部接受,到比较积极地主张对接合作,期望搭上中国经济"便车"和"快车",有所期待,希望有所作为。"一带一盟"实践数年,俄方有所配合、有所努力、有所保留、有所失望,更有所期望和希望。随着俄国内外形势的发展和理性选择的上升,两者和平共处,并行发展,对接合作成为俄罗斯学界对"一带一盟"关系认知的主流。俄罗斯支持"一带一路"对接合作,同时提出"大欧亚伙伴关系"倡议。俄选择中国为"转向东方"合作的最大伙伴,但中国既非唯一,俄也并非没有保留。俄认可"一带一盟"对接合作有内部和外部两个动轮,经济与政治两重动机。因此,俄政府认识和实践上具有矛盾性、两面性、实用性、动态性,还有政治性和反复性的特点。"一带一盟"具体成果和命运取决于中俄双方在何种水平、何种层面上达成利益和需求的平衡,在多大程度上满足双方的经济和政治需要。两国原则上对"一带一盟"抽象的肯定,并不直接等于具体的经济和人文合作,还需要双方的相互理解、包容、付出,换位思考和双向思维。"利""行""通"是"一带一盟"对接合作的三大法宝。俄罗斯政府和学界在认识上是有所区别的。一般来说,政界从事"高级政治",解决大的原则问题、大局问题,政治色彩强,重在战略布局,长远规划,解决重大实际问题,与对方相对容易达成共识,签署协议。而学者则更为理性务实,客观实际,看得更细,想得更多,偏爱辩论而容易怀疑,重在分析问题,相对谨慎,甚至喜欢批评。一般来说,政界知情权要早于学界,由于掌握着政权和权力,其话语权和影响力也大于学界。政界相对更外交辞令一些,但也更有权威性和执行力一些。而智库和媒体居于政界和学界之间,扮演特殊的角色。智库给政界提供资政报告和咨询建议。而政界往往也利用智库和媒体以达到自己的政策目标。一般来说，智库和媒体的观点比较接近政界。

而中国对于"丝绸之路经济带"的考虑，主要内容包括"五通"，即政策沟通、设施联通、贸易畅通、资金融通、民心相通。主要路径包括"三共"，即共商、共建、共享。主要目标包括"三体"，即利益共同体、责任共同体、命运共同体。从地理上讲，中国特别重视亚欧大陆及其周边。俄罗斯地跨欧亚，并对中亚区域拥有巨大的影响力，加之考虑中俄战略协作伙伴关系、上海合作组织、金砖国家集团等以中俄为主的双边与多边合作机制，中国选择俄罗斯为亚欧一体化的主要合作伙伴，通过"一带一盟"实现对接合作、共同发展、努力推进发展与安全共同体。欧亚经济联盟，是普京竞选第三任俄罗斯总统任期时提出来的，既有地缘经济的考虑，更有地缘政治的色彩。对于俄方主导的欧亚经济联盟，中国学者进行了大量研究，总体上乐观其成，认为该组织对欧亚一体化进程是有利的，中国愿意看到一个强大的新兴经济体出现在中国西部，这有利于维护中国西部周边安全，实现中亚地区稳定与发展，进而为中国西部大开发创造良好的外部环境。中国学者对建立欧亚联盟持谨慎的乐观态度，不认可西方不看好和批评的观点，认为欧亚经济联盟虽然起步较晚，不太可能风生水起，但存在刚需，并且有历史基础和现实联系，即使在西方经济制裁的情势下，也没有停步，还在继续发展，因此还是有前途的。俄罗斯的"欧亚联盟"构想，以及中国的"丝绸之路经济带"倡议不应互为抵触，相互竞争，而应该互为补充，相互推动，给中亚国家提供更多的发展空间和选择。同时还要正确定位中亚国家，应视其为实现地区集体治理的主体，而非大国实现统治的客体，甚至地缘争夺的对象。"丝绸之路经济带"与欧亚经济联盟的对接合作，为研究中俄全面合作提供了有益的框架和坚实的基础。

第二编：实践与创新

本编认为，"丝绸之路经济带"、欧亚经济联盟和"新丝绸之路计划"是冷战后亚欧中心地区最具影响力的一体化体制机制。中国倡议的"丝绸之路经济带"与俄罗斯主导的欧亚经济联盟尽管有很多不同，但不仅客观上存在对接合作的必要性和可能性，而且在主观上两国最高层达成了共识，实践中有了不少早期收获，并在努力继续推进。美国倡议的"新丝绸之路计划"，尽管名称里也有"丝绸之路"字样，但两者提出的历史背景、包含区域、具体内容、地缘目标、机制特点等很不相同。丝绸之路经济带在空间范围、包容性和吸引力等诸方面都大于"新丝绸之路计划"。由于"新丝绸之路计划"的政治性、排他性、投机性，"新丝绸之路计划"与"丝绸之路经济带"、欧亚经济联盟互信不足，平行、竞争的一面较明显。由于国际形势和美国国内政治的变化，美国民主党人希拉里提出的"新丝绸之路计划"前景堪忧。

中国的总体经济实力比先前有较大提升。因此，尽管中国提倡"共商""共建""共享"，中国仍应是"一带一盟"对接合作、共同发展的主要推动者之一。在政策沟通、设施联通、贸易畅通、资金融通、民心相通"五通"合作方面取得阶段性成绩和早期收获。包括2015年5月两国元首签署《中俄对接合作的联合声明》，2019年6月《中华人民共和国和俄罗斯联邦关于发展新时代全面战略协作伙伴关系的联合声明》《中华人民共和国主席和俄罗斯联邦总统关于加强全球战略稳定的联合声明》。2018—2019年连续两年中俄双边贸易额超过1000亿美元，并且两国关系经受住了新冠疫情的考验，两国实物贸易逆势增长。"一带一路"建设中"五通"的提出，不是偶然的，而是具有深刻的国内外背景。中俄在"一带一盟"框架下的"五通"合作，缘于内在的刚需和外在的环境压力，融合深化为产能合作、金融合作，共同推动和建设"冰上丝绸之路"。"一带一盟"对接合作的外部原因一直都存在，内部因素越来越重要。两国战略性倡议、战略性对接合作，完成和拟定一批战略性项目，同时广泛撒网，重点抓鱼，共同发展，为进一步的对接发展打下了良好的基础。当然"五通"合作也不是没有问题的，存在困难和障碍，主要包括双方主观和客观两个方面。在主观上，互信仍然不足，相互并非总是看好，存在防范心态，地缘政治考虑及传统帝国心态尚未彻底消失。俄在建立自由贸易区问题上不积极，甚至反对。在客观上，双方法律法规不健全，俄罗斯基础设施不发达，双方铁轨轨距、环保标准需要对接，俄方存在规范不足和野蛮执法、贪腐和官僚主义情况，以及中国个别不法商人的投机钻营。两国利益有时不一致、需求不平衡。在交通问题上，无论是高铁还是公路，俄罗斯地广人稀，顾客少，市场有限，受产业结构、交通基础设施的掣肘，难成大气候，特别是远东和西伯利亚，本来就很稀少的人口还在西迁。俄方担心经济依赖，资源外流，受控于人，成为经济附庸。俄罗斯抱怨中国商人过于重利，中国对俄投资较少，投资额低于荷兰和日本，在投资对象国中低于哈萨克斯坦，与两国全面战略协作伙伴关系严重不对称。两国地方合作，表面上很热闹，但真正落地生根的较少，实质性合作与具体成果不多。中俄对"一带一盟"对接合作的思路有所不同：俄期望借此带动俄经济"一大片"整体发展，中方理解为主要是项目对接，"点对点"的方式。俄罗斯签证办理也不便捷。总的来说，虽然两国关系持续改善，且近年来改善的步子很大，但还未彻底改变两国政热经冷、上热下冷中间凉、官方热民间冷、政府热企业冷等局面。当然，国际因素比如美国、西方的影响也是客观存在的。

从涉及的具体区域范围来看，中方倡议的"丝绸之路经济带"，重心是"亚欧"，俄方提出的大欧亚伙伴关系，重心是"欧亚"，虽然总体大致相同，但重心还是有差异的。虽然双方就"冰上丝绸之路"建设达成了共识，但俄官方并没有完全认同"冰上丝绸之路"这一概念，并坚持使用"北方海航道"的提法，即俄不愿其北极战略被"嵌入"到宏大的"冰上丝绸之路"，甚至扩展到"一带一路"的倡议中。俄担心其现存的战略地位有被弱化的风险，且影响俄在北极的主导地位。

"一带一盟"框架下的中俄"五通"合作是有前景的。对接是有希望的，潜力是巨大的。比如中俄双方共同推进的"冰上丝绸之路"建设就是中俄关系发展的一个亮点，"一带一盟"对接合作的创新。主要原因是，对接合作符合双方的战略利益。在当前的国际格局和国际环境下，对于双方来说，这是明智的、现实的选择。某些分歧和矛盾是存在的，有些是可以理解的，但不是结构性的，也是可以克服的。要努力争取，尽力而为。俄对"一带一路"的认知经历了一个在希望和失望之间徘徊、纠结，最终走向现实和务实，走向对接合作的过程。双方对互利共赢、合作共进、共同发展抱有期待。关键在于行动，事实胜于雄辩，贵在坚持。

实现对接合作的道路不容易，要持之以恒，贵在不懈。但也要量力而行，不能期望值过高。正如时任俄驻华大使杰尼索夫所说，中俄关系70

年"从心所欲不逾矩",中俄关系要走"中庸之道"。一方面,"带盟"对接,"五通"合作,互利共赢,共同发展,良性互动;另一方面,分歧是存在的,矛盾是难免的,认识不一致是正常的,利益纠纷是客观的,因此,中俄双方要相向而行,相互理解,包容互鉴,照顾彼此核心关切和舒适度,开展良性互动和善意竞合。作为一个世界大国,俄罗斯全盘加入"一带一路"的可能性并不是很大,但正因如此,体现了俄罗斯作为一个亚欧大国和世界大国的成熟性和稳妥性。"一带一盟"框架下的"五通"合作还是有希望的,可以努力争取的。具体来说,互信还有待提高,项目还有待细化,"带盟"对接还有待做实,"五通"合作还有待深化,对俄投资还有待增加。互利共赢、共同发展、共同繁荣要从愿景变成行为,从倡议变成实践,从理论探索变为实践创新。

"一带一盟"对接合作,包括机制合作、贸易合作、投资合作、地方合作、第三方合作、边界地方合作、安全与创新合作,等等,其中,"冰上丝绸之路"建设的共同推进可谓一个样板和示范。对接合作还突出地表现在中俄交会最多的中亚地区,中亚的重点又是哈萨克斯坦(2013年9月习近平主席提出丝绸之路经济带倡议)。中俄在亚欧区域的合作卓有成效,能够在中亚和平相处,共同和平行发展,良性竞争,合作共进,而不是恶性竞争,相互排斥。在西方多年且加重的经济制裁下,俄罗斯不仅"向东看",而且"转向东方",在非传统安全领域中俄形成"肩并肩""手拉手"的安全互助关系。在传统安全领域,结成"头靠头""背靠背"的安全互靠关系。

第三编:问题与对策

本编认为,在世界面临百年未有之大变局、大国竞争回归国际政治的大背景下,中美俄三边(角)关系具有新的特点。对于是否会陷入"新的冷战"或"修昔底德陷阱",国内外学术界众说纷纭。本书认为,当今的中美俄不是普通的三边关系,而是新型的三角关系,与冷战时期的中美苏三角关系相比,具有新的时代特点。由于时代变化和特点,新的冷战不会发生,但大国间的竞争与合作不可避免。中美关系更多是由民间推动,中俄关系更多地由政府推动。中美俄三角关系是当今世界最为重要的大国关系,中美俄的实力对比呈现出"一超两强"格局。在当前三角关系中,中俄新时代全面战略协作伙伴关系的实质是发展与命运共同体，最为稳固。俄美关系剪不断、理还乱，但总体可控。中美关系是其中最不稳定也最难预料的大国关系，且扑朔迷离。中美两国是对手，但不是敌人。当前中美俄三角关系受多重因素包括新冠疫情的共同影响，复合性是基本特征，未来相互制衡与合作将长期存在。"丝绸之路经济带"、欧亚经济联盟和"新丝绸之路计划"，集中体现了中国、俄罗斯和美国当今世界这三大强国的亚欧大战略，是大三角关系在区域经济、地缘政治和人文地理领域一个比较集中、比较具体和比较突出的表现。支持、冷待还是反对"一带一路"倡议，赞成、消极还是抵制"一带一盟"对接合作，对于中国来说，是分析和判断大三角相互关系的全新视角、有效框架和重要指标。对于中国来说，需要继续增强综合实力，进一步巩固中俄新时代全面战略协作伙伴关系，管控和稳住中美大局，发挥中国在三角关系和国际社会多边领域中建设性的积极作用。

在美国先是特朗普大搞"美国至上""美国第一"，后是拜登仍然不放弃美国的霸权主义、单边主义的大背景下，作为联合国安理会常任理事国和新兴经济体，中俄外交组合，在亚欧区域和全球治理中发挥作用，贡献中俄方案和中俄力量。中俄关系也经受了新冠疫情的考验。本书还对中俄关系，包括两国关系的定位、分析框架、概念、思路、方法等做了总体思考。

在"丝绸之路经济带"建设和欧亚经济联盟对接合作的框架下，中俄在多方面的务实合作中既有显著的成绩，同时又存在、出现了明显的问题。这些困难、问题和障碍，有的是客观原因所致，有的是主观因素造成的，有的是内部原因，有的是外部因素。针对这些问题、困难和障碍，本书力图做到对症下药，有的放矢，运用了具体材料和数据，提出了一些具体的、建设性的、具有可操作性的对策建议，包括政党交流、能源合作、人文交流、教育合作、媒体合作、旅游合作、工作体制机制、人才培养，等等，以促进中俄新时代全面战略协作伙伴关系进一步健康可持续性地发展。

四　研究方法述要

中俄关系历史很悠久，领域很宽广，内容很丰富，也很复杂和敏感。

本课题的名称为《亚欧合作研究：实践与创新》，本书认为，首先，丝绸之路经济带建设和"一带一盟"对接合作，是中俄亚欧合作的重要内容。"丝绸之路经济带"，界定了时间范畴。"丝绸之路经济带"倡议是习近平主席2013年提出来的，因此，从时间上讲，本书的论述主要集中在习近平同志成为中国党和国家最高领导人之后。其次，"丝绸之路经济带"也是一个地理空间概念，按照中国三部委（外交部、商务部、国家改革与发展委员会）的文件，以中国为中心建设六大经济合作走廊，其中有三条经济合作走廊（中俄蒙经济走廊、新欧亚大陆桥和中国—中亚—西亚）往北、往西，与俄罗斯紧密相关[①]。最后，也是最重要的，"丝绸之路经济带"体现了时代特点和历史使命，即以习近平同志为核心的党中央领导中国特色的社会主义建设事业进入了一个新时代，中国特色的大国外交风生水起。中俄新时代全面战略协作伙伴关系具有了新的时代特点和历史使命，是中国特色的大国外交的重要组成部分。本书研究要以马克思列宁主义、毛泽东思想、邓小平理论、"三个代表"重要思想、科学发展观，特别是习近平外交思想为指导。这是研究中俄关系的时代背景和分析框架。

"习近平总书记牢牢把握中国和世界发展大势，深刻思考人类前途命运，继承发扬新中国外交核心原则和优良传统，积极推进重大外交理论和实践创新，提出一系列富有中国特色、体现时代精神、引领人类发展进步潮流的新理念新主张新倡议，形成了习近平外交思想。习近平外交思想是党和人民实践经验和集体智慧的结晶。二〇一八年六月召开的中央外事工作会议，确立了习近平外交思想的指导地位，高高举起了新时代对外工作的思想旗帜……习近平外交思想是习近平新时代中国特色社会主义思想的重要组成部分，是马克思主义基本原理同中国特色大国外交实践相结合的重大理论成果，是以习近平同志为核心的党中央治国理政思想在外交领域的集中体现，是新时代我国对外工作的根本遵循和行动指南。"[②]

[①] 国家发展和改革委员会、外交部、商务部2015年3月28日联合发布：《推动共建丝绸之路经济带和21世纪海上丝绸之路的愿景与行动》，http://zhs.mofcom.gov.cn/article/xxfb/201503/20150300926644.shtml。（2024年3月12日）

[②] 中共中央宣传部、中华人民共和国外交部：《习近平外交思想学习纲要》，人民出版社、学习出版社2021年版，第2—3页。

在"一带一路"框架下，中俄全面合作内容很宽广，包括经济、政治和人文诸领域，其中涉及地缘经济、地缘政治和国际关系，因此，在研究方法上，也就包括地缘经济政治学、区域一体化理论、国际关系、外交学、国家合作理论、区域国别研究，以及文献分析、比较研究、案例研究等多学科、跨学科方法和理论工具进行综合研究和交叉研究。同时，努力做到历史与现实相结合，理论与实践相结合。

区域经济一体化亦称"区域经济集团化"。同一地区的两个以上国家逐步让渡部分甚至全部经济主权，采取共同的经济政策并形成排他性的经济集团的过程。其组织形式按一体化程度由低到高排列，包括优惠贸易安排、自由贸易区、关税同盟、共同市场、经济联盟和完全的经济一体化。其根本原因都在于维护自身的经济、贸易等利益，为本国经济的发展和综合国力的提高创造更加良好的外部环境，使本国利益最大化，而成本和风险最小化，避免相邻国家战略碰撞和冲突。中俄合作是经济区域一体化的初级阶段；其一体化的特点是强有力的政治意志和有效的政府干预。中俄区域一体化合作是特殊的创新模式，即对接合作模式，以互利共赢、共同发展为目的。建立公正平衡的亚欧和全球经济政治新秩序，其实质是世界经济多极化和世界政治多极化。

国际合作，即合作的主体不是人、阶级、社会集团等次国家或超国家行为体，而是作为最高政治共同体的国家。独立政治共同体之间的合作古已有之。在经济全球化和相互依赖的世界，国际合作，即作为最高政治共同体的主权国家之间的合作，既是普遍的国际现象，又是国际社会不懈努力追求和维持的目标之一。中俄新时代全面战略协作伙伴关系，"战略合作没有止境，没有禁区，没有上限"[①]，是当代国际合作和大国关系的典范。由于中俄新时代全面战略协作，内容和范围包括各个方面，多个领域，各种层次，所以，所运用的理论工具和分析框架也是多学科的、跨学科的、交叉学科的，并且在不同部分分别有所侧重。比如，在分析中俄经济、贸易关系的时候，更多地借重区域经济一体化理论；在分析中俄边界

---

① 王毅：《中俄战略合作没有止境，没有禁区，没有上限》，新华社 2021 年 1 月 2 日电，http://www.xinhuanet.com/2021-01/02/c_1126937927.htm。

和地方合作的时候，就比较偏重国际关系研究方法；在分析"冰上丝绸之路"合作时，就更多地借重地缘政治经济学的理论和方法；在论及中俄美三国在中亚地区一体化倡议和机制的合作与竞争关系时，就运用了比较研究的方法；在探讨第三方因素对于中俄合作关系的影响时，就运用了案例研究的方法［如黑龙江流域（"龙江经济带"）、中亚地区］，等等。

在"丝绸之路经济带"建设与欧亚经济联盟对接合作框架的背后，是中俄新时代全面战略协作伙伴关系的存在和发展，是中国周边和大国外交、亚欧和全球治理、新型国际关系和人类命运共同体理念的具体实践和中国方案。"丝绸之路经济带"建设重点在陆地，"二十一世纪海上丝绸之路"建设主要在海上。像俄罗斯这样幅员辽阔的陆地大国，以"丝绸之路经济带"建设为主，以"丝绸之路经济带"与欧亚经济联盟对接合作为重要内容。但"一带一路"有时也难以彻底分开、分清，因为俄罗斯同时也是一个海陆复合国家，虽然以"丝绸之路经济带"建设为主，但"冰上丝绸之路"建设也可视为"一带一路"建设交会、中俄发展战略对接合作的实践和创新。在"一带一路"框架下，中俄关系的发展总体来说是成就卓著、引人注目的，同时由于主客观诸多因素，两国关系的发展也是复杂的、微妙的，既不是一帆风顺的，也不是一蹴而就的，而是来之不易的，有时甚至是艰难的，也并非注定就是不会变化的，因而要珍惜，来不得丝毫的懈怠和马虎，必须精心、用心、细心、耐心地经营、打造和维护。

亚欧区域合作本身是一个不断发展的过程，"一带一路"建设也处于实践过程当中。从这个意义上说，任何研究成果其实只能是阶段性的，不是最终的。本书也不例外。我国学术界对中俄关系的研究成绩虽然斐然，但多为宏观性、战略性、政策性、领域性和局部性的阐述，在全面性、综合性、务实性、深层次的精细研究和对策研究等方面存在欠缺。本书努力克服这些不足，在汲取评审专家意见的基础上，致力于在全面的基础上突出重点，在观点正确、学术规范的基础上有所创新。但仍然感到心有余而力不足，难以令人完全满意。课题组负责人和成员的知识结构、研究水平有限，特别是2019年以来百年未遇的新冠大疫情对实地调研的消极影响，本书对中俄关系的研究很难做到面面俱到，平均用力，而是有所侧重，有所集中，意在集中主题，突出亮点，凝聚特色。因此，本书在全面性、系统性、逻辑性方面仍然有很多不足。作为国家社科基金重大项目成果，本书在汲取评审专家意见的基础上又多次做了大幅度的修改，并于2022年9月成功结项。遗憾的是，由于种种原因，包括时事的变化、结项和出版周期，本书反映的基本上是项目结项时的全貌，即阶段性的最新进展。亚欧合作的实践与创新永远在路上，笔者后续会继续跟进、研究。

第一编
倡议与认知

第一章 "丝绸之路经济带"：倡议提出与实施意义

"共建'一带一路'是习近平总书记深刻思考人类前途命运以及中国和世界发展大势，推动中国和世界合作共赢、共同发展作出的重大决策。坚持以共商共建共享为原则推动'一带一路'建设，既对新时代我国开放空间布局进行了统筹谋划，又对中国与世界实现开放共赢的路径进行了顶层设计，是新时代中国特色大国外交的重大创举，是我国今后相当长时期对外开放和对外合作的管总规划，是我们党关于对外开放理论和实践的重大创新。"[①] 作为中国党和国家最高领导人，习近平执政伊始就先后提出了"中国梦"和"丝绸之路经济带"的设想，并通过顶层设计、外交推动、经贸合作、文化交流，多层次、全方位推进"丝绸之路经济带"倡议的实施。人们自然也会问："一梦一带是何关系？""丝绸之路经济带"是支撑"中国梦"的战略，还是策略？

第一节 倡议的提出："丝绸之路经济带"与"中国梦"

何谓"中国梦"？2012年11月29日，习近平总书记在参观"复兴之路"展览时首次提出"中国梦"，以后又就"中国梦"的内容、实质、奋

[①] 中共中央宣传部、中华人民共和国外交部：《习近平外交思想学习纲要》，人民出版社、学习出版社2021年版，第89页。

斗目标等在国内外多个场合进行阐发。概而言之，"中国梦"即国家富强，民族复兴，人民幸福，社会和谐。

何谓"丝绸之路经济带"？这是2013年9月中国国家主席习近平在哈萨克斯坦纳扎尔巴耶夫大学演讲时提出的倡议。他指出，为了使欧亚各国经济联系更加紧密、相互合作更加深入、发展空间更加广阔，可以用创新的合作模式，共同建设"丝绸之路经济带"，以点带面，从线到片，逐步形成区域大合作。这是一项造福沿途各国人民的大事业。习近平主席就丝绸之路经济带的战略定位、战略内涵、战略方针、基本原则、战略目标做了高度简洁而明确的概括和阐述，并提出丝绸之路经济带沿线国家加强"五通"（政策沟通、设施联通、贸易畅通、资金融通、民心相通）的宏伟构想[①]。其后，丝绸之路经济带倡议逐渐成了中国的国家大战略，正在积极推进之中，在国际上也产生了巨大的影响。

中国梦不是孤立的，而是与世界、与人类紧密相连的。"各国的梦想既有不同的方面，也有相同的因素，既要看到分歧，也要看到共识"，"中国梦是和平发展之梦、合作共赢之梦。中国梦与各国人民实现自己的梦想互利共赢。中国梦造福中国，也造福世界"[②]。"中国梦"与"丝绸之路经济带"也不是相互孤立的，而是相互连接的。"丝绸之路经济带"是实现中国梦的国家战略和策略。

何谓战略和策略？两者是何关系？所谓国家大战略是一定时期内为实现国家最高利益而进行的总体规划和宏观布局。国家大战略具有长期性、全局性、稳定性、宏观性、方向性的特点，而策略则具有暂时性、局部性、变化性、灵活性、隐秘性。战略统率策略，策略服从和服务于战略，为战略服务，并且以战略为核心。战略和策略有时又是互含互动，相互转化的。"中国梦"和"丝绸之路经济带"倡议的提出，主要是由中国特定的发展阶段、大国崛起的背景和国际经济政治格局的变化等多方面决定

[①] 习近平：《共同建设"丝绸之路经济带"》（2013年9月7日），《习近平谈"一带一路"》，中央文献出版社2018年版，第4—5页；参见中共中央党史和文献研究院编《习近平关于中国特色大国外交论述摘编》，中央文献出版社2020年版，第81—82页；刘华芹等：《丝绸之路经济带：欧亚大陆新棋局》，中国商务出版社2015年版，第17页。

[②] 陶文昭：《中国梦：寻求共识最大公约数》，《光明日报》2014年5月19日。

的。中国梦的实现，要依靠中国内部的发展，也要依靠中国外交的成功。而中国外交首要在于周边外交。"丝绸之路经济带"是中国周边外交中的创新内容和优先方向。

第二节 实施意义："丝绸之路经济带"是实现"中国梦"的战略支撑

习近平总书记是高超的战略家。"中国梦"是中国的理想。"丝绸之路经济带"是实现"中国梦"的战略支撑之一。关于欧亚大陆在国际政治中的重要作用，国际政治学家早已达成共识。英国学者麦金德的主要观点是"谁统治东欧，谁就能主宰心脏地带；谁统治了心脏地带，谁就能主宰世界岛；谁统治了世界岛，谁就能征服全世界"[1]。美国学者斯皮克曼主张："谁控制了欧亚大陆的边缘地带，谁就能控制欧亚大陆；谁控制了欧亚大陆，谁就能决定世界的命运。"[2] 两者的侧重点虽然不同，但都看重欧亚大陆，强调了欧亚"心脏地带"的极端重要性。从地理范围来看，"丝绸之路经济带"涵盖并大于"欧亚心脏地带"，并具有更大的格局，更大的气魄，"是新时期中国深化改革开放、推进国际合作的关键抓手，对中国是全方位的发展战略，对世界是大视野的国际战略"[3]。"丝绸之路经济带"建设的近期目标是建立利益共同体，长远目标是建立命运共同体[4]。提出"丝绸之路经济带"系战略考量，恰逢其时。

第一，从全球层面看。《跨太平洋伙伴关系协定》（TPP）、《全面与进步跨太平洋伙伴关系协定》（CPTTP）体现了亚欧区域陆地与海洋、陆权与海权、陆路与海路的竞争；全球化和地区一体化的大势和需求；2008

---

[1] J. Mackinder, *Democratic Ideals and Reality: A Study in the Politics of Reconstruction*, New-York: Henry Holtand Company, 1942, p. 62.

[2] N. J. Spykman, *The Geography of the Peace*, NewYork: Harcourt Brace Co., 1944, p. 43.

[3] 张宇燕主编：《习近平新时代中国特色社会主义外交思想研究》，中国社会科学出版社2019年版，第6页。

[4] 刘华芹等：《丝绸之路经济带：欧亚大陆新棋局》，中国商务出版社2015年版，第57页。

年国际金融危机助长了全球保护主义盛行；中国已然全球 GDP 第二位，按 PPP 计算为世界第一位。"丝绸之路经济带"对于中国来说，是亚欧区域和全球治理、中国特色的大国外交的重要平台。

第二，从地缘经济（地区层面）来看。"丝绸之路经济带"连接欧亚、东西，实现共同、和平、合作、包容性发展，通过"五通"（政策沟通、设施联通、贸易畅通、资金融通、民心相通）即互联互通互动方式服务于沿途国家和人民。"丝绸之路经济带"东连亚太经济圈，西接欧盟经济圈，穿越亚欧18个国家，腹地贸易额占全球贸易总额约1/4，总人口近30亿，被认为是世界上最长、最具有发展潜力的经济大走廊。亚欧大陆又是世界上国家最多、人口最众、发展机遇最多、潜力最大的大陆。"丝绸之路经济带"的建设，促进亚欧合作、南南合作、南北合作。

第三，从中国周边层面看。奥巴马时期，美国在中国东南沿海大搞"重返亚太"和TPP（后放弃，特朗普搞"印太战略"，拜登又搞AUKUS），俄罗斯在中国西北方向搞欧亚经济联盟。中国必须有自己的欧亚大战略。其一，"丝绸之路经济带"能够整合上海合作组织，全面加深中俄战略协作；其二，中俄印三个亚欧金砖国家都处在"丝绸之路经济带"上，"丝绸之路经济带"建设有助于加强中俄印三个亚欧金砖国家的经济合作和战略协调，加强金砖体制，亚欧会议的国际协同，改善中国西部环境。其三，在亚欧中心地带，中美在投资、能源、反恐、防扩散、地区稳定等领域合作潜力较大，发生直接军事对抗的风险不大，故中国"西望"时也有利于改善与美日关系[①]，实现中国周边环境和平稳定和内部东西平衡发展，提高中国经济的总量和质量，培育新的经济增长极。

第四，世界上很多国家，包括美国、日本等与古丝绸之路没有什么关系的国家都提出了以"丝绸之路"命名的各种关于中亚—欧亚区域的构想。作为古丝绸之路的发端国，也作为以中国产品和文化符号"丝绸"命名的品牌之路，为古丝绸之路发展做出过重要贡献的国家，以及当前亚欧最重要的国家之一，中国应当仁不让，也应提出自己关于亚欧地区的国

---

① 赵东波、李英武：《中俄及中亚各国"新丝绸之路"构建的战略研究》，《东北亚论坛》2014年第1期。

家大战略，并与"丝绸之路"天然相联系。同时，现代版的"丝绸之路经济带"不是古丝绸之路的简单"复活"或"翻版"，它有更宽的领域和更丰富的内涵，是面向未来的宏大战略构想①。"丝绸之路经济带"倡议，既是新时代我国外交战略调整的新布局，也是互利共赢战略的具体化。

第五，以建设"丝绸之路经济带"思想为重要内容和指导的新发展模式正在发展的过程之中。历史上先是陆权优于海权，后随着新航路开辟、地理大发现，航海技术的进步，海权压倒了陆权。随着交通运输技术的进步，陆权距离、成本、时间大大缩小，运输数量和效益提高，陆权的优越性开始凸显，陆权的比重上升，海权的比重下降，陆权与海权趋向平衡，陆权可能再次超过海权。如果中国的高速铁路继续向欧亚大陆内部深入，中欧班列等将连通亚欧，加速欧亚大陆的整合，为中国突破美日等国的海权封锁，建立陆权优势，建立大亚欧共同体，显现巨大的战略价值②。如果说，"二十一世纪海上丝绸之路"反映的是海权，那么，"丝绸之路经济带"反映的则是陆权。"丝绸之路经济带"是我国在亚欧大陆上驾驭"陆权"的一项重大战略③。

第三节 实施意义："丝绸之路经济带"是实现"中国梦"的策略保障

习近平总书记也是高明的战术家和策略家。"丝绸之路经济带"是实现"中国梦"的策略保障。

第一，"丝绸之路经济带"的建设有助于中国东西内部平衡、并重、兼顾，消除不平衡，以及失重状态，实现国内协同、优化。如新疆、甘肃、青海、陕西、宁夏西北五省区，其中，新疆以其位置、面积、资源、

---

① 吴思科：《"一带一路"，中国外交的新思路》，《光明日报》2014 年 6 月 7 日。
② 徐剑梅、李斌：《高山见证携手前行——记国家主席习近平出席上海合作组织杜尚别峰会》，《光明日报》2014 年 9 月 15 日。
③ 刘华芹等：《丝绸之路经济带：欧亚大陆新棋局》，中国商务出版社 2015 年版，"序言"，第 2 页。

潜力、影响等，成为"丝绸之路经济带"的破题和核心区。内外联通倒逼国内改革、发展，从而也为"东突"问题的解决创造条件。以点带面、统筹协调推进合作。

第二，"丝绸之路经济带"建设有利于拉动外需，向西转移、输出、外溢过剩的一部分产能，互需互利互补以外促内，挖掘内需，从而实现内外联动、联通发展，解决资源、能源、市场问题，消除对西方的严重依赖。经济发展的三驾马车是消费、投资和经贸。过去中国重视沿海、东边，重视经济发达的美日韩以及东盟，现在也要向西、内陆发展，重视西部发展中国家和转型国家，那里有巨大的市场，是大有可为的投资地和经贸对象。例如，新亚欧大陆桥东起江苏连云港市、西至荷兰鹿特丹港，是一条连接亚洲与欧洲的国际化铁路交通干线，在中国境内途经江苏、安徽、河南、陕西、甘肃、青海、新疆7省、区，430多个县、市，到中哈边界的阿拉山口出国境，缩短了原有路上的亚欧运输2000公里的距离，比绕道印度洋水运缩短1万公里，并且避开了高寒地区，港口不封冻，吞吐能力大，可常年作业。

第三，发展中国西部，促进西部开放、改革，扩大内需，增强内生动力，创造新的经济发展增长点，发挥西部资源、能源、旅游和人文优势，减少东西差距，内外信息共享，争取国家经济社会的平衡、可持续发展。从西安经兰州一直到乌鲁木齐，是古丝绸之路的主要途经地区，沿途贫困地区并不少见，并且连成一片，"丝绸之路经济带"将推动国家西北大开发战略，从"开发"向"开放"转型。通过引进产业、聚集人才使西部地区更快发展，为我国中西部省区的特色农产品、特色食品、特色药品、机电产品等向西出口创造难得的机遇。"丝绸之路经济带"是新时代我国特别是大西北地区发展的大战略和大策略，是铸牢中华民族共同体意识的实验地，是融合和弘扬中华古代文明与现代发展的大展览。

第四，"丝绸之路经济带"沿线既通过经济比较落后的中亚、中东、高加索等地区发展中国家，也连接欧盟等发达经济体，亦不排斥其他发达和发展中经济体参与，坚持互利共赢、共同利益最大化的原则，"共商共建共享"，使中国经济从过去的相对偏重美欧日等发达经济体向南北并重、南南合作的方向推进。这既符合中国发展中国家的定位,也反映了中国作为"金砖国家"新兴经济体和"全球南方"国家崛起的态势和胸怀。"丝绸之路经济带"其实也是文化带,有利于各民族、各宗教、亚欧、东西的文化交流、交锋与交融,有助于削弱三股恶势力的基础。"丝绸之路经济带"是古今中外、东西文明交流交锋交融的大通道,是新时代联结和发展中国与亚欧关系的大动脉。

第五,"丝绸之路经济带"建设适应了社会经济、高铁技术发展、陆权上升的国际形势。以经济换政治,以陆上空间换取海上时间,以陆上、陆权优势平衡海上、海权劣势。克服过去亚欧大陆各区域间存在的"隔而不通,通而不畅,畅而不大,包而不容,紧而不密"的现象。亚欧中心地带,与全球当今唯一的超级大国美国相距遥远,历史上关联少,现实中美国影响相对薄弱。"丝绸之路经济带"体现了中国的西向进取和务实策略,也体现了中国经济外交战略的新布局。

第四节 "丝绸之路经济带"与上海合作组织的关系

两者的关系体现在以下几个方面:

第一,两者都是由中国倡导建立的,中国在其中都发挥关键的作用。上海合作组织成立于2001年,"丝绸之路经济带"倡议于2013年。上海合作组织成立最初源于解决中国与俄罗斯、中亚五国的边界问题,后来发展演变成为一个政府间的国际组织,并以中国的城市(上海)命名。上海合作组织的主要职能是安全、经济和人文。"丝绸之路经济带"以中国历史和世界历史上存在于亚欧北非大陆的"丝绸之路"为名,主要职能体现在经济和人文交流方面,建立利益和命运共同体。

第二,在中亚地区,前者以后者为平台,重点在于发挥后者的作用。习近平主席在2014年上海合作组织杜尚别峰会上讲:"目前,丝绸之路经济带建设正进入务实合作新阶段。中方制定的规则基本成形。欢迎上海合作组织成员国、观察员国、对话伙伴积极参与,共商大计、共建项目、共享收益,共同创新区域合作和南南合作模式,促进上海合作组织地区互联互通和新型工业化进程"。①

第三，"丝绸之路经济带"是一种构想和倡议，上海合作组织是实现一体化的国际机制。从机制上来讲，前者相对"虚"，后者相对"实"。前者相对"软"，后者相对"硬"。前者的实现需要借助后者的机制。上海合作组织是实现"丝绸之路经济带"和欧亚经济联盟对接合作的重要平台。上海合作组织提升经济功能和深化机制建设需要"丝绸之路经济带"建设。

第四，包含的地区和国家不一样。"丝绸之路经济带"地理范围更广泛，包含的国家更多，包括亚欧非沿线国家60多个；后者主要局限在中亚地区，成员国有限。

第五，上海合作组织在中亚地区的经济合作实践为"丝绸之路经济带"建设提供经验。上海合作组织由中俄共同主导，在"丝绸之路经济带"问题上中国发挥核心推动作用，但中国不谋求单一领导地位，俄罗斯的作用也很关键。西方、美欧共同疑虑上海合作组织，担心上海合作组织成为中俄地缘政治工具，但对"丝绸之路经济带"倡议看法则有所不同，相对而言，并不强烈反对。

第六，从某种意义上说，上海合作组织和"丝绸之路经济带"都体现了中国的周边外交、经济外交和亚欧外交，是中国总体外交战略的重要组成部分。

第七，从中俄关系的角度来看，无论是上海合作组织，还是"丝绸之路经济带"，都体现了中俄之间的战略协作关系，特别是在亚欧大陆区域。

第五节　分析与思考

建设"丝绸之路经济带"需要发扬当代的"丝绸之路精神"（以下简

---

① Евгений Винокуров, Александр Либман, *Евразийская Континентальная интеграция*, Евразийский Банк развития, Санкт-Петербург, 2012.

称"丝路精神")。何谓当代的"丝路精神"？笔者认为，当代的"丝路精神"，就是以经济为中心，互利共赢，共同、平衡、和谐、协调发展，求同存异，包容共鉴、内外联动，义利兼顾，不附加政治条件，不谈或少谈政治，信息共享，有福同享，有利同获，红利均沾，有难同当，不搞零和博弈。中国发挥主要作用，但不谋求地区事务的单一主导权，不经营势力范围，不针对任何第三方，不搞排他性制度设计，形成利益共同体和命运共同体。"丝绸之路经济带"是实现"中国梦"的战略和策略，"丝路精神"是实现"中国梦"的国际精神保障。这条"丝绸之路经济带"，这种精神，就是从实和虚两个层面，让历史与现实结合，内政与外交联动。历史为现实服务，国内为国际服务，国外为国内服务，形成良性互联互动。其实质是东西兼顾，南北并重，海陆平衡，内外联通，"亲诚惠容"，建构中国周边外交的创新内容和优先方向。"丝绸之路经济带"，是"带"而不是"路"，是"带"而不是"片"，是"经济带"而不是"安全带"，也不是"政治带"，体现了中华民族的文化特点和外交智慧。"中国梦"，是民族的、国家的，也是个体的；是历史的、现实的，也是未来的；是中国的，但与世界是密切相关的，是和平、发展、合作共赢之梦，貌似局限于国内，实际上并不是孤立的，而是与世界、与人类密切相关的，是在充分考虑了中国与世界复杂的互动关系后做出的战略选择。中国越来越成为民主的国际关系体系的倡导者、构建者和维护者。相信"丝绸之路经济带"会有美好的前景。"丝绸之路经济带"依靠中国强大的经济实力，东引西鉴，将会促进各方经济发展、民生改善。中国将不仅收获全面的区域开放和区域平衡，而且是实现真正意义"中国梦"的起点。亚欧中心地带也将实现经济发展，不再是"洼地"，成为东西、亚欧平衡的重要角色。亚欧中心地带不再是大国逐鹿的猎场，而将是大国合作的试验田。"丝绸之路经济带"是中国在总结、吸收、整合国内外各种关于"丝路"的主张的基础上提出的，最具有包容性、可行性和发展潜力的可持续性的国际合作倡议构想。软（政策）硬（道路）兼施，上（协议和制度）下（贸易和投资）齐手，渐行渐机制化。

一 现实可能性

已经有一定的基础和多年努力的成果；中国的经济优势，资金、技术、人力优势;"丝绸之路经济带"沿线国家人民渴望发展;经济全球化和地区一体化的压力和挑战。由点到面,由线及片,连片成带,非区非盟,不贪大求全,不幻想一蹴而就,循序渐进,由易到难,构想合理,具有现实可能性。2013年,中国与"丝绸之路经济带"沿线国家进出口贸易总额6000多亿美元,占中国对外贸易总额的15%左右。过去10年,中国与"丝绸之路经济带"沿线国家贸易额年均增长21%,高于同期中国外贸总体增速6个百分点。欧盟是我国最大的贸易伙伴。我国也成为俄罗斯、中亚一些国家最大的贸易伙伴,最重要的投资来源国之一。"丝绸之路经济带"既有历史基础,现实中上海合作组织、欧亚经济联盟的实践提供了发展基础,上海合作组织是美国及盟友势力范围之外最有影响力的国际组织。

二 中国因素

中国作为全球第二大经济体,PPP(购买力平价)计算GDP全球第一,世界第一大工业制造国,第一大外汇储备国,世界120多个国家的最大贸易伙伴,中亚国家最主要的贸易伙伴之一,国际金融危机中发展速度最快的"金砖国家",高铁技术世界领先。在"丝绸之路经济带"建设中,当仁不让,有所作为,以经济为核心和纽带,互利双赢,共同发展,不搞零和博弈,寻求最大公约数,协调合作,惠及周边,形成沿途利益共同体和命运共同体。中国这些举措有助于最大限度地排除政治阻力。同时,肯定、接纳其他国家在本地区内的存在,有助于充分发挥各方力量,强化地区的一体化趋势,充分体现了大国政治的胸襟。中国的经济活力、市场容量、资金储量、政策弹性等优势,已经向它们展示出对华合作的美好前景。

三 国外因素

中亚(哈萨克斯坦、土库曼斯坦、乌兹别克斯坦等)、俄罗斯、欧盟(如德、波、匈等)、白俄罗斯、土耳其国家领导层、阿拉伯国家、中东欧一些国家都曾公开表示支持。对各方而言,这一倡议正是中国"向西开放",与中东、欧盟"向东看",中亚、俄罗斯全方位、东西平衡政策的有机结合。由于俄罗斯处于"丝绸之路经济带"的关键位置,又对其周边的中亚、中东甚至中东欧有重要的影响,因此,其地位和作用很关键。在乌克兰危机、西方对俄罗斯实施多次制裁后,俄罗斯加重了对中国的战略依赖。如果说"丝绸之路经济带"刚提出时俄方戒心很重,担心中国抢占俄传统势力范围,不愿多谈,那么后来逐渐接受,不认为是对俄的威胁,反而对俄利好。与普京的欧亚联盟、经济外交、能源外交、俄罗斯欧亚大铁路和东部开发战略相契合。习近平担任中国国家主席以来,空前重视中国周边外交和金砖体制,中俄最高层互动频繁,"丝绸之路经济带"建设乘中俄战略协作伙伴关系之帆并行发展。

障碍因素:(1)与中国国内建设的衔接,"丝绸之路经济带"短期回报率低;(2)与俄罗斯欧亚联盟、美国"新丝绸之路计划"的关系存在竞争的一面(当然同时也存在合作与互补关系);(3)实现与欧洲联盟、东亚经济区的衔接,目前"丝绸之路经济带"沿线国家经济发展水平的现实是两边高、中间低;(4)沿途各国主权与利益的权衡,"硬件"(交通基础设施)的建设与"软件"(规则、政策)的制定。基础设施差,人口少,产业发展滞后。我国与中亚、俄罗斯的铁轨轨距不统一等;(5)中国本身的实力、影响和国际经验还显不足,"丝绸之路经济带"理论在具体说明、解读上还不成熟,还令人难以信服,还需细化、实化、具体化。

我们应该寻找欧亚地区各种层次、不同领域、不同性质的一体化国际和机制的契合点,利益的最大公约数作为对策。"丝绸之路经济带"能否建成,俄罗斯的态度和立场至关重要。中俄双方领导层意识到了这一点。就像中俄联合声明中写的"双方认为,欧亚一体化合作进程对保障地区经济发展、加强地区安全稳定、促进地区建立共同无分界线的经济和人文空间发挥着重要作用。双方相信,拟于 2015 年 1 月 1 日建立的欧亚经济联盟将促进地区稳定,进一步深化双边互利合作。双方强调,亚洲、欧亚空间和欧洲的一体化进程相互补充十分重要"[1],"俄方认为,中方提出的建设'丝绸之路经济带'倡议非常重要,高度评价中方愿在制定和实施

---

[1] 《中华人民共和国与俄罗斯联邦关于全面战略协作伙伴关系新阶段的联合声明》,新华社上海 2014 年 5 月 20 日电。

过程中考虑俄方利益。双方将寻找'丝绸之路经济带'项目和将建立的欧亚经济联盟之间可行的契合点。为此,双方将继续深化两国主管部门的合作,包括在地区发展交通和基础设施方面实施共同项目"[①]。做到政策沟通,设施联通,贸易畅通,资金融通,民心相通。最具包容性,最少排他性。"丝绸之路经济带"是一个地跨欧亚的经济合作国际大平台。建立以中国和俄罗斯为核心的高铁国家基础设施发展联盟和以金砖国家为主导的"陆权"国家金融发展联盟,重新制定新的世界规则。具体说来,一是要思想观念上重视,并加强宣传。诸如建立网上丝绸之路、丝路开发银行、丝路稳定基金、丝路商贸中心、丝路物流中心、丝路交易中心、丝路文化中心等,开展丝路经济论坛、丝路经济博览会、丝路市长论坛、丝路企业家论坛、丝路学者论坛、丝路文化展、丝路商品展等活动。二是突出重点国家和地区(俄罗斯、哈萨克斯坦、乌兹别克斯坦、土耳其、希腊、意大利、德国等),分段包干,互相援手。互联互通是抓手。能源合作有基础。高铁合作、地方合作是新的增长点。2014年10月李克强总理访俄,签订协议建设北京至莫斯科的亚欧高速运输走廊,优先修建从莫斯科到喀山的高铁。12月在上海合作组织总理峰会上,李克强总理再次表示愿与上海合作组织成员国合作克服经济危机,对俄发生的卢布暴跌、金融困难表达了积极帮助的态度。项目要对症下药地谈,一个一个地落实。三是中国国家发展战略与地区发展战略对接,国内发展与国际发展对接,倒逼国内改革和发展。国内新疆是破题,维稳任务很艰巨。国外中亚是突破口,互联互通是关键,能源合作有基础。俄罗斯处在"丝绸之路经济带"的咽喉位置,印度位于陆上丝绸之路和海上丝绸之路的交会点,它们又都与中国一样是金砖国家,因此,中俄等亚欧金砖国家将在推动"丝绸之路经济带"建设中发挥关键、主导作用。由于涉及的国家多,人口数量大,主权问题协调难度大,所以,同时要认识到长期性、复杂性、艰巨性。要做好"丝绸之路经济带"建设的合法性问题,包括国际法与各国国内法的研究。

  2014年11月,加强互联互通伙伴关系对话会在北京举行。中国国家

[①]《中华人民共和国与俄罗斯联邦关于全面战略协作伙伴关系新阶段的联合声明》,新华社上海2014年5月20日电。

主席习近平主持会议并发表题为《联通引领发展伙伴聚焦合作》的重要讲话。习近平主席提出了中国设立丝路基金和亚洲基础设施投资银行，推进"一带一路"的发展。就此提出五点建议：第一，以亚洲国家为重点方向，率先实现亚洲互联互通。"一带一路"源于亚洲、依托亚洲、造福亚洲。中国愿通过互联互通为亚洲邻国提供更多公共产品，欢迎大家搭乘中国发展的列车。第二，以经济走廊为依托，建立亚洲互联互通的基本框架。"一带一路"兼顾各国需求，统筹陆海两大方向，涵盖面宽，包容性强，辐射作用大。第三，以交通基础设施为突破，实现亚洲互联互通的早期收获，优先部署中国同邻国的铁路、公路项目。第四，以建设融资平台为抓手、打破亚洲互联互通的瓶颈。他宣布中国将出资400亿美元成立丝路基金。丝路基金是开放的，欢迎亚洲域内外的投资者积极参与。第五，以人文交流为纽带，夯实亚洲互联互通的社会根基。未来五年，中国将为周边国家提供两万个互联互通领域培训名额。[①] 在随后召开的中央外事工作会议上，习近平总书记强调，要切实抓好周边外交工作，打造周边命运共同体，秉持亲诚惠容的周边外交理念，坚持与邻为善、以邻为伴，坚持睦邻、安邻、富邻，深化同周边国家的互利合作和互联互通。逐步构筑起立足周边、辐射"一带一路"、面向全球的自由贸易区网络（和战略合作伙伴），积极同"一带一路"沿线国家和地区商建自由贸易区，使我国与沿线国家合作更加紧密、往来更加便利、利益更加融合。"一梦一带一路一网"有助于我国有效贯彻东稳西进、海陆兼顾、南北并重的原则，推动我国地缘和全球战略实现"再平衡"，为我国的和平发展奠定良好外部环境，从而实现中华民族的和平发展和伟大复兴。2018年6月召开的中央外事工作会议，确立了习近平外交思想的指导地位。这是新时代对外工作的思想旗帜，是新时代我国对外工作的根本遵循和思想指南。习近平外交思想的核心要义概括起来有十个方面，其中包括坚持以共商共建共享为原则推动"一带一路"建设[②]。这就为"丝绸之路经济带"框架下的中俄亚欧全面合作研究提供了思想指导。

[①] 《习近平：中国将出400亿美元成立"丝路基金"》，人民网时政，2014年11月9日。
[②] 中共中央宣传部、中华人民共和国外交部：《习近平外交思想学习纲要》，人民出版社、学习出版社2021年版，第2—4页。

第二章　欧亚经济联盟的理论与实践

以欧亚经济联盟（Eurasian Economic Union，EEU）为机制载体，欧亚大陆中心地带区域一体化进程进入了新的发展阶段。自成立运行七年来，欧亚经济联盟并未风生水起，实现大的发展，离预设目标仍有较大距离，但也没有半途夭折，出现机制运转"空心化"的现象，[1] 在关税协调、商品贸易、能源共同市场及数字经济建设等功能领域也取得了一定的成就。应该说，在欧亚地区复杂的地缘政治环境（如乌克兰危机）及西方对俄罗斯制裁等不利因素的冲击下，欧亚经济联盟作为新型的区域一体化组织算是"挺"住了。而且，欧亚经济联盟已经成为中国欧亚战略与政策实施，以及"丝绸之路经济带"建设过程中绕不开的樊篱。然而，国内政策界、学术界对欧亚经济联盟的认识仍存在分歧，对其前景的预期悲观大于乐观。基于中国欧亚战略现实的需要，在欧亚经济联盟的最新发展及前期研究成果的基础上，本书试图抽丝剥茧，进一步审视欧亚经济联盟，深入思考其顶层理论设计、发展动力与阻力，以及未来前景等问题，在推进新时代中国欧亚战略的实施，如何更好地落实"丝绸之路经济带"与欧亚经济联盟对接合作（简称"一带一盟"对接合作），实现与欧亚地区国家关系提质升级，构建欧亚发展、利益及命运共同体等方面做有益的探讨。

---

[1] 2019年8月7日，欧亚经济委员会一体化与宏观经济部部长助理菲德尔·切尔尼岑（Fedor Chernitsyn）在中国社会科学院俄罗斯东欧中亚研究所学术交流指出，欧亚经济联盟成立五年来最大的成绩就是依旧还在良性运转。

第一节　问题的提出

作为新型区域经济一体化组织，国际学界对欧亚经济联盟都保持着不同程度的关注，且各有侧重。

俄罗斯学术界高度关注欧亚经济联盟，① 视其为对外战略的优先之一，重点讨论如何借助欧亚经济联盟，使其成为俄罗斯实现"重新复兴"的工具。正如欧亚开发银行原首席经济学家利雅罗斯拉夫·利萨沃利克（Yaroslav Lissovolik）所言，任何地区多边机制都是俄罗斯实现对外战略的手段和工具。② 在实践层面，即在如何推动欧亚经济联盟发展及欧亚一体化进程问题上，俄学术界分歧明显。如在战略方向选择上，是西进，优先与欧盟对接，承认美元霸权地位，融入西方主导的世界经济体系；还是东进，稳住中亚，进军亚太，推动卢布地区化，构建以俄罗斯为核心的欧亚经济体系。③ 也有观点提出，欧亚经济联盟应该首先关注自身，以解决本地区社会经济发展问题为优先。俄科学院经济学研究所副所长斯维特拉

---

① 对于俄罗斯而言，区域一体化并非新事物。早在冷战时期，苏联学者就高度关注区域一体化进程，重点研究美国及西欧主导的资本主义区域一体化进程（欧共体），或称市场经济区域一体化和苏联主导的社会主义区域一体化进程（经互会），或称计划经济区域一体化，在研究方法上侧重于比较分析，比较两种经济制度下的区域一体化进程的优劣及探讨相互间关系。其中，主要研究阵地有：苏联科学院的世界经济与国际关系研究所、欧洲研究所和经济研究所，以及莫斯科大学、列宁格勒大学（现圣彼得堡大学）、莫斯科国际关系学院等高校机构，代表学者有：尤里·什西科夫（Yury Shishkov）、阿纳托利·布坚科（Anatoly Butenko）、玛格丽特·马克西莫娃（Margarita Maksimova）等。参见 Юрий Шишков, *Общий рынок: надежды и действительность*, Москва: Мысль, 1972; Анатолий Бутенко, *Социалистическая интеграция, её сущность и перспективы*, Москва, 1971; Маргарита Максимова, "Экономическая интеграция: некоторые вопросы методологии", *Мировая экономика и международные отношения*, No. 5, 1969。

② 2019 年 6 月 8 日，在圣彼得堡国际经济论坛上，作者工晨星与欧亚开发银行原首席经济学家雅罗斯拉夫·利萨沃利克（Yaroslav Lissovolik）的访谈。

③ Владислав Иноземцев, "Национальные интересы России на постсоветском пространстве: в чем они состоят и какими должны быть?", *Россия и современный мир*, No. 3, 2012, ст. 108 – 121; Алексей Подберёзкин, Ксения Боришполец и Ольга Подберёзкина, *Евразия и Россия*, Москва: МГИМО, 2013.

娜·格林金娜（Svetlana Glinkina）指出，欧亚经济联盟富有生命力的前提是能否解决以下问题：能否改变俄罗斯和哈萨克斯坦以能源为主的对外贸易结构，以实现贸易结构多元化？能否改变成员国经济有增长，却无现代化的窘境？能否在争夺原苏联地区影响力中与周边地缘政治经济力量开展有效竞争等诸如此类问题。① 再比如欧亚经济联盟发展的主导力问题，自由主义学者主张相关主权应让渡于超国家多边机制，强化欧亚经济联盟的制度领导力；而保守主义学者更倾向俄罗斯为主导，多边机制为辅的制度结构，不主张向超国家机制让渡过多的主权。②

与俄罗斯学术界关注重点不同的是，其他成员国对欧亚经济联盟的研究更多的是从本国现实利益出发，在保证政治独立、主权完整前提下，研究如何与俄罗斯处理一体化合作关系。进一步来看，各成员国学者关注的重点不同：哈萨克斯坦学者侧重能源、商品贸易和基础设施建设方面的研究；③ 白俄罗斯学者重视工业合作和工业产品出口问

---

① Светлана Глинкина, *Евразийский интеграционный проект: эффекты и проблемы реализации*, Москва: Институт экономики РАН, 2013, ст. 46 – 62.

② Тимофей Бордачёв, Екатерина Островская и Андрей Скриба, "Выбор и вызов евразийской интеграции", *Россия в глобальной политике*, No. 5, 2013, https://globalaffairs.ru/number/Vybor-i-vyzov-evraziiskoi-integratcii-16178; Александр Дугин, *Геополитика*, Москва: Академический проект, 2015; Евгений Винокуров и Александр Либман, *Евразийская континентальная интеграция*, Санкт-Петербург: Евразийский банк развития, 2012; Евгений Винокуров, "Прагматическое евразийство", *Евразийская экономическая интеграция*, Vol. 21, No. 4, 2013, ст. 7 – 20; Евгений Винокуров и Александр Либман, "Две евразийские интеграции", *Вопросы экономики*, No. 2, 2013, ст. 47 – 72; Евгений Винокуров, "Прагматическое евразийство", *Евразийская экономическая интеграция*, Vol. 21, No. 4, 2013, ст. 7 – 20; Сергей Глазьев и Сергей Ткачук, "Перспективы развития евразийской экономической интеграции: от ТС-ЕЭП к ЕЭС (концептуальный аспект)", *Российский экономический журнал*, No. 1, 2013, ст. 3 – 12.

③ 参见 Булат Султанов, *Современное экономическое развитие Казахстана: отраслевые, региональные, внешнеэкономические приоритеты*, Алматы: КИСИ при Президенте РК, 2011; Булат Султанов, *Интеграционые процессы в евразийском пространстве и современный мир*, Алматы: КИСИ при Президенте РК, 2012; Юрий Киринициянов, *Евразийское партнёрство: идеи, мнения, предложения*, Алматы: КИСИ при Президенте РК, 2014; Таир Мансуров, "ЕврАзЭС: от интеграционного сотрудничества к Евразийскому экономическому союзу", *Международная жизнь*, No. 10, 2014. 等。

题的研究;① 吉尔吉斯斯坦学者重视商品贸易、劳动移民和吸引投资方面的研究;② 亚美尼亚学者关注的是商品贸易、能源安全、交通基础设施建设和劳动移民等问题。③

以美国、欧盟为代表的西方学术界对欧亚一体化、欧亚经济联盟亦有研究,其特点是:第一,普遍从地缘政治、俄罗斯"一极"战略角度看待欧亚经济联盟,并认为,欧亚一体化及其机制载体是俄罗斯主导的地缘政治项目,意图重新整合原苏联地区,构建非西方的、并要与西方世界平起平坐的欧亚地区体系。第二,对欧亚经济联盟的前景持消极态度。但与美国学界普遍唱衰欧亚经济联盟不同,欧盟学界持一定的保留态度。在乌克兰危机冲击下,俄欧在后冷战时期建立起来的对话机制基本失效。因此,有学者就提出,与欧亚经济联盟展开对话或许可以成为俄欧沟通的新机制,应在俄欧之间建立"共同周边"(commonneign bourhood)或"共享周边"(sharedneigh bourhood),避免"大欧洲"分裂。④ 但是,他

---

① Владимир Бобков, *Беларусь в интеграционных проектах*, Минск: Беларуская наука, 2011; Алексей Дайнеко, *Геоэкономические приоритеты Республики Беларусь*, Минск: Беларуская навука, 2011; Институт стран СНГ, *Будущее Союзного государства и потенциальные модели его развития*, Москва: Институт стран СНГ, 2013.

② Бермет Акаева, Андрей Коротаев, Леонид Исаев, Алиса Шишкина, *Системный мониторинг глобальных и региональных рисков: Центральная Азия: Новые вызовы*, Москва: ЛЕНАНД, 2013. Ivan Krastev, Mark Leonard, "The New European Disorder", *European Council of Foreign Relations Essay*, No. 117, 2014, https://www.ecfr.eu/page/-/ECFR117_The_New_European_Disorder_ESSAY.pdf; Rilka Dragneva, Kataryna Wolczuk, "Trade and Geopolitics: Should the EU engage with the Eurasian Economic Union", *European Policy Centre PolicyB rief*, No. 4, 2015, https://www.epc.eu/documents/uploads/pub_5462_trade_and_geopolitics.pdf.

③ Айкануш Чобанян, *Возвратная миграция и вопросы реинтеграции: Армения*, CARIM-East RR, No. 4, 2013; Ашот Тавадян, "Интеграционные приоритеты Армении: взгляд из Еревана", *Россия и новые государства Евразии*, No. 2, 2014, ст. 28 – 42; Сергей Минасян, "Армения и Евразийский союз: конец интриги?", Политком, 07 октября 2014 года, http://politcom.ru/18157.html.

④ Joseph Dobbs, "The Eurasian Economic Union: A Bridgeto Nowhere?", *European Leadership Network-PolicyBrief*, No. 3, 2015, https://www.europeanleadershipnetwork.org/policy-brief/the-eurasian-econ omic-union-a-bridge-to-nowhere/; Laure Delcour, Hrant Kostanyan, "Towardsa Fragmented Neighbourhood: Policies of the EU and Russia and their consequences for the area that liesin between", *CEPS Essay*, No. 17, 2014, https://www.researchgate.net/publication/271645562_Towards_ (转下页)

们认为，与欧亚经济联盟对话必须放在乌克兰危机得到合理解决之后，理由是现在与欧亚经济联盟展开对话无疑承认了俄罗斯在原苏联地区的扩张，是在为经济衰弱的俄罗斯"输血"，这会助长俄的"嚣张"气焰。① 在欧盟眼中，欧亚经济联盟既是对手，又是伙伴；既要制衡，又要对接。

与欧美不同的是，在处理与欧亚经济联盟关系时，中国并非"局外人"，而是"丝绸之路经济带"与欧亚经济联盟对接合作的动议方及践行者。2015年5月，中俄两国元首发布《关于丝绸之路经济带建设和欧亚经济联盟建设对接合作的联合声明》，标志着"一带一盟"对接合作正式启动。此后，在官方层面，中俄两国元首亲力亲为，共同推动"一带一盟"对接合作走深走实，并在历年联合声明中做出重要指示（见表2.1）。双方经过五轮谈判、三次工作组会和两次部长级磋商，范围包括海关程序与贸易便利化、知识产权、部门合作和政府采购等10个方面，于2017年10月实质性结束经贸合作协议谈判。2018年5月，中国与欧亚经济联盟正式签署经贸协定，形成双方对接合作的首个制度性安排。

表2.1　中俄元首联合声明中关于"一带一盟"对接合作的表述汇总

时间	内容
2016年6月	落实中俄2015年5月8日《联合声明》中确定的丝绸之路经济带建设与欧亚经济联盟建设对接合作的共识具有重大意义。中俄主张在开放、透明和考虑彼此利益的基础上建立欧亚全面伙伴关系，包括可能吸纳欧亚经济联盟、上海合作组织和东盟成员国加入。鉴于此，两国元首责成两国政府相关部门积极研究提出落实该倡议的举措，以推动深化地区一体化进程
2017年7月	双方继续开展"一带一路"建设与欧亚经济联盟对接，推动签署《中华人民共和国与欧亚经济联盟经贸合作协议》。双方将在开放、透明和考虑彼此利益的基础上，为推动地区一体化进程，继续就构建"欧亚经济伙伴关系"制定相关措施

（接上页）a Fragmented Neighbourhood Policies of the EU and Russia and their consequences for the area that lies in between; Iris Kempe, "The South Caucasus Between the EU and the Eurasian Union", *Center for Security Studies*, No. 51 - 52, 2013, pp. 2 - 5.

① Ivan Krastev, Mark Leonard, "The New European Disorder", *EuropeanCouncil of Foreign Relations Essay*, No. 117, 2014, https://www.ecfr.eu/page/-/ECFR117_The_New_European_Disorder_ESSAY.pdf; Rilka Dragneva, Kataryna Wolczuk, "TradeandGeopolitics: Should the EUengagewiththe Eurasian Economic Union", *European Policy Centre Policy Brief*, No. 4, 2015, https://www.epc.eu/documents/uploads/pub_5462_trade_and_geopolitics.pdf.

续表

时间	内容
2018年6月	通过共同实施2018年5月17日在阿斯塔纳签署的《中华人民共和国与欧亚经济联盟经贸合作协定》等，继续推进"一带一路"建设和欧亚经济联盟对接；将在开放、透明和考虑彼此利益的基础上，探讨构建"欧亚伙伴关系"，促进地区一体化进程。双方欢迎签署关于完成欧亚经济伙伴关系协定联合可行性研究的联合声明，期待有关后续工作尽快取得积极进展
2019年6月	积极推进"一带一路"建设与欧亚经济联盟对接。推动在中华人民共和国政府同欧亚经济委员会间建立有效对话机制。切实推动符合中国、欧亚经济联盟及其成员国利益的优先项目

资料来源：笔者根据2016—2019年中俄元首联合声明相关内容整理而成。参见中国外交部网站 https://www.fmprc.gov.cn/web/。

在学术研究层面，中国学者对欧亚经济联盟的研究大体经历了两个阶段。第一阶段的研究主要集中在2015年及之前，重点分析对俄罗斯主导欧亚经济联盟，再次力推区域一体化背后的战略意图。基本观点是：欧亚经济联盟是俄罗斯强国战略、"一极"战略的重要支撑，也是重新整合原苏联地区的抓手。[①] 第二阶段的研究是2015年下半年至今，研究重点集中在"一带一盟"对接合作上，基本问题有二：一是"一带一盟"之间的相互关系。普遍认为，两者不是一回事，前者是倡议，是追求多边互利合作的"软机制"；后者是国际组织，是推动区域经济一体化的"硬机制"，但两者之间有诸多利益共通点，存在互补互利、多赢共赢的基础。[②]

[①] 参见李新《普京欧亚联盟设想：背景、目标及其可能性》，载《现代国际关系》2011年第11期；王郦久《俄"欧亚联盟"战略及其对中俄关系的影响》，载《现代国际关系》2012年第4期；欧阳向英《欧亚联盟——后苏联空间俄罗斯发展前景》，载《俄罗斯东欧中亚研究》2012年第4期；李兴《普京欧亚联盟评析》，载《俄罗斯研究》2012年第6期；王树春、万青松《试论欧亚联盟的未来前景》，载《俄罗斯研究》2012年第2期；富景筠《俄、白、哈关税同盟的历史演进、动因及前景——基于区域内贸易特点的视角》，载《俄罗斯东欧中亚研究》2014年第2期；杨恕、王术森《俄白哈关税同盟的发展及其影响》，载《国际问题研究》2014年第4期；左凤荣《欧亚联盟：普京地缘政治谋划的核心》，载《当代世界》2015年第4期。

[②] 参见李永全《和而不同：丝绸之路经济带与欧亚经济联盟》，载《俄罗斯东欧中亚研究》2015年第4期；李兴《"丝绸之路经济带"与欧亚经济联盟：比较分析与关系前景》，载《中国高校社会科学》2015年第6期；展妍男《丝绸之路经济带与欧亚经济联盟的差异与对接》，载《国际经济评论》2017年第4期；李兴《亚欧中心跨区域合作体制机制比较分析："丝绸之路经济带"、欧亚经济联盟和"新丝绸之路"》，载《人文杂志》2018年第9期。

二是"一带一盟"对接的路径。学界从宏观到微观，从制度对接到具体项目对接，都做了有益的探讨。①

通过对国内外相关文献的检阅可知，尽管各方研究立场、关注点不同，但对欧亚一体化、欧亚经济联盟已有较为全面、准确的宏观把握，为继续深入研究奠定了必要的基础。当前，在百年未有之大变局及中美关系波动的背景下，中华民族伟大复兴的外部环境危与机并存。鉴于此，中国更需保持战略定力，审时度势，趋利避害，转危为机，延长战略机遇期。在此背景下，对中国而言，深入认识欧亚经济联盟的内在逻辑及运行机理，强化与欧亚经济联盟成员国战略合作伙伴关系，巩固西部及西北周边环境有着十分重要的现实意义。本书将以此为出发点，探究欧亚经济联盟顶层设计的理论思考是什么？其继续发展的动力和阻力是什么？其是否具有生命力等问题，并对新时代中国欧亚战略选择做有益的探讨②。

第二节　欧亚经济联盟顶层设计的理论思考

苏联解体后，欧亚新独立国家曾尝试"复制"欧洲经验，在原苏联空间重走欧洲一体化道路，构建类似于欧共体的高水平经济一体化机制来处理新独立国家间的关系，以代替苏联内部原有"中央—地方"及"地方—地方"间的关系。③ 2007 年，俄、白、哈三国重新启动组建关税同盟

---

① 参见李建民《丝绸之路经济带、欧亚经济联盟与中俄合作》，《俄罗斯学刊》2014 年第 5 期；李新《丝绸之路经济带对接欧亚经济联盟：共建欧亚共同经济空间》，载《东北亚论坛》2016 年第 4 期；冯玉军《论"丝绸之路经济带"与欧亚经济联盟对接的路径》，载《欧亚经济》2016 年第 5 期；张宁、张琳《丝绸之路经济带与欧亚经济联盟对接分析》，载《新疆师范大学学报》（哲学社会科学版）2016 年第 2 期；柴瑜、王效云《"丝绸之路经济带"与欧亚经济联盟的对接——基础、挑战与环境塑造》，载《欧亚经济》2018 年第 5 期；米军《中国与欧亚经济联盟国家金融合作发展战略研究》，载《财经问题研究》2019 年第 1 期。

② 本书不就欧亚经济联盟运行现状做专门论述，相关信息可参见《俄罗斯发展报告》黄皮书，社会科学文献出版社 2017 年版、2018 年版、2019 年版。

③ 苏联解体后不久，在 1992 年 3 月，俄科学院欧洲研究所专门召开学术会议，讨论如何汲取欧洲一体化经验来推动原苏联地区一体化。参见 Михаил Носов, *ЕврАзЭС и интеграционный опыт ЕС*, Москва：Институт Европы РАН, 2009, ст. 7。

前，欧亚新独立国家为"复制"欧洲经验进行了两轮实践，但均以失败告终。

第一轮实践主要是在 20 世纪 90 年代，欧亚新独立国家 1993 年成立了"欧亚煤与金属共同体"（Eurasian Interstate Coal and Metal Association, EICMA），试图从欧亚新独立国家产业联系较为紧密的煤及金属领域实现一体化，再向其他领域"外溢"。同年，还成立了"独联体经济联盟"（CIS Economic Union），试图参照欧洲一体化经验，采取四步走战略，即建立国家间自由贸易机制，到关税同盟，再到共同市场，最终建成货币联盟。[①] 在现实中，以上多边机制并未真正运行，大部分文件和倡议仅停留在纸面上。

第二轮实践是在 2000—2007 年期间。2000 年 10 月，俄罗斯、白俄罗斯、哈萨克斯坦、塔吉克斯坦及吉尔吉斯斯坦等五国元首在阿斯塔纳签署《成立欧亚经济共同体条约》，2001 年，该条约正式生效。欧亚经济共同体（Eurasian Economic Community, EurAsEC）的体制机制是仿欧共体而建立的。欧亚经济共同体国家间委员会相当于欧共体的欧洲理事会，是最高决策机构，负责决定一体化进程的大政方针；一体化委员会相当于欧共体委员会，属于常设超国家机构；欧亚经济共同体议会相当于欧共体议会，是监督与咨询机构；欧亚经济共同体法院相当于欧共体法院，是争议仲裁机构。[②] 然而，欧亚经济共同体前进道路上受到原苏联地区"颜色革命"的干扰，以及俄白哈乌（克兰）统一经济空间落空，最终导致其体制机制"空转"。

2007 年 10 月，俄罗斯、白俄罗斯及哈萨克斯坦在杜尚别签订《建立统一关境和组建关税同盟协定》后，俄罗斯主导的区域一体化进程加速推进。2010 年，俄、白、哈关税同盟启动；2012 年，俄、白、哈统一经济空间启动；2015 年欧亚经济联盟成立。至此，欧亚一体化进程进入了新的发展阶段。与此同时，学界对区域一体化理论也有了新的认识，大体上可以归纳为三个"觉醒"。

[①] Договор о создании Экономического союза, 24 сентября 1993 года.
[②] 王晨星、李兴：《欧亚经济共同体与欧亚经济联盟比较分析》，载《俄罗斯东欧中亚研究》2016 年第 4 期。

第一，欧亚一体化与欧洲一体化存在本质性差异。一是经济基础不同。欧盟是由经济发展水平相同或相近的发达国家组成。然而，欧亚经济联盟内部经济发展水平差距较大，在各经济指标中，俄罗斯一家独大，与其他成员国不在一个当量上。二是历史背景不同。欧洲一体化从国家间战争状态走向经济一体化的结构，首先解决了"战争与和平"的问题，而原苏联地区一体化从统一国家解体而来，维护主权独立是各国家的首要关切。三是外部环境不同。欧洲一体化自诞生以来就受到美国的支持。冷战时代，支持西欧地区一体化是美国在欧洲地区制衡苏联的战略举措之一，而原苏联地区一体化由苏联继承者俄罗斯主导，自成立以来就受到西方的诟病。四是主导力不同。欧洲一体化是以德法为核心，英意为两翼的多中心主导，其决策是各主导力量相互妥协，实现利益均衡的结果。而原苏联地区一体化只由俄罗斯主导，是单中心主导，其决策是宗主国与新独立国家间、大小国间利益博弈的结果。五是决策机制不同。欧盟采取多元相互制衡的决策机制，而欧亚经济联盟的决策机制体现出成员国总统在欧亚经济联盟决策中的核心地位，是成员国国内超级总统制的国际延伸，反过来，这样的决策机制又能进一步巩固成员国国内的超级总统制，客观地反映了该地区政治生态。六是一体化目标不同。欧盟已经建成了局部货币联盟（欧元区），正在向更高水平的政治、军事、安全一体化进发，而原苏联地区一体化的目标是通过建立共同市场来恢复因苏联解体而断裂的传统经济联系，在日益边缘化的国际经济体系中形成"抱团取暖"，进而形成合力，解决成员国再工业化和现代化问题，离货币联盟还有很大距离，政治一体化还只是远景规划，尚未提上日程。[①]

第二，欧洲一体化实践并非完美。从债务危机、英国脱欧及中东欧新成员国民粹主义抬头等现象中发现，欧洲一体化本身也存在问题，欧盟面临分裂风险，不值得全盘照搬，应充分挖掘本地区一体化潜力，实现因地制宜、构建具有本土特色的欧亚一体化理论。正如英国国际关系理论学家赫德利·布尔（Hedley Bull）所言："如果我们所使用的理论都源自西方

---

① 相关研究可参见 Юрий Шишков, *Интеграционные процессы на пороге XXI века: Почему не интегрируются страны СНГ*, Москва: III тысячелетие, 2001; Михаил Носов, *ЕврАзЭС и интеграционный опыт ЕС*, Москва: Институт Европы РАН, 2009。

并以西方为标准,这些理论能使我们充分理解非西方的国际政治体系吗?"① 莫斯科国际关系学院副校长阿纳托利·巴依科夫(Anatoly Baykov)则直截了当地指出,"欧亚与欧洲不同,欧亚地区应该有自己的区域一体化理论来指导实践,而非拿来主义,照搬照抄"。②

第三,欧亚一体化也并非一无是处。正如莫斯科国际关系学院的尼古拉依·卡维什尼科夫(Nikolay Kaveshnikov)所言,"欧亚一体化与欧洲一体化明显不同,那就是欧洲一体化是从零开始的,即从经贸向社会、政治不断递进,而欧亚一体化是有基础的,并非从零开始,如在地区内国家间互免签证、人员及劳动力自由流动方面就比欧盟的申根区建立更早、运行更成熟"。③

显然,机械地复制欧洲一体化经验是没有出路的,欧亚煤与金属共同体、独联体经济联盟、欧亚经济共同体最后也只是停留在"想象"层面。在推动欧亚一体化前进,进一步建设欧亚经济联盟过程中,政策界、学术界已经清楚地认识到,一方面,要批判性接受欧洲一体化经验,取其精华;④ 另一方面,更要重视欧亚地区的自身特点,在实践中实现因地制宜。欧亚经济联盟顶层理论设计的讨论主要围绕以下问题展开。

一 对"欧亚""欧亚一体化"概念的辨析

在俄罗斯及其他欧亚国家精英意识中,"欧亚"概念同时兼具地理性、文明性、意识形态性及经济性四大属性。

所谓地理性,有"大欧亚"和"小欧亚"之分。"大欧亚"指的是欧洲与亚洲的集合;"小欧亚"主要指除了波罗的海三国以外的原苏联地

---

① А. П. 齐甘科夫、П. А. 齐甘科夫:《当代俄罗斯国际关系学》,冯玉军、徐向梅译,北京大学出版社2008年版。

② 2018年10月19日,作者王晨星对莫斯科国际关系学院副校长阿纳托里·巴依科夫(Anatoly Baykov)博士的访谈。

③ 2014年3月25日,作者王晨星对莫斯科国际关系学院欧洲一体化教研室主任尼古拉依·卡维什尼科夫(Nikolay Kaveshnikov)教授的访谈。

④ 从实践中看,欧亚经济联盟从欧盟身上也汲取了不少经验,如设立类似于欧洲委员会的欧亚经济委员会就是明证。关于这点,欧亚经济委员会一体化与宏观经济部部长助理切尔尼岑也表示认可。

区，也有学者称之为"欧亚中心""后苏联欧亚"（Post-Soviet Eurasia）。①在当代国内外学术话语体系中，"欧亚"主要代指"小欧亚""欧亚中心"及原苏联地区。欧亚一体化的地域范围也仅在"小欧亚"地区，其影响辐射"大欧亚"。

就文明性而言，"欧亚"是大陆文明的代名词。以亚历山大·杜金（Alexander Dugin）为代表的新欧亚主义认为，"欧亚俄罗斯"是与美国为首的海洋文明相对立的大陆文明的代表。当下是海洋文明主导下的单极世界，实现世界多极化的主要途径是"建立统一的陆地文明来对抗海洋文明"。②亚历山大·杜金进一步指出："要承认以美国为中心的单极世界对俄罗斯而言是不可能的……反对单极下的全球化，维持多极化模式是当代俄罗斯对外政策的准则。"③也就是说，打破西方海洋文明的霸权地位，实现海洋文明与大陆文明均势是未来世界多极化的基础。

"欧亚"的意识形态性主要指的是"欧亚主义"。欧亚主义大体分为古典欧亚主义、古米廖夫欧亚主义和新欧亚主义。古典欧亚主义兴起于20世纪二三十年代的俄罗斯侨民知识分子之间，④其历史背景是俄罗斯帝国解体不久，苏俄政权的初创时期。古典欧亚主义的核心观点是俄罗斯应该走非欧非亚的"欧亚道路"，是与刚刚取得政权不久的布尔什维克主义相竞争的意识形态思想。古米廖夫欧亚主义是古典欧亚主义和新欧亚主义之间的过渡性思想，起到承前启后的作用，其特点是偏哲学性，而非政治

---

① 欧亚开发银行欧亚发展与稳定基金首席经济学家叶甫根尼·维诺库洛夫（Evgeny Vinokurov）提出的"后苏联欧亚"（Post-Soviet Eurasia）的概念。他指出，后苏联欧亚起源于1991年，是从统一国家解体而来。该地区形成的主要原因是共同的历史过去。参见 Евгений Винокуров и Александр Либман, *Евразийская континентальная интеграция*, Санкт-Петербург: Евразийский банк развития, 2012, ст. 20 – 23。

② Александр Дугин, *Геополитика*, Москва: Академический проект, 2015, ст. 422.

③ Александр Дугин, "Основные принципы евразийской политики", Евразия, 12 июня 2019 года, http://eurasia.com.ru/basicprin.html.

④ 古典欧亚主义的代表人物有：彼得·萨维茨基（Petr Savickiy）、尼古拉·特鲁别茨科伊（Nikolai Trubetskoy）、乔治·维尔纳茨基（George Vernadsky）等。1921年，彼得·萨维茨基、尼古拉·特鲁别茨科伊等在保加利亚出版《走向东方》文集，标志着古典欧亚主义的诞生。

性。古米廖夫欧亚主义强调精神性，其基础是牺牲精神、团结一致、相互帮助、共同性、理想主义和积极进取等精神要素。① 新欧亚主义是20世纪90年代以来发展起来的新思潮。苏联解体以后，旧的意识形态迅速崩塌，激进式的"休克疗法"收效不佳，俄罗斯社会经济陷入困境，国际地位一落千丈。因此，俄罗斯的前途问题是摆在国家面前的首要问题。在此背景下，欧亚主义出现回归，参与到关于国家未来的论战之中，形成了"犹太欧亚主义""伊斯兰欧亚主义""民主欧亚主义"以及"新欧亚主义"等各种欧亚主义思潮。其中，以杜金为代表的"新欧亚主义"影响力最大，形成了一整套理论体系。新欧亚主义的理论体系把古典欧亚主义、现代地缘政治思想、传统主义、"保守的革命"新方法论和"第三条道路"经济模式等理论思想结合在了一起。②

相比之下，"欧亚"的经济性是较新的概念。维诺库洛夫提出了"经济欧亚主义"（Economic Eurasianism），或称"实用欧亚主义"（Pragmatic Eurasianism），其核心观点是以客观经济、社会联系为基础，与欧洲、亚洲相连，形成具有开放性、去意识形态化的对外政治与经济合作模式。③"经济欧亚主义"的目标是充分利用欧亚大陆过境区位优势，将东亚、西欧两大经济增长极相连，推动欧亚大陆一体化，改变欧亚地区在国际经济体系中的边缘地位。

不同视角对欧亚一体化的界定也并不相同。从地缘政治学角度看，欧亚一体化可以克服原苏联地区的"分散化"（Disintegration），通过对大陆文明的整合战略，目的是通过与海洋文明相对抗，构建多极世界。尤其对俄罗斯而言，成为与中国、欧盟并列的欧亚大陆第三大地缘政治中心是必然的选择，因为"就像19世纪和20世纪那样，俄罗斯要么扩大自己的势力范围，要么就让出自己的地位"。④ 从地缘经济学角度看，欧亚一体化

---

① 李兴耕：《俄罗斯的新欧亚主义思潮与欧亚党》，载《俄罗斯研究》2003年第2期。

② 李兴耕：《俄罗斯的新欧亚主义思潮与欧亚党》，载《俄罗斯研究》2003年第2期。

③ Евгений Винокуров и Александр Либман, *Евразийская континентальная интеграция*, Санкт-Петербург: Евразийский банк развития, 2012, ст. 20.

④ Алексей Подберёзкин, Ксения Боришполец и Ольга Подберёзкина, *Евразия и Россия*, Москва: МГИМО, 2013, ст. 53–54.

并非是目标，而是实现目标的工具，即在长期低油价的背景下，为欧亚经济联盟成员国经济发展寻找新增长点，恢复因苏联解体而断裂的国家间传统的技术及产业链，以优化产业结构，提升经济竞争力，进而改变在国际经济体系中日益边缘的地位。

二 对俄罗斯主导力的认识

学术界及政策界对俄罗斯主导力的认识主要有以下两组观点。

第一，强调"俄罗斯中心论"。这种观点主要基于以下四个原则：一是独一无二的社会文化基础。俄罗斯是欧亚的中心，是欧亚之间的"中央国家"。从本质上讲，欧亚是俄罗斯领导下的特殊的自成一体的社会文化世界。① 二是反对欧洲中心论。为此，俄罗斯就要把目光转向东方、转向欧亚，挖掘俄罗斯文化中的东方文化基因。② 三是俄罗斯是大陆的"心脏地带"（Heartland）。③ 俄罗斯的任务在于重新组织"心脏地带"，来维护自身主权。④ 俄罗斯科学院经济研究所研究员亚历山大·贝科夫（Alexander Bykov）指出，欧亚一体化战略及其规模均取决于欧亚地区主导大国——俄罗斯。⑤ 四是从俄罗斯自身国家安全出发，也必须要主导欧亚一体化。阿列克谢·博得别廖斯金（Alexey Podberezkin）指出，欧亚一体化重点任务是发展俄罗斯东部地区，理由是俄罗斯国家领土完整与安全都将取决于乌拉尔以东地区的发展。如果该地区被外部力量所渗透，那么俄罗

---

① Владимир Якунин, Евгений Зеленев и Ирина Зеленева, *Российская школа геополитики*, Санкт-Петербург: СПбГУ, 2008, ст. 264.

② Владимир Якунин, Евгений Зеленев и Ирина Зеленева, *Российская школа геополитики*, Санкт-Петербург: СПбГУ, 2008, ст. 264 – 265.

③ Александр Дугин, *Геополитика*, Москва: Академический проект, 2015, ст. 469 – 470.

④ Александр Дугин, *Геополитика*, Москва: Академический проект, 2015, ст. 472.

⑤ Александр Быков, *Постсоветское пространство: стратеги иинтеграции, иновыевызовы глобализации*, Москва: Алетейя, 2009; Александр Быков, "Россия и евразийская интеграция в условиях глобализации", Проблемыпрогнозирования, No. 4, 2004, ст. 146 – 159; Александр Быков, "Евразийская интеграция, еёперспективаивозможности", *Российский экономический журнал*, No. 1, 2014, ст. 24 – 39.

斯将面临再次分裂的危险。①

第二，主张俄罗斯"去主导化""去盟主化"。持该观点的学者指出，欧亚一体化应该实现多个驱动力量齐头并进。跨国公司应该成为欧亚一体化的重要行为体。在欧亚经济联盟的比较优势领域，支持跨国公司发挥更大作用有利于资源整合，并提高产品的市场竞争力。②

三 成员国与超国家机制间的关系

处理成员国与超国家机制间关系是任何区域一体化进程的核心议题之一，欧亚经济联盟也不例外，争论主要在政府间主义和新制度主义之间展开。

不管是传统政府间主义，还是自由政府间主义，其核心论点是国家是一体化的中心行为体。③ 哈萨克斯坦总统努尔苏丹·纳扎尔巴耶夫（Nursultan Nazarbayev）倾向政府间主义，主张在欧亚经济联盟中民族国家的权威性要高于超国家机制，不主张让渡过多主权。针对这一点，努尔苏丹·纳扎尔巴耶夫提出："成员国需自愿参与一体化进程；平等、互不干涉内政、尊重主权以及不破坏国家边界是欧亚经济联盟的政治基础；欧亚经济联盟超国家机构的决议均由成员国协商一致产生；超国家机构拥有一定的权力，但是绝不主张让渡成员国政治主权。"④ 与纳扎尔巴耶夫强调主权独立不同的是，谢尔盖·格拉济耶夫（Sergey Glazyev）主张国家

---

① Алексей Подберёзкин, Ксения Боришполец и Ольга Подберёзкина, *Евразия и Россия*, Москва: МГИМО, 2013, ст. 39, 54.

② Евгений Винокуров, "Прагматическое евразийство", *Евразийская экономическая интеграция*, Vol. 21, No. 4, 2013, ст. 7 – 20.

③ Stanley Hoffmann, "Obstinate or Obsolete? The Fate of the Nation-State and the Case of Western Europe", *Daedalus*, No. 3, 1966, pp. 862 – 915; Stanley Hoffmann, "The European Process at Atlantic Cross Purposes", *Journal of Common Market Studies*, No. 3, 1964, pp. 85 – 101; Ben Rosamond, *Theories of European Integration*, London: Macmillan Press, Ltd., 2000; Jeremy Richardson, *European Union: Power and Policy-Making*, London: Routledge, 2006; Andrew Moravcsik, *The Choice for Europe: Social Purpose and State Power from Messina to Maastricht*, Ithaca: Cornell University Press, 1998；陈玉刚：《国家与超国家——欧洲一体化理论比较研究》，上海人民出版社2001年版。

④ Нурсултан Назарбаев, "Евразийский союз: от идеи к истории будущего", *Известия*, 25 октября 2011 года.

的主导和引领作用。他提出，国家是欧亚一体化进程中的最主要行为体，而不是企业、社会组织等其他非国家行为体。①

坚持新制度主义的学者则更关注欧亚经济联盟的制度动力和制度效能。季莫菲·博尔达切夫（Timofey Bordachev）认为，欧亚一体化进程中的两大"瓶颈"是缺乏多边整合的价值观及内部成员国间力量的失衡。通过建立完备的制度体系，妥善处理超国家机制与成员国间机制与法律关系，可以规避以上"瓶颈"，实现一体化进程稳步前进。②叶甫根尼·维诺库洛夫主张超国家机构应决策下放，在超国家机构层面只做方向性、原则性决策，将具体合作事务决策下放到基层，最大限度地接近社会层面。在欧亚经济联盟层面主要把握统一贸易政策、工业政策协调及技术协调三大板块。③

四 欧亚一体化的实施路径规划

在欧亚经济联盟筹划阶段，俄、白、哈三国就未来联盟走向及欧亚一体化实施路径问题展开了争论。俄方立场是，欧亚经济联盟应该是集政治、经济、社会于一体的综合性国家间联盟，以经济一体化为基础，进而推动政治一体化，建立"欧亚联盟"。为此，时任俄罗斯杜马主席谢尔盖·纳雷什金（Sergei Naryshkin）提出了在欧亚经济联盟内建立"欧亚议会"的构想。④但由于白、哈两国的坚决反对，俄罗斯中短期内主导构建"欧亚联盟"的意图落空，以欧亚经济联盟为机制载体的欧亚一体化进程被牢牢限定在经济领域，不向政治领域外溢。

---

① Сергей Глазьев, "Стратегия-2020: антимодернизационный документ", *Российский экономический журнал*, No. 2, 2012, ст. 3 – 9.

② Тимофей Бордачёв, Екатерина Островская и Андрей Скриба, "Выбор и вызов евразийской интеграции", *Россия в глобальной политике*, No. 5, 2013, https://globalaffairs.ru/number/Vybor-i-vyzov-evraziiskoi-integratcii-16178.

③ Евгений Винокуров, "Прагматическое евразийство", *Евразийская экономическая интеграция*, Vol. 21, No. 4, 2013, ст. 7 – 20.

④ Сергей Нарышкин, "Парламентский вектор евразийской интеграции", *Евразийская интеграция: экономика, право, политика*, 2012, No. 11, ст. 13 – 15; Сергей Нарышкин, "Евразийская интеграция: парламентский вектор", *Известия*, 4 октября 2012 года.

围绕经济一体化，学界、政界精英争论的节点是一体化实施的着力点及进取方向，主要有以下两组观点。

一组观点偏自由主义，即欧亚经济联盟应该向西发展，承认美元地位，主张融入西方主导的世界经济体系。亚历山大·贝科夫认为，应充分利用俄罗斯及欧亚国家的过境区位优势，同时与欧洲、东北亚，甚至整个亚太推进经济一体化的进程。基于俄罗斯经济重心在欧洲地区的现实，欧亚经济联盟首先要与欧盟建立共同经济空间。欧亚一体化的功能领域应该集中交通基础设施、能源、投资以及贸易等经济领域。[①] 弗拉季斯拉夫·伊诺泽姆采夫（Vladislav Inozemtsev）认为，主张"欧亚联盟"方案应该注重向西发展，最好把格鲁吉亚、乌克兰、摩尔多瓦等原苏联地区较为民主的国家吸纳进来。[②]

另一组观点偏保守主义，主张欧亚经济联盟向东发展，与亚太地区建立更为紧密的经济联系，推动建立卢布区，打造以俄罗斯为核心的欧亚区域经济板块。阿列克谢·博得别廖斯金提出，欧亚一体化的重心应该在乌拉尔山脉以东地区。欧亚一体化的主要目的在于强化俄罗斯对东部地区的主权控制，整合乌克兰、白俄罗斯和中亚国家，进而以新姿态发展对欧盟和亚太国家关系。[③]

叶甫根尼·维诺库洛夫的观点介于以上两者之间。他主张以欧亚地区为一体化核心区域，奉行开放地区主义，充分利用欧亚跨地区过境优势，同时参与亚太、欧洲两大区域经济一体化进程，使欧亚地区从世界经济边缘地区转变为核心区域。为此，他提出推动"自下而上"的一体化实施路径，并指出高油价时代已经不复存在，在低油价条件下推动经济一体化

[①] Александр Быков, *Постсоветское пространство: стратегии интеграции и новые вызовы глобализации*, Москва: Алетейя, 2009; Александр Быков, "Россия и евразийская интеграция в условиях глобализации", *Проблемы прогнозирования*, No. 4, 2004, ст. 146 – 159; Александр Быков, "Евразийская интеграция, её перспектива и возможности", *Российский экономический журнал*, No. 1, 2014, ст. 24 – 39.

[②] Владислав Иноземцев, "Национальные интересы России на постсоветском пространстве: в чем они состоят и какими должны быть?", *Россия и современный мир*, No. 3, 2012, ст. 108 – 121.

[③] Алексей Подберёзкин, Ксения Боришполец и Ольга Подберёзкина, *Евразия и Россия*, Москва: МГИМО, 2013, ст. 66 – 67.

前进才是欧亚经济联盟成败的关键。为此，欧亚经济联盟框架内的一体化进程不能指望高油价来拉动，而应该挖掘互惠互利的商品贸易、服务、劳动力及资本流通的潜力，依靠这些"自下而上"的新动力因素来保障一体化进程的可持续性。①

第三节　欧亚经济联盟运行的动力与阻力

区域一体化研究的主线是对其动力和阻力的分析。在欧洲一体化理论体系中，各个理论流派之间的重要差别之一就是对一体化动力的理解不同，如功能主义侧重功能领域动力，政府间主义强调国家的作用，新制度主义重视超国家制度的动力和规范力。同理，如何在欧亚地区推动一体化进程？其背后动力和阻力是什么？如何体现欧亚一体化的生命力？这也是欧亚一体化、欧亚经济联盟研究的重点。经过五年的初期发展，欧亚经济联盟的发展动力与阻力日益凸显，且趋于稳定。

一　欧亚经济联盟运行的动力

（一）经济动力：符合各成员国对推动本国经济发展的主观需求

欧亚一体化的表层目标是在联盟框架下，实现商品、资本、人员、服务自由流动的共同市场，② 深层目标是借助区域经济集团化发展，解决成员国经济发展中资金不足、市场萎缩、技术落后等共同面临的问题，进而推动经济实现长期稳定增长。随着 2018 年 1 月新版《欧亚经济联盟海关法典》正式生效，内部商品共同市场基本建成，目前商品共同市场在数字化、技术标准和通用标识等具体领域不断完善。而资本、能源、交通和服务等其他领域共同市场仍在建立过程中。也就是说，在现阶段，欧亚一体化的经济效应主要看两点，即商品共同市场运行状况以及对成员国经济

---

① Евгений Винокуров, "Прагматическое евразийство", *Евразийская экономическая интеграция*, Vol. 21, No. 4, 2013, ст. 7 – 20.

② 从这个意义上看，欧亚经济联盟的目标类似于欧共体，而非欧盟。因此，欧亚经济联盟与欧共体有一定可比性，而与欧盟却不在同一发展水平上，不具备横向可比性。

增长的拉动力。

在商品共同市场领域中，尽管贸易体量不大，但内部与对外商品贸易均出现恢复性增长，且势头良好。根据对新冠疫情前数据可知，在内部贸易方面，一是内部贸易额总体呈弱增长趋势。自 2010 年俄白哈关税同盟、2012 年统一经济空间以来，区域内部贸易发展经历了三个阶段：第一阶段为 2010—2012 年，为快速增长期。俄白哈三国间贸易从 2010 年的 501 亿美元，增长至 2012 年的 685.82 亿美元；第二阶段为 2013—2016 年，内部贸易规模持续萎缩，下降到 2016 年的 430 亿美元；第三阶段为 2017 年至今，为弱增长期。联盟内部贸易止跌回升的拐点出现在 2016 年第三季度，10—11 月，内部贸易额出现止跌迹象，10 月比 2015 年同期上涨了 0.3%，11 月上涨了 4.4%。[①] 2017 年，联盟内部贸易出现明显反弹，增长了 27.3%，达到 547 亿美元，随后联盟内部贸易进入缓慢增长阶段。二是内部贸易对联盟 GDP 总额的贡献率呈弱增长趋势。从表 2.2 可知，从 2011 年关税同盟阶段，到 2012 年启动统一经济空间，再到 2015 年联盟正式运行以来，成员国内部贸易对联盟 GDP 贡献从 2011 年的 2.7%，缓慢增长到 2019 年的 3.1%。

表 2.2　2011—2019 年欧亚经济联盟（含关税同盟、统一经济空间时期）内部商品贸易额及其增长率　　　　单位：亿美元，%

年份	内部贸易总额	增长率	联盟 GDP 总额	占联盟 GDP 总额比重
2011	622.73	—	23003.8	2.71
2012	685.82	8.7	24816.8	2.76
2013	641.00	−5.5	26041.63	2.46
2014	574.00	−11	25651.2	2.24
2015	454.00	−25.8	16210.68	2.80
2016	430.00	−5.8	14793.6	2.91
2017	547.00	27.3	18147.4	3.01
2018	597.00	9.2	19300.99	3.09

---

① Объёмы, темпы и пропорции развития взаимной торговли государств-членов ЕАЭС, 2016, http://www.eurasiancommission.org/ru/act/integr_i_makroec/dep_stat/tradestat/tables/intra/Documents/2016/11/I201611_1.pdf#view=fitV.

续表

年份	内部贸易总额	增长率	联盟 GDP 总额	占联盟 GDP 总额比重
2019	610.34	1.3	19653.65	3.11

资料来源：笔者根据世界银行和欧亚经济委员会统计数据汇总测算而成。[1]

在对外贸易方面，联盟对外贸易呈恢复性增长态势，但增长乏力。从表2.3可知，2012年，俄白哈统一经济空间时期，三国对外贸易总额达到峰值，为9393亿美元。2013年起开始下跌，2016年跌至谷底，为5094亿美元。2017年，联盟对外贸易开始反弹，并进入缓慢回升阶段。但2019年联盟对外贸易又出现小幅下降。主要原因是俄罗斯的对外贸易额出现下滑，2019年比2018年下降了3.3%，为6128.5亿美元，其中出口贸易降幅较大，下降了6.4%，进口贸易增长率仅为2.4%。在联盟对外贸易总额中，俄罗斯占比最大，为83.6%。因此，俄罗斯对外贸易额的下降势必会拉低联盟总体对外贸易的增速。对外贸易结构的单一化是联盟贸易增长缓慢的主要羁绊。2015—2019年期间，与联盟内部贸易相比，联盟对外贸易结构并未出现明显的多元化趋势。在出口结构中，矿物燃料的比重几乎未变，其2015年的比重为65.6%，到2019年为65.8%；在进口结构中，机电产品依旧是联盟最主要的进口商品，其比重从2015年42.9%，小幅提升到2019年的44.4%。[2] 因此，在国际市场对矿物燃料

---

[1] Взаимная торговля товарами. Статистический бюллетень. 2011—2016, http://www.eurasiancommission.org/ru/act/integr_i_makroec/dep_stat/tradestat/publications/Pages/default.aspx；Об итогах внешней торговли товарами Евразийского экономического союза. Январь-ноябрь 2017 года, http://www.eurasiancommission.org/ru/act/integr_i_makroec/dep_stat/tradestat/analytics/Documents/2017/Analytics_E_201711.pdf. Об итогах внешней и взаимной торговли товарамигосударств-членов Евразийского экономического союза. Январь - декабрь 2019 года, http://www.eurasiancommission.org/ru/act/integr_i_makroec/dep_stat/tradestat/analytics/Documents/2019/Analytics_I_201912.pdf；The World Bank Data, https://data.worldbank.org/indicator/NY.GDP.MKTP.CD?locations=RU-BY-KZ-AM.

[2] Об итогах внешней торговли товарами Евразийского экономического союза. Январь-декабрь 2015 года, http://www.eurasiancommission.org/ru/act/integr_i_makroec/dep_stat/tradestat/analytics/archive/Documents/Analytics_E_201512.pdf；Об итогах внешней торговли товарами Евразийского экономического союза. Январь-декабрь 2019 года, http://www.eurasiancommission.org/ru/act/integr_i_makroec/dep_stat/tradestat/analytics/Documents/2019/Analytics_E_201912.pdf.

需求大幅缩小的情况下，联盟对外贸易额势必会出现下降。在新冠肺炎疫情的冲击下，全球油气资源需求下降。2020年1—4月，联盟对外出口额出现明显下降，比2019年同期下降了17.7%；联盟进口受疫情影响有限，仅下降了5.9%；联盟对外贸易总额最终下降了13.6%。[1]

表2.3　2011—2019年欧亚经济联盟（含关税同盟、统一经济空间时期）
对外商品贸易总额及增长率一览　　　　　单位：亿美元，%

年份	对外贸易总额	对外贸易总额增长率	联盟GDP总额	占联盟GDP总额比重
2011	9130	33.0	23003.8	39.69
2012	9393	3.2	24816.8	37.85
2013	9310	-0.4	26041.63	35.75
2014	8685	-6.9	25651.2	33.86
2015	5795	-33.6	16210.68	35.75
2016	5094	-12.1	14793.6	34.43
2017	6343	24.5	18147.4	34.95
2018	7534	18.8	19300.99	39.03
2019	7331	-2.7	19653.65	37.30

资料来源：笔者根据世界银行和欧亚经济委员会统计数据汇总测算而成。

欧亚经济联盟对外贸易官方数据就到2020年。疫情之后的数据官方暂未公布。

（二）机制动力：组织机制设计严谨，运行规则针对性强，实现因地制宜

机制建设是欧亚经济联盟的一大亮点。应该说，顶层机制设计实现因地制宜是欧亚经济联盟体制机制正常运行的重要保障，是其与独联体经济联盟、欧亚经济共同体机械式"拷贝"欧共体机制设计相比的先进之处，也是确保欧亚经济联盟得以持续运行的机制动力。[2]

---

[1]　О внешней торговле товарами Евразийского экономического союза. Январь-апрель 2020 года，http：//www.eurasiancommission.org/ru/act/integr_i_makroec/dep_stat/tradestat/analytics/Documents/2020/Analytics_E_202004.pdf.

[2]　文章认为，欧亚经济联盟与欧盟并无直接可比性，两者发展阶段、目标、规模均不同。从发展阶段及其目标来看，欧亚经济联盟类似于欧共体阶段，因此，把欧亚经济联盟与欧共体比较，是较为合适的。关于欧亚经济联盟的机制特点可参见王晨星、李兴《欧亚经济共（转下页）

在组织机制和决策机制安排上，欧亚经济联盟符合成员国国内政治生态及传统。具体而言，欧亚经济联盟的组织机制和决策机制直接反映了成员国国内超级总统制或威权政治体制，也反映了成员国与俄罗斯之间的利益平衡。欧亚经济联盟形成了最高欧亚经济委员会、欧亚政府间委员会、欧亚经济委员会等"三委"纵向组织机制，同时取消了"欧亚议会"倡议，兼容了欧亚开发银行。成员国总统组成的最高欧亚经济委员会在决策、监督中拥有最高权威，政府总理组成的欧亚政府间委员会负责上传下达，欧亚经济委员会负责执行。此外，欧亚经济联盟的决策机制不以国家大小、人口数量、经济发展水平等其他因素为衡量标准，而以国家为单位，以主权平等为基线，拉平了所有成员国在决策中的地位。这种决策模式在一定程度上有利于其余成员国消除在与俄罗斯推进地区一体化进程中对主权丧失的担心，把与俄罗斯的一体化进程紧紧限定在经济领域，不涉及政治主权让渡，进而提高其余成员国对地区一体化进程的参与度。

此外，创立扩员机制也是欧亚经济联盟的新创举。与独联体经济联盟、欧亚经济共同体里成员国可进退自如相比，欧亚经济联盟制定了比较严格的入盟和退盟程序。在法律机制方面，"三委"的决议不能对成员国国内法律构成直接强制力，而是发挥着完善国际条约的辅助作用，联盟内各项事务仍旧依靠具有国际法性质的国际条约来规范。换言之，从法律机制上，又增加了保护其他成员国主权独立，不轻易受超国家机制及俄罗斯影响的屏障。国际合作机制也有所突破。目前，除了2015年5月联盟与越南正式签署自贸区协定；2018年5月，联盟与伊朗签署自贸区临时协定；[①] 2019年1月，联盟启动与埃及的第一轮自贸协定谈判。值得注意的是，2018年5月，摩尔多瓦正式成为联盟首个观察员国，为此，联盟观察员国制度正式形成，其中关键点是观察员国必须避免一切可能损害联盟

（接上页）同体与欧亚经济联盟比较分析》，载《俄罗斯东欧中亚研究》2016年第4期。

① 2018年11月，欧亚经济联盟成员国和伊朗国内立法机构均通过自贸区临时协定。参见 "Страны ЕАЭС и Иран завершают ратификацию временного соглашения, ведущего к образованию зоны свободной торговли", ЕЭК, 30 ноября 2018 года, http：//www.eurasiancommission. org/ru/nae/news/Pages/30_11_2. aspx。

及其成员国利益的行为。① 2018 年 11 月，联盟还与独联体签署新的协作备忘录，双方互动将进一步加强。②

讨论联盟法律制度时，还有一个无法回避的问题，那就是联盟条约、协定及决议与成员国国内法之间的关系。这里可以与欧盟法做一个比较。欧盟的法律体系由欧共体法（共同市场）、共同外交与安全政策、司法与内务合作三大支柱组成。从联盟一体化发展水平来看，联盟框架下的法律体系应该对标的是欧盟法律体系的第一支柱，即欧共体法（共同市场法），而非第二和第三支柱。欧共体法中的条例具有"超国家"性质，直接适用（direct applicability）于成员国国内法，而第二、第三支柱只停留在政府间层面。根据《欧共体条约》第 249 条，欧共体协定及条例在所有成员国内直接适用。这意味着，欧共体的协定及条例自动成为成员国国内法的组成部分。③ 而欧共体框架下的基本条约和决议不能直接适用，而需成员国立法机关批准和生效之后，方可成为成员国国内法的一部分。相比之下，联盟框架下的基本条约、协定及决议对成员国国内法均不具备直接适用性。此外，还需要指出的是，联盟成员国依据各自宪法执行联盟的基本条约、协定、条例及决议的方式不同。比如，俄罗斯和白俄罗斯宪法明确规定，国内法高于国际法。而哈萨克斯坦的情况却比较特殊，其宪法第 4 条指出，被哈立法机关批准的国际条约，其法律效力优先于国内法。④ 具体见表 2.4。

---

① Елена Кузьмина, "Саммит ЕАЭС: имиджевое мероприятие или действующая переговорная площадка?", РСМД, 22 мая 2018 года, http://russiancouncil.ru/analytics-and-comments/analytics/sammit-eaes-imidzhevoe-meropriyatie-ili-deystvuyushchaya-peregovornaya-ploshchadka/.

② 2012 年，在统一经济空间时期，双方就签署了第一份协作备忘录。2018 年 11 月，联盟与独联体签署了新的加强协作备忘录。新的备忘录涉及双方在技术协调、知识产权保护、劳动移民、交通、产业合作等领域。参见 "ЕАЭС и СНГ углубляют сотрудничество", ЕЭК, 27 ноября 2018 года, http://www.eurasiancommission.org/ru/nae/news/Pages/27_11_2018_2.aspx。

③ 曾令良：《欧洲联盟法总论——以〈欧洲宪法条约〉为新视角》，武汉大学出版社 2007 年版，第 168—170 页。

④ Конституция Республики Казахстан, https://www.akorda.kz/ru/official_documents/constitution.

表 2.4　欧亚经济联盟框架下政府间协定汇总（截至 2020 年 6 月）

序	协议名称	签署时间
1	医疗器械流通规则协定	2014 年 12 月
2	药品流通规则协定	2014 年 12 月
3	金融领域信息交换（包括涉密信息）协定	2014 年 12 月
4	臭氧消耗物质及含有臭氧消耗物质的产品转移和成员国间贸易中臭氧消耗物质评估的协定	2015 年 2 月
5	天然气、原油及成品油指导性（预测）计划协定	2016 年 4 月
6	欧亚经济联盟法院入驻白俄罗斯条件协定	2016 年 4 月
7	成员国间军用和民用武器运输协定	2016 年 5 月
8	成员国与欧亚经济委员会就工业产品自愿协商特别补助和欧亚经济委员会审查成员国提供特别补助流程协定	2017 年 5 月
9	农作物种子流通协定	2017 年 11 月
10	集体版权管理协定	2017 年 12 月
11	商品标签协定	2018 年 2 月
12	与第三国、国际组织和国际一体化机制之间的国际条约协议	2018 年 5 月
13	协调金融市场法律协定	2018 年 11 月
14	航行协定	2019 年 2 月
15	建立进口商品追溯机制协定	2019 年 5 月
16	危险废弃物越境转移协定	2019 年 8 月
17	统一与牲畜进行繁殖和繁育工作的措施的协定	2019 年 10 月
18	开展贵金属和宝石交易协定	2019 年 12 月
19	烟草制品消费税协定	2019 年 12 月
20	退休保障协定	2019 年 12 月
21	未设定技术标准的产品流通办法及其安全保障规则协定	2020 年 2 月
22	商标、服务商标以及原产地名称协定	2020 年 2 月

资料来源：笔者根据欧亚经济委员会官方网站信息汇总而成，https：//docs.eaeunion.org/ru-ru。

（三）大国主导力：俄罗斯的优势主导力集中体现在对欧亚一体化的政治牵引力，并能为地区及其他成员国提供不可或缺的安全公共产品

俄罗斯并不是一个善于发展经济的国家，[1] 在当前欧亚一体化中难以

---

[1] 对于俄罗斯而言，国家安全和地缘政治影响力在对外政策中长期占据优先位（转下页）

向其他成员国提供先进的管理理念、工业技术及雄厚的金融资本。因此，在经济牵引力不占优势的情况下，俄罗斯的主导力和优势力主要集中在政治和安全领域，主要体现在以下两个方面。

第一，俄罗斯对其他成员国维护国内政权安全的介入能力强。具体表现如下：

首先是防止西方势力颠覆现政权，以白俄罗斯、哈萨克斯坦为代表。尽管以欧美为首的西方试图积极与白、哈两国保持外交接触，但是，始终没有放弃以"人权""民主"为由头干涉两国内政，并试图建立亲西方政权的努力。相比之下，俄罗斯则认可卢卡申科、纳扎尔巴耶夫分别在白俄罗斯、哈萨克斯坦政治进程中的积极作用和权威地位。俄罗斯进一步夯实俄白联盟国家机制，2018年8月，派原伏尔加联邦区总统代表，出身于强力部门的米哈伊尔·巴比奇（Michael Babich）担任俄罗斯驻白俄罗斯全权特命大使兼与白俄罗斯发展经贸关系总统特别代表，这意味着与白俄罗斯的关系已经超越外交部管辖，实际由总统普京亲自掌握。2013年11月11日，俄哈正式确立了"21世纪睦邻与同盟关系"，在欧亚经济联盟内，俄罗斯更是把纳扎尔巴耶夫奉为"欧亚联盟之父"，凸显哈在欧亚经济联盟中的作用。2019年3月，俄罗斯在哈萨克斯坦权力平稳过渡中还发挥了积极作用。[①] 2022年1月，以俄罗斯为首的独联体集体安全条约组织出兵成功地平息了哈萨克斯坦内部的骚乱。

其次是在民族统一进程中起着不可或缺的作用，这主要针对哈萨克斯坦。尽管哈官方不承认国家有"玉兹化"[②]（Zhuz）倾向，但在现实中，哈国内社会中有明显的"玉兹化"趋向，人们只有通过氏族、部落和家

（接上页）置，经济利益和地缘经济影响力则屈居次要地位。辽阔的地域、帝国使命、专制传统、间歇性动荡、追求大国地位等因素，始终是俄罗斯与外部世界打交道的基石。相关观点参见 Николай Шмелев, *Вписках здравого смысла：двадцать лет российскихэкономических реформ*, Москва：Весь Мир, 2006, ст. 409；[美]罗伯特·A. 帕斯特《世纪之旅：七大国百年风云》，胡利平、杨韵琴译，上海人民出版社2001年版，第172页；李中海《俄罗斯经济的非优性：地理角度的阐释和分析》，载《俄罗斯研究》2018年第4期。

① "Раскрыто содержание разговора Путина и Назарбаева", Lenta.ru, 19 марта 2019 года, https://lenta.ru/news/2019/03/19/razgovor/.

② 玉兹，哈萨克语地区之意。16世纪初哈萨克汗国分大、中、小三个玉兹，清文献中的右、左、西三部。18世纪中期三个玉兹归附清朝。

庭关系才能进入精英阶层。在当代，玉兹之间的博弈体现为对国家权力的争夺，角力双方主要是大玉兹和中玉兹，小玉兹时常左右摇摆。① 大玉兹的政治力量是强势，经济发展是劣势（主要以农业为主）；中玉兹矿产资源丰富，是原苏联，乃至今天哈萨克斯坦的重工业基地，其经济发展是优势，而政治力量是劣势，不满大玉兹长期把持政府；小玉兹坐拥油气资源，但缺乏政治话语权。这是现实中三大玉兹矛盾的症结所在。值得注意的是，大玉兹与俄政治关系紧密，中玉兹与俄经济关系紧密，小玉兹与俄能源关系紧密。因此，来自大玉兹的纳扎尔巴耶夫与俄罗斯走近的目的之一是需要其在哈国内部族统一问题上发挥正面作用，而非消极作用。可以预测的是，大玉兹依旧将在哈萨克斯坦国内政治中发挥主导作用，新任总统托卡耶夫（К. К. Толкаев）还是来自大玉兹，俄罗斯在其中影响力依旧不可忽视。

最后是具备对成员国政权建设的直接影响力，最典型的白俄罗斯、亚美尼亚，以及当前吉尔吉斯斯坦。白俄罗斯国内的政治精英由"中央直属官员派"（简称"中直官员派"，Group Nomenclature）、"强力部门派"及"西方派"三股力量组成，卢卡申科凌驾于三股力量之上。"中直官员派"的特点是长期从事对俄工作，在俄拥有强大的政治、经济及社会资源。换言之，"能解决好莫斯科的事情，就能在明斯克吃得开"已经成为白俄罗斯官场的潜规则。其他两派在白俄罗斯国内政治中并不是主流。尽管2018年8月18日，总统卢卡申科"闪电式"解散安德烈·科比亚科夫（Andrew Kobyakov）政府，组建新的谢尔盖·鲁马斯（Sergei Rumas）政府，② 然而"中直官员派"在白俄政坛依旧占主导。鲁马斯父亲曾先在维切斯拉夫·克比奇（Vyacheslav Kebich）时期和后来卢卡申科时期担任财政部副部长，并与前总理米哈伊尔·米亚斯尼科维奇（Mikhail Myasnikov-

---

① Бермет Акаева, Андрей Коротаев, Леонид Исаев и Алиса Шишкина, *Системный мониторинг глобальных и региональных рисков: Центральная Азия: новые вызовы*, Москва: ЛЕНАНД, 2013, ст. 246.

② "Кто такой Сергей Румас? Банкир, либерал, футбольный болельщик, охотник, многодетный отец", Комсомольская правда, 18 августа 2018 года, https://www.kp.by/daily/26870.7/3912779/; "Принятие кадровых решений", Официальный интернет-портал президента Республики Беларусь, 18 августа 2018 года. http://president.gov.by/ru/news_ru/view/prinjatie-kadrovyx-reshenij-19323/.

ich）交好。鲁马斯是白俄罗斯"中直官员派"二代的代表。在亚美尼亚，2018年5月，亲西方的反对派领导人尼科尔·帕希尼扬（Nikol Pashinyan）当选总理。尽管如此，亚美尼亚新政府对俄罗斯及欧亚经济联盟态度依旧积极。当选后短短4个月里，帕希尼扬四次赴俄罗斯，与总统普京会晤三次，与总理梅德韦杰夫会晤一次，主张与俄罗斯在双边及多边层面加强战略合作，强化两国盟友关系，积极参与欧亚经济联盟建设。就当前吉尔吉斯斯坦而言，尽管新总统索隆拜·热恩别科夫（Sooronbay Jeenbekov）与前总统阿尔马兹别克·阿塔姆巴耶夫（Almazbek Atambayev）矛盾激化，甚至兵戎相见。然而，俄罗斯控局能力依旧很强，新总统热恩别科夫多次表达亲俄立场。仅2019年上半年，两国元首多次会晤，就双边关系、推动欧亚一体化等问题深入交换意见。

第二，俄罗斯能够与集体安全条约组织相辅相成，构建地区综合安全体系。在俄罗斯外交战略中，欧亚经济联盟与集安组织是相辅相成，相互借重的关系。历史地看，2007年，集安组织就开始与欧亚经济共同体在交通、能源等经济合作领域进行对接；2010年，俄、白、哈关税同盟成立；2015年，欧亚经济联盟成立，取代欧亚经济共同体。集安组织与欧亚经济联盟的对接实际上是欧亚经济共同体对接的延续与发展。欧亚经济联盟为集安组织夯实成员国间经济联系，消除经贸壁垒，带动地区经济发展，靠地区经济发展来优化区域安全环境。也就是说，欧亚经济联盟填补了集安组织的经济缺失。与此同时，集安组织又能为欧亚经济联盟提供安全保障。除了应对传统及非传统安全威胁，为发展提供良好的外部环境，集安组织还通过深化成员国多边政治—军事同盟关系，为欧亚经济联盟夯实高级政治基础。进一步说，欧亚经济联盟和集安组织两者并不是互为独立、各行其是，而是一种相辅相成、相互借重的关系，构成俄罗斯主导下的地区综合安全体系。

二 欧亚经济联盟运行的阻力

（一）超国家机制层面上，人事机制与决策机制漏洞明显

第一，在人事机制问题上，主要体现在以下几方面：首先是部级官员人事变动频繁。欧亚经济联盟的人事机制"三制度并行"，即轮值主

席制、成员国推荐任命制、竞争上岗制。根据《欧亚经济联盟条约》，轮值主席制在"三委"的领导层面实施。① 竞争上岗制在欧亚经济委员会执委会直属部门司局层级实施。② 而条约对欧亚经济委员会执委会部级官员层面则未做明确规定，该层面采取的是成员国推荐任命制。部级层面的人事任免权主要被成员国所掌握，由成员国提名，欧亚经济联盟只是走相应行政程序而已。该层面人事机制运作主要有两个特点：一是成员国派出部级官员分别负责相关部门，体现成员国间平等原则，也代表派出国利益。2015年以来，欧亚经济委员会执委会中俄罗斯官员主管一体化与宏观经济政策部和贸易部；白俄罗斯官员主管工业与农业综合体部和技术协调部领导；哈萨克斯坦官员主管经济与金融政策部和竞争与反垄断协调部；吉尔吉斯斯坦官员主管海关合作部和能源与基础设施合作部；亚美尼亚官员主管内部市场、信息化、信息与交流技术部。二是成员国对相关部门主管官员的提名基于国内政治变化需要，欧亚经济联盟在此方面发言权有限，只是走一个行政流程。从某种意义上说，欧亚经济联盟人事机制是否稳定的关键主要在部级层面，即欧亚经济委员会执委会直属各部部级官员人事情况。其次是工作人员数量不足。目前，欧亚经济委员会工作人数为1000人左右。与现有庞大的工作量相比，现有工作人员数量远远不足，直接影响欧亚经济委员会的工作效率。③

第二，在决策机制问题上，欧亚经济委员会权限不够，且决策效率低下。尽管欧亚经济联盟取得了一定成绩，但是，在决策机制方面依然有待完善。欧亚经济委员会执委会主席季格兰·萨尔基相（Tigran Sargsyan）指出，主要存在以下问题：一是成员国过度注重维护主权独立，向欧亚经

---

① 《欧亚经济联盟条约》规定，"最高欧亚经济委员会、欧亚政府间委员会、欧亚经济委员会理事会主席根据成员国国名俄文字母顺序由各成员国轮流担任，任期一年，且不能连任"。参见 Договор о Евразийском экономическом союзе. статья 8。

② 《欧亚经济联盟条约》规定，"在兼顾成员国平等原则前提下，欧亚经济委员会执委会直属各司负责人采取竞争方式上岗"，其管理方式参照国际公务员体制。参见 Договор о Евразийском экономическом союзе. статья 8。

③ 2019年8月7日，欧亚经济委员会一体化与宏观经济部部长助理菲德尔·切尔尼岑在中国社会科学院俄罗斯东欧中亚研究所学术交流时特别指出这一问题。

济委员会权力让渡不足，至少还有 30 项权限可以让渡到超国家机构；二是欧亚经济委员会运行高度官僚化，且决策效率不高，目前每项决策流程为一年，如期间专家委员会提出意见，那么此项决议要多花两个月时间重新审定，这大大影响一体化推进的速度。①

（二）在全球价值链中陷入"低端锁定"的困境

在全球价值链（GVC）兴起的时代背景下，国际生产、贸易及投资格局正在发生深刻的变化。与货物跨境交易的传统贸易模式不同的是，全球价值链更加注重生产要素的双向跨境自由流动，从而使生产、贸易、服务与投资融入"一体化综合体"。② 全球价值链下的国际竞争更加突出核心竞争力，竞争方式从过去建立完整的产业链竞争体系转变为当前在全球价值链中寻求对自身最有利的分工位置。③ 发达国家追求高附加值的价值链环节，如高技术投入、产品设计、品牌营销等，而发展中国家和新兴经济体则集聚在低附加值环节，如原材料出口、加工制造、低技术投入等环节，并试图通过产业升级，逐步提高自身在全球价值链中的分工位置。从当前内部及对外贸易结构来看，欧亚经济联盟的特点是贸易量小，以原材料出口为主，核心竞争力不强，缺乏高附加值产品产出及出口，在全球价值链体系中处于低端位置。

（三）主导国俄罗斯奉行贸易保护理念，且国家财力不足，投融资渠道受阻

俄罗斯主导下的欧亚经济联盟对内打造"高度开放"，这里的开放主要指"对俄开放"，实际上是一个排他性极强的经济体。与开放贸易理念（互补性贸易—价值链互补—经济联系紧密—经济收益）不同的是，俄罗斯奉行贸易保护主义理念，其逻辑是：对外贸易保护—对内奉行地区产业政策—实现经济收益。应该说，贸易保护是把"双刃剑"，尤其针对欧亚地区

---

① 2019 年 6 月 7 日，欧亚经济委员会执委会主席季格兰·萨尔基相在第 23 届圣彼得堡国际经济论坛上的发言。

② Richard Baldwin, "Trade and Industrialization After Globalization's 2nd Unbundling: Now Building A Supply Chain Are Deferentand Why It Matters?", *NBER working paper*, No. 17716, 2011.

③ 盛斌、陈帅:《全球价值链如何改变了贸易政策：对产业升级的影响和启示》，载《国际经济评论》2015 年第 1 期。

"欠发达""发展缺失"①的国家。对生产者或许有收益，低竞争力产业得以继续生存，但是消费者却收益受损。因为封闭市场内，物价升高，产品性价比低，经济福利受损。所以，从表面数据上看，联盟内部贸易在恢复性增长，成员国间工业合作也在加强，然而，这仅仅是对低市场竞争力产业保护的结果，难以推动改变欧亚经济联盟在全球价值链中的低端地位。

俄罗斯经济短期内仍面临下行风险。直接表现为以下几个方面：一是企业市场活力降低。以新冠疫情前相关数据为例，根据俄统计局数据，2019年第一季度，俄罗斯GDP增长率仅为0.5%，比2018年同期下降了1.4%。②有专家指出，这仅有的0.5%增长率主要来自大型企业及其他国有经济部门的贡献，而中小企业则面临规模萎缩，2019年上半年，中小企业数量下降7%—8%，其雇员数量下降1.6%，而小微企业雇员数量增长6.7%，可见，相当部分中小企业规模降级，成为小微企业。③二是资本外流继续加重。根据俄罗斯央行统计，2019年1—7月资本外流达280亿美元，比2018年同期增长60.9%。④三是国家财力不足，难以推动大项目落地，拉动经济增长。为落实《2024年前俄罗斯联邦发展国家目标与战略任务》总统令，⑤政府明确了12个国家项目，⑥预算总耗资25.7

---

① 参见薛福岐《欧亚地区的发展缺失：基于国家、资本与社会关系的分析》，载《俄罗斯东欧中亚研究》2018年第5期。

② Федеральная Служба Государственной Статистики, "Социально-экономическое положение России（январь-июнь 2019 года）", 2019, http：//www.gks.ru/free_doc/doc_2019/social/osn-06-2019.pdf.

③ "Удивительные сокращения", Lenta.ru, 6 августа 2019 года, https：//lenta.ru/articles/2019/08/06/business/.

④ Отток капитала из России с начала 2019 года достиг ＄28 млрд. IAREGNUM, 9 августа 2019 года, https：//regnum.ru/news/economy/2686226.html.

⑤ Президент подписал Указ «О национальных целях и стратегических задачах развития Российской Федерации на период до 2024 года». Президент России, http：//www.kremlin.ru/events/president/news/57425.

⑥ 12个国家项目是："健康""教育""人口""文化""公路质量与安全""住房与城市环境""生态""科学""中小企业与支持个体创业""数字经济""劳动生产力与支持就业"和"国际合作与出口"。参见："Национальные проекты：ключевые цели и ожидаемые результаты", Правительство России, 11 февраля 2019 года, http：//government.ru/projects/selection/741/35675/。

万亿卢布，其中 18.1 万亿卢布从联邦（13.2 万亿卢布）及地方（4.9 万亿卢布）财政中拨付，剩余的 7.6 万亿缺口，需从非财政渠道获得。① 根据现有国际油价和对当前俄罗斯经济而言，完成 12 项国家项目存在难度，目前只启动了 2 项。2022 年 2 月爆发的俄乌冲突及随后美西方的严厉制裁，使俄经济和财力一度遭受重创。

（四）欧亚经济联盟与欧盟关系难以突破，其外部环境质量距理想目标仍有距离

与欧盟关系短期内难以突破，直接影响了欧亚经济联盟的国际威望和世界经济地位。与欧盟关系能否实现突破，是评估欧亚经济联盟外部环境的重要指标。

欧盟是欧亚经济联盟对外交往理想伙伴。早在 2007 年俄、白、哈开始组建关税同盟时，与欧盟建立机制化的伙伴关系就是其对外交往的优先。2015 年欧亚经济联盟成立之初，欧亚经济委员会就发函至欧盟委员会，寻求建立合作伙伴关系，但欧盟委员会对此回应怠慢，半年后才做出答复。② 近年来，欧亚经济联盟单方面频频向欧盟释放积极信号，希望能与其建立机制化合作关系，甚至搭建平等对话平台，但欧盟官方鲜有针对欧亚经济联盟的公开表态，更多的是保持缄默。不夸张地说，与欧盟建立良性互动关系，俄罗斯才能借欧亚经济联盟在地缘经济与政治上实现与其平起平坐的目标。然而，迄今为止，欧亚经济联盟对欧盟关系依旧未能实现突破，其原因是多方面的。③

从表面来看，俄欧双方对欧亚经济联盟与欧盟开展合作前提设定不同。俄方主张，欧亚经济联盟与欧盟对接合作不受乌克兰问题干扰，借两大一体化机制对接合作，可以弥合因乌克兰危机造成的战略隔阂，重启俄欧全面合作。而欧盟却认为，欧亚经济联盟与欧盟建立合作关系的

---

① "Правительство опубликовало параметры национальных проектов", РБК, 11 февраля 2019 года, https://www.rbc.ru/economics/11/02/2019/5c6058199a79472f27e0f38e.

② "ЕС-ЕАЭС-надежда есть, осталось не упустить шанс", РСМД, 28 марта 2016 года, http://russiancouncil.ru/analytics-and-comments/analytics/es-eaes-nadezhda-est-ostalos-ne-upustit-shans/.

③ 关于欧盟对欧亚经济联盟认知及对策分析可参见王晨星《矛盾与彷徨：欧盟对欧亚经济联盟的认知与对策分析》，载《俄罗斯学刊》2017 年第 2 期。

前提是，俄罗斯需在乌克兰问题上做出让步，对乌克兰进行"放手"，任其加入欧洲一体化进程。欧盟专家普遍认为，在乌克兰危机悬而未决情况下，欧盟不宜与欧亚经济联盟建立机制化合作关系。如果欧盟让步，那么欧盟就间接承认了俄罗斯在原苏联地区的"扩张"，助长了俄罗斯的"气焰"。[①] 随着2022年乌克兰危机再次升级，双方对接合作空间进一步缩小。

从深层来看，俄欧结构性矛盾迸发，导致两大区域一体化机制间合作举步维艰。当前，俄欧之困局是：经济上的伙伴，政治上的对手；双边易沟通，多边难推进；俄与德、法、意为代表的老欧洲国家易对话，而与波兰、波罗的海三国为代表的新欧洲国家及瑞典、英国等传统地缘政治对手的关系则是对抗成分更多。在乌克兰危机冲击下，俄欧双方难以拿出治理共同周边地区的新方案，重新建立互信基础。

三　欧亚经济联盟前途可期

欧亚经济联盟能走多远？是否具有生命力？

第一，欧亚经济联盟不会成为"苏联2.0"或"经互会2.0"，更不会半路夭折，重蹈原苏联地区其余一体化机制的覆辙。首先，苏联解体二十多年来，国家独立、主权完整已经在新独立国家深入人心，复辟苏联就等于是开"历史的倒车"。其次，欧亚经济联盟不具备复辟苏联的任何条件和基础。在经济上，成员国都走上了经济转轨道路；在政治上，成员国都实行多党制、议会制；在社会上，成员国都在积极发展公民社会，扩大公民参与。再次，当前俄罗斯把推动区域一体化进程视作实现自身战略利益的工具，而非目标，更不是其"国际主义"或体系对抗的载体；最后，与历史上原苏联地区其余一体化

[①] 参见 Joseph Dobbs, "The Eurasian Economic Union: A Bridge to Nowhere?", *European Leadership Network-Policy Brief*, No. 3, 2015, https://www.europeanleadershipnetwork.org/policy-brief/the-eurasian-economic-union-a-bridge-to-nowhere/; Rilka Dragneva, Kataryna Wolczuk, "Trade and Geopolitics: Should the EU engage with the Eurasian Economic Union", *European Policy Centre Policy Brief*, No. 4, 2015, https://www.epc.eu/documents/uploads/pub_5462_trade_and_geopolitics.pdf。

机制相比，通过改良运行机制，挖掘一体化潜力，寻找利益交集等一系列做法，欧亚经济联盟将发展得更为稳健和成熟，出现夭折的可能性不大。

第二，在中短期内，欧亚经济联盟制度效能将逐步显现，但区域一体化进程将保持低速前进。机制建设、规则设定是欧亚经济联盟现阶段取得的重要成就。对成员国而言，欧亚经济联盟超国家机制的吸引力主要体现在：一是减轻因指导经济发展不力而给成员国政府带来的执政压力。欧亚经济联盟成员国均不是经济大国、强国，推动经济快速发展的手段和资源有限。由于宏观经济发展战略实施效果不明显及经济增长乏力，成员国国内社会对执政当局频繁施压。"经济增长乏力""经济无发展""宏观经济战略失效"已经成为成员国执政阶层的软肋。鉴于此，在欧亚经济委员会职能安排中专门设置了"协调成员国宏观经济政策"，其意图之一就是把宏观经济发展难题上移至多边层面，减轻成员国政府的执政压力。二是面对欧洲、亚太两强经济发达地区，欧亚经济联盟为成员国经济减少来自外部的冲击提供"制度防御"。就拿中国而言，欧亚经济联盟启动以来，中国与其成员国开展务实合作的成本在提高。商品贸易合作议题与欧亚经济委员会对接，其他领域与成员国对接，但还存在模棱两可的领域，如服务贸易、交通物流等，需与欧亚经济委员会及成员国在多边和双边层面同时推进合作，一定程度降低了中国与欧亚经济联盟成员国开展务实合作的效率。三是从主导国俄罗斯角度看，尽管欧亚经济联盟与理想中的综合性多边机制——"欧亚联盟"仍有较大距离，但是，通过欧亚经济联盟的制度规范，其他成员国倒向美西方可能性大大降低，俄罗斯保持对近周边国家的有效控盘能力。四是中小成员国借助多边制度，规范并引导俄罗斯主导力的发挥，使欧亚经济联盟牢牢限定在经济领域，避免向政治、安全领域外溢，导致自身主权丧失。

欧亚经济联盟已经从快速发展期进入缓慢前进期，从商品共同市场建设逐步向更深、推进难度更大的能源共同市场迈进。随着2018年1月新版《欧亚经济联盟海关法典》的正式实施，标志着欧亚经济联盟框架下商品共同市场基本确立，下一阶段的工作重点主要集中在取消非关税壁垒的问题上。① 能源领域一体化进程是 2025 年前欧亚经济联盟及其成员国的主攻方向。能源领域为成员国经济的支柱产业，利益关系错综复杂，建立油气、电力共同市场要求成员国让渡更多国家主权。与商品共同市场相比，能源共同市场建立难度系数较高，所需决策周期也自然更长。

欧亚经济联盟内部贸易的数字表明，联盟建立前内部贸易额明显高于联盟成立后。据欧亚经济委员会官网报道，2020 年 1—2 月，欧亚经济联盟与第三国进出口贸易总额 1022.1 亿美元，同比下降 8.1%。其中，联盟成员国向第三国出口 651.6 亿美元，同比下降 13%。2020 年上半年，欧亚经济联盟主要经济指标有所下降，其中，工业下降 3%，货运下降 5.8%，客运下降 44.9%，零售贸易总额下降 6.5%。究其原因，乌克兰危机、美欧经济制裁、独联体内部"独与联"的角力，新冠疫情的加重，欧亚联盟国家及世界经济整体下滑，甚至衰退，都对欧亚经济联盟的经济发展状况产生了消极影响。由俄罗斯主导的欧亚经济联盟带有明显的地缘政治色彩，因而其发展也受到了美国等西方国家的诸多掣肘。哈萨克总统纳扎尔巴耶夫认为，除了西方国家对俄制裁的原因外，联盟国家主要出口商品如石油、天然气、金属和化肥等价格下跌，也导致联盟国家对外贸易和相互贸易均下降。虽然贸易额下降，但贸易量并没有下降。他认为，成立欧亚经济联盟也带来了诸多益处②。

第三，从长期来看，欧亚经济联盟所覆盖范围虽为独联体一部，但其国际影响力必将超过独联体，甚至在机制建设方面超过了东盟（ASEAN）和南方共同市场（MERCOSUR）。③ 然而，在多方面因素掣肘下，欧亚经

---

① 欧亚经济委员会执委会主席季格兰·萨尔基相指出，消除非关税壁垒是今后欧亚经济联盟框架下商品共同市场建设领域的工作重心，然而在消除旧的非关税壁垒同时，又有新的非关税壁垒的出现。2017 年欧亚经济联盟成员国间贸易壁垒、限制及例外总数为 60 项，这个数字为 71 项。参见 2019 年 6 月 7 日，欧亚经济委员会执委会主席季格兰·萨尔基相在第 23 届圣彼得堡国际经济论坛上的发言；"Ликвидация барьеров, ограничений и изъятий во взаимной торговле в ЕАЭС", Министерство экономики Республики Беларусь, 2019 год, http：//www.economy.gov.by/ru/likv_ izjatij-ru/。

② 《哈总统指出欧亚经济联盟成员国贸易下降原因》，中国商务部网站，2017 年 4 月 13 日，http：//m.mofcom.gov.cn/article/tongjiziliao/fuwzn/oymytj/201704/20170402557098.shtml。

③ "ЕАЭС опережает по уровню интеграции МЕРКОСУР и АСЕАН", ЕЭК, 26 июня 2019 года, http：//www.eurasiancommission.org/ru/nae/news/Pages/26-06-2019-5.aspx.

济联盟的影响很难达到全球层面，成为欧亚中心地带的"欧盟2.0"，而更多的是地区性的，只对原苏联地区本身，以及周边产生一定的影响。考察欧亚经济联盟的前景不能单纯从短期经济效益来考量。一方面，欧亚经济联盟成员国内部贸易量以及联盟与其他国家贸易额的下降受国际油价下跌和欧美对俄制裁影响较大。随着油价的上升和制裁的逐渐解除，贸易额将会有所回升。另一方面，随着欧亚空间关税壁垒的取消，医药、电力和油气市场等共同市场的建立，这些因素对成员国经济发展的促进作用也会逐渐显现出来[①]。欧亚经济联盟还是具有良好的发展潜力，前景可期。

第四节 小结

综上所述，欧亚经济联盟作为新型区域一体化机制已经客观存在，并将继续朝着精深方向发展，这对中国欧亚周边环境已经产生实质性影响。回到本书提出的问题：欧亚经济联盟顶层设计的理论基础是什么？其继续发展的动力和阻力是什么？是否具有生命力？面对新生的欧亚经济联盟，中国的欧亚战略选择是什么？

第一，欧亚经济联盟顶层设计的理论基础吸取了欧洲一体化经验教训，同时也结合了欧亚地区特点。自苏联解体后，在原苏联空间建立类似于欧共体/欧盟的区域一体化机制，成为多极世界中的地区极，是欧亚新独立国家推动区域一体化的理想模式。然而，由于欧洲一体化与欧亚一体化的经济基础、历史背景、外部环境、主导力量、决策机制、发展目标等均不相同，再加上债务危机、英国脱欧等问题的出现，欧洲一体化对欧亚一体化的吸引力出现了一定程度的式微。因此，挖掘欧亚地区一体化的本土动能，实现因地制宜，成为俄罗斯及欧亚国家推动区域一体化进程的理论出发点。与欧洲一体化建立"统一欧洲"不同的是，欧亚一体化背后

---

① 《欧亚经济联盟开始表现出较大发展潜力》，《俄罗斯黄皮书：俄罗斯发展报告（2017）》，人民网，2017年6月27日，http://world.people.com.cn/n1/2017/0627/c1002-29366331.html。

充满着实用主义的诉求。换言之，欧亚一体化首要任务是在长期低油价条件下，解决本地区宏观经济发展困境，寻找新的经济增长点，进而改变在世界经济体系中的边缘地位。从战略层面看，欧亚一体化更是俄罗斯强国战略下的"引领式一体化"，是俄罗斯面对东西方地缘政治经济压力，为拉紧周边中小国家而推行的"维系式一体化"，也是俄罗斯周边中小国家的"追随式一体化"。以上三种欧亚一体化的内在属性在其机制载体，即欧亚经济联盟中得以充分体现。

第二，欧亚经济联盟的动力和阻力鲜明，且其未来发展的生命力是可期的。从中长期看，欧亚经济联盟得以继续运行的核心动力主要是：在经济方面，建立内部共同市场，拉动成员国宏观经济增长，符合成员国参与欧亚经济联盟建设的主要利益诉求。欧亚国家商品市场的普遍问题是消费市场体量小，产品国际竞争力低。通过建立内部商品共同市场，对内（俄）开放，对外封闭，为成员国产品提供欧亚地区市场，进而对经济增长起到一定带动作用。在制度建设方面，欧亚经济联盟组织机制设计严谨，运行规则针对性强。欧亚经济联盟的制度建设充分体现了成员国间主权平等，在借鉴欧共体/欧盟制度建设的同时，[①] 基本建成了一套符合本地区发展特色的机制模式；在大国主导上，俄罗斯在欧亚一体化、欧亚经济联盟中发挥着不可替代的主导作用。如果没有俄罗斯的主导，欧亚经济联盟便无法继续前进。与经济主导力相比，俄罗斯的优势主导力集中在政治、安全上，尤其在维护地区安全及其他成员国政权安全上。欧亚经济联盟继续前进的阻力也不可小觑，大体有：在超国家机制层面，关键岗位人事变动频繁，决策效率低下，影响一体化效能的产出；经济短板依然突出，欧亚经济联盟整体在全球价值链中的低端位置以及俄罗斯经济主导力乏力在中短期内都将难以改变；由于俄罗斯与美欧关系结构性矛盾难以突破，欧亚经济联盟与欧盟关系短期内难以实现突破，这严重影响其外部环境的质量。面对动力与阻力、机遇与挑战并存，欧亚经济联盟的生命力依然可期。欧亚经济联盟不会成为"苏联2.0"或"经互会2.0"，更不会半途夭折，而在中短期内继续保持低速前进，从商品共同市场逐步向能源

[①] 如参照欧盟委员会，设立欧亚经济委员会。

共同市场迈进的路线依旧清晰。从长期来看，欧亚经济联盟地域范围虽不包括独联体全部，但其国际影响力将会超过独联体，也有望成为区域一体化水平低于欧盟，却高于东盟和南方共同市场的新型区域一体化机制。

第三，随着欧亚经济联盟的兴起，中国欧亚周边环境正在发生深刻的变化。在处理与欧亚经济联盟关系，推进"一带一盟"对接合作的进程中，中国的战略选择应从以下三点出发：一是从处理发达经济体与新兴经济关系出发。在与发达经济体良性趋势性脱钩过程中，欧亚经济联盟是可以争取的支持力量；而在处理与其他新兴经济体，尤其与欧亚新兴经济体关系中，欧亚经济联盟及其主导国俄罗斯是需要战略协作的对象。二是中俄关系是推动"一带一盟"对接合作，营造良好中俄欧亚共同周边环境的关键点。为此，中俄两国需继续增进政治互信，强化元首外交引领作用，坚定战略意念，动员战略资源、激发战略能力，从大处着眼，从小处着手，围绕在各自"卡脖子"领域加强战略协作，务实推动"一带一盟"对接合作，为欧亚及全球治理发出"中俄声音"，提出"中俄方案"。

尽管当今世界正处在百年未有之大变局，国际形势正发生深刻的变化，然而，中国仍然处在发展的重要战略机遇期。所谓"战略机遇期"的内涵之一就是，当前是中俄关系历史上的最好时期，其实质是中俄两国综合实力相当，各有千秋，并均具备塑造双边关系、构建新型欧亚地区治理体系、推动国际关系民主化的能力。中俄两国通过战略协作，能够达到战略互补，实现两国利益的深度交融。与美国和中国的关系不同，俄罗斯则是中国最重要的战略伙伴，中俄关系是中国大国外交的压舱石。鉴于此，如何处理与俄罗斯主导的欧亚经济联盟的关系，如何推动"一带一盟"对接合作、如何加强中俄亚欧区域合作等方面不可掉以轻心，我们应时刻关注，保持跟进。

第三章　俄罗斯学界"一带一盟"关系认知透析

俄罗斯幅员辽阔，地跨欧亚。"一带一路"要经过俄罗斯领土或俄罗斯传统的"特殊利益区"。中国外交部、商务部、国家发展和改革委员会三部委文件提到的建设丝绸之路经济带六大经济走廊中，有三大经济走廊（中俄蒙经济走廊、新欧亚大陆桥、中国—中亚—西亚经济走廊）直接与俄罗斯相关，绕不开俄罗斯。近年来，新出现的"冰上丝绸之路"也要绕行俄罗斯沿岸的北冰洋和西北太平洋沿海地带。俄罗斯自身主导的欧亚经济联盟，包括俄罗斯、白俄罗斯、哈萨克斯坦、吉尔吉斯斯坦、亚美尼亚等国，横跨亚欧大陆的中心地带。因此，俄罗斯对于"一带一路"建设至关重要。俄罗斯学术界如何看待"一带一路"？如何认识"丝绸之路经济带"与欧亚经济联盟（简称"一带一盟"）的对接合作？中国应采取哪些相应的对策？在进入中俄新时代新时代全面战略协作伙伴关系的大背景下，这些问题的研究不仅具有理论价值，更具有现实意义。

我国学者分别从区域经济、地缘政治、国际关系、新闻媒体、不同发展阶段状况等不同的角度论述俄罗斯学界的认知和态度，提供了考察和研究这一问题的部分视角和重要内容，难能可贵①。缺点是：不够专题，也

---

① 参见王雪梅《俄罗斯学者对"一带一路"倡议的认知》，《战略决策研究》2019年第4期；杨波、唐朱昌《共建"丝绸之路经济带"：欧亚经济联盟国家学界的认知综述》，《欧亚经济》2019年第3期；A. B. 伊万措夫、许金秋、张誉馨《欧亚经济联盟与丝绸之路经济带：中国国家利益与风险》，《俄罗斯学刊》2019年第2期；杨希燕、陈秋容、唐朱昌《外国学者如何看待"一带"、"一盟"及其对接》，《欧亚经济》2018年第5期；康喆文《俄罗斯主流媒体对（转下页）

不够全面、系统和综合；引用俄罗斯学者、学界直接的论述比较少，因而也未必准确和深入；有一些臆测的成分；引用官方立场和政治文件过多。"一带一盟"对接合作既涉及国际经济，也涉及国际政治关系。没有官方立场和政治文件不行，仅有官方立场和政治文件也不行。俄罗斯学术界在"一带一盟"关系中扮演着很重要的角色，在中俄关系的发展中起着很重要的作用。[1]

实事求是地说，俄罗斯学界对"一带一路"倡议、对"一带一盟"对接经历了一个矛盾的认识过程，即从最初的不解、疑虑、担忧，到逐渐理解、认可、接受、参与，有纠结、犹豫、反复的过程，一直在期望、希望与失望之间"摇摆"、彷徨、徘徊，体现了俄罗斯的心理情感与文化特点。俄政界和学界表现是有所不同的。一般来说，政界从事"高级政治""高级经济"，解决大的原则问题、大局问题，政治色彩强，重在战略布局、长远规划和解决问题，相对容易与对方达成共识，签署协议。而学者则更为理性务实，客观实际，看得更细，想得更多，偏爱辩论而容易怀

（接上页）"一带一路"倡议的评述——基于俄罗斯新闻社的调查》,《大连海事大学学报》（社会科学版）2018年第2期；黄晓燕、秦放鸣《丝绸之路经济带与欧亚经济联盟对接（2015—2017）：国内外研究综述》,《俄罗斯东欧中亚研究》2018年第3期；王宪举《俄对欧亚经济联盟和丝绸之路经济带建设对接的态度及中国应采取的策略》,《西伯利亚研究》2016年第4期；丛晓男《中国—欧亚经济联盟FTA的经济障碍与现实选择——基于可计算一般均衡GMR-CGE》,《俄罗斯研究》2018年第1期；谢尔盖·卡拉加诺夫、季莫费·博尔达切夫、奥列格·巴拉巴诺夫（Oleg Barabanov）、阿列克谢·别兹波罗多夫（Alexey Bezborodov）、亚历山大·加布耶夫（Alexander Gabuev）、康斯坦丁·库佐夫科夫（Konstantin Kuzovkov）、亚历山大·卢金（Alexander Lukin）、德米特里·苏斯洛夫（Dmitri Suslov）、阿纳斯塔西娅·利哈乔娃（Anastasia Likhacheva）、伊戈尔·马卡罗夫（Igor Makarov）、叶卡捷琳娜·马卡罗娃（Ekaterina Makarova）、安德烈·斯克利巴（Andrey Skriba）、伊万·季莫费耶夫（Ivan Timofeev）《构建中央欧亚："丝绸之路经济带"与欧亚国家协同发展优先事项》,《俄罗斯研究》2015年第3期；李兴《俄罗斯对"一带一路"的认知》,《中国社会科学报》2017年5月12日（1205期）；李兴《"一带一路"与欧亚经济联盟对接合作研究》,红旗出版社2018年版；«Китай и Россия: Новое Евразийское Экономическое Парнерство?», Москва, 2018年；蒋菁、刘阳《〈中华人民共和国与欧亚经济联盟经贸合作协定〉评析》,《俄罗斯学刊》2019年第6期，等等。

[1] Спартак Андрей Николаевич, "Новый этап регионализации: основное содержание, вызовы для многосторонней торговой системы и постсоветской интеграции", Международная торговля и торговая политика, No. 2 (6), 2016, pp. 8–27.

疑，重在分析问题，相对谨慎，甚至喜欢批评。① 并且根据俄学界观点内容的发展可以划分为不同的时期。

第一节 俄学界初期对"一带一盟"的不同认知

相比政界，俄罗斯学界的反应要"滞后"一些、谨慎一些，相对冷静、"学术"一些。学者天性就比较理性。俄罗斯知识分子的特点就是喜欢思考、质疑、辩论甚至批评，问题意识较重。与政治人物相比，相对客观、超脱，较少短时期实用考量，更关注本国的实际利益、长远利益。他们发出了很多不同的甚至矛盾的声音。同一位学者，也可能在不同时期观点发生了变化。② 有赞成者，认为"一带一盟"利益一致，正常相处，可以兼容，对接合作。③ 弗拉季米尔·陀多罗夫（Владимир Тодоров）2015年3月31日在《报纸》发表文章指出，在俄罗斯与西方关系继续恶化的大背景下，俄已经准备好就欧亚经济联盟与"丝绸之路经济带"结合的可能方案进行谈判，虽然中国对欧亚经济联盟的参与度暂时不明，但双方处于做出决定的重要阶段④。有名的智库—瓦尔代俱乐部活动的组织者卡拉甘诺夫（Караганов）教授发文说，中国向西发展对俄罗斯极为有利。由于中国向西走的趋势，俄罗斯应当以同时面向欧亚的政策代替已经失败地向欧洲一边倒的政策，用"大欧亚"代替未能建立的"大欧洲"。俄罗斯同中国建立了友好深入的战略伙伴关系，通过对接"丝绸之路经济带"与欧亚经济联盟的协议，成功避免了双方在中亚的竞

---

① 参见李兴《俄罗斯对"一带一路"的认知》，《中国社会科学报》2017年5月13日。

② Спартак Андрей Николаевич, "Трансатлантическое торговое и инвестиционное партнерство: возможные эффекты для России и ЕАЭС", Российский внешнеэкономический вестник, No. 6, 2016, pp. 3 – 17.

③ Лузянин Сергей Геннадьевич, and Клименко Анатолий Филиппович, "Сотрудничество России и Китая в ШОС по реализации концепции Большого евразийского партнерства", Китай в мировой и региональной политике. История и современность, Vol. 24, No. 24, 2019, pp. 98 – 113. doi：10.24411/2618 – 6888 – 2019 – 10005.

④ 李太龙、姚锦祥：《俄罗斯人眼里的"一带一路"》，《旁观中国》2015年4月14日。

争，赢得了与东盟国家、日本、韩国深化合作的巨大机遇，因此，俄拥有了新一轮发展良好的地缘政治环境，不存在陷入所谓"孤立主义"的困境问题。

赞成者多是从世界和欧亚经济、金融格局的视角，认为俄罗斯向东转向，远远超出了经济民族主义考虑，"一带一盟"对接合作有利于打破"万能的"三方组合（美国、欧洲和日本）的垄断和霸权地位，而恰恰是美国在竭力维护其在欧亚地区和世界经济政治中的主导地位并企图阻止中俄联手的欧亚一体化进程①。世界地缘经济结构已经发生了变化，迫使俄罗斯和中国寻求建立新秩序的新途径，导致两国加强相互关系并尝试协调各自的一体化方案。而上海合作组织应是最合适的选择②；俄罗斯经济社会的发展需要外来的刺激，"一带一路""一带一盟"给俄经济带来活力，提供了新的机遇；俄罗斯特别需要互联互通，但苦于自己经济困难、资金不足，可以利用中国的资金建立交通物流网络，为俄所用，实现俄自己的战略目标；有利于促进巩固沿线国家的工业合作，形成新的经济增长点；俄罗斯没有任何机会阻止中国在中亚地区的存在，中国向西推进是必然的，中亚国家也没有加强同中国合作的替代方案。中俄两种机制"一带一盟"可以促进大欧亚一体化合作，形成世界经济发展水平的新的中心③；"一带一盟"对接具有非常重要的意义和现实意义，不仅会带动中亚的经济和社会发展，也会推动俄罗斯西西伯利亚和东西伯利亚地区的发展④。"'丝绸之路经济带'实施机制为欧亚地区带来了机遇"⑤。为此，

---

① Г. Ивашенцов. Пути к мирной Евразии（通向世界的欧亚之路），14 мая 2015г, http://russiancouncil.ru/en/inner/? id_ 4 =5918#top-content。

② [俄] Е. М. 库兹米娜：《上海合作组织作为欧亚经济联盟与"丝绸之路经济带"对接平台的可能性》，《欧亚经济》2016 年第 5 期。

③ И. А. Макаров, А. К. Соколова, Сопряжение Евразийской интеграции и Экономического пояса Шелкового пути: Возможности для России（欧亚一体化与丝绸之路经济带的对接：俄罗斯的机遇），Вестник Международных Организаций，2016，No. 2，C. 40。

④ [俄] С. 比留科夫：《"丝绸之路"与欧亚一体化——两大战略项目相结合的前景》，《俄罗斯研究》2015 年第 6 期。

⑤ [俄] 谢·卢贾宁、谢·萨佐诺夫、陈余：《丝绸之路经济带：2015 模式》，《俄罗斯东欧中亚研究》2015 年第 4 期。

还有一些赞成者担心"丝绸之路经济带"会绕过俄罗斯，从中亚直接通过里海—高加索、黑海或中东通向欧洲，与欧盟直接对接，"双海"（里海—黑海）通道会使俄失去这一发展机遇。俄另一著名智库——世界经济与国际关系研究所在《欧亚经济联盟与丝绸之路经济带：俄罗斯观点》的研究报告中分析认为，"中国的'一带一路'政策可以和欧亚经济联盟合作，有利于中俄双方，能给双方带来巨大的利益"。俄有名的《消息报》谈到在俄"转向东方"的背景下，中国等国对俄直接投资在 2017 年增加了，中国对俄直接投资达 90 亿美元左右，主要是油气和矿产领域。西伯利亚北极附近的亚马尔天然气项目需要 270 亿美元的投资，其中中国 CNPC 占 20% 的股份，另外中国的丝路基金占 9.9%①。亚·列克秀金娜教授认为，俄参与"一带一路"，有利于实现一些重要经济发展任务，加快跨境运输发展，促进远东地区发展，解决区域经济发展不平衡问题，有利于吸引来自中国的直接投资和贷款，为俄企业进入庞大中国市场（特别是食品和农产品）提供机会。② 俄科学院世界经济与国际关系研究所叶莲娜·库兹明娜主任认为，参与"一带一路"倡议项目将有助于中亚国家建立新的产业和新的发展中心，创造新的就业机会，这对于中亚人口稠密地区非常重要③。俄罗斯高等经济大学马斯洛夫教授认为，"一带一路"倡议与欧亚经济联盟的对接非常重要和及时，这是俄中合作获得强大动力的唯一选择。俄中找到了"对接"这种互利互惠的合作模式，"这是完全符合两国利益的重要政治决定"。④

　　当然，怀疑"丝绸之路经济带"及"一带一盟"合作者有之，认为中国的意图不明。担忧者有之，认为会损害俄罗斯的利益。反对者不多，

---

① Восточный Поток, Китай Япония и Индия увеличили прямы еинвистиции в Россию（东溪：中国、日本和印度增加对俄罗斯的直接投资），Независимость，2017 年 12 月 13 日。

② ［俄］亚·列克秀金娜：《"一带一路"倡议框架下俄中合作的成就与问题》，王志远译，《俄罗斯学刊》2019 年第 1 期。

③ 《俄专家："一带一路"倡议促进中亚国家经济发展》，http://sputniknews.cn/amp/economics/201904111028165388.html，俄罗斯卫星通讯社莫斯科 4 月 11 日电。

④ 《专访："一带一路"推动中国与沿线国家"五通"成绩显著——访俄罗斯高等经济学院东方学教研室主任阿列克谢·马斯洛夫》，新华网，http://big5.xinhuanet.com/gate/big5/m.xinhuanet.com/2018-08/26/c_1123329912.htm。

但也有之，如俄国民经济和国家行政学院塞葛伊·兹伯里阿也夫（Sergey Tsypliaev）就公开主张"丝绸之路可能成为俄罗斯的一个'金箍'"，认为与中国对接合作是错误的选择。

俄学界对中国的不解和疑虑集中在以下几个问题上：第一，"一带一路"的内容、目的、实施手段是什么？其内容（广度和深度）和地域（广度和宽度）在哪里？有没有边界？"一带一路"有没有机制？为什么没有"硬机制"？其利益协调、资金管理及合作机制上是否存在问题？第二，"一带一路"是否是中国的地缘政治战略和国家大战略？即中国版的"马歇尔计划"？他们既担心"一带一路"会绕过俄罗斯，使俄陷入孤立，并失去发展的机遇；也担心中俄双方发展战略是矛盾的、冲突的，"一带一路"建设会损害俄罗斯的地缘经济利益，架空俄原有西伯利亚大铁路，压低俄罗斯能源的价格，使俄变成资源、原料供应国和附庸国。第三，担忧"一带一盟"对接合作会破坏俄主导的欧亚经济联盟的吸引力，掏空欧亚经济联盟，使俄传统的"后院"，包括中亚、蒙古、高加索向中国靠拢而疏远俄罗斯，扩大中国的政治影响，使俄罗斯边缘化，中国取而代之成为"大欧亚"的掌控者，从而损害了俄国际影响和大国地位。关于"一带一路"倡议对俄构成的挑战，俄学者较多担忧以下几个方面：第一，可能会影响俄亚欧一体化计划①。在俄经济影响力弱化的背景下，中国在中亚的影响力显著提升。② 第二，在俄欧关系渐冷的条件下，"一带一路"倡议推动中欧关系发展。③ 第三，在交通运输方面，在中国—中亚—俄罗斯—欧洲运输走廊的替代效应下，跨西伯利亚欧亚大陆桥的作用

---

① Кобринская И., Россия и Китайский "шелковый путь", К какому соглашению придут партнеры, Россия в глабольной политике, 30 - 12 - 2016.

② Петровский Владимир Евгеньевич, "Россия, Китай и контуры «Большого евразийского партнерства»", Китай в мировой и региональной политике. История и современность, Vol. 22, No. 22, 2017, C. 37 - 51. doi: 10.24411/9785 - 0324 - 2017 - 00003.

③ Ефременко Дмитрий Валерьевич, "сопряжение китайской инициативы «Экономический пояс Шелкового пути» и интеграционного проекта «Евразийский экономический союз» в контексте трансформаций современного мирового порядка", Китай в мировой и региональной политике. История и современность, Vol. 23, No. 23, 2018, C. 29 - 41. doi: 10.24411/2618 - 6888 - 2018 - 10003.

和功能会下降①。此外，还包括中国在俄经济活动的一些负面影响，如挤压了俄中小企业，造成俄环境和生态破坏，包括贝加尔湖的淡水资源等。②

因此，尽管俄官方表态支持"丝绸之路经济带"倡议，不过俄罗斯总的立场还是有所保留的③。俄罗斯著名中国问题专家阿·格·拉林在《丝绸之路经济带与欧亚联盟对接的实质分析》一文中，非常具体、详细地分析了"丝绸之路经济带"概念的内容，两者对接的含义，两者对接对于俄罗斯的有利与不利之处。其中，不利方面，包括中国在中亚地位和影响的扩大以及俄罗斯影响的相对降低；俄境内原有的西伯利亚大铁路等可能会架空。好处是，可以利用中国的资金和技术优势共同建设高铁等基础设施，其次，不仅作为过境地，而且激活俄沿线地区经济的发展，增加其经济收入；最后，促进远东和西伯利亚地区的开发和建设。拉林认为，对于俄罗斯来说，在目前的情势下，其发展战略应该是最大限度地开放，抓住"丝绸之路经济带"的机会，同中国进行最大限度的全方位伙伴合作，巩固欧亚经济联盟，虽然在某种程度上这两个方向有一定的矛盾，以及如何抑制对接的不利影响还不是很清楚④。莫斯科大学阿历克谢·布兹加林（Aleksandr Buzgalin）教授、高等经济大学勃拉德尔斯基（М. В. Братерский）教授、彼得堡大学国际关系学者娜塔里娅·阿列克谢耶夫娜（Наталья Алексеевна）教授、莫斯科国际关系学院扎维娅洛娃（Завьялова）教授等，都相信"丝绸之路经济带"与欧亚联盟的对接合

---

① Лузянин С. Г., "Один Пояс, Один Путь": Российская проекция и проблемы сопряжения, Китай в мировой и региональной политике: История и Современность, Выпуск ХХII, М: ИДВРАН, 2017, С. 34.

② Соколова Ольга Юрьевна, Скворцова Валентина Алексеевна, and Антипова Юлия Игоревна, "Евразийский экономический союз и экономический пояс Шелкового пути: проблемы и перспективы сотрудничества", Известия высших учебных заведений. Поволжский регион. Общественные науки, No. 2 (46), 2018, С. 143 – 153.

③ ［俄］А. Г. 拉林、В. А. 马特维耶夫：《俄罗斯如何看待欧亚经济联盟与"丝绸之路经济带"对接》，《欧亚经济》2016年第2期。

④ А. Г. Ларин, К анализу сущности проекта ЭПШП и его сопряжения с ЕАЭС（丝绸之路经济带的实质及与欧亚经济联盟对接分析），Китай в Глобалбной и Региональной политике: История и Современность（全球与地区政治中的中国：历史与现实），No. 21, 2016, Стр. 145 – 147.

作是有前景的,有战略意义的,但这一进程是"复杂的""困难的",甚至是"有风险的"。他(她)们对于"丝绸之路经济带"的细节不是很清楚,认为或许要从具体领域和问题的合作入手①。还有学者认为:"丝绸之路经济带是总体的构想,欧亚经济联盟是贸易组织,是统一经济空间。因此,两者是不能对接的。"② 即便要对接,也主要是"作为保障中国向欧亚经济联盟成员国实施基础设施和工业项目的手段",而不是形成共同体或一体化③。因此,俄在实践中对与中国建立自由贸易区的谈判表现比较消极。

俄向来拥有强大的亲欧派和西方派,并且根基很深。但在西方对俄经济制裁、俄与西方关系恶化的大背景下,俄公开反对中俄友好、合作、"一带一盟"对接合作的声音并不大,多数主张全方位的东西平衡。随着世界经济、政治重心向亚太转移,对华友好成为俄民意主流。俄对"一带一盟"的报道和讨论越来越多。2016 年 1—12 月,215 家俄罗斯媒体发布关于"一带一路"的相关报道,总量为 787 篇,其中,原创报道 397 篇,简报类 214 篇,综合类 181 篇。从全年报道的声量来看,俄对"一带一路"的报道,以及正面的报道呈现出"双升"的趋势。随着主张"美国优先"的特朗普当选为美国总统,俄学者对"一带一路"的关注甚至超过了 TPP。一般来说,俄的倡议主张,政治家正面推进,学界反面警醒,智库出谋划策。政界引导学界。俄政界和学界是相互影响的,有时是相通的,俄也存在"旋转门"渠道。俄权威智库瓦尔代俱乐部在《面向大洋:欧亚经济联盟一体化与中国丝绸之路经济带计划》的最新报告指出:"俄罗斯与中国不是竞争对手,欧亚经济联盟和丝绸之路经济带将成为推动欧亚大陆经济发展的重要机制,欧亚联盟与丝绸之路经济对接是俄中关系的新起点。俄中扩展区域合作的趋势不可阻挡。对俄中在欧亚大陆中心地带可能进行竞争的担忧没有必要。"这在一定程度上代表俄精英的

---

① Ли Син, М. В. Братетский, Россия и Китай в Евразийской интеграции: Сотрудничество или Соперничество? Нестор-История (Москва Санкт-Петербург), 2015.

② Дмитрий Онтоев, Китай-сила экономическая, а не цивилизационная, www. Росбалт. ru. 8 декабря 2015.

③ 《欧亚经济联盟与丝绸之路经济带对接:挑战与前景》,俄新社,2015 年 11 月 11 日。

认识①。俄人民友谊大学塔夫罗夫斯基（Ю. В. Тавровский）教授指出，"'一带一路'是思想创新，俄从过去的过境之地变成一个主要的合作伙伴。美日从东部海洋方向包围中国、TPP 排斥世界第二大经济体，而中国显然在西部的处境要好得多，中国与俄罗斯是战略协作伙伴，与中亚国家的双边经贸关系很紧密，中俄和中亚国家都是上海合作组织的成员"②。俄高等经济大学教授斯克里芭（А. С. Скриба）认为，中俄两国的经济合作方案"一带一盟"相互并不矛盾，在中亚地区并不构成竞争，并且有很光明的前景，但如何实现、落实，还要考虑其内部动力和政治过程。如果没有足够的对一体化和对接合作的内部动力，光外部刺激很难达到应有的效果③。知名学者马卡洛夫认为，"转向东方"初期不是很成功，甚至是"挫败"，因为在西方经济制裁俄罗斯的大背景下对俄投资有风险，中国投资者不会为了政治合作而牺牲经济利益。俄开始对中国伙伴取代欧洲的期望过高了④。由于最初对中俄两国高层的呼吁、两国"一带一盟"对抗合作期望过高，因此，对"一带一盟"对接合作的成果，俄罗斯政界和学界有些失望，⑤ 认为中国方面对于与俄经济合作态度严苛，不愿妥协，过于谨慎，两国底层互信不足，经济合作的前景不是很好。俄部分学者对两国实力差距的拉大和中国军力的增强感到担忧。⑥

---

① 俄罗斯权威智库瓦尔代国际辩论俱乐部：《面向大洋：欧亚经济联盟一体化与中国丝绸之路经济带计划》报告。

② Ю. В. Тавровский, Китай Россия и Соседи-новое тысячечление（新千年的中国、俄罗斯及邻居），М, Восточная Книга, 2015, ст, pp. 28 – 30。

③ А. С. Скриба, Сопряжение ЕАЭС и Экономического Пояса Шелкого：пути интересы участников и вызовы реализации（欧亚联盟与丝路经济带的对接：参与者的利益与实现的挑战），Вестник Междунар одныхорганизаций, 2016, No. 3, ст, pp. 67 – 78。

④ И. А. Макаров, Поворот на Восток：Развитие Сибирии Дальнего Востока в условиях усиления азиатского вектора（转向东方：亚洲因素加强视域下的远东和西伯利亚的发展），2015, С. 202；И. Ф. Макаров, А. К. Соколова, Сопряжение Евразийской интеграции и Экономического Пояса Шелкого Пути：Возможности для России（欧亚一体化与丝路经济带的对接：俄罗斯的机遇），Вестник Международных Организаций, 2016, No. 2, ст, pp. 52 – 54。

⑤ ［俄］亚·列克秀金娜：《"一带一路"倡议框架下俄中合作的成就与问题》，王志远译，《俄罗斯学刊》2019 年第 1 期。

⑥ В. М. Котляков, В. А. Шупер, Россия в формирующейся Большой Евразии Москва, 2019, С. 282。

第二节　俄学界对"一带一盟"认知的新进展

在中国经济持续中高速发展成为亚欧和世界经济的火车头、西方对俄实行经济制裁的大背景下，俄不管是主动还是被动"向东看""转向东方"，俄对中方的期望不言自明。中国作为世界领先的发展中国家之一，正在通过众多政府计划和举措积极提升其在所有地区的影响力。在这方面，亚欧大陆是最有吸引力的地区之一。[1] 十年来，随着"一带一路"的实践和推进，俄学界大多对"一带一盟"对接合作的前景趋于客观、理性，渐行看好，认可其将惠及沿线国家，抱有希望，但认为具体困难还是很多、很大。随着中国经济发展速度的下行，中美贸易战的展开和中美关系的恶化，俄少数学者对中国的经济实力和国际经验持谨慎态度。[2] "俄罗斯媒体目前倾向于不负面报道中国，但对中国的担忧并未消失，只是开始以间接和遮掩的方式"呈现，或可称为"隐喻性的语言"，或许有所保留，不光看热闹。马卡洛夫教授不无担心地谈道："两国签署的文件仅仅说明了中国丝绸之路经济带的开放性特点，并且邀请俄罗斯（及其他国家）在欧亚大陆中心区域开展合作，而不是在此之前的各国自行扩大投资"，"故关于丝绸之路经济带与欧亚经济联盟对接合作的联合声明不应该作为两国投资合作的突破口而予以讨论。应当创造关于独立于政治协议的条件"[3]。高等经济大学卢金教授谈到"丝绸之路经济带"意义的同时，也谈到新疆的安全形势和中国与邻国的

---

[1] Абубакирова Д. Б., "Интересы Китая в Центральной Азии в Рамках Инициативы «Один Пояс-Один Путь»", Постсоветские исследования, Vol. 4, No. 4, 2021, C. 285 – 295. Doi: 10.24412/2618 – 7426 – 2021 – 4 – 285 – 295.

[2] Чернова А. Ф., "Инициатива" Один пояс, Один Путь "Как Инструмент Инклюзивной Глобализации", Via in tempore. История. Политология, Vol. 46, No. 2, 2019, C. 363 – 369.

[3] И. А. Макаров, А. К. Соколова, Сопряжение Евразийской интеграции и Экономического Пояса Шелкого Пути: Возможности для России（欧亚一体化与丝绸之路经济带的对接：俄罗斯的机遇）, Вестник Международных Организаций, 2016, No. 2, C. 50 – 52。

关系可能对"'一带一路'建设有负面影响"①。俄方学者认为，两国方案是互补的，虽然存在竞争，中方尊重俄方的政治利益，两者需要协调并加强在中亚的合作。建议加强基础设施互联互通的工作，特别是俄罗斯境内东—西线铁路和欧亚经济联盟内的南北线交通，并把说服中国作为俄对外部门一项重要的外交任务②。俄个别学者担心"丝绸之路经济带"与欧亚经济共同体的对接"可能会导致西方指责中俄搞'帮派活动'"③。俄罗斯政界和学界一个共识是：俄"转向东方"虽然没有获得期望的效果，中国未能取代欧盟成为俄的替代经济伙伴，但"一带一盟"对接合作是有前景的。马卡洛夫教授提出如下建议："由于丝绸之路经济带项目的实施和'一带一盟'对接协议的签订，有三个机遇摆在俄罗斯面前：欧亚区域物流运输一体化；跨国工业合作的加深；战略规划的拓宽，直到完全建立'大欧亚'共同体。"④ "需要确定的是，欧亚经济联盟和作为其参与者的俄罗斯有哪些东西可以提供给中国——这是近年来俄罗斯外交政治中最重要的任务之一。"⑤ 俄罗斯科学院经济所研究员赫费茨（Б. А. Хейфец）教授指出，"丝绸之路经济带"对于欧亚经济联盟国家来说是最有吸引力的经济合作伙伴。其对接合作的方式灵活、富于弹性，并且对任何一个参与者来说都比较方便。要使内部各种障碍因素"中立化""无为化""沉默

---

① А. В. Лукин, Возвышающийся Китай и будущее России（中国的崛起与俄罗斯的未来），Международные Отношения, Москва 2015, С. 240。

② И. А. Макаров, Поворот на Восток: Развитие Сибири Дальнего Востока в условиях усиления азиатского вектора（转向东方：亚洲因素加强视域下的远东和西伯利亚的发展），2015, Стр. 202; И. Ф. Макаров, А. К. Соколова, Сопряжение Евразийской интеграции и Экономического Пояса Шелкого Пути: Возможности для России（欧亚一体化与丝绸之路经济带的对接：俄罗斯的机遇），Вестник Международных Организаций, 2016, No. 2, С. 54。

③ Г. Д. Толорая, Р. С. Чуков, Рассчитывать На БРИКС（透析金砖），Вестник Международных Организаций, 2016, No. 2, С. 106。

④ И. А. Макаров, А. К. Соколова, Сопряжение Евразийской интеграции и Экономического Пояса Шелкого пути: Возможности для России（欧亚一体化与丝绸之路经济带的对接：俄罗斯的机遇），Вестник Международных Организаций, 2016, No. 2, С. 52。

⑤ И. А. Макаров, А. К. Соколова, Сопряжение Евразийской интеграции и Экономического пояса Шелкого пути: Возможности для России（欧亚一体化与丝绸之路经济带的对接：俄罗斯的机遇），Вестник Международных Организаций, 2016, No. 2, С. 54。

化"。对接的方式有三种：基础设施建设对接；体制机制对接；前两者的结合和互补①。在2017年一年一度的中国全国人大、政协期间，俄罗斯各界对"一带一路"议题给予了高度关注。以前俄媒体与学者在谈到"一带一路"时还要解释"一带一路"是什么，逐渐地，俄语的"一带一路"为俄人所知悉，学者用汉语发音"一带一路"。俄罗斯科学院远东所所长卢贾宁用标准的中文谈到"一带一路"，表示这是最佳的全球化模式，就像一个大柜子，里面有很多层，有一些已经填满或正在装东西，90%还是空的，期待着其他国家参与到"一带一路"项目中来。"而欧亚经济联盟与丝绸之路经济带对接过程是推动合作、推进全球化发展的区域方案之一。"②卢贾宁是"瓦尔代"俱乐部中国问题专家，曾任俄罗斯科学院远东研究所所长，他的观点具有某种代表性。这种正面的、乐观的意见日渐占上风，并逐渐成为俄认识的主流，虽然有时还存在着矛盾、纠结甚至反复。正因为如此，莫斯科中国商贸中心正在加紧修建，第一座黑龙江公路大桥（黑河）、同江铁路大桥已经合龙。对比之前同江大桥俄方长时间没有进展的情况，令人不胜唏嘘。中俄电子商务、跨国快递业务风生水起，中国对俄冰激凌和饮用水（特别是来自贝加尔湖的水）需求旺盛。两国相互旅游人数激增，成为新的亮点。③雅库宁·弗拉基米尔是普京的亲信和好友，曾担任俄罗斯铁路股份公司总裁，在俄政坛是一个重量级人物。"旋转门"以后他在莫斯科任大学教授，到中国寻求合作伙伴，商讨和研究"一带一路"倡议，"一带一盟"对接合作，基础设施建设、互联互通，等等。对于2017年5月的"一带一路"国际合作高峰论坛，俄罗斯媒体给予了大量关注和报道。塔斯社采访多位俄罗斯专家，认为"一带一路"国际合作高峰论坛是一场非凡

---

① Б. А. Хейфец, Экономический Пояс Шелкого Пути-новая модель привлекательного экономичечкого партнерства для ЕАЭС（丝路经济带：对欧亚联盟经济伙伴有吸引力的新模式），Проблемы Дальнего Востока（远东问题），2016，No. 5，C. 45－49。

② 《俄媒看两会，俄学者谈"一带一路"，直接用中文发音》，《观察者网》2017年3月12日。参见 С. Г. Лузянин, Россия-Китай：Формирование обновленного мира，Москва：Издательство "Весь Мир"，2018。

③ Давыденко Елизавета Васильевна, and Колесникова Татьяна Васильевна, "'Один пояс-Один путь'как катализатор инвестиционного сотрудничества России и Китая", Вестник Евразийской Науки，Vol. 10，No. 5，2018，C. 11。

盛事，前景广阔且多样。今日俄罗斯通讯社报道，"一带一路"倡议提倡互利共赢，参与其中的每一方都能收获利益，从高峰论坛的参与者名单上就可以看出，世界各地的国家和组织都被该倡议所吸引。普京总统作为主宾在北京"一带一路"国际合作高峰论坛上发表了重要讲话，称赞了亚欧一体化是一件宏伟事业，表示支持"丝绸之路经济带"与欧亚经济联盟的对接合作。今日俄罗斯通讯社科思廖夫发表文章表示，"一带一路"高峰论坛得以成功举行，是因为中国在合适的时间说出了该说的话，所以产生了特殊的作用。该论坛不只是讨论如何建设欧亚大陆上的交通基础设施，更重要的是，中国提出了"世界应该往哪儿走、应该做什么"的倡议。这种倡议对于全世界来说正当其时。2017 年以来，中俄两国经贸、旅游、电商发展迅猛，中国对俄粮食、食品的需求"井喷"。[①] 2018 年 5 月，俄驻华大使杰尼索夫说，近几年中俄合作亮点频出，探索出不少有价值的模式。经过俄罗斯的中欧班列已经推动两国经贸合作的进一步发展。中俄正在上海合作组织的框架下探索打造自由贸易区（FTA）的可能性。[②] 两国政府还在积极探讨，起草新的油气合作协议[③]。即便是对两国对接有疑义的个别学者也承认："由俄罗斯发挥主要力量的集体安全条约组织能够对这个地区（中亚）投资安全起保障作用。"[④] 俄媒盘点认为，2019 年，中国经济外交拿出漂亮成绩单，国际社会对中国"一带一路"倡议认知的不断增长，巩固了这个世界项目的声望。中俄东线天然气管道，使俄罗斯成为中国的主要天然气伙伴。与此同时，中国也大大巩固了本国的能源安全。[⑤]

---

① Козлов Дмитрий Игоревич, "Первые итоги и ближайшие перспективы реализации китайской инициативы" один пояс, один путь Politbook, No. 2, 2018, C. 127 – 156.

② Лузянин Сергей Геннадьевич, and Клименко Анатолий Филиппович, "Сотрудничество России и Китая в ШОС по Реализации Концепции Большого Евразийского Партнерства", Китай в Мировой и Региональной Политике. История и Современность, Vol. 24, No. 24, 2019, C. 98 – 113. Doi: 10.24411/2618 – 6888 – 2019 – 10005.

③ 俄罗斯驻华大使杰尼索夫：《中俄将起草新一轮油气合作协议》，《每日经济新闻》2008 年 5 月 16 日，http://baijiahao.baidu.com/s?id=1600532514096667427&wfr=spider&for=pc。

④ Дмитрий Онтоев, Китай-сила экономическая, а не цивилизационная, www.Росбалт.ru. 8 декабря 2015.

⑤ 《俄媒盘点：2019 中国经济外交拿出漂亮成绩单》，《参考消息》2020 年 1 月 1 日，https://news.china.com/domestic/945/20200101/37596290_1.html。

第三章　俄罗斯学界"一带一盟"关系认知透析　89

在 2013 年中国为扩大与整个欧亚大陆各国的经贸合作而倡议复兴丝绸之路后，包括俄罗斯在内的世界各国都出现了大量对丝绸之路发展的各种评估和预测。① 俄罗斯学者穆拉特施纳·克赛丽娅·格拉季耶夫纳（Муратшина Ксения Геннадьевна）分析了欧洲智库以及专家对"一带一路"的评估。由于俄罗斯也是"一带一路"倡议的直接参与者，因此，研究一下俄罗斯以外的汉学家对于中国这一战略项目的评价非常重要，同时研究者也尽可能清楚地了解中国的"一带一路"倡议可能给俄罗斯带来的好处。在研究的框架内，穆拉特施纳·克赛丽娅·格拉季耶夫纳（Муратшина Ксения Геннадьевна）研究了西欧、中欧和东欧科学中心及专家发表的分析报告，个人和集体小册子及其评论。该研究的结果表明，大多数欧洲汉学家将"一带一路"看作是一种商业事业。② 欧洲外交关系委员会（ECFR）亚洲和中国研究项目的负责人，法国著名汉学家戈特曼（F. Godman）称"一带一路"是一面"旗帜"，在这面"旗帜"下，中国和亚洲邻国的所有新项目都统一起来。③

至于对俄影响，俄学界对"一带一盟"对接合作的评价渐趋理性、冷静、务实，因为中国的投资仍然少于日本，更不能取代传统上的欧盟，并且对哈萨克斯坦的投资不在对俄投资之下，这与两国的政治关系、地缘优势很不相称，与早先的期望相比，俄方有些失望。但还抱有希望和期待，因为潜力还很大，特别是在制造、交通、农业、旅游、媒体、政党合作、战略性大项目、航空航天、高科技等领域④。涉及有些具体利益问

---

① Денисов, И. Е., Шелковая безопасность: новая китайская концепция развития и правила игры в Евразии/И. Е. Денисов//Индекс безопасности, 2015, Т. 21, No. 3 (114), С. 51 – 60.

② Муратшина Ксения Геннадьевна, "Китайская инициатива" один пояс, один путь "в оценках европейских экспертно-аналитических центров (2013—2017 гг.)", Вестник Волгоградского государственного университета. Серия 4: История. Регионоведение. Международные Отношения, Vol. 23, No. 4, 2018, С. 131 – 147.

③ Explaining China's Foreign Policy Reset. European Council on Foreign Relations, 2015, April 14. URL: http://www.ecfr.eu/publications/summary/explaining_chinas_foreign_policy_reset 3001 (accessed 12 January 2016).

④ Восточный Поток, Китай Японня и Индия увеличили прямыеинвест ицинв Россию（东溪：中国、日本和印度加强对俄直接投资），Независимость（独立报），2017 年 12 月 13 日。

题，比如关税、轨距、能源价格、建立自由贸易区等问题，俄方非常谨慎，有时回避。在"一带一盟"对接合作问题上，俄对于双边谈判未必比多边谈判更热心。

俄罗斯人民友谊大学学者阿布巴基洛娃·加纳·巴克特让洛夫娜（Абубакирова Диана Бакытжановна）注意到"一带一路"的首批项目已经在实施并发挥作用，这些项目最大限度地与地区利益交织在一起，并为其利益服务。这些项目包括铁路、高速公路、水力和管道的建设。① 作为一个大国，俄当然会考虑到自己的经济利益、安全利益和地缘政治利益，但对基于与中国伙伴平等而广泛的合作、投资感兴趣，持一种虽然不无谨慎但很需要、总体欢迎的态度。舒瓦洛夫副总理就写到双方开展的合作必须"在欧亚经济联盟的框架下进行"。俄媒体认为，两国关于"一带一盟"对接合作声明的签署只是双边的，并没有与其他欧亚经济联盟国家的联署，尽管俄罗斯事实上在其中居于主导地位②。俄学界较多使用"Сопряжение"一词。查俄文词典，俄文中表达对接、合作之意的有两个词"Сопряжение""Состыковка"。"Сопряжение"原意指钢管、螺丝等相向而行，相互策应，相互配合，无缝对接，但各还是各，两个还是两个，1+1=2，并没有变成一个，甚至有可能错过。"Состыковка"意指两相交并、融合，变成一个，如两条河流相汇融合，1+1=1。有基于此，俄一方面渴望在欧亚地区建立一个全方位的经济联盟，同时也可能提出自己的替代性方案。③ 谢尔盖·卡拉加诺夫教授强调：俄外交优先事项之一是在大欧亚理念基础上与中国构建坚固的相互关系。从地理和历史来看，中国是俄最亲近的邻居。普京总统 2018 年 3 月表示，中国是俄罗斯的战略伙伴，莫斯科珍视与中国的伙伴关系，并将不断扩大两国关系。中国的

---

① Абубакирова Диана Бакытжановна, "Инициатива 'Один Пояс-Один Путь' Как Новый Импульс Развития Региона Центральной Азии", Постсоветские Исследования, Vol. 5, No. 1, 2022, C. 73 – 89.

② ［俄］斯米尔诺娃、禚明亮、张欢欢：《俄罗斯媒体对"一带一路"的认知》，《俄罗斯学刊》2018 年第 1 期。

③ ［俄］斯米尔诺娃、禚明亮、张欢欢：《俄罗斯媒体对"一带一路"的认知》，《俄罗斯学刊》2018 年第 1 期。

"一带一路"倡议与俄罗斯的欧亚经济联盟和大欧亚经济伙伴关系吻合。俄将扩大与中国具体的合作①。在特朗普发动中美贸易战、中美关系恶化以来，中国加大了从俄罗斯进口替代，如大豆等农产品，两国加强了能源、交通和地方合作，以及"冰上丝绸之路"建设。② 2018 年 11 月 28 日普京总统在"俄罗斯在召唤"主题论坛上说，"美国曾经大量出口（大豆），现在我们将着手此事。③ 我们与中国朋友商定，将出口禽肉以及其他商品。究其实质，美国人是自愿放弃这一市场的，这是个庞大的、广袤的市场"④。亚马尔液化天然气项目是中俄提出共建"冰上丝绸之路"后启动的首个重大能源项目，两国实现了资源和市场、资金和技术的最佳配置，将对"冰上丝绸之路"未来的建设和中俄能源合作产生深远影响，迎来天然气合作的最好时期。⑤ 俄罗斯科学院远东问题研究所研究员 B. E. 彼得罗夫斯基（Петровский），出版了关于"一带一盟"关系和大欧亚伙伴关系的专著。他认为，建立在欧亚经济联盟框架下的欧亚一体化基础上的大欧亚伙伴关系，与中国"一带一路"倡议的对接，涉及亚太地区的跨区域经济一体化，"一带一路"倡议与欧亚一体化的对接，以及上海合作组织在其中的作用，中俄边境和地方合作，跨地区安全与人文合作，总的来说他持比较正面的、积极的观点和基调⑥。2015 年 5 月，中俄签署《关于丝绸之路经济带建设与欧亚经济联盟建设对接合作的联合声明》。2015 年 5 月 31 日，《俄罗斯报》刊登了一篇对卡拉加诺夫的采访文章。卡拉加诺夫明确提出，中俄正在构建新型联合体—大欧亚，并解读了大欧

---

① 俄罗斯卫星网，2018 年 3 月 19 日。

② Ижу Лю, and Авдокушин Евгений Федорович, "Проект «Один пояс, один путь» 2.0 - стратегия стимулирования глобальной экспансии Китая", Мир Новой Экономики, No. 1, 2019, С. 67 - 76.

③ Чернова А. Ф., "Инициатива 'Один Пояс, Один Путь' Как Инструмент Инклюзивной Глобализации", Via in tempore. История. Политология, Vol. 46, No. 2, 2019, С. 363 - 369.

④ 《大豆成中美贸易战"风向标"，晋京称俄将把握机遇接手美方市场》，《参考消息》2018 年 11 月 30 日，https://baijiahao.baidu.com/s? id =1618529724402074159&wfr = spider&for = pc.

⑤ Мгер Саакян, "Перспективы вовлечения Армении в китайскую инициативу «Один пояс, один путь»", 21 - й век, No. 4 (45), 2017, С. 65 - 75.

⑥ В. Е. Петровский, Россия, Китай и контуры большого евразийского парнерства, 2018, ИДВ РАН, Москва.

亚的基本内涵，建设从里斯本到符拉迪沃斯托克（海参崴）的大欧亚伙伴关系。在俄罗斯，人们习惯上称后苏联空间为"欧亚"。因此，这个思路开始并没有引起俄学术界的重视。2016 年 5 月，普京总统在俄罗斯—东盟对话会议上表示，欧亚大陆上除了"欧亚经济联盟和东盟建设自贸区"外，"另一个具有前景的区域经济一体化方向可能是欧亚经济联盟、东盟、上海合作组织和'一带一路'的相互对接"，①"我们将讨论建立有欧亚经济联盟、东盟和上海合作组织参加的广泛的跨国伙伴关系"②。2016 年 6 月，普京总统在圣彼得堡国际经济论坛开幕式上发表讲话，明确提出建设"大欧亚伙伴关系"的倡议："建议考虑建设有欧亚经济联盟及其有着紧密联系的中国、印度、巴基斯坦、伊朗以及我们的独联体伙伴，和其他感兴趣的国家和组织参与的大欧亚伙伴关系"③。两国学者对"大欧亚伙伴关系"进行了共同研究，达成了很多共识，倾向于"一带一路"倡议与"大欧亚伙伴关系"两者并存交叉，对接合作。④ 自从俄政界和普京总统采用了大欧亚伙伴关系的提法后，"大欧亚伙伴关系"一词成为俄学界讨论的热点。⑤ 认为"大欧亚"是俄罗斯的"母亲"和"老家"，"转向东方"对于俄罗斯来说是"回家""归根"。卡拉加诺夫认为，中国"一带一路"向西发展，俄罗斯在 2014 年克里米亚事件后"转向东方"。亚洲国家越来越依赖亚欧内陆贸易和内部市场，"亚洲的亚洲"趋势渐长。大欧亚思想在中俄两国元首正式认可后，与中国的"一带一

---

① Выступление В. Путина во встрече глав делегации-участников саммита Россия-АСЕАН с представителями делового форума, http: //russian-asean20. ru/transcrpts/20160520/194566. html.

② Выступление В. Путина на торжественном приеме в честь глав делегации участников саммита Россия-АСЕАН, http: //russian-asean20. ru/transcrpts/20160519/169250. html.

③ Выступление В. Путина 17 июня 2016 года на пленарном заседании XX Петербургского Международного Форума, http: //www. kremlin. ru/events/president/news/52178.

④ Дмитриева Марина Олеговна, "Россия и Китай в Центральной Азии: сотрудничество или соперничество", Вестник Московского государственного областного университета. Серия: История и политические науки, No. 1, 2019, С. 139 – 146.

⑤ Михалёв Максим Сергеевич, "«Один пояс, Один путь» как новая внешнеполитическая стратегия КНР. Краткий анализ внутрикитайской дискуссии", Контуры глобальных трансформаций: политика, экономика, право, Vol. 9, No. 6 (50), 2016, С. 88 – 103.

路"倡议 90% 的思想内容是吻合的。① 虽然有一些中国学者怀疑大欧亚概念只是单方面地对俄罗斯有利,这是完全正常的。重要的是,俄罗斯没有因为这些因素而转移向自己目标的和平推进②。

在"一带一路"框架下,2018 年,中俄贸易总量急剧增长,首次历史性地超过 1000 亿美元。2019 年,又超过 1100 亿美元,2021 年超过 1400 多亿美元,而且势头不减,潜力很大。2018 年 9 月,习近平主席出席了俄东方经济论坛,这是具有标志性的历史事件。双方签署了高达 2000 亿元的经贸等项目。③ 在 2019 年 4 月第二次"一带一路"国际合作高峰论坛上,中俄官员和学者形成共识,"一带一路"不只为了中国经济转型升级,更在乎降低地区政治紧张气氛,让中国与一些地缘支轴国家特别是俄罗斯之间的关系更紧密。2019 年 6 月,习近平主席应邀首次出席了俄罗斯圣彼得堡国际经济论坛,两国元首共同签署了《中华人民共和国和俄罗斯联邦关于发展新时代全面战略协作伙伴关系的联合声明》,明确指出:俄方支持"一带一路"倡议,中方支持在欧亚经济联盟框架内推动一体化进程。双方在推进"一带一路"建设与欧亚经济联盟对接方面加强协调行动④。俄知名学者 С. А. 卡拉干诺夫认为,大欧亚伙伴关系与"一带一路"倡议 90% 的内容是交叉的、一致的。⑤ 2020 年 10 月,欧亚经济委员会与欧亚经济联盟成员国政府以视频会议的方式,共同举办了《欧亚经济联盟与中国"一带一路"大倡议对接》论坛,举行了政府、学

---

① Подвойский Глеб Львович, "Феномен глобализации по-китайски и проблема евразийской интеграции", Гуманитарные науки. Вестник Финансового университета, No. 4 (28), 2017, С. 40 – 46.

② В. М. Котляков, В. А. Шупер, Россия в формирующейся Большой Евразии, Москва, 2019, С. 9 – 15.

③ Матвеев Владимир Александрович, "Новейшие тенденции развития российско китайского экономического сотрудничества в Большой Евразии", Китай в мировой и региональной политике. История и современность, Vol. 23, No. 23, 2018, С. 261 – 274. Doi: 10.24411/2618 – 6888 – 2018 – 10020.

④ 《中华人民共和国和俄罗斯联邦关于发展新时代全面战略协作伙伴关系的联合声明》新华社,莫斯科 2019 年 6 月 5 日电,http://news.ifeng.com/c/7nHQD3gCxSi.

⑤ В. М. Котляков, В. А. Шупер, Россия в формирующейся Большой Евразии Москва, 2019, С. 15.

界、商界代表参加的专题会议，讨论全球经济挑战和新冠肺炎大流行之后如何恢复经济发展，欧亚经济联盟与中国如何在环境保护、可持续性发展、将数学解决方案运用于物流和过境运输、农业生产互补，建立独立的金融体系和国家货币直接结算等领域中对接合作与互联互通问题①。

第三节　分析与思考

相比政界，俄罗斯学界的反应要"滞后"一些、谨慎一些，相对冷静、"学术"一些。学者天性就比较理性。俄罗斯知识分子的特点就是喜欢思考、质疑、辩论甚至批评，问题意识较重。与政治人物相比，相对客观、超脱，较少短时期实用考量，更关注本国的实际利益、长远利益。他们发出了很多不同的甚至矛盾的声音。同一位学者，也可能在不同时期观点发生了变化。但总的来说，俄学界对"一带一盟"的评论语气相对温和、委婉，主流观点逐渐倾向于正面。

"一带一盟"是对接合作，还是相互竞争，俄罗斯经历了一个复杂的演变过程。② 从最初的不解，疑虑，担忧，历经矛盾的煎熬，反复的算计，纠结的徘徊，彷徨的戒心，到逐渐有所理解，有所兴趣，有所热情，从不十分甘心地模糊支持，无奈地局部接受，到比较积极地寻求对接合作，抱有期待，希望借助中国经济便车和快车有所作为。"一带一盟"数年实践，俄方有所配合，有所努力，有所保留，有所失望，更有的是期望和希望。随着俄国内外形势的发展和理性选择的支配，和平共处，并行不悖，对接合作成为俄学界"一带一盟"关系认知的主流。良性互动的同时也存在善意竞争，即竞合关系③。这些都体现了俄罗斯民族的心路历程

---

① Сопряжение Евразийского экономического союза и Китайской инициативы, Один Пояс, Один путь, http://www.eurasiancommission.org/ru/act/trade/video_forum/Pages/default.aspx.

② Дмитриева Марина Олеговна, "Россия и Китай в Центральной Азии: сотрудничество или соперничество", Вестник Московского государственного областного университета. Серия: История и политические науки, No. 1, 2019, C. 139–146.

③ 参见李兴《俄罗斯对"一带一路"的认知》，《中国社会科学报》2017年5月13日。

和文化特点，是完全可以理解的，不必过分解读。

"一带一路"建设绕不过地跨欧亚的俄罗斯。① 对于中国倡议的"丝绸之路经济带"与俄方主导的欧亚经济联盟即"一带一盟"的关系，是对接合作，还是相互竞争，俄罗斯学界的认知经历了一个复杂的演变过程。② 从最初的戒备、观望、反复的算计，到逐渐有所兴趣，有所热情；从一定程度的部分理解，并非甘心地模糊支持，到比较积极地主张战略对接，期望搭上中国经济便车，希望有所作为。"一带一盟"实践数年，俄方有所配合，有所保留，有所希望。随着俄国内外形势的发展和理性选择的上升，两者和平并存，对接合作，共同发展，成为俄学界对"一带一盟"关系认知的主流。"一带一盟"相辅互补，互利双赢，合作前景广阔，良性互动的同时也存在着善意竞争。③ 俄认识和实践上具有矛盾性、两面性、实用性、动态性，以及政治性和反复性的特点。

无论在历史上还是在现实中，作为具有悠久历史和文化传统的大国、邻国，俄罗斯对"一带一路"有怀疑、担忧、观望和保留都是正常的，可以理解的。个别人甚至想借中美关系恶化渔利，争取俄摆脱困境、赢得主动地位，这种倾向值得注意，但不必大惊小怪，更不能因小失大。俄是欧亚和世界大国，不可以幻想俄把别国利益置于本国利益之上，把外国倡议置于本国发展战略之上，也即不大可能全盘接受"一带一路"倡议。正因如此，从反面说明了俄作为一个欧亚大国和世界大国的成熟性和可靠性。让俄罗斯认可中国的崛起客观上对俄是有利的④，并且俄如此大规模地报道、讨论、参与、对接践行中国倡议的"一带一路"和"一带一盟"

---

① Eurasian integration: Caught between Russia and China//European Council on Foreign Relations. 2016. 7 Jun. Electronic text data. Mode of access: http://www.ecfr.eu/article/essay_eurasian.

② Лузянин Сергей Геннадьевич, ""Один пояс, один путь": Российская проекция и проблемы сопряжения", Китай в мировой и региональной политике. История и современность, Vol. 22, No. 22, 2017, C. 27–36. Doi: 10.24411/9785-0324-2017-00002.

③ Яковлев А. А., "Евразийский экономический союз и китайская инициатива", один пояс-один путь, "Возможности для сотрудничества", Вестник Института экономики Российской академии наук, No. 1, 2018, C. 204–211. Doi: 10.24411/2073-6487-2018-00029.

④ [俄] 谢尔盖·根纳季耶维奇·卢贾宁:《俄罗斯与中国：共建新世界》，万青松、崔珩译，人民出版社2019年版，第110页。

对接合作，是俄罗斯有史以来，特别是冷战结束以来前所未有的，已属难得①。毕竟谁也不可能心甘情愿地放弃原有的话语权和影响力，兴高采烈、五体投地地"承认"别人的主导地位。要有耐心和韧性。事情的发展有一个过程，要等时间、实践和市场去最后解决问题。这就要求我们做好耐心地解释、说服、宣传、增信释疑的工作，做到平等相待，以诚相交，双向思维，换位思考，包容雅量，润物细无声。

"一带一盟"对接合作既符合经济全球化、地区一体化的发展大势，也符合亚欧一体化的具体需求，两者并存，相互补充，既相辅相成，又共同发展。此种格局符合中俄、亚欧区域和人民的利益，符合世界多极化的愿望，可望泽被后世，惠及沿途。特朗普企图改善俄美关系，可以理解。至于联俄制华，分化中俄，则是美方的一厢情愿。因为中俄关系发展自有其内在逻辑、动力和定力。但同时不能对"一带一盟"对接合作抱太大、过高的期望，以至于不切实际，这是由两国外交关系的性质和水平、两国经济实力和经济结构、历史传统以及全球经济格局和经济秩序等多重因素决定的。双方都要务实、理性，保持定力，防止因失望而走向失落，切忌过为已盛，极端实用主义。

"一带一路"对中俄关系具有重要意义。② 俄罗斯缺什么？其对"一带一路"真正的需求和最大的期待是什么？要帮助解除俄罗斯的顾虑，解决俄罗斯的问题和困难，对症下药，有的放矢，以经济利益换取政治利益，使其所得大于所失。"一带一路"为俄罗斯联邦提供了经济前景，具有良好的发展潜力，并为俄罗斯远东创造机会。③ 要雪中送炭，而非锦上添花。要有针对性地制订一个中、短、长期的具体规划；要加强人文交流、民心相通的工作。欧亚经济联盟是机制（Regime），"丝绸之路经济带"是倡议（Initative），大欧亚伙伴关系是"概念"（Conception）。可以

---

① 参见李兴《俄罗斯对"一带一路"的认知》，《中国社会科学报》2017年5月13日。

② Лузянин Сергей Геннадьевич, and Афонасьева Алина Владиславовна, "Один пояс, один путь-политические и экономические измерения", Вестник Томского государственного университета. Экономика, No. 40, 2017, С. 5 – 14.

③ Новый Шелковый путь и его значение для России/под ред. В. Е. Петровского (отв. ред.), А. Г. Ларина (сост.), Е. И. Сафроновой. М. : ДеЛи плюс, 2016.

理解为它们互相包容，相互补充，相辅相成，各得其所，互利共赢。需要共同努力，共襄盛举，不聚焦或淡化所谓主导权之争。关键还在于实力和实践。要以市场为主平台，企业为主体，政府起积极引导、推动作用。要统筹中俄投资基金等双边机制，上海合作组织、金砖、亚投行、丝路基金、欧亚基金等多边机制，政府、企业、民间各方形成合力。

"一带一路""一带一盟"都绝对不是轻而易举、一蹴而就的事业，需要几代人的持续努力。如果囿于困难和风险的一面，从短时间来看，容易导致悲观、消极。但如果从一个长时间的历史过程和结果观之，这是超越古人的伟大事业，前景是乐观的、积极的。付出是值得的，也是可以大有作为的。对俄关系，包括"带盟"对接，要有大胸襟、大格局，宜粗不宜细，重点是要从整个国际格局和中国总体外交的大局，关注主要矛盾和矛盾的主要方面。要切实落实两国"3Д"[①]；"三共"（共商、共建、共享）；"三同"（利益共同体，责任共同体，命运共同体）。一些具体的问题，如能源价格，海关税率，铁轨轨距，要本着互利共赢、共同发展的原则，具体分析，逐个解决。能源价格是一时的，海关关税是短期的，铁轨轨距是中期的。具体目标是建立中国与欧亚经济联盟自由贸易区，从"3+3"机制（俄罗斯、白俄罗斯、哈萨克斯坦+吉尔吉斯斯坦、亚美尼亚、塔吉克斯坦）变为"5+1"机制（欧亚经济联盟+中国）。心动不如行动，不要陷入无谓的揣测和争论，要有包容雅量。尽管保护主义和贸易孤立主义倾向有所增长，但各国之间的相互依存度急剧增加，这种情况正在成为现代世界秩序的一个关键特征。[②] 俄民族性格好争，学界尤其如此，要达成完全共识是非常困难的，甚至是做不到的。不要幻想完全达成共识。囿于国内外形势和中俄关系，俄政界比较务实，学者相对自由。俄学界受政界引导，学者观点可变。同时俄民族性格尊重实力，比较现实。

---

① 三个俄语单词的第一个俄文字母均为"Д"，故称"三Д"，即Диалог：对话，Доверие：互信，Действие：行动。

② Матвеев Владимир Александрович，"Новейшие тенденции развития российско-китайского экономического сотрудничества в Большой Евразии"，Китай в мировой и региональной политике. История и Современность，Vol. 23，No. 23，2018，C. 261 – 274. Doi：10.24411/2618 – 6888 – 2018 – 10020.

因此，要以实力为后盾，重在实践，贵在坚持，双边与多边并行，推动政策沟通，设施联通，贸易畅通，资金融通，民心相通。百闻不如一见，事实胜于雄辩。

全球经济的发展进入了高动荡和风险增加的时期，世界 GDP 的动态放缓，国际贸易的增长率明显下降，货币的波动性增加。[①] 在"一带一盟"合作问题上，在经济关系上，中俄之间既要有"硬对接"（如道路、交通、港口、油气管道、航空等），也要"软对接"（如规则、制度、法律、标准等）。在政治关系上，既要"硬合作"（军事、安全、经济等），也要"软合作"（外交、媒体、舆论等）。要增多增强积极合作，减少减弱消极合作；增加互信合作，减少互疑合作；杜绝不合作，消除"逆合作"。既要"硬保护"两国"硬利益"和"硬安全"，也要"软保护"各自"软利益"和"软安全"。在人文关系上，既要有"软交流"（文化、艺术的交融和交汇），也要有"硬交流"（设施、人员、教育合作等），各美其美，美美与共。

在国家战略对接和大的利益面前，学术界、知识分子有不同认知、不同主张和表现是自然的，也是正常的。俄罗斯一方面是一个崇尚精神的民族，一个充满了理想主义的国度，另一方面是功利的、实用的、理性而现实的。历史是复杂的合力综合作用的结果，无法事后改变，但完全可能事先预设、规划。只要这样，我们就有可能做到共同、能动地创造国际关系和世界历史。

---

① Спартак Андрей Николаевич, "Новый этап регионализации: основное содержание, вызовы для многосторонней торговой системы и постсоветской интеграции", Международная торговля и торговая политика, No. 2 (6), 2016, С. 8 – 27.

第四章　中国学界对欧亚经济联盟的研究

2011年，普京提出建立"欧亚经济联盟"构想，得到了哈萨克斯坦和白俄罗斯领导人的一致支持。2011年，三国领导人联合发表《欧亚经济一体化宣言》，正式宣告欧亚一体化进程从关税同盟阶段进入统一经济空间阶段。2012年，普京再次当选俄总统以来，把推动原苏联地区一体化、建立"欧亚联盟"视为自己在未来总统任期内的一项重大外交谋划[1]，实现俄"欧亚强国"梦的国家大战略[2]。推进欧亚一体化进程已经是俄白哈三国的对外战略优先方向。仅2013年，欧亚经济最高委员会就分别在阿斯塔纳、明斯克和莫斯科举行三次会晤，三国领导人进一步推动欧亚一体化进程，为2015年正式启动欧亚经济联盟奠定基础。

中国是后苏联空间的近邻，而后苏联空间又涵盖中国的西北周边，其战略意义自然不言而喻。苏联解体后，中国积极与新独立国家建立外交关系，在双边及多边层面开展平等对话，在各个领域不断推进务实合作。后苏联空间一体化进程是中国学者研究欧亚问题的重点，中国学界高度重视新欧亚一体化的进程、特点及影响。笔者认为，能否应对好后苏联空间的新情况新力量将关系到未来中国战略机遇期的质量，关系到中国进一步深化改革开放之大局。本书试图分析中国学界对欧亚联盟及新欧亚一体化的研究成果及主要观点，进一步思考在欧亚地缘政治经济新环境下中国的欧

---

[1] 冯绍雷：《普京倡建"欧亚联盟"，地区一体化前景可期》，《社会科学报》2011年10月20日。

[2] 李兴：《普京欧亚联盟评析》，《俄罗斯研究》2012年第6期。

亚战略将去何方。

普京提出建立"欧亚联盟"构想，在对外政策实践中助推欧亚一体化进程都离不开时代大背景。首先，国际金融危机影响尚存，西方国家经济复苏疲软，尤其欧盟仍深陷主权债务危机，世界经济发展前景仍然迷茫，这促使俄白哈三国联合"抱团取暖"，共渡难关。其次，如今欧亚大陆西端已经到达发达水平（欧盟），东端中国正在迅速崛起，硬实力与软实力不断提升，这与欧亚中心地带不稳定与不繁荣（中亚、高加索等）的状态形成鲜明对比。俄罗斯夹在两强之间，其南部周边安全环境不断受到挑战。在此条件下，俄罗斯不得不担负起联合欧亚中心地带的重任，发挥主导作用，带动本地区发展，建立起连接欧亚大陆两端的"纽带"。最后，俄罗斯正处于历史上不可多得的战略机遇期。从周边环境来看，笔者认为，2008年俄罗斯与格鲁吉亚的战争是俄罗斯在后苏联空间态势转变的拐点，而2013年，俄罗斯提出"以化武换和平"方案，在解决叙利亚危机中发挥积极作用，是俄罗斯在欧亚中心地带态势转变的拐点。经过这两次转变，以美国为首的西方世界暂缓了干涉后苏联空间事务的步伐，认可了俄罗斯在原苏联地区及欧亚大陆的战略地位，更愿意与俄罗斯进行平等对话，共同解决危机，实现地区治理。从经济发展来看，俄罗斯经过21世纪头十年的积累，国力大增，步入新兴国家行列，在国际及地区经济合作上显得更为主动和自信（与土耳其、印度、越南、中国、韩国经贸关系均实现突破）。因此，在这样的时代大背景下，俄罗斯提出构建"欧亚联盟"构想，积极推动欧亚一体化是恰逢其时的。近年来，中国学者对欧亚联盟及新欧亚一体化研究急剧升温，学术成果不断涌现。众说纷纭，均为一家之言。这些成果的侧重点各有不同，归结起来，主要涉及以下方面。

第一节　关于俄罗斯提出建立"欧亚联盟"构想的战略目标

战略目标是战略的核心。阿莱·伯克认为，一种没有目标的战略不是真正的战略，充其量不过是一种牵制行动而已①。然而，战略目标又必须具有全局性、综合性。在中国学者周丕启看来，在大战略领域，把问题分开处理，只能是一种战术思想而不是战略思想②。正如毛泽东同志所言，"懂得了全局性的东西，就更会使用局部性的东西，因为局部性的东西是隶属于全局性的东西的"③。中国学者普遍认为，普京的"欧亚联盟"构想是综合性、整体性和全局性的国家大战略思想。

与欧美不同的是，在处理与欧亚经济联盟关系时，中国并非"局外人"，而是"丝绸之路经济带"与欧亚经济联盟对接合作的动议方及践行者。2015年5月，中俄两国元首发布《关于丝绸之路经济带建设和欧亚经济联盟建设对接合作的联合声明》，标志着"一带一盟"对接合作正式启动。此后，在官方层面，中俄两国元首亲力亲为，共同推动"一带一盟"对接合作走深走实，并在历年联合声明中做出重要指示（见表4.1）。双方经过五轮谈判、三次工作组会议和两次部长级磋商，范围包括海关程序与贸易便利化、知识产权、部门合作和政府采购等10个方面，于2017年10月实质性结束经贸合作协议谈判。2018年5月，中国与欧亚经济联盟正式签署经贸协定，形成双方对接合作的首个制度性安排。

表 4.1　中俄元首联合声明中关于"一带一盟"对接合作的表述汇总

时间	内容
2016年6月	落实中俄2015年5月8日《联合声明》中确定的"丝绸之路经济带"建设与欧亚经济联盟建设对接合作的共识具有重大意义。中俄主张在开放、透明和考虑彼此利益的基础上建立欧亚全面伙伴关系，包括可能吸纳欧亚经济联盟、上海合作组织和东盟成员国加入。鉴于此，两国元首责成两国政府相关部门积极研究提出落实该倡议的举措，以推动深化地区一体化进程
2017年7月	双方继续开展"一带一路"建设与欧亚经济联盟对接，推动签署《中华人民共和国与欧亚经济联盟经贸合作协议》。双方将在开放、透明和考虑彼此利益的基础上，为推动地区一体化进程，继续就构建"欧亚经济伙伴关系"制定相关措施

---

① ［美］戴维·阿布夏尔等主编：《国家安全：今后十年的政治、军事和经济战略》，世界知识出版社1965年版，第1页。
② 周丕启：《大战略分析》，上海人民出版社2009年版，第19页。
③ 《毛泽东选集》第一卷，人民出版社1991年版，第175页。

续表

时间	内容
2018年6月	通过共同实施2018年5月17日在阿斯塔纳签署的《中华人民共和国与欧亚经济联盟经贸合作协定》等，继续推进"一带一路"建设和欧亚经济联盟对接；将在开放、透明和考虑彼此利益的基础上，探讨构建"欧亚伙伴关系"，促进地区一体化进程。双方欢迎签署关于完成欧亚经济伙伴关系协定联合可行性研究的联合声明，期待有关后续工作尽快取得积极进展
2019年6月	积极推进"一带一路"建设与欧亚经济联盟对接。推动在中华人民共和国政府同欧亚经济委员会间建立有效对话机制。切实推动符合中国、欧亚经济联盟及其成员国利益的优先项目

资料来源：笔者根据2016—2019年中俄元首联合声明相关内容整理而成。参见中国外交部网站。

在学术研究层面，中国学者对欧亚经济联盟的研究大体经历了两个阶段。第一阶段主要集中在2015年及之前，重点分析对俄罗斯主导欧亚经济联盟，再次力推区域一体化背后的战略意图。基本观点是：欧亚经济联盟是俄罗斯强国战略，"一极"战略的重要支撑，也是重新整合原苏联地区的抓手。① 第二阶段是2015年下半年至今，研究重点集中在"一带一盟"对接合作上，基本问题有二：一是"一带一盟"之间的相互关系。普遍认为，两者不是一回事，前者是倡议，是追求多边互利合作的"软机制"，后者是国际组织，是推动区域经济一体化的"硬机制"，但两者之间有诸多利益共通点，存在互补互利、多赢共赢的基础；② 二是"一带

---

① 参见李新《普京欧亚联盟设想：背景、目标及其可能性》，载《现代国际关系》2011年第11期；王郦久《俄"欧亚联盟"战略及其对中俄关系的影响》，载《现代国际关系》2012年第4期；欧阳向英《欧亚联盟——后苏联空间俄罗斯发展前景》，载《俄罗斯东欧中亚研究》2012年第4期；李兴《普京欧亚联盟评析》，载《俄罗斯研究》2012年第6期；王树春、万青松《试论欧亚联盟的未来前景》，载《俄罗斯研究》2012年第2期；富景筠《俄、白、哈关税同盟的历史演进、动因及前景——基于区域内贸易特点的视角》，载《俄罗斯东欧中亚研究》2014年第2期；杨恕、王术森《俄白哈关税同盟的发展及其影响》，载《国际问题研究》2014年第4期；左凤荣《欧亚联盟：普京地缘政治谋划的核心》，载《当代世界》2015年第4期。

② 参见李永全《和而不同：丝绸之路经济带与欧亚经济联盟》，载《俄罗斯东欧中亚研究》2015年第4期；李兴《"丝绸之路经济带"与欧亚经济联盟：比较分析与关系前景》，载《中国高校社会科学》2015年第6期；展妍男《丝绸之路经济带与欧亚经济联盟的差异与对接》，载《国际经济评论》2017年第4期；李兴《亚欧中心跨区域合作体制机制比较分析："丝绸之路经济带"、欧亚经济联盟和"新丝绸之路"》，载《人文杂志》2018年第9期。

一盟"对接的路径。学界从宏观到微观、从制度对接到具体项目对接，都做了有益的探讨。①

左凤荣认为，欧亚联盟是俄罗斯提升国际地位的战略依托及应对大国和国家集团挑战的重要工具②。中国现代国际关系研究院研究员王郦久认为，俄罗斯"欧亚联盟"的战略内涵有：第一，欧亚联盟应当是一个恢复俄罗斯传统文化影响力的人文联盟；第二，欧亚联盟应当是一个保障欧亚地区传统和非传统安全的联盟；第三，欧亚联盟是俄提升国际地位的战略依托及应对大国和国家集团挑战的重要工具③。

国务院发展研究中心研究员陆柏春看来，"欧亚联盟"构想体现了俄罗斯以下战略考虑：第一，重新整合独联体，拓展并恢复传统势力范围；第二，以欧亚联盟为依托，加大对亚太事务的介入；第三，重振大国地位，为俄成为多极世界中强大的一极做准备④。

欧亚研究中心主任教授以俄美两国地缘战略比较为视角认为，21世纪第二个十年伊始，俄美两国围绕欧亚大陆开始了新一轮的谋篇布局：俄罗斯借助欧亚联盟谋"欧亚中心局"；美国通过战略再平衡谋"欧亚周边局"。但有一点不同的是，TPP是伴随和配合美国军事上"重返"亚太而来的，是直接为美国亚太"再平衡"战略服务的，欧亚联盟则不具备这些特点⑤。华东师范大学俄罗斯研究中心主任冯绍雷进一步指出，普京所主张建立的"欧亚联盟"，目前还是更侧重于加强经济合作，主张以市场

---

① 参见李建民《丝绸之路经济带、欧亚经济联盟与中俄合作》，《俄罗斯学刊》2014年第5期；李新《丝绸之路经济带对接欧亚经济联盟：共建欧亚共同经济空间》，载《东北亚论坛》2016年第4期；冯玉军《论"丝绸之路经济带"与欧亚经济联盟对接的路径》，载《欧亚经济》2016年第5期；张宁、张琳《丝绸之路经济带与欧亚经济联盟对接分析》，载《新疆师范大学学报》（哲学社会科学版）2016年第2期；柴瑜、王效云《"丝绸之路经济带"与欧亚经济联盟的对接——基础、挑战与环境塑造》，载《欧亚经济》2018年第5期；米军《中国与欧亚经济联盟国家金融合作发展战略研究》，载《财经问题研究》2019年第1期。

② 左凤荣：《欧亚联盟：普京地缘政治谋划的核心》，《当代世界》2013年第4期。

③ 王郦久：《俄"欧亚联盟"战略及其对中俄关系的影响》，《现代国际关系》2012年第4期。

④ 陆柏春、宋余亮：《普京"欧亚联盟"战略成效和前景评估》，见李凤林主编《欧亚发展研究（2013）》，中国发展出版社2013年版，第62—64页。

⑤ 李兴：《普京欧亚联盟评析》，《俄罗斯研究》2012年第6期。

经济和民主观念作为建立这一合作的价值基础。然而从长远看，显然包含着同欧盟和北美等地区既合作又竞争的色彩[1]。

应该说，经过五年多的发展，联盟框架下成员国之间的合作力量明显上升，区域一体化的有效性得到彰显，然而，成员国间的合作边界也逐渐清晰，联盟框架下区域一体化的有限性进一步凸显。具体体现在以下方面：一是联盟属于政府间合作类型，而非超国家机制类型。二是联盟内部利益聚合与利益差异并存，且相对泾渭分明。成员国间利益聚合效果相对较好的是贸易领域，但在能源、投资等领域短期内利益差异较大。而在涉及国家主权的领域里，联盟内部无利益交叉，是合作的"禁区"。三是主导国俄罗斯的多边合作供应能力有限。在制度建设、政治安全合作中，俄罗斯的合作供应能力优势明显，但在经济合作领域，俄罗斯的合作供应能力捉襟见肘。四是联盟对成员国的战略价值有限。对于俄罗斯而言，实际上，其获得的战略收益是，杜绝其余成员国现政权导向西方的可能，但离借助联盟确立自身对欧亚地区的绝对支配地位的战略理想仍有较大距离。对其余成员国而言，在联盟框架下，与俄罗斯开展紧密合作是其对外合作的一个重要方向，但其仍不放弃与其他域外力量保持和发展良好互动。

第二节 关于俄罗斯推进新欧亚一体化进程、建立"欧亚联盟"的动力与阻力

以俄白哈关税同盟、统一经济空间为平台，新欧亚一体化程度逐步深化，涉及领域不断拓展。自 2010 年以来，俄白哈三国经贸合作实现快速发展，如 2013 年上半年俄向哈直接投资额为 10 亿美元，比去年同期增长了 40%[2]。目前，欧亚一体化进程在组织机制及法律基础建设与扩员工作上同步进行，实现"两条腿"走路，积极筹备在 2015 年正式启动"欧亚

---

[1] 冯绍雷：《普京倡建"欧亚联盟"，地区一体化前景可期》，《社会科学报》2011 年 10 月 20 日。

[2] http://kremlin.ru/news/19597.

经济联盟"。许多中国学者认为，经济因素是欧亚一体化进程能在短时间内实现如此显著成效的主要动力，具体主要有以下方面。

李兴教授在研究中指出[1]，首先，欧亚经济共同体等实践为欧亚联盟积累了经验和基础。其次，独联体国家经济潜能尚未完全挖掘，发展空间很大。最后，新欧亚联盟与其他地区一体化机制不同的是，它并不直接建立在各成员国基础上，而是一环套一环的模式。它以俄白联盟加哈萨克斯坦构成，因此已经具有一定的机制规模。

上海政法学院李新教授认为[2]，第一，原苏联地区有实现一体化的客观要求是主要动因。具体而言，通过参与一体化进程，独联体国家一方面能建立起集体经济保护体系，另一方面能够恢复和保持苏联解体后中断的经济联系。第二，欧亚联盟是俄、白、哈三国领导人共同倡议的，不是俄罗斯唱的"独角戏"。第三，原苏联地区经济迅速发展和共同抵御全球金融危机的客观要求为实现一体化提供了时机。

华侨大学王志远博士通过比较俄、白、哈三国对外经济发展目标得出[3]，虽然俄白哈三国有不同的目标模式却指向了同样的方向，那就是促进经济一体化进程，并向着更高层次的区域合作组织前进。金融危机爆发后，俄罗斯经济局势的恶化强化了其整合中亚国家的内在动力，这样，既能够提高国际经济地位，又能为后危机时代的大国博弈做更加充分的准备。作为粮食出口和能源出口大国，哈萨克斯坦非常希望和俄罗斯联手，共同面对国际能源和粮食市场，提高国际话语权。白俄罗斯参加关税同盟，则希望削减关税，扩大与俄罗斯和中亚国家的经贸往来，促进本国经济发展。

此外，我们还应该看到俄、白、哈三国领导人之间高度的政治互信，共同的民主价值也是推动一体化进程的积极因素。中国社会科学院俄罗斯东欧中亚研究所张弘博士看来[4]，尽管俄罗斯不承认自身在民主政治上与

---

[1] 李兴：《普京欧亚联盟评析》，《俄罗斯研究》2012年第6期。

[2] 李新：《普京欧亚联盟设想：背景、目标及其可能性》，《现代国际关系》2011年第11期。

[3] 王志远：《从欧亚联盟看中亚国家的区域整合》；孙力、吴宏伟：《中亚黄皮书：中亚国家发展报告（2013）》，社会科学文献出版社2013年版，第148—158页。

[4] 张弘：《普京要建苏联2.0版》，《世界知识》2011年第21期。

欧盟有差异，但其"主权民主"不断受到西方的指责。在西方眼里，普京第三度当选总统是对民主政治的挑战。白俄罗斯和哈萨克斯坦实行的无限制的超级总统制，两国政治制度中存在潜在系统风险。白俄罗斯和哈萨克斯坦从维护自身政治稳定出发，加入关税同盟与俄罗斯一同回应来自西方的政治压力和挑战。

除了有利条件，中国学者还注意到了阻碍欧亚一体化进程的不利因素。

第一，俄罗斯本身的问题。俄罗斯是欧亚一体化进程的核心，其意志和能力是决定"欧亚联盟"能否最终建成并运作的关键因素。首先是经济能力。中国社会科学院俄罗斯东欧中亚研究所程亦军博士认为，俄罗斯经济增长乏力，自身财力难以支撑欧亚联盟。未来俄罗斯的经济发展存在很大的不确定性，在国际市场上还将面临前所未有的竞争，持续发展的动力明显不足。这是对实现后苏联空间一体化最根本的制约[1]。山东大学俄罗斯问题专家黄登学博士认为，脆弱的能源资源型经济发展模式难以支撑俄的"大国地位"和世界一极，因此，未来俄罗斯的"欧亚联盟"设想能否顺利实现将在很大程度上取决于俄罗斯能否由资源密集型、资源依赖型的经济发展模式转为技术密集型，人才密集型的创新发展模式[2]。其次是俄罗斯的"帝国"情结。俄罗斯是具有"帝国"情结的国家，视独联体为自己的"特殊利益范围"。为此部分独联体国家仍对俄保持警惕，担心在与俄罗斯深化合作中丧失部分国家主权。

第二，原苏联空间中存在的地区问题。从经济角度看，在独联体国家经济社会发展水平不平衡，贸易结构不合理。可以说，目前在原苏联地区推动更高层次一体化的有利经济基础尚未形成，这严重制约欧亚经济一体化的推进[3]。从政治角度看，首先是原苏联国家内部存在诸多矛盾在短时

---

[1] 程亦军：《后苏联空间一体化前景黯淡》，《俄罗斯学刊》2013年第1期。
[2] 黄登学：《俄罗斯构建"欧亚联盟"的制约因素》，《当代世界社会主义问题》2012年第4期。
[3] 李新：《普京欧亚联盟设想：背景、目标及其可能性》，《现代国际关系》2011年第11期；李兴：《普京欧亚联盟评析》，《俄罗斯研究》2012年第6期；王树春、万青松：《试论欧亚联盟的未来前景》，《俄罗斯研究》2012年第2期。

间内难以解决①。如领土纠纷、中亚水资源争夺、跨界民族问题等。其次，独立二十多年来，原苏联国家对外政策日趋成熟，都有自己的国家利益考量，都奉行多元的外交路线，俄罗斯并不是其唯一的合作伙伴，中、欧、美等力量在其外交序列中的地位逐步攀升。如乌克兰把加入欧盟定为对外政策的优先方向；哈萨克斯坦和白俄罗斯在与俄罗斯积极推进经济一体化同时，都与中国建立起了战略伙伴关系，在诸多领域推进务实合作；美国则在中亚地区推出"新丝绸之路"计划，扩大在原苏联地区影响力。最后，从人文关系上看，俄语作为俄罗斯与原苏联国家维系传统历史文化联系的纽带面临断裂的危险②。在诸多独联体国家，俄语失去了官方语言地位，逐步沦为正式语言，民族间交流语言，甚至是外语。欧亚一体化进程三人火车头之一的哈萨克斯坦决定去西里尔字母，推行国语拉丁化运动③，这就是明证。

第三，中国学者都看到以美国为首的西方势力干涉是俄罗斯推进欧亚一体化进程的主要外部阻力④。美国等西方国家自然不会坐视俄罗斯在原苏联地区重建自己的势力范围。苏联解体以来，以美国为首的西方世界，通过北约、欧盟双双东扩，从东欧，到高加索，再到中亚，不遗余力地蚕食原苏联遗留下的势力范围，挤压俄罗斯的战略空间，扩大对欧亚中心地带的实际影响。美国前国务卿希拉里就认为，普京将原苏联国家整合为欧亚联盟和关税同盟的计划，是对该地区"再苏联化"，美国将予以阻止⑤。

---

① 陆柏春、宋余亮：《普京"欧亚联盟"战略成效和前景评估》，见李凤林主编《欧亚发展研究（2013）》，中国发展出版社2013年版，第62—64页。
② 黄登学：《俄罗斯构建"欧亚联盟"的制约因素》，《当代世界社会主义问题》2012年第4期。
③ http://www.inosmi.ru/middle_asia/20121215/203384574.html.
④ 陆柏春、宋余亮：《普京"欧亚联盟"战略成效和前景评估》，见李凤林主编《欧亚发展研究（2013）》，中国发展出版社2013年版，第62—64页；王树春、万青松：《试论欧亚联盟的未来前景》，《俄罗斯研究》2012年第2期；黄登学：《俄罗斯构建"欧亚联盟"的制约因素》，《当代世界社会主义问题》2012年第4期。
⑤ 《普京否认希拉里"重造苏联"说法 称其胡说八道》，《环球时报》2012年第2903期。

第三节 关于欧亚联盟的发展前景及其对中俄关系、上海合作组织的影响

从地缘政治和经济的角度看，欧亚中心地带正在经历国际力量的重新组合，将对其周边产生深远影响。新欧亚一体化与未来"欧亚联盟"对中俄关系及上海合作组织的影响是中国学者关注的重点。中国学者普遍认为，俄罗斯推动建立欧亚联盟有利有弊。

有利的一面：（1）如果俄罗斯"欧亚联盟"构想得以实现将有利于世界多极化的加速形成，这与中国的多极化外交思维不谋而合，同时欧亚联盟还可以增强抗衡美国的力量，减轻美国重返东亚对中国的压力[①]。（2）中俄战略协作伙伴关系为中国与欧亚联盟的合作奠定基础。中俄是全面战略协作伙伴而不是竞争对手，这一性质决定了中俄没有在独联体地区相互竞争的主观动机。如果出现分歧或问题，完全可以在中俄两国对话机制中得到沟通与解决。因此，未来欧亚联盟对中俄关系基本没影响[②]。（3）欧亚经济联盟要实现的一体化与上海合作组织从落实贸易和投资便利化到将来走向一体化的目标是完全一致的[③]，并且与上海合作组织构成互补的平行关系[④]。只要两个组织本着共同担当保障本地区安全的责任和促进共同繁荣的义务，彼此间的合作潜力就会继续得到开发，合作前景也会越来越好[⑤]。有中国学者把欧亚经济联盟看作是"新型区域一体化组织"，认为"总体看，2019 年，欧亚经济联盟沿着既定方向，依旧保持低

[①] 陆柏春、宋余亮：《普京"欧亚联盟"战略成效和前景评估》，见李凤林主编《欧亚发展研究（2013）》，中国发展出版社 2013 年版，第 62—64 页；欧阳向英：《欧亚联盟——后苏联空间俄罗斯发展前景》，《俄罗斯东欧中亚研究》2012 年第 4 期。

[②] 王郦久：《俄"欧亚联盟"战略及其对中俄关系的影响》，《现代国际关系》2012 年第 4 期。

[③] 傅全章：《从地区经济一体化看上合组织与欧亚经济联盟发展前景》，见李凤林主编《欧亚发展研究（2013）》，中国发展出版社 2013 年版，第 165—175 页。

[④] 李兴：《普京欧亚联盟评析》，《俄罗斯研究》2012 年第 6 期。

[⑤] 王郦久：《俄"欧亚联盟"战略及其对中俄关系的影响》，《现代国际关系》2012 年第 4 期。

速前进的发展态势,并在优化商品共同市场、加强一体化各领域协调、推动联盟内工业及产业合作、拓展国际合作空间方面取得显著成绩,但在一体化经济效益方面出现回落"[1]。纵观成立以来的欧亚经济联盟的成效,有学者认为,"欧亚经济联盟是苏联解体后在欧亚地区出现的联系最为紧密、运行最为平稳且具有非西方特质的新型区域经济一体化组织。它借鉴了国际上其他区域一体化组织发展的经验,在发展过程中结合自身特点汲取了本地区构建区域一体化组织不成功的经验与教训。成立六年来,联盟整体运行状态平稳有序,法治建设不断完善,政策协调机制逐步推进,对外合作蓬勃开展,区域经济一体化效应日益显现"[2]。"成员国之间的合作力量在增长,合作规模在扩大,合作成果不断涌现。应该说,欧亚经济联盟框架下的区域一体化具有一定的有效性"[3],"通过建立共同市场和加强对外合作,使联盟内外经贸实现恢复性增长。联盟内部发展稳中有进"[4]。

不利的一面集中体现在经济方面。首先,通过建立关税同盟,中国与成员国的贸易关系可能会发生波动[5]。具体而言,可能在以下领域对中国对欧亚地区经贸合作产生直接或间接影响:(1)关税同盟内部形成统一市场,为成员国间相互投资提供了便利,但这增加了中国对该地区国家投资的难度和风险;(2)关税同盟以俄罗斯现行《海关法典》为蓝本,92%的贸易商品采用了俄罗斯现行商品的进口税率,这也增加了哈萨克斯坦对华进口的税率,稀释了中国商品的价格优势;(3)关税同盟内部依然存在隐性投资壁垒和地方保护主义[6]。如欧亚经济委员会贸易部长斯列普涅

---

[1] 王晨星:《2019年欧亚经济联盟运行情况综述》,载孙壮志主编,李中海、张昊琦副主编《俄罗斯黄皮书:俄罗斯发展报告(2020)》,社会科学文献出版社2020年版,第177页。
[2] 蒋菁:《欧亚经济联盟:目标、成效与发展态势》,《欧亚经济》2021年第6期。
[3] 王晨星:《有限团结:欧亚经济联盟效能评估》,《俄罗斯学刊》2020年第6期。
[4] 郑猛:《欧亚经济联盟一体化:特征事实与深度评估》,《太平洋学报》2022年第3期。
[5] 陆柏春、宋余亮:《普京"欧亚联盟"战略成效和前景评估》,见李凤林主编《欧亚发展研究(2013)》,中国发展出版社2013年版,第62—64页;王志远:《从欧亚联盟看中亚国家的区域整合》,孙力、吴宏伟:《中亚黄皮书:中亚国家发展报告(2013)》,社会科学文献出版社2013年版,第148—158页。
[6] 许云霞、李钦:《中国对俄白哈关税同盟直接投资的影响因素分析》,《对外经贸实务》2013年第8期。

夫表示，欧亚经济委员会拟从 2015 年起实施关税配额。拟在欧亚经济联盟协议的框架内改造并扩大保护措施清单，列入关税配额①。其次，部分学者认为，欧亚联盟与上海合作组织在地理范围和成员国上都有重合部分，俄罗斯、哈萨克斯坦均为上海合作组织和欧亚联盟的创始成员国，吉尔吉斯斯坦和塔吉克斯坦也有可能加入关税同盟，参与新欧亚一体化进程，这将弱化上海合作组织的经济功能②。从某种程度上说，俄罗斯不是不积极推动欧亚地区经济一体化，而是不期望在上海合作组织框架内或主要在上海合作组织框架内推动经济一体化进程，因为在欧亚地区经济竞争中俄罗斯并不占优势③。

综上所述，中国学者对欧亚联盟评价总体是乐观的。中国与欧亚联盟的利益总体来说是不冲突的，中国视欧亚联盟是地区性国际组织，是一个未来可以互联互通，深化合作的组织。在对欧亚一体化问题研究逐步深入的同时，笔者认为，中国学者在研究中仍然存在两个缺失：第一，缺失多元化研究视角。从对目前的成果梳理来看，中国学者或从大国关系，或从地区间互动等宏观视角出发，需对欧亚一体化进程进行整体把握。然而对"俄—白—乌"，"俄—哈"跨境区域合作、俄白哈三国在交通、通信、能源、移民等一体化核心问题的研究尚未深入涉足。第二，研究方法的缺失。研究方法是研究人员为实现研究目标所选取和使用的手段，不同研究方法的适用范围和解决具体问题的效力是不同的④。选取的研究方法的适当与否直接影响到最终结论的解释性和实用性。在研究欧亚一体化问题中，中国学者多选取实证主义研究方法，通过摆事实，讲道理的方式，顺利推出相关结论，而结论往往比较单一，这不利于我们进一步挖掘欧亚一体化进程中更深层次、更微观的细节问

---

① http://kz.mofcom.gov.cn/article/jmxw/201311/20131100395531.shtml.

② 陆柏春、宋余亮:《普京"欧亚联盟"战略成效和前景评估》，见李凤林主编《欧亚发展研究（2013）》，中国发展出版社 2013 年版，第 62—64 页；王志远:《从欧亚联盟看中亚国家的区域整合》，孙力、吴宏伟:《中亚黄皮书：中亚国家发展报告（2013）》，社会科学文献出版社 2013 年版，第 148—158 页。

③ 李兴:《普京欧亚联盟评析》，《俄罗斯研究》2012 年第 6 期。

④ 阎学通、孙学峰:《国际关系研究实用方法（第二版）》，人民出版社 2007 年版，第 20—21 页。

题。在今后的研究中，中国学者应该更加重视研究方法多样化，尝试用统计方法、案例分析、比较方法、跨学科方法等科学研究方法进行研究。

第四节 关于中国在欧亚联盟问题上的对策

从帝俄时期的兼并扩张，到苏联对欧亚大陆中心地带的统治，再到今天俄罗斯推行欧亚一体化进程，可以说，俄罗斯一直以来是欧亚中心地带命运的主导者，是名副其实的欧亚国家。与之相比较，除了在唐朝时期（公元7世纪）把中亚纳入国家版图，实行有效统治，同时与中亚西部与南部周边建立朝贡体系以外[①]，中国一直以来是欧亚中心地带的东方近邻，与之政治、经济、文化联系从未断过，是名副其实的亚欧国家。如今的欧亚一体化进程及未来的"欧亚联盟"是中国西部周边的新力量中心，并将对中国西部周边地缘政治经济环境产生深远影响。因此，能否处理好中国与欧亚一体化进程、未来"欧亚联盟"间的关系，在欧亚博弈的棋局上实现自己的欧亚大战略是学术及政策研究的重点，具有较强的理论性和现实性。在笔者看来，中国应从以下方面着手。

第一，确立在西部周边地区的国家定位，即"近中亚国家"定位。从地缘战略来看，中国属于陆海复合型国家[②]。陆海复合型国家是既有陆疆又有海岸线的一类国家，海陆兼有的地缘政治特点决定了它们不同程度地受制于战略上的两难和安全上的双重易受伤害性[③]。中国属于这类国家典型的代表。从国际政治经济格局来看，中国的定位是比较复杂的、多元的，有时甚至是矛盾的。中国一只手伸入了第一世界，一只脚还留在了第三世界，可是身子还卡在第二世界。中国既像"第一世界中的第三世

[①] 王治来：《中亚史》，人民出版社2010年版，第60—79页。
[②] 邵永灵、时殷弘：《近代欧洲陆海复合国家的命运与当代中国的选择》，《世界经济与政治》2000年第10期。
[③] 邵永灵、时殷弘：《近代欧洲陆海复合国家的命运与当代中国的选择》，《世界经济与政治》2000年第10期。

界",又像"第三世界中的第一世界"①。我们要看到,改革开放40余年来,中国与世界相互联系越来越紧密,尤其是与周边地区形成了较高的相互依存水平,经贸关系空前密切。党的十八大以来,中国在以习近平同志为核心的党中央高度重视周边外交,把周边外交定为未来对外战略的优先方向。习近平总书记在首次召开的中央"周边外交工作会议"上指出,"无论从地理方位、自然环境还是相互关系看,周边对我国都具有极为重要的战略意义。思考周边问题、开展周边外交要有立体、多元、跨越时空的视角。……我国周边外交的战略目标,就是服从和服务于实现'两个一百年'奋斗目标、实现中华民族伟大复兴,全面发展同周边国家的关系,巩固睦邻友好,深化互利合作,维护和用好我国发展的重要战略机遇期,维护国家主权、安全、发展利益,努力使周边同我国政治关系更加友好、经济纽带更加牢固、安全合作更加深化、人文联系更加紧密"②。因此,在地缘政治环境及国际格局中的宏观国家定位是我们制定国家发展大战略的基础认识,然而,在具体周边外交的操作层面也需要确立周边的微观外交定位。制定并实施体现周边特色的具体周边战略,做到具体问题具体分析,使得中国周边外交政策更符合对象周边的历史背景、现状特点及发展趋势,有利于最大程度维护国家合法利益。在此背景下,我们把中国在西部周边定位为"近中亚国家"。

"近中亚国家"指的不是中亚国家,但也不是外部国家,而是与中亚地区有着紧密的历史文化及政治经济联系的国家,是与中亚地区同呼吸、共命运的发展共同体和利益共同体。"近中亚国家"的定位主要基于以下几点。

其一,地理上相邻。中国西部地区深入中亚,与俄罗斯、哈萨克斯坦、吉尔吉斯斯坦、塔吉克斯坦、阿富汗接壤,亚洲大陆中心也坐落在中国新疆地区。

其二,历史文化联系密切。自公元前2世纪中国外交家张骞出使西域以来,中国与中亚国家联系密切,是欧亚国家间关系发展的重要组成部

---

① 李兴:《国际秩序新变局与中国对策的思考》,《现代国际关系》2009年第1期。
② 习近平2013年10月在周边外交工作座谈会上发表重要讲话。

分，如"唐—吐蕃—大食"三边关系、"清—哈萨克斯坦—俄罗斯"三边关系等。

其三，西部是未来中国地缘政治战略优先发展地区之一。2010年，中国人民解放军国防大学政治委员刘亚洲将军首次提出西进的战略取向。他指出："中国西部是一个伟大的空间。向西，不仅是我们的战略取向，而且是我们的希望，甚至是我们这一代人的宿命。优异的地理位置（接近世界中心）给了我们强大的动力。我们应当把西部看作是我们前进的腹地而不是边疆。"[1] 2012年，北京大学国际关系学院院长王缉思教授以中国周边环境的新变化为背景提出"西进"思想。他认为，当美国战略重点"东移"，欧印俄等"东望"之际，地处亚太中心位置的中国，不应将眼光局限于沿海疆域、传统竞争对象与合作伙伴，而应有"西进"的战略谋划，实现地缘战略的再平衡[2]。两位战略学家都指出了中国实行西部战略的动因：首先，中亚地区能源资源丰富，是中国最近的进口油气资源来源地，可不经过他国直接进入中国能源市场。其次，中亚地区"三股势力"依旧猖獗，中亚国家政局不稳定因素仍存，这对中国国家安全构成潜在威胁。最后，中亚是未来大国博弈的新平台，是中国参与地区治理，协调大国关系的新地区。

其四，西部是中国进一步推进开放政策，实现内陆开放，沿边开放的重点区域。中国开放发展走的是从东到西，从沿海到内陆的路子，在提升东部沿海地区开发水平同时（如在上海建立自由贸易区），扩大内陆开放、沿边开放、向西开放是新一届中国政府的深化改革开放，实现经济发展模式转型的内在要求。李克强总理强调，内陆开发开放是中国未来发展的最大回旋余地，中国将坚持以开放促改革、促发展，在全面提升沿海开放、向东开放水平的同时，扩大内陆开放，加快沿边开放，鼓励向西开放[3]。以此为基础，与周边国家及地区深化合作、务实合作，

---

[1] 刘亚洲：《西部论》，《凤凰周刊》2010年8月5日。
[2] 王缉思：《"西进"，中国地缘战略的再平衡》，《环球时报》2012年10月17日。
[3] 《李克强：内陆开发开放是未来发展最大回旋余地》，http://politics.people.com.cn/n/2013/0904/c1024-22808974.html；《李克强：在首届中国—亚欧经济发展合作论坛上致辞》，http://www.gov.cn/ldhd/2011-09/03/content_1939536.htm。

加快实施自由贸易区战略,扩大贸易、投资合作空间,构建区域经济一体化新格局①。

其五,西北周边地区一体化进程催生中国"近中亚国家"的外交定位。新欧亚一体化进程由俄主导,白哈为主力,并于2015年建成欧亚经济联盟。同时关税同盟扩员在即,亚美尼亚与吉尔吉斯斯坦加入一体化进程的路线图也将于年底敲定②。俄罗斯—中亚次地区一体化几乎涵盖中国的西北周边地区,对中国影响最为直接,机遇与挑战并存,然而,机遇大于挑战。就机遇而言,俄白哈关税同盟、统一市场的建立为中国西部大开发提供了广袤的高度一体化的市场,中国商品及资本可以从西部出发,直接通过陆路,进入欧亚市场。自关税同盟成立以来,中国与关税同盟成员国贸易额逐年攀升,2012年,中国与关税同盟成员国进出口贸易总值为1146亿美元,成为关税同盟最大贸易伙伴国③。在东部,中国已与东盟建立了战略伙伴关系,实现了中国—东盟关系发展的"黄金十年"。在西部,中国也希望强化西部周边外交工作,与关税同盟开展深度合作,努力打造欧亚繁荣带、稳定带、和谐带。然而,挑战的一面指的是,任何一体化进程都会对一体化外的国家造成客观的贸易壁垒,如2011年俄白哈关税同盟对中国彩涂钢板发起反倾销调查④。可见,随着新欧亚一体化逐步推进,在中国西北周边将会出现一个新经济体,中国应及时调整外交策略,以"近中亚国家"姿态定位,更积极地与欧亚一体化成员国开展经济对话,与未来欧亚经济联盟建立有效的合作平台。

"近中亚国家"定位是中国理性认识自身宏观性国际定位前提下,为在西部周边地区开展周边外交战略而提出的具体性、微观性定位,是中国对地理、历史文化、宏观外交战略、国家内部发展需要及周边地区新形势

---

① 《习近平在周边外交工作座谈会上发表重要讲话》,http://www.xinhuanet.com/politics/2013-10/25/c_117878897.htm。

② http://rus.ruvr.ru/2013_11_12/V-TS-gotovjat-dorozhnie-karti-prisoedinenija-Kirgizii-i-Armenii-6395/.

③ http://kz.mofcom.gov.cn/article/ddgk/zwfengsu/201303/20130300057782.shtml.

④ http://www.xjftec.gov.cn/Family/Waimaoxinxi1/Waimaoxinxi/4028c2842db71a7e012e47be6701161c.html.

等因素进行综合思考的结果。作为"近中亚国家"中国应在以下方面下功夫：一是中国应秉持"亲、诚、惠、容"周边外交理念，勇于承担应有责任，在重要地区问题上实施建设性介入，推行"丝绸之路经济带"，为地区稳定与繁荣做出贡献。二是在能源与经贸合作不断前进的今天，中亚地区仍然面临"三股势力"、阿富汗问题等因素的挑战，中国应奉行灵活的外交政策，适合用多边途径解决的问题就用多边外交，适合在双边层面解决的问题就用双边外交。在推动上海合作组织进一步发展，与未来欧亚联盟建立合作平台的同时，中国必须进一步深化与哈萨克斯坦的战略伙伴关系，落实与乌兹别克斯坦、吉尔吉斯斯坦、塔吉克斯坦、土库曼斯坦的战略伙伴关系。总之，中国要以"多边套双边，双边推多边"的模式在中亚地区建立具有高稳定性的多层次网络化外交格局。

第二，中俄关系是中国处理欧亚一体化及未来"欧亚联盟"关系的要点。原因主要有两点：

一是中俄战略协作伙伴关系的性质。仅在2013年中俄两国元首在不同场合举行5次会晤[①]，如此频繁的会晤在当今大国关系中实属罕见，这充分说明中俄战略协作伙伴关系的紧密性、重要性及优先性。2013年3月在莫斯科，两国元首批准了《中俄睦邻友好条约实施纲要（2013—2016）》《中华人民共和国和俄罗斯联邦关于合作共赢、深化全面战略协作伙伴关系的联合声明》等重要文件，翻开了中俄战略协作伙伴关系发展的新篇章。中俄两国将相互支持发展道路，在国际与地区问题上加强战略协作，在中国东北—俄罗斯远东地区、中国长江中下游—俄罗斯伏尔加河流域地区等区域层面扩大合作基础，进一步推动双边经贸合作多元化，推动人文联系蓬勃发展。总之，中俄战略协作伙伴关系在新的历史阶段将实现在各个纵向层次和横向领域的全面升级。各种新问题，甚至是挑战性因素都能在中俄战略协作伙伴关系的框架内得到磋商和解决。

二是欧亚一体化进程的实质。今天欧亚一体化进程的结构由三个次地区一体化进程组成：俄罗斯—东欧次地区一体化（白俄罗斯、乌克兰）、俄罗斯—外高加索次地区一体化（亚美尼亚）、俄罗斯—中亚次地区一体

---

① 习近平访俄、金砖、G20、上海合作组织峰会、亚太经济合作组织非正式会晤。

化（哈萨克斯坦、吉尔吉斯斯坦）。俄罗斯是一体化进程的核心，也是纽带，商品流通、能源运输、移民去向、投资合作等或主要与俄罗斯发生关系，或过境俄罗斯与其他成员国实现互动。由此可见，欧亚一体化进程的实质是白俄罗斯和哈萨克斯坦以及未来的亚美尼亚、吉尔吉斯斯坦与俄罗斯进行一体化的过程。因此，发展好对俄关系是中国处理与欧亚一体化及未来"欧亚联盟"关系的关键点。

第三，未来"欧亚联盟"可以与上海合作组织一起支撑起中国西部周边发展与安全战略。自 2001 年成立以来，上海合作组织以维护地区安全、推动区域经济合作为主攻方向，取得了积极成果。然而上海合作组织可以作为中国区域安全与发展战略的支撑平台之一，但不能作为中国西北周边的独立支撑平台[1]。首先，上海合作组织是新成立的国际组织，相关机制还不健全。其次，成员国的意愿都存在明显差异。中国是中亚的邻国，在地区合作中把中亚国家视为平等伙伴；俄罗斯是中亚地区的宗主国，把该地区视为自己的"特殊利益范围"，在主观上具有排他性；中亚国家则夹在中俄之间，左右摇摆，实现自身利益最大化是其核心目标。最后，成员国对上海合作组织的依赖程度不同。中国对上海合作组织依赖度要比俄罗斯及中亚国家强。俄罗斯与中亚国家除了上海合作组织，还有在经济上的关税同盟、统一经济空间以及独联体自贸区，在安全上有独联体集体安全条约组织[2]。因此，对俄罗斯及中亚国家而言，上海合作组织是与中国开展合作的平台，也是实现其对外关系多元化的方向之一。因此，在现实形势面前，上海合作组织必须以开放姿态，与未来"欧亚联盟"开展对话，弥补自身缺失，在中亚地区治理中发挥更积极的作用。

此外，互补性是上海合作组织未来与欧亚联盟加深合作的主要动力。在经济方面，吸引外资，推动经济现代化是关税同盟、统一经济空间成员国经济发展的优先方向。然而，俄罗斯、哈萨克斯坦（未来的吉尔吉斯斯坦）都与世界第二大经济体中国同为上海合作组织创始成员国，又是

---

[1] 李兴、牛义臣：《上合组织为何不足以支撑中国西北周边安全战略》，《国际安全研究》2013 年第 4 期。

[2] 李兴、牛义臣：《上合组织为何不足以支撑中国西北周边安全战略》，《国际安全研究》2013 年第 4 期。

关税同盟、统一经济空间成员国,身靠广阔的欧亚市场。在上海合作组织框架内开展多边经贸合作,尤其与中国发展双边经济互动,扩大外资吸引,通过欧亚一体化机制向统一经济空间地区扩展,符合它们的根本利益,也符合中国以"向西开放、内陆开放、沿边开放"为核心内容的开放政策的内在要求。在安全方面,独联体集体安全条约组织与上海合作组织在反恐和保障中亚地区安全方面是两套平行机制,两者既相互交流,又各有千秋,互为补充。集安组织有较为完备的军力配备和指挥系统,在应对局部突发事件时有较强的军事行动能力。上海合作组织更倾向于反恐信息情报合作,以及成员国双边和多边军事互动,以增强武力威慑力[1]。我们相信,在未来上海合作组织与欧亚联盟在维护地区安全与稳定领域将会有一系列务实合作的内容。

第四,从世界经济层面看,应拉紧俄罗斯及欧亚经济联盟,共同推动与发达经济体实现良性互动,而不是脱钩。同时,与俄罗斯加强欧亚战略协作,与其他欧亚新兴经济体实现良性的趋势性双挂钩。新兴经济体与发达经济体之间的关系是本世纪国际政治及世界经济研究的大问题。[2] 半个多世纪以来,两者关系的历史演进经历了挂钩—脱钩—再挂钩—良性的趋势性脱钩四个阶段。[3] 21 世纪之前,发展中国家经济发展高度依赖发达国家;21 世纪头十年,新兴经济体增长加速,对发达经济体依赖降低,出现发展脱钩;2008—2010 年的国际金融危机及之后,新兴经济体发展再次受到发达经济体影响,再度挂钩。[4] 但从长远来看,脱钩是不符合经济全球化、地区一体化的发展趋势的。要与发达经济体保持良性互动关系,

---

[1] 王郦久:《俄"欧亚联盟"战略及其对中俄关系的影响》,《现代国际关系》2012 年第 4 期。

[2] 关于新兴经济体与发达经济体关系的思考可参见李毅、毛日昇、徐奇渊等《包容性增长与结构转型:新兴经济体的政策选择》,中国社会科学出版社 2016 年版。

[3] "脱钩"含义是新兴市场国家在经历了多年的快速发展之后,国内的经济结构和制度体系都已经成熟,再加之自然资源、人力资源禀赋和后发优势,使得新兴市场国家的经济增长已经不再需要依赖发达经济体。参见李毅、毛日昇、徐奇渊等《包容性增长与结构转型:新兴经济体的政策选择》,中国社会科学出版社 2016 年版,第 93 页。

[4] 李毅、毛日昇、徐奇渊等:《包容性增长与结构转型:新兴经济体的政策选择》,中国社会科学出版社 2016 年版,第 74—77 页。

取其长，避其短。

中国是"普遍又特殊"。普遍在于中国也是新兴经济体，具有一般新兴经济体共有的特点；特殊在于中国经济体量大，对新兴经济体具有引领作用。俄罗斯亦是"普遍又特殊"。普遍在于俄罗斯也是新兴经济体，[①]具有新兴经济体的一般共性；特殊在于俄罗斯与欧亚国家曾经是紧密的挂钩关系，身处统一的经济空间内，但因苏联解体而被迫脱钩。俄罗斯的战略偏好是与发达经济体实现良性趋势性脱钩，同时自足于欧亚，与欧亚新独立国家实现再挂钩。有意思的是，俄罗斯要与中国保持一定程度的良性脱钩，避免中国经济的不利因素影响到自身。也因为如此，欧亚经济联盟把中国列为非最惠伙伴国。鉴于此，摆在中国面前的欧亚战略机遇是，中国与俄罗斯及欧亚经济联盟立场相似，具有合作互动的基础。

第五，把优化合作的制度环境列为中短期内"一带一盟"对接合作的重点之一。"一带一盟"对接合作作为一种新型跨区域合作的制度安排，其目标作用在于提升制度间相互学习、相互嵌入，形成多制度聚合及制度间和谐共生的局面；避免地区制度出现"意大利面碗"效应，甚至制度间竞争及对抗，造成制度散流化，导致地区治理赤字。换言之，"一带一盟"对接合作在中国与俄罗斯及其他欧亚国家开展经济合作过程中起到不可或缺的制度引流、制度规范及制度激发作用。

第六，在经济合作领域"一带一盟"对接合作的长期目标之一是从简单的贸易互补结构向构建紧密的欧亚区域价值链递进。长期以来，贸易互补性是支撑中国与俄罗斯及其他欧亚国家务实合作的基础。随着世界经济局势复杂多变，贸易保护主义、经济民族主义抬头，中国与俄罗斯及其他欧亚国家提升自身在全球价值链中地位的战略诉求日益强烈。然而，中俄两国参与全球价值链的路径不同，其他欧亚国家在全球价值链中地位相对较低。中国主要依托东亚价值链，俄罗斯依靠参与欧洲价值链。中国在全球价值链中意图从"世界工厂"向"世界创新中心"转变，破除"低端锁定"；俄罗斯在全球价值链中则努力推动贸易结构多元化，从"能源供应国"向"创新型国家"转变，破除"边缘锁定"。以中俄为核心的欧

---

① 也有俄罗斯学者称，俄罗斯并非一般的新兴经济体，而是复兴经济体。

亚区域价值链及跨欧亚区域价值链相对薄弱的现状与中俄两国战略协作发展方向不符。鉴于此，加强双方经贸合作复杂度，实现相互嵌入，推进市场与资源一体化、同领域上下游一体化合作，构建区域价值链势在必行。这也是推动"一带一盟"对接的题中之义。

第五节　小结

中国学者总体而言对欧亚一体化进程，建立欧亚联盟持乐观态度，愿意看到一个强大的新兴经济体出现在中国西部，这有利于维护中国西部周边安全，实现中亚地区稳定与发展，进而为中国西部大开发创造良好的外部环境。为了准确把握欧亚一体化进程的特点及未来走势，要求中国学者做到研究视角及研究方法多元化，从宏观研究做到微观研究，逐步深入，步步为营，扎实推进科学研究，对欧亚经济联盟的生成、态势和发展前景做实事求是的系统的专题研究，为中国实施西部周边外交战略提供雄厚的智力支撑[1]。

作为"近中亚国家"，发展与关税同盟及未来欧亚联盟的关系是中国西部周边外交战略的重中之重。中亚地区是俄罗斯的南部周边，是中国的西部周边，这个地区稳定与发展直接关系到中俄两国的周边安全环境。政治学理论认为，统治是为满足主体利益和需求而限制甚至牺牲客体利益和需求的事务、行为及其过程；管理是为满足主体与客体的共同利益和需求而限制主体和客体各自利益和需求的事物、行为及其过程[2]。俄罗斯的"欧亚联盟"构想，以及中国的"新丝绸之路"方案不应互为抵触，相互竞争，而应该互为补充，相互推动，给中亚国家提供更多的发展空间和选择。同时还要正确定位中亚国家，应视其为实现地区集体管理的主体，而非大国实现统治的客体，甚至争夺的对象。2022年俄乌冲突，西方对俄实行严厉的经济制裁，包括运用所谓"金融核弹"，欧亚经济联盟受到了

---

[1] 参见王晨星《欧亚经济联盟：成因、现状及前景》，社会科学文献出版社2019年版。

[2] 施雪华：《"服务型政府"的基本涵义、理论基础和建构条件》，《社会科学》2010年第2期。

影响，但也没有停滞，更没有销声匿迹，这说明欧亚经济联盟存在内在的刚需。新欧亚一体化进程何去何从，都值得我们进一步观察和研究。至于中国与欧亚经济联盟的关系，是关系到"一带一路"建设、中国的周边外交和亚欧战略、中国与俄罗斯、中亚关系的重大课题，双方致力于合作发展、互利共赢以及命运共同体建设，虽然问题犹存，并面临挑战，但成就显著，前景广阔，任重道远。①

---

① 李兴等：《中国和欧亚经济联盟：合作发展、互利共赢》，社会科学文献出版社 2023 年版。

第五章　论俄罗斯在新时代中国外交中的地位

2012年11月，中国共产党第十八次全国代表大会选举习近平同志为党的总书记。2013年3月，习近平同志当选为中华人民共和国国家主席。2017年10月召开的中国共产党第十九次全国代表大会再次选举习近平同志为党的总书记，确立了习近平新时代中国特色社会主义思想为全党的指导思想，再次确认了习近平同志在全党的核心领导地位。2018年3月，习近平同志全票当选为国家主席。2023年3月，习近平再次全票当选为国家主席。习近平新时代中国特色社会主义思想包括中国内政外交大政方针的方方面面，其中，中国特色的大国外交是习近平新时代中国特色社会主义思想的重要内容和重要组成部分。

笔者认为，中国特色的大国外交包括三个层次的内容。第一个层次，是指一般正常的主权国家之间的外交关系，讲究国家利益；第二个层次，是指作为一个地区和世界大国的对外政策和国际关系，要讲究权责结合，国际担当；第三个层次，是指具有中国特色的大国外交，义利兼顾，义字当先，反对冷战思维、强权政治、霸权主义，提倡和平相处，和平发展，合作共赢，共同发展，推动国际关系多极化、民主化，构建人类命运共同体。

中国的对外政策大致可以归结为三大基石：大国是关键，周边是首要，发展中国家是基础。中国特色的大国外交推动建立相互尊重、公平正义、协调合作的新型大国关系，亲诚惠容、与邻为善、以邻为伴的周边外交，和平、共同、可持续发展，以真实亲诚为理念的发展中国家外交。

俄罗斯是亚欧和世界大国，是中国最大的邻国，又是非西方国家中的金砖国家。俄罗斯在习近平新时代中国特色的大国外交战略中占有着非同寻常的地位。

第一节 中俄关系的战略性

2013年3月，作为新任的中国国家主席和最高领导人，习近平主席首访俄罗斯。这是习近平主席以中国最高领导人身份第一次在国际舞台上亮相。他在著名的莫斯科国际关系学院发表了重要演讲："中俄关系是世界上最重要的一组双边关系，更是最好的一组大国关系。""一个高水平、强有力的中俄关系，不仅符合中俄双方利益，也是维护国际战略平衡和世界和平稳定的重要保障。"[①] 2014年，习近平主席再次首访俄罗斯，出席索契冬奥会。2015年5月应俄罗斯联邦总统普京邀请，习近平主席赴莫斯科出席苏联卫国战争胜利70周年庆典并访问俄罗斯。

2015年5月7日，习近平主席在《俄罗斯报》发表《铭记历史，开创未来》的重要文章。文章指出，俄罗斯是第二次世界大战欧洲主战场。俄罗斯人民和其他兄弟民族为赢得卫国战争胜利，付出了牺牲2700万人的惨重代价，几乎每个家庭都有人员伤亡。中国是第二次世界大战亚洲主战场。中国人民抗日战争起始最早，持续时间最长，条件最艰苦，付出的牺牲也同俄罗斯人民一样是最惨重的。……同俄罗斯人民一样，中国人民为抗战胜利谱写的历史篇章也永远铭刻在历史上。2015年9月，俄罗斯总统普京应邀访华，参加中国抗日战争胜利70周年暨世界反法西斯战争胜利70周年庆典，并作为中国尊贵的客人与习近平主席一起登上了天安门城楼。这是独一无二的礼遇。此外，2014年在北京召开的APEC峰会，2016年G20杭州峰会，2017年5月"一带一路"高峰论坛，2017年9月金砖国家厦门元首峰会，普京总统作为尊贵客人都受到习近平主席的邀请与会。两位元首还多次在上海合作组织峰会、金砖峰会、G20峰会、

---

① 习近平：《顺应时代前进潮流，促进世界和平发展》（2013年3月23日），《论坚持推动构建人类命运共同体》，中央文献出版社2018年版，第9页。

APEC峰会及联合国大会上会面、交流。

2016年5月,习近平主席在会见俄罗斯总统办公厅主任伊万诺夫时,提出"中俄互为最重要的战略合作伙伴"。2017年7月4日,俄罗斯总统普京向国家主席习近平授予了俄罗斯国家最高勋章"圣安德烈"勋章。普京表示:"我非常荣幸地将俄罗斯国家最高奖章'圣安德烈'勋章授予我们最伟大的朋友,授予中华人民共和国国家主席习近平。"习近平主席表示:"我将珍藏这枚象征着中俄两国人民友谊的勋章,这不仅是给予我个人的荣誉,更体现了俄方对中俄关系的高度重视,以及俄罗斯人民对中国人民的友好感情,我们对中俄关系发展充满信心。"①

2017年9月,深圳北理莫斯科大学开学典礼,中俄两国元首都发来贺词。习近平主席在贺词中指出,中俄联合创办深圳北理莫斯科大学是我和普京总统达成的重要共识,也是两国人文合作深入发展的重要成果,具有重要示范意义,指出"教育合作一直是俄中战略伙伴关系的重要组成部分"。

2017年10月和2018年3月,习近平先后再次当选中国共产党总书记和中国国家主席后,普京总统都热情地发来贺电表示祝贺,盛赞中俄关系是"大国之间发展平等互利合作的真正典范"②和习近平作出的杰出贡献,表示愿意共同推进中俄全面战略协作伙伴关系的发展,"增进友好的俄中两国人民的福祉,促进欧亚大陆和全世界的安全与稳定"③。2017年10月,俄中友协成立60周年庆祝大会在莫斯科举行。习近平主席向俄中友协致贺信,强调"国之交在于民相亲"。当前,中俄关系正站在新的历史起点上。希望俄中友协以成立60周年为契机,开创两国民间交往新局面,为促进两国民心相通、民意相融做出更大贡献,助力中俄全面战略协作伙伴关系高水平发展。

2017年11月1日习近平主席在钓鱼台国宾馆会见俄罗斯总理梅德韦杰夫。这是中共十九大闭幕以后访华的第一位外国政府首脑。习近平主席欢迎梅德韦杰夫在中共十九大胜利闭幕后随即访华,强调俄罗斯是中国的最大邻国和全面战略协作伙伴,中方发展和深化中俄关系的明确目标和坚

---

① http://www.china.com.cn/news/world/2017-07/05/content_41155851.htm.
② 《普京发来贺电祝贺习近平当选中华人民共和国主席》,《人民日报》2018年3月17日。
③ 《普京发来贺电祝贺习近平当选中华人民共和国主席》,《人民日报》2018年3月17日。

定决心不会改变。中方愿同俄方一道，扩大各领域、全方位合作，密切在国际事务中的协调和配合，推动构建人类命运共同体，相信中俄全面战略协作伙伴关系会在新起点上把握新机遇，展现新气象，取得新成果。习近平指出，中俄要充分发挥总理定期会晤机制的统筹协调作用，加强在能源、装备制造、农业、航天等领域合作，继续提升双方合作中的科技创新含量，将大数据、物联网、智慧城市等数字经济领域作为新的合作增长点。要做好"一带一路"建设同欧亚经济联盟对接，努力推动滨海国际运输走廊等项目落地，共同开展北极航道开发和利用合作，打造"冰上丝绸之路"，双方要继续办好大型国家主题年活动，推动两国地方交流合作，进一步巩固两国关系的民意基础。[①]

梅德韦杰夫转达了俄罗斯总统普京对习近平主席的亲切问候和美好祝愿，对中共十九大胜利闭幕和习近平再次当选中共中央总书记表示热烈祝贺。梅德韦杰夫表示，中共十九大描绘了中国未来发展的宏伟蓝图，对中国和世界都意义重大。俄方衷心祝愿新时代中国特色社会主义事业不断取得成功，相信在此过程中俄中全面战略协作伙伴关系必将得到更加全面深入的发展。

从战略协作伙伴关系、全面战略协作伙伴关系到中俄新时代全面战略协作伙伴关系，中俄关系高位运行。当前，"中俄关系业已成为互信程度最高、协作水平最高、战略价值最高的一组大国关系，对促进两国发展振兴，维护世界和平、稳定、发展作出了重要贡献"。[②] 两国关系处于历史上最好的时期。

第二节　中俄关系的特殊性

与其他大国关系相比，中俄关系具有重要性的同时，还具有敏感性和

[①] http://www.tibet.cn/news/hot/1509543853206.shtml.

[②] 习近平：《就中俄建交七十周年致俄罗斯总统普京的贺电（2019年10月2日）》，《人民日报》2019年10月3日。参见中共中央党史和文献研究院编《习近平关于中国特色大国外交论述摘编》，中央文献出版社2020年版，第197页。

特殊性。

习近平对俄外交，继承与创新并存，历史为现实服务，经济与文化并举，安全与政治结合（挂钩、捆绑），地缘政治和地缘经济兼顾，双边与多边交相使用，虚实结合，求同存异，结伙而不结盟，对话而不对抗，既讲特殊性，即战略协作，也讲灵活性，不结盟，不对抗，不针对第三方。如果把有正式的法律条文为依据的军事政治结盟称为同盟或联盟，那么没有正式法律条文的战略协作可以称为"结伴而不结盟"，不是同盟，但近似同盟，在必要的国际情势下胜似同盟。平等，尊重，常态化和制度化的机制，与灵活性、应急性的渠道同时并存，对话而不对抗，结伴而不结盟，兼顾地缘政治和地缘经济利益的平衡。

中俄外交的形式多样，丰富多彩。包括能源外交，军事外交，经济外交，资源外交，主场外交，人文外交，民间外交，等等。在能源外交方面，2014年两国元首签署了4000亿美元大单，是当代国际经贸史上的大手笔，给遭受西方经济制裁的俄罗斯以极大的支持。军事外交方面，中俄两国海军的联合军演地域，在亚太方向从日本海、东海到南海，在欧洲一大西洋方向从地中海、黑海到波罗的海。在主场外交方面，习近平和普京经常相互为对方邀请的最尊贵的客人。至于在人文外交和民间外交方面，本是中俄关系中的短板，近几年得到了空前活跃，飞速发展，势头强劲。在备受争议的经济外交领域，尽管有波折，但有"一带一路"新增长点，加之国家大项目、战略项目的引领，两国经济合作前景看好。

元首外交在中俄关系中起到了战略引领的巨大作用。所谓元首外交，即通过国家元首之间的直接会晤与私人关系推动国家之间外交关系的发展。元首外交之所以能大行其道，并引人注目，根本原因还是在于国家利益和国家体制，同时元首职务或身份有两个特点：首先，元首是一个公务职位，并且是国家最高职位，代表着主权国家，从事高级政治关系活动，具有权威性、合法性、垂范性，起着引导作用。其次，元首也是人，元首的个人素质、能力、见识、性格和个人魅力等具有主观能动性，能发挥很大的作用。同样一个国家，不同的元首会表现出不同的特点和工作能力、个人魅力。

2017年7月，习近平主席访问莫斯科时讲："我从2013年3月出任中国国家主席以来，俄罗斯是我出访的第一个国家。迄今我已经六次到俄罗斯来访问。我与尊敬的普京总统已经会晤据统计是 22 次。应该说，俄罗斯是我访问最多的国家，普京总统是我来往最密切的国家元首。这充分说明了中俄关系的高水平和特殊性。"① 2019 年 6 月，习近平第 8 次踏上俄罗斯的土地，这也是他连任中国国家主席后第一次访问俄罗斯。两国签署了《中华人民共和国和俄罗斯联邦关于发展新时代全面战略协作伙伴关系的联合声明》《中华人民共和国和俄罗斯联邦关于加强当代全球战略稳定的联合声明》。高级政治关系对低级政治关系具有战略引领、不可替代的巨大影响。习近平和普京都是具有超凡魅力的大国领袖，如果没有习近平和普京的努力，中俄关系发展到目前的高水平是很困难的。

　　习近平和普京两位国家元首在过去近十年见面、沟通、交流的频率、及时和有效性在目前的大国关系和中国外交中的确罕见，甚至是独一无二的，在世界国际关系历史和现实中也是不多见的。两国元首会谈、沟通、交流、贺信等既涉及战略、外交、政治、安全等高级政治内容，也涉及经济、文化、社会、地方合作、灾害慰问等低级政治内容，几乎无所不包。这种惊人的有效的沟通机制保证了两国关系的大船在狂风暴雨中不会偏离正确的轨道。

　　21 世纪之初，多重背景下，百年未有之大变局，国际格局东升西降，2019 年以来新冠疫情肆虐全球，中美俄经济均遭受重创，互联互通一时中断，人员来往明显减少。俄修改宪法，为普京继续连任创造条件，俄发生毒杀反对派领袖事件引发西方指责。美国单边主义盛行，总统大选竞争激烈，进入白热化，中美关系几乎全面恶化，美视中国为第一竞争对手，并且出现了拉拢俄罗斯的倾向。俄美关系有某种改善的迹象。中印边界矛盾时而出现。中俄在防控疫情方面相互硬核支持，并展开合作，虽然开始时俄方某些做法有些过激，存有争议。在美国欲迫使中国加入《中导条约》军控谈判问题上，俄尊重中国的意见。在香港通过国家安全法，推迟议会选举，美国拉拢俄加入 G7，美国在病毒问题上污名化中国，索赔中国，对中国华为等高科技公司进行芯片封锁，对中国进行制裁、打压、

---

① 《习近平主席在莫斯科的 26 个小时》，http://www.hao123.com/mid/5858532785677747864。

围堵等问题上，俄罗斯都力挺中国，俄是此期间对中国支持最多的世界大国。在伊朗、叙利亚、委内瑞拉等问题上两国进行战略协作，中俄两国驻美大使联名发表文章，纪念中国抗日战争暨世界反法西斯战争胜利、联合国成立75周年。在中印边界争端中，俄表达善意，协调中印关系，中印双方在莫斯科谈判达成了五点共识，防止事态进一步升级。中俄关系经受住了新冠疫情的考验，新时代全面战略协作伙伴关系推进，经贸实物量逆势增加，"一带一盟"缓中有进。2020年9月发布的《中俄经贸指数报告（2020）》指出，2019年，中俄贸易指数总体呈现平稳上升态势，较2018年上涨了12.66%。2020年初，面对新冠肺炎疫情下的全球经济衰退压力，中俄两国相互支持合作。1月份疫情出现后，两国进出口总额出现明显的下降趋势，在2月份达到低点。随着疫情的逐步稳定，指数随后出现增长。中俄贸易逐渐恢复，进出口总额稳定上升。第一季度，中俄贸易额达到253.5亿美元，同比增长3.4%，增速在中国的主要贸易伙伴中排第二位。在2020年全球新冠大流行全球贸易大幅萎缩的大背景下，不可能不受到影响，但相比之下，中俄双边贸易额，特别是实物贸易量，受影响较小，韧性很足，暂停中企稳，稳中有进。2021年，中俄贸易额达到了1478.87亿美元，同比增长35.8%，体现了双方经贸合作的巨大潜力。2023年1月至11月，中俄两国贸易总额达2181.76亿美元。连续十多年，中国成为俄罗斯第一大贸易伙伴，凸显了中俄新时代全面战略协作伙伴关系的特殊性和重要性。

如果我们把中俄关系划分为高级政治关系、低级政治关系两个层面，两国之间战略关系、政治关系、军事关系、外交关系等属于高级政治关系，两国之间经济关系、文化关系、社会关系等则属于低级政治关系，那么，中俄两国高级政治关系、元首外交、战略引领和协调良好。即便在新冠疫情异常严重的2020年，中俄两国元首就通话5次，保持着密切的沟通和磋商。2022年2月4日，普京总统来京出席冬奥会开幕式，两国领导人进行了会晤。双方发表《中华人民共和国和俄罗斯联邦关于新时代国际关系和全球可持续发展的联合声明》，集中阐述中俄在民主观、发展观、安全观、秩序观方面的共同立场。两国有关部门还签署了一系列重点领域合作文件。而在低级政治层面则情况有所不同，有时赶不上形势和实践的发展，难以令人满意。也就是说，同时并存两个层面的中俄关系，即中俄高级政治关系与中俄低级政治关系①。中俄关系的一个重要特殊性，就在于两国高级政治关系强于低级政治关系，两国低级政治关系弱于高级政治关系。尽管低级政治层面的关系近年来也有很大的发展和改观。但不排除现实中存在政热经冷、上热下冷、内外有别，甚至表里不一的情况。

第三节　俄可望成为我大国外交和"一带一路"建设的重要伙伴

中国外交分四大部分：大国是关键，周边是关键，发展中国家是基础，多边是舞台。在任何一个方面，俄罗斯都不是无足轻重，而是举足轻重的角色。经营好中俄关系，俄罗斯可望成为中国大国地位的支撑。首先，俄罗斯是具有世界影响的大国，是唯一能与美国相抗衡的军事强力国；其次，俄罗斯是与中国隔河相望（黑龙江、乌苏里江等）的邻国，也是中国的最大邻国；再次，俄罗斯是非西方大国，国土辽阔世界第一，能源、自然资源得天独厚；最后，俄罗斯是中国在各个层次多边外交的主要伙伴和战略合作者。

从双边、地区和全球三个层面来看，俄罗斯可望发挥中国大国地位的支撑作用。首先，从双边层次来看，新时代全面战略协作伙伴关系不是同盟，胜似同盟；从亚欧地区层面来看，中俄都是上海合作组织、金砖国家集团的主发动机和主导性的创始成员，中国倡导的"丝绸之路经济带"与俄罗斯主导的欧亚经济联盟对接合作，"一带一路"与"大欧亚伙伴关系"协调发展，共商共建共享，中俄共同推进亚欧一体化进程。

俄罗斯地跨欧亚大陆，拥有辽阔的幅员、得天独厚的能源、自然资源、强大的军工、发达的科技、教育等人文资源，同时也是联合国安理会常任理事国、核武器大国、航天航空大国。中俄多方面包括经济方面互补

---

① 关于"高级政治"（high politics）和"低级政治"（low politics）的划分，参见［美］罗伯特·基欧汉、［美］约瑟夫·奈《权力与相互依赖》，门洪华译，北京大学出版社 2002 年版，第 24 页。

性很强，各有千秋，可以相互借鉴，相互帮助，相互成全。

习近平总书记对俄罗斯的构想不是短期策略，而是长远的，具有战略性和特殊性，既有现实的国际政治考虑，更有共同发展、亚欧发展共同体、周边命运共同体的长远目标和追求，体现了为人类提供公共产品的中国方案和中国实践。他明确表示："中俄两国经济结构互补性强，合作领域宽，市场空间广阔。两国要深化经贸合作，继续大力改善贸易结构，培育新增长点，加快推进战略性合作项目，打造高质量合作平台。双方要将上海合作组织作为丝绸之路经济带和欧亚经济联盟对接合作的重要平台，拓宽两国务实合作空间，带动整个欧亚大陆发展、合作、繁荣。"[①] 他还强调，"中方发展中俄全面战略协作伙伴关系和扩大全方位务实合作的方针是坚定不移的。双方要扩大金融、投资、能源、地方合作，要制定好丝绸之路经济带建设和欧亚经济联盟建设对接合作的长期规划纲要，落实好合作项目。中俄同为联合国创始成员国和安理会常任理事国，要继续加强协作……坚持《联合国宪章》宗旨和原则，构建以合作共赢为核心的新型国际关系"。[②]

习近平总书记对俄罗斯的战略构想，不仅仅限于外交，还考虑到整个国家长远发展战略和民族复兴，包括对台湾问题的考量，即在台湾统一问题上争取俄罗斯政治、道义支持，甚至在万不得已发生武力统一的情况下的军火援助，抵消西方美日欧集团对中国可能的围殴和打压。中俄外交组合是亚欧发展和世界和平的稳定器和正能量。

概而言之，习近平总书记的对俄战略，是要使俄成为中国的好邻居，好朋友，好伙伴，而不是相反。中俄双方重申："国际社会要团结不要分裂，要合作不要对抗。双方反对国际关系退回大国对抗、弱肉强食的时代。反对企图以个别国家和国家集团制定的'小圈子'规则取代普遍认

[①] 习近平：《在同俄罗斯总统普京会谈时的谈话》（2015年7月8日），《人民日报》2015年7月9日；中共中央党史和文献研究院编：《习近平关于中国特色大国外交论述摘编》，中央文献出版社2020年版，第169页。

[②] 习近平：《在同俄罗斯总统普京会谈时的谈话》（2015年9月3日），《人民日报》2015年9月4日；中共中央党史和文献研究院编：《习近平关于中国特色大国外交论述摘编》，中央文献出版社2020年版，第170页。

同的、符合国际法的安排和机制，反对以未达成共识的规避方案解决国际问题，反对强权政治、霸凌行径、单边制裁和'长臂管辖'，反对滥用出口管制，支持并促进符合世贸组织规则的贸易"①。

"俄罗斯是我国周边最大邻国和世界大国，两国拥有广泛共同利益，是好邻居、好伙伴、好朋友。两国牢固建立起全面战略协作伙伴关系，坚定支持对方发展复兴，坚定支持对方维护核心利益，坚定支持对方自主选择发展道路和社会政治制度，务实合作取得重大进展，国际战略协调与合作提升到新高度，成为和平共处、全作共赢的典范。"②

中国是世界和平的建设者，全球发展的贡献者，国际秩序的维护者，地区安全的保护者。中共十九大以后，习近平总书记在外交方面在下一盘大棋，这盘棋就是中国特色的大国外交。俄罗斯在这个棋盘中起着关键性的作用。如果不出意外的话，俄罗斯在中国外交中的作用将越来越重要，越显著。中共二十大再次确认了习近平在中国党和国家的核心领导地位，普京2018年再一次当选为俄罗斯总统。他们不仅年富力强，志气相投，在各自国家掌控局势的能力很强，并还将长期掌权，他们既是中俄关系的第一决策人，又是两国关系的第一执行人，所以，中俄关系未来很多年发展的大势是可以确定的。

中国外交的最高原则：中华民族伟大复兴，即中国的国家富强，民族振兴和人民幸福。一切国别外交，都要服务和服从于这个中心，围绕这个中心，为这个中心创造和平稳定的周边和国际环境，并且助力于这个中心任务的实现。

俄罗斯是中国大国地位和实现"中国梦"的有用的、有力的、有效的"杠杆""铁杆"。作为传统的世界大国和联合国安理会常任理事国，只要俄罗斯承认，中国的大国地位就能得到承认；只要俄罗斯支持，中国

---

① 《中华人民共和国和俄罗斯联邦关于新时代国际关系和全球可持续发展的联合声明（全文）》，中华人民共和国中央人民政府网站，http://www.gov.cn/xinwen/2022-02/04/content_5672025.htm。

② 中共中央宣传部：《推动构建以合作共赢为核心的新型国际关系——关于国际关系和我国外交战略》，《习近平总书记系列重要讲话读本（2016年版）》，学习出版社、人民出版社2016年版，第269页。

的大国地位就能得到保障。只要中俄联手，两国庶几没有灭顶之灾，中俄外交组合是亚欧稳定和世界和平的基石。虽然中俄关系中不是没有问题，比如历史问题，经济问题，国家认同问题等，但政治家就是政治家，战略家就是战略家，能够高瞻远瞩，深谋远虑，看长远，观大局，有定力，心胸开阔，大气磅礴，既不拘于细枝小节，也不囿于一时一势。

中俄关系将会持续、稳定地向前发展，两国全面战略协作关系向好，"一带一盟"对接合作、共同发展将成为新的增长点和出彩的亮点。俄罗斯地跨欧亚，幅员辽阔，中国"一带一路"六大经济走廊中有两条直接过境俄罗斯（中俄蒙经济走廊、新欧亚大陆桥），两条经过俄罗斯的传统"势力范围"（第二欧亚大陆桥、中国—中亚—西亚经济走廊），两国合作、共同推动的"冰上丝绸之路"经过俄罗斯北冰洋沿海，中欧班列过境俄罗斯。上海合作组织是丝绸之路经济带和欧亚经济联盟对接合作的主要平台。可见，俄罗斯是"一带一路"建设重要的节点国家，对于"丝绸之路经济带"建设特别是其中心区的建设至关重要，是保障"丝绸之路经济带"安全环境的重要力量，具有战略价值[1]。亚欧区域将成为国际政治的重心。习近平中国特色的大国外交风生水起，中国特色的外交理念渐入人心。中俄两国形成外交组合，共同发展，对接合作。两位元首性格相似，意气相投，志同道合。俄可望成为"一带一路"建设的重要伙伴。

俄罗斯是中国"三合一统筹外交"（大国外交，邻国外交、发展中国家金砖外交）的集中体现，是中国特色大国外交的一个实验、创新和贡献，体现了中国智慧和中国方案。通过精心经营，首脑外交运筹帷幄并引领、垂范，中俄关系将成为基于亚欧区域、"一带一路"共同发展的标杆；俄罗斯成为新型国际关系、新型大国关系[2]、中国特色的大国外交的主要的和重要的实践对象，实现中华民族伟大复兴中国梦、人类命运共同体的支撑力量。两国人民对于经济、历史等因素在相互关系中的思考更为

---

[1] 参见王晓泉《"一带一路"建设中深化中俄战略协作研究》，中国社会科学出版社2018年版。

[2] 关于中俄新型大国关系的提法，参见2022年1月27日外交部发言人赵立坚答记者问，http://www.mfa.gov.cn/web/wjdt_674879/fyrbt_674889/202201/t20220127_10635286.sthml。

理性。在平等、相互尊重和共同努力的基础上，中国会越来越成为中俄关系的推动者、引领者和塑造者。

正如习近平主席所言："中华民族和俄罗斯民族都是伟大的民族。当年，我们患难与共，用鲜血凝成了坚不可摧的战斗友谊。今天，中俄两国人民更将携手前进，同护和平，共促发展，继续为巩固世界持久和平和人类共同进步作出自己的贡献。"①"牢固的政治互信是中俄关系最重要的特征，坚定的相互支持是两国关系的核心价值。我们要像爱护自己的眼睛一样，珍惜和呵护双方建立起来的宝贵互信……加大在涉及彼此核心利益问题上相互支持的力度，牢牢把握中俄关系向前发展的战略方向，不受任何人干扰和破坏。"② 中国外长王毅说："中俄深化合作没有止境，中俄关系没有最好只有更好。"③ 中国外交部发言人说："中俄互信上不封顶，战略合作不设禁区，世代友好没有止境。两国将彼此视为外交优先方向，是基于各自长远发展作出的战略选择，根本目的是造福两国和两国人民，维护世界和平稳定与国际公平正义。"④ 中国特色的大国外交要求搞好中俄关系，合则两利，斗则两伤，只能搞好，不能搞坏。

第四节　新时代发展中俄全面战略协作伙伴关系之原因

作为中国党和国家最高领导人，习近平发展中俄新时代全面战略协作伙伴关系主要基于以下原因。

1. 大国（关系）外交＋国际格局＋共同理念。俄罗斯是亚欧和世界大国、联合国安理会常任理事国、核武器大国，在国际格局中不仅影响巨

---

① 习近平：《铭记历史，开创未来》，《俄罗斯报》2015 年 5 月 7 日。

② 习近平：《携手努力，并肩前行，开创新时代中俄关系的美好未来》（2019 年 6 月 5 日），《人民日报》2019 年 6 月 7 日；中共中央党史和文献研究院编：《习近平关于中国特色大国外交论述摘编》，中央文献出版社 2020 年版，第 195 页。

③ 王毅：《中俄关系没有最好只有更好》，https：//www.chinanews.com.cn/gn/2018/03-08/8462710.shtml。

④ 《外交部：中俄互信不封顶　战略合作无禁区　世代友好无止境》，http：//mil.ifeng.com/c/8D99rDe3pwk。

大，而且与中国的境遇相同，地位相似，与中国有第二次世界大战反法西斯的共同的历史，是中国大国地位的支持者，第二次世界大战历史观和战后国际秩序的共同维护者。2020年两国驻美大使共同发表纪念第二次世界大战胜利75周年的文章，表达了两国反对歪曲第二次世界大战历史、维护战后以联合国为核心的国际秩序和胜利果实的决心。"双方倡导并推动建设相互尊重、和平共处、合作共赢的新型大国关系，指出中俄新型国家间关系超越冷战时期的军事政治同盟关系模式。两国友好没有止境，合作没有禁区，加强战略协作不针对第三国，也不受第三国和国际形势变幻影响。"[1] 中俄关系是当代大国关系的典范。

2. 周边（关系）外交 + "世代友好，永不为敌"。中俄互为最大邻国，同属亚欧海陆复合国家，是东北亚安全秩序的合作者，强国睦邻新模式的共同开创者，超越"强国无善邻"西方传统模式。安邻、睦邻、富邻，与人为善、与邻为伴，而不搞以邻为壑、画地为牢，共建周边命运共同体和亚欧命运共同体，践行人类命运共同体理念。习近平总书记说："中俄是友好邻居，也是世界舞台上的重要力量。中俄进一步发展全面战略协作伙伴关系，是促进国际公平正义、维护世界和平发展的需要，是两国共同发展繁荣的需要，也是世界多极化发展的必然选择。维护好、发展好、巩固好中俄关系是双方共同的历史责任。"[2]

3. 中国"三合一统筹外交"的集中者。俄罗斯集大国、邻国、非西方转型发展中国家三种身份于一身。对俄外交，体现了"多合一"统筹外交的中国大智慧，立足长远，放眼全球，高瞻远瞩，深谋远虑，是习近平外交思想的重要体现，也是中国特色的大国外交的重要实践。

4. "丝绸之路经济带"共建的参与者，"一带一盟"对接的伙伴和合作者。中国是"一带一路"首倡者、推动者，俄罗斯是合作者、参与者、

---

[1] 《中华人民共和国和俄罗斯联邦关于新时代国际关系和全球可持续发展的联合声明（全文）》，中华人民共和国中央人民政府网站，http://www.gov.cn/xinwen/2022-02/04/content_5672025.htm。

[2] 习近平：《在同俄罗斯总统普京会谈时的谈话》（2014年5月20日），《人民日报》2014年5月21日；中共中央党史和文献研究院编：《习近平关于中国特色大国外交论述摘编》，中央文献出版社2020年版，第155页。

共建者。本着共商共建共享的原则,"一带一路"源于中国,但惠及中俄。两国元首2015年签署"一带一盟"对接合作的联合声明。"丝绸之路经济带"共6条经济走廊,其中3条经济走廊直接或间接经过俄罗斯境内(中俄蒙经济走廊,新欧亚大陆桥,中国—中亚—西亚经济走廊)。东中西三条中欧班列都过境俄罗斯。"冰上丝绸之路"过境俄罗斯北冰洋沿海。"一带一路"建设,是绕不过俄罗斯的。俄罗斯也就成为"一带一路"建设的重要节点(沿线)国家。近十年来,在政策沟通、设施联通、贸易畅通、资金融通、民心相通"五通"合作方面成效显著。在2022年2月的中俄《联合声明》中双方继续达成共识将积极推进共建"一带一路"与欧亚经济联盟对接合作,深化中国同欧亚经济联盟各领域务实合作。提高亚太地区和欧亚地区互联互通水平。双方愿继续推动共建"一带一路"和"大欧亚伙伴关系"建设并行不悖、协调发展,推动区域组织发展及双多边经济一体化进程,造福欧亚大陆各国人民[①]。

5. 全球和地区治理(治国理政)的伙伴。既有上海合作组织、金砖国家集团、新开发银行、亚洲基础设施投资银行、亚信等区域机制体制,也有G20、APEC(亚太经合组织)、联合国框架内合作,等等,中俄共同反对三股恶势力(国际恐怖主义、民族分离主义、宗教极端主义),反对西方打着民主、人权等旗号干涉别国内政,反对长臂管辖,反对单边动辄制裁,反对网络霸权,反对"颜色革命",反对"太空军事化"。中俄"外交组合""中俄方案""中俄智慧"等,为亚欧和全球治理做出了贡献。

6. 历史和现实因素。俄罗斯是十月革命和列宁主义的故乡,苏联和共产国际与中共历史上关系众所周知。当下,两国都遭到西方的挤压,都主张反霸,倡导和平及共同发展、多边主义,两国国际处境、任务、目标、压力相同或相近、相似,共同语言较多。两国都主张世界多极化,国际关系民主化,反对单边主义、霸权主义、霸凌行径,反对世界"唯一

---

① 《中华人民共和国和俄罗斯联邦关于新时代国际关系和全球可持续发展的联合声明(全文)》,中华人民共和国中央人民政府网站,http://www.gov.cn/xinwen/2022-02/04/content_5672025.htm。

中心论""美国例外论"。

7. 个人原因。习近平同志的父母是老一辈革命家。习近平总书记本人热爱俄罗斯文学，熟读普希金、托尔斯泰、陀思妥耶夫斯基、屠格涅夫、高尔基等俄国文豪的作品。作为个人，习近平总书记性格刚毅，志存高远。中俄两位元首性格、从政经历相似，都是从基层干起，务实实干。作为领袖，两位元首坚强有力，都是充满魅力的大国领袖，肩负复兴国家大任，实干兴邦。两位元首对于前任领导打下的基础，加以继承并发展、创新，发扬光大，如中俄新时代全面战略协作伙伴关系，上海合作组织、金砖机制，等等。

8. 俄罗斯是我国践行中国特色大国外交、新型国际关系和人类命运共同体理念的主要合作者，实现"中国梦"的支撑力量。俄是资源大国、能源大国、军事大国、文化大国、航天大国、体育大国、外交大国，与中国存在着互补、互有需要和合作的极大空间。中俄一改历史上中俄之间结盟、对峙等不正常的状态，对话而不对抗，结伴而不结盟，全面战略协作，互视为最重要、最主要的战略协作伙伴。目前两国关系是历史上最好的时期，可谓新型大国关系的典范。中俄新时代全面战略协作伙伴关系为国际政治文明的发展和进步做出了贡献。俄罗斯也成为中国践行大国外交、促进新型国际关系和人类命运共同体形成的主要合作者和共同推动者。

第五节　小结与思考

党的十九大报告中指出，中国应致力于推动新型国际关系和人类命运共同体的建立，致力于全方位、多层次、立体化高水平外交布局，致力于积极发展全球伙伴关系，扩大同各国的利益交汇点[①]。中国对俄罗斯在中国外交中的战略定位：最主要、最重要战略协作伙伴；外交优先方向；丝

[①] 习近平：《决胜全面建成小康社会　夺取新时代中国特色社会主义伟大胜利——在中国共产党第十九次全国代表大会上的报告》，人民出版社2017年版，第59页。

绸之路经济带沿线重要的节点国家。俄罗斯是中国的好邻居、好朋友、好伙伴，是中国与非西方国家、发展中国家和金砖国家关系的榜样，两国和平共处、共同发展、求同存异，两国关系处于历史上最好的时期。两国是结伴而不结盟的大国，是新型国际关系的典范。俄罗斯是中国特色的大国外交的实践对象，"一带一路"建设的共商、共建、共享者，"一带一盟"建设的对接合作者。

习近平总书记对俄罗斯的战略构想，有内在的刚需，中国内外发展的需求，并不仅仅专门针对第三方，如美国、日本、西方，中美俄三角，等等。习近平总书记对中俄关系的战略定位，不仅是出于国际政治的现实主义考虑，还有经济格局、人文合作的全面、长远战略考虑。正如习近平主席所言："中华民族和俄罗斯民族都是伟大的民族。当年，我们患难与共，用鲜血凝成了坚不可摧的战斗友谊。今天，中俄两国人民更将携手前进，同护和平，共促发展，继续为巩固世界持久和平和人类共同进步作出自己的贡献。"[①]

中俄两国都是重要的世界强国，是新兴经济体国家。中俄两国在许多重大国际问题上立场相同或相似，反对霸权主义和单边主义，主张世界多极化、国际关系民主化，积极维护国际社会秩序的稳定。中俄两国在国际事务中的协调与合作对全球发展进程产生着重要的影响。中俄关系被认为是新型国际关系的典范，具有重要性和战略性。这赋予了中俄关系研究的理论意义。中俄新时代全面战略协作伙伴关系，是两国对国际政治文明的创新和贡献。

中俄关系还具有特殊的敏感性和复杂性。无论是与中美关系还是中日关系相比，中俄关系都表现出更多的敏感性和复杂性。俄罗斯（苏联）是中国的邻国，其发展道路与中国密切相关，研究起来比较敏感和困难。在历史上，沙俄和苏联对中国伤害极大，但同时苏联对中国的帮助也是极大的。沙俄东部版图的逐渐形成是建立在历史上侵略中国领土主权的基础之上的，苏联与新中国"忽敌忽友"的波折，以及解决领土争端问题的漫长之路，这些历史瓜葛增加了中俄关系的敏感度和复杂度。当前，无论

[①] 习近平：《铭记历史，开创未来》，《俄罗斯报》2015年5月7日。

是在政治、经济还是人文领域，人们在认识上对中俄关系远远没有达成共识，因而在实践中出现了所谓政热经冷、官热民冷、上热下冷的局面。这是我国对俄外交中需要面对和解决的难题。

"丝绸之路经济带"是中国的倡议，并且逐渐上升到国家战略。俄罗斯是沿线的重要国家，是"共商""共建""共享"丝带建设的节点国家。俄对"丝绸之路经济带"建设的态度总体来说是一个从疑虑到支持的过程。"丝绸之路经济带"建设的总体效应是综合的、立体的，但首先和直接体现在经济领域，属于低级政治范畴，为中俄战略协作发展夯实社会基础，扎实民意支撑，提供给力的抓手和新的增长点，务实而接地气，具有战略性和特殊性。因此，在"丝绸之路经济带"框架内研究中俄关系，对于避免和防止两国关系"空转"和"空心化"，突破两国关系中可能出现的发展"瓶颈"，推动两国关系全面合作向前发展，具有重大的现实意义。

中俄在政治、经济和人文领域的合作具有差异性。两国在经济与能源领域的合作是全面合作的切入点和基础，具有实用性和灵活性，由于双方在该领域存在互信不足的问题，所以表现为半机制性的部分合作。中俄在地缘政治与国际事务领域的合作为双方全面合作提供重要战略保障，具有战略性和特殊性，由于双方在该领域较为互信，所以表现为以机制性合作为主，而且更多的是积极合作。中俄在人文领域的合作为两国全面合作提供社会根基和民意基础，具有模糊性和策略性，由于双方在该领域互信还有待提高，所以表现为合作滞后，且相应机制不成熟。在每个领域，中俄的合作空间都很大，但是，当前合作的程度和合作推进的难易程度不同。在地缘政治与国际事务领域，中俄合作程度最高且相对容易达成，所以应扩大积极合作。在经济与能源领域，中俄合作程度相对较低，合作的潜力很大，但推进不易，应尽量减少消极合作。在人文领域，中俄合作程度较低，合作推进相对较难，要避免不合作情况的出现，尽量扩大合作。总的来说，在"丝绸之路经济带"的框架下，全方位提升中俄战略协作伙伴关系，使其达到新水平和新档次，使两国高水平的政治互信转化为高水平经济和人文务实合作，为中俄战略协作伙伴关系增加新的内容，提供新的抓手，注入新的动力，挖掘新的增长点，反过来也促进中俄"丝绸之路经济带"建设。

　　同时，由于国际政治的复杂多变，也不排除两国关系也有一定的不稳定性、不确定性、不可测性。因此，如何走出或克服中俄关系的"瓶颈"，加强政治互信和人文交流，加强"丝绸之路经济带"与欧亚经济联盟对接合作，进一步推进"丝绸之路经济带"框架下的中俄全面合作，以及中俄新时代全面战略协作伙伴关系与亚欧合作稳步发展，是一个具有重大的现实意义和理论价值的研究课题。

第二编

实践与创新

第六章 "丝绸之路经济带"框架下中俄"五通"合作

中国和俄罗斯互为最大邻国。自20世纪90年代两国建立战略协作伙伴关系以来，2001年签署了《中俄睦邻友好合作条约》，2011年建立平等互信、相互支持、共同繁荣、世代友好的全面战略合作伙伴关系。2014年，中俄新时代全面战略协作伙伴关系进入新阶段。2019年6月，中俄元首决定将两国关系提升为"中俄新时代新时代全面战略协作伙伴关系"。这是中国对外双边关系中首次出现"新时代全面战略协作伙伴关系"的新表述、新定位，意义重大，含义深远。俄罗斯是"一带一路"建设沿线的节点国家，九年来，在"一带一路"框架下中俄"五通"合作方面取得了哪些成就？还存在哪些问题？原因在哪儿？如何克服？前景如何？在新冠疫情、俄乌冲突等不确定因素的影响之下，在当前国内外形势下研究这些问题尤其具有重要的现实意义。

第一节 "五通"提出的背景

习近平第一次就任中国国家主席不久，于2013年9月在哈萨克斯坦发表演讲，提出了建设"丝绸之路经济带"的倡议，并于同年稍晚在印度尼西亚提出了建设21世纪海上丝绸之路的倡议，引起国内外的广泛反响。"一带一路"的核心内容就是互联互通，简称"五通"，即政策沟通、设施联通、贸易畅通、资金融通、民心相通。其中，政策沟通是首要，设施联通是基础，贸易畅通最直观，资金融通是条件，民心相通是保障。

"五通"的提出貌似有些突然，其实并不偶然，而是具有深刻的国内外背景的。从国际背景来看，经济全球化、区域一体化并行发展，世界是一个整体。在2008年爆发的国际经济危机的打击和影响下，以美国为首的西方国家在全球经济总量中的份额下降，推动经济全球化发展的意愿开始发生变化，能力在一定程度上受挫，出现了逆全球化的某些倾向。另一方面，以中国为代表的金砖国家和新兴经济体发展势头迅猛，特别是中国，俨然世界第二大经济体，是世界上100多个国家的第一大贸易伙伴，中国外汇储备规模占全球近30%，也是美国最大的债权国，世界第一大黄金生产国，其经济发展速度仍然是世界主要经济体中极高的。尤其是中国的高铁技术世界领先，为亚欧和世界各国交通基础设施建设提供了强大的技术可能。在西方市场相对萎缩的国际背景下，中国的优质高铁、钢材、水泥、产能能力、资金也需要对外输出，寻找新的市场和经济增长点。广大的亚欧地区，特别是亚欧大陆的中心地带，包括中亚、中东、中东欧、俄罗斯等区域和国家，也有着强烈的发展需求和资金、技术需要，苦于资金或技术不足。这与中国正好互补，中国能够满足其迫切需求。[①]中国面临百年未有之大变局，空前接近世界舞台的中央。习近平总书记作为中国最高领导人，奋发有为，在国内致力于除恶反腐，改革进取，在国际上致力于各国共同发展，互利共赢，促进新型国际关系和人类命运共同体建设。习近平主席提出"一带一路"倡议和"五通"的构想，顺应了国内外发展的时势，是站在全世界的广度、全人类的高度，全中国发展的深度，高瞻远瞩、深谋远虑，提出的战略性倡议。中美贸易战和新冠疫情以来，中国实行国内国际双循环发展战略。俄罗斯是共建"一带一路"倡议最重要的合作伙伴之一。"丝绸之路经济带"设想的"六大经济走廊"中有三条直接和间接经过俄罗斯。十年来，中俄"五通"合作取得了很大的进展。

[①] Кулинцев Юрий Викторович, "Большое Евразийское Партнерство в Системе Региональных Интеграционных Процессов", Китай в Мировой и Региональной Политике. История и Современность, Vol. 25, No. 25, 2020, С. 66–79. Doi: 10.24411/2618-6888-2020-10004.

第二节 "五通"合作的成就

一 政策沟通方面

2013年、2014年、2023年习近平主席三度首访俄罗斯。2017年、2019年、2023年普京总统三次出席"一带一路"国际合作高峰论坛。2018年，习近平主席出席俄罗斯东方经济论坛；2019年6月，出席圣彼得堡经济论坛，就战略和政策对接进行沟通。中国外交部、商务部、国家发展和改革委员会正式文件，建设六大经济走廊，其中，中俄蒙经济走廊、第二（新）欧亚大陆桥、中国—中亚—西亚三条与俄罗斯相关。① 后来又发展、创新出两国共建"冰上丝绸之路"。② 2015年两国发表《丝绸之路经济带建设与欧亚经济联盟建设对接合作的联合声明》。在西方持续经济制裁的大背景下，俄罗斯"转向东方"，开发远东和西伯利亚，加强与中方的合作。

两国地方政策沟通与合作走深走实。包括"东北—远东""长江—伏尔加河流域"、上海与圣彼得堡、本萨州与陕西省，以及龙江经济带对接合作③等地方合作机制。地方合作既包括相邻和不相邻的地方、城市、省份。④ 2018年11月，《中俄在俄罗斯远东地区合作发展规划（2018—2024）》正式获批。其特点是：引导中国企业在俄远东地区投资；突出强调远东地区在中俄经贸合作中的整体优势；合作项目分类细化，并

---

① Ператинская Д. А., Харланов А. С., and Бобошко А. А., "Трехстороннее Сотрудничество «Китай-Монголия-Россия»: Развитие Транспортного Коридора", Инновации и Инвестиции, No. 2, 2022, С. 34 – 37.

② Ельчанинов Анатолий Иванович, "По Великому Шелковому Пути -Ледовому Шелковому Пути -Дороге Мира и Экономического Сотрудничества", Культурологическии Журнал, No. 3 (37), 2019, С. 3.

③ 王宛、李兴：《中俄关系视域下的黑龙江：从争议之边到合作之界》，《俄罗斯东欧中亚研究》2018年第1期。

④ Лимар Валерія валеріївна, and Цзі Чжі, "Стратегия Инклюзивной Глобализации «Один Пояс, Один Путь»", Бизнес Информ, No. 2 (505), 2020, С. 23 – 28.

经过严格筛选；求真务实且体现开放性原则；政策措施更具建设性和包容性①。中俄两国的国家政策都受到国内经济社会发展和国际形势的制约，是国内外双重政治、经济等因素共同作用的产物。在"一带一路"倡议提出至今，中俄历经了重要的国际环境变革。对于中国来说，2018年单边主义逆行倒施，中美贸易战拉开帷幕；俄罗斯经历了2014年的乌克兰危机，自此备受西方遏制。2019年，特朗普政府将中俄列入战略竞争对手名单目录，中俄国际环境日益趋同。2019年末暴发的新冠疫情，与病毒长期共存的后疫情时代开启，这些国际事件都深刻影响了中俄的内外政策，两个大国背靠背的战略关系不断加固，两国在重要国际问题上步调一致，双边合作力度不断加强，中俄关系在几年里飞速跃升。② 中俄领导人在声明中强烈反对基于意识形态原则的集团和非正式联盟，这些组织的目标是将其他国际行为体边缘化，甚至遏制它们。这样的联盟不仅包括北约以及美英澳安全伙伴关系（AUKUS），还包括美日印澳四方安全对话（Quad）。对于这些机制持反对态度并不等于向西方的意识形态宣战。北京和莫斯科建立了多个多边组织（上海合作组织、金砖国家、欧亚经济联盟、集体安全条约组织），这些组织本着参与者多元化的宗旨，促进不同国家与地区之间的合作。复旦大学国际问题研究院与俄罗斯国际事务委员会、俄罗斯科学院远东研究所发布的《俄中对话：2022模式》中说道："上海合作组织已经成为一个成熟而有效的国际组织，它增强了对全球风险和挑战的抵御能力，在推进和深化成员国睦邻关系方面发挥着积极作用，并支持着欧亚大陆的稳定和发展。"③

在高科技领域沟通合作也取得进展。包括航天航空、宽体大飞机

---

① 高际香：《中俄在俄罗斯远东地区合作发展规划（2018—2014年）述评》，《俄罗斯学刊》2019年第1期。

② Давыборец Елена Николаевна, Павловская Ирина Владимировна, Радиков Иван Владимирович. "Российско-Китайское Торгово-Экономическое Сотрудничество в Рамках Политики Поворота России на Восток：Проблемы，Тенденции"，Вестник Забайкальского Государственного Университета，Vol. 28，No. 1，2022，С. 88－98.

③ 复旦大学国际问题研究院、俄罗斯国际事务委员会和俄罗斯科学院远东研究所联合发布《中俄对话：2022模式》（2022年7月发布）第1页，https：//iis.fudan.edu.cn/e2/38/c37811a451128/page.htm。

CR929、大型直升机、高铁、北极、军工、能源、S-400、北斗—格洛巴斯、核能，等等。中俄联合研制远程宽体客机 CR929、格洛纳斯全球卫星导航系统与北斗卫星导航系统兼容。双方还联合研究攻关，实施国家战略大项目。中俄两国在遥感、北斗的同步、协调上以及格洛纳斯的兼容性上都取得了突破，相关的协议内容正在一步步地落实之中。俄远东发展部新闻处发布消息称，中国航空工业集团有限公司将参与雅库特共和国超前发展区选矿厂建设项目，合同额约 35 亿卢布。工厂建成后产能将达到 1200 万吨煤。

目前俄罗斯联邦和中国在核能领域的合作是建立在利益和互利的基础上的。[①] 2019 年 3 月，俄原子能建设出口公司与中国中核集团的下属企业签署了建设田湾核电站 7、8 号机组总合同。迄今为止，中俄签署的最大的核能合作项目，合同总金额超过 200 亿元人民币。中俄两国将于近期签署联合研发的 AHL 重型直升机合同，计划生产 200 架 AHL 重型直升机，预计将弥补中国在重型直升机生产领域短板，同时弥补俄资金不足的问题。

制度对接持续推进。欧亚经济联盟是由俄罗斯、哈萨克斯坦、白俄罗斯等国组成的区域经济一体化组织，也是"一带一路"建设核心区域。[②] 在 2015 年 5 月中俄两国关于"一带一盟"对接合作的联合声明的基础上，2016 年 6 月，中俄两国再次发表《联合声明》，强调落实"丝绸之路经济带"建设与欧亚经济联盟建设对接合作共识具有重大意义，并主张在开放、透明和考虑彼此利益的基础上建立欧亚全面伙伴关系。2017 年 10 月，两国共同签署了《关于实质性结束中国与欧亚经济联盟经贸合作协议谈判的联合声明》，这是中国与欧亚经济联盟首次达成的重要经贸方面的制度性安排。2018 年 5 月，中国商务部代表与欧亚经济委员会执委

[①] Денисенко Виктория Анатольевна, and Чересов Всеволод Сергеевич, "Российско-Китайское Инновационное Сотрудничество на Современном Этапе: Атомная Энергетика", Общество: Политика, Экономика, Право, No. 2 (91), 2021, C. 56-61.

[②] Петрова Дарья Анатольевна, "Россия на Периферии Шелкового Пути", Территория Новых Возможностей. Вестник Владивостокского Государственного Университета Экономики и Сервиса, Vol. 11, No. 4, 2019, C. 120-127.

会主席及欧亚经济联盟各成员国代表共同签署了《中华人民共和国与欧亚经济联盟经贸合作协定》。俄经济发展部部长2019年2月说，中国的"一带一路"倡议有利于俄国家项目的实现，欧亚经济联盟与"一带一路"倡议对接障碍的消除有利于发展欧亚统一的经济空间。普京总统在2019年国情咨文肯定了中国倡议的"一带一路"与欧亚经济联盟对接合作，高度称赞中俄平等互利关系是欧亚大伙伴关系和国际事务顺利发展的积极因素。政策沟通是关键。

　　元首外交既是政策沟通的保障，也是政策沟通的关键。所谓元首外交，就是通过国家最高领导人之间的私人友好关系推动国家之间关系的发展，属于高级政治范畴。七年来，习近平主席8次访俄，同普京总统在双边和多边框架内举行了近30次会晤，分别授予对方本国最高勋章"友谊勋章"和"圣安德烈勋章"。① 中俄元首共同战略引领、推进了欧亚全面伙伴关系、大欧亚伙伴关系、新型国际关系和人类命运共同体的建设，进一步推动了"一带一盟"对接和中俄地方合作。两国抓住了"一带一路"建设和俄罗斯国家战略对接的契机，为两国合作奠定了前所未有的政治、经济基础。② 党的十八大以来，两国高层互动频繁，政治友好程度加深，战略协作与经贸合作蓝图不断擘画，助力打造范围更高、层次更深、水平更高的新型区域合作，谱写了"一带一路"沿线国家和地区要素更为流动自由、资源更为高效配置、市场更为深度融合的经济新篇章。国家宏观政策的对接，为两国各类市场主体的合作领航定向，提供了广泛的政策红利。在"一带一路"倡议的背景之下，两国合作的一系列合作共识不断落地生根。

　　2019年6月，《中华人民共和国和俄罗斯联邦关于发展新时代全面战略协作伙伴关系的联合声明》明确指出："俄方支持'一带一路'倡议，

---

① 李辉：《中俄合作驶入"快车道"》，俄《独立报》，https：//www.fmprc.gov.cn/web/ds-zlsjt_ 673036/t1642781.shtml。

② Васильева Нина Ивановна, Кашуро Ирина Анатольевна, and Бузанов Никита Алексеевич, "Стратегическое Партнерство и Сотрудничество России и Китая в Условиях Пандемии Covid-19：Взгляд из России и Взгляд из Китая", Россия и современный мир, No. 3 (112), 2021, C. 73 - 87.

中方支持在欧亚经济联盟框架内推动一体化进程。双方在推进'一带一路'建设与欧亚经济联盟对接方面加强协调行动。中方支持建设大欧亚伙伴关系倡议。双方认为,'一带一路'倡议同大欧亚伙伴关系可以并行不悖,协调发展,共同促进区域组织、双多边一体化进程,造福欧亚大陆人民"。"积极推进'一带一路'建设与欧亚经济联盟对接。推动在中华人民共和国政府同欧亚经济委员会间建立有效对话机制。切实推动符合中国、欧亚经济联盟及其成员国利益的优先项目。确保2018年5月17日签署的《中华人民共和国与欧亚经济联盟经贸合作协定》早日生效并启动实施。双方主张启动中俄《欧亚经济伙伴关系协定》谈判"①。2019年6月,两国元首见证了大豆合作规划的签署。

2020年10月,欧亚经济委员会与欧业经济联盟成员国政府以视频会议的方式,共同举办了《欧亚经济联盟与中国"一带一路"大倡议对接》论坛,讨论全球经济挑战和新冠大流行之后如何恢复经济发展,欧亚经济联盟与中国如何在环境保护、可持续性发展、将数学解决方案运用于物流和过境运输、农业生产互补,建立独立的金融体系和国家货币直接结算等领域中对接合作与互联互通问题。② 论坛开幕有中华人民共和国、欧亚经济联盟、欧亚经济委员会成员国部长参加。会议开幕后举行了政府、商界、学界代表参加的专题会议③。中俄关系出现的积极势头更加重要。2022年2月4日俄罗斯总统访问中国期间,与中国签署了《中华人民共和国和俄罗斯联邦关于新时代国际关系和全球可持续发展的联合声明》。④ 这些文件共同道出了当前中俄的政治立场,强化了对于当前国际政治基本

---

① 《中华人民共和国和俄罗斯联邦关于发展新时代全面战略协作伙伴关系的联合声明》, http://news.sina.com.cn/gov/xlxw/2019-06-06/doc-ihvhiqay3881058.shtml。

② Варфаловская Р. А., and Варфаловский А. В., "Электронное Сотрудничество Между РФ и КНР в Период Пандемии в Рамках Международного Права", Образование и Право, No. 11, 2020, С. 355-358. Doi: 10.24411/2076-1503-2020-00742.

③ Сопряжение Евразийского экономического союза и Китайско йинициативы «Один Пояс, Один путь», http://www.eurasiancommission.org/ru/act/trade/video_forum/Pages/default.aspx.

④ 复旦大学国际问题研究院、俄罗斯国际事务委员会和俄罗斯科学院远东研究所联合发布《中俄对话:2022模式》(2022年7月发布) 第3页, https://iis.fudan.edu.cn/e2/38/c37811a451128/page.htm。

概念的理解，随着乌克兰危机的发展，民主概念成为国际政治意识形态争论的重要问题，中俄两国元首的政治会晤，对于2022年春天的地缘政治格局起到关键作用。在持续的危机中，中国和俄罗斯发表的原则立场基本一致，这体现出政策沟通的重要意义。

二 设施联通方面

互联互通，首先是交通基础设施的联通。设施联通旨在搭建一个联通世界的立体、综合、全方位的基础设施网络，其中道路联通是设施联通的关键，俄面积广大，地跨欧亚，基础设施年久失修，缺失资金和劳动力，需求量大。[①] 俄罗斯与中国山水相连，隔江相望，发展设施联通可行性强。道路包括海路、陆路、空路和网络，"一带一路"倡议致力于实现欧亚联通，这需要各方携手共建四通八达的陆、海、天、网"四位一体"的基建网络，其中俄罗斯有着不可替代的作用。[②] 中俄在共建"一带一路"的设施互联上有着深刻的利益契合点，一方面，对俄罗斯来说，其国家战略的推进离不开通达的交通网络。俄罗斯"东进"战略和亚太转向需要完善的交通网络作为切入点，以此来扩大对外出口、吸引投资，打造联结亚太和东西方的优势。其次，俄罗斯政府重视发展运输却"有心无力"，自身的交通基础设施滞后，面临老化失修和亟须更新换代的问题，尽管俄方很早就出台过一系列交通建设规划，但其投到交通建设上的资金严重不足，财政无法负荷。因此，俄罗斯可以利用中国的资金优势，借助优惠政策吸引中国企业赴俄进行基建投资，这也源于中国"一带一路"倡议中的设施联通建设是俄罗斯最感兴趣的点之一。另一方面，中国自身产能过剩的状况、对外投资的迫切需求和畅通贸易运输通道的目的都促使着中国对俄展开交通设施建设合作。"滨海1号""滨海2号"交通线路，都在加紧建设。2020年1月，中俄黑龙江大桥通过验收，已具

[①] Строганов Андрей Олегович, "Новый шелковый путь: вызов российской логистике", Азимут научных исследований: экономика и управление, Vol. 5, No. 4 (17), 2016, C. 358 – 362.

[②] Мадиярова Д. М., and У Шуай, "Сотрудничество России и Китая в Сфере Реализации Проекта «Один Пояс-Один Путь»", Вестник Науки, Vol. 4, No. 6 (51), 2022, C. 46 – 60.

备通车条件。中俄之间首座跨境铁路大桥——中俄同江铁路大桥近日竣工通车①。中欧班列东（东北）、中（内蒙古）、西（新疆）三条线路，都经过俄罗斯，实现了运行班列数量和质量双增长。一列列满载中国商品的列车从中国驶向欧洲，仅2017年就超过3000列。目前线路多达57条，国内开行城市达35个，通达沿线12个国家34个城市②。2022年1—8月，中欧班列累计开行超过10000列。铁路方面，建设第二欧亚大陆桥；论证莫斯科—喀山高铁、莫斯科—圣彼得堡高铁。海运方面，正在共建"冰上丝绸之路"。水运方面，可在黑龙江、图们江、额尔齐斯河等界河进行合作，讨论跨叶尼塞河大桥项目和修建从新疆直接进入北冰洋的"亚欧大运河"。③石油天然气管道方面，东线已经开通使用，西线开始规划。航空方面，建立多条直达航线。

中俄标志性项目即"一管两桥"。"一管"就是中俄东线天然气管道，这一世纪工程将于年内通车。"两桥"，跨越黑龙江界河的首座跨国公路大桥——黑河公路桥和首座铁路桥——同江铁路桥已经竣工或通车。2019年3月，俄罗斯政府批准启动莫斯科至喀山高铁第一标段（莫斯科至下诺夫戈罗德）建设项目。报告已经获得政府签署并递交给总统。中国铁建股份有限公司承建的莫斯科地铁第三换乘环线——维尔纳茨基大街站至米丘林站右线隧道于2019年4月正式贯通。这是中国企业在俄罗斯承建的第一条地铁隧道，全长1464米，距离地面深度29.2米，由中国铁建自主研发和生产的"波利娜"号盾构机完成贯通任务。新冠疫情推动跨境电商快速发展，中欧班列在俄逆势加速发展。④ 2020年，两国首个合作建设的物流中心——别雷拉斯特物流中心于2020年7月底正式投入运营。

---

① 新浪网，2022年5月6日。

② 李永全主编：《"一带一路"蓝皮书："一带一路"建设发展报告（2018）》，社会科学文献出版社2018年版，第5页。

③ Лысоченко Алла Алексеевна, and Ван Сюган, "Стратегическое Развитие Транспортной Системы Китая в Рамках Концепции «Один Пояс Один Путь»", Московский экономический журнал, No. 4, 2022, C. 693 – 702.

④ Акмади Молдир Арманкызы, "Социально-Экономические Последствия Пандемии Covid-19 и Её Влияние на Инициативу «Один Пояс, Один Путь» в Странах Центральной Азии", Эпоха Науки, No. 24, 2020, C. 275 – 283. Doi：y10. 24411/2409 – 3203 – 2020 – 12457.

在实施大欧亚伙伴关系构想的过程中，欧亚经济联盟同中国"一带一路"倡议的对接被赋予关键意义。①结合欧亚经济联盟与"一带一路"对接和大欧亚伙伴关系建设共同打造互联互通交通网，2021年10月，欧亚经济委员会部务委员会批准了欧亚交通走廊和路线的清单。这将有助于欧亚经济联盟成员国实施《至2025年欧亚一体化发展战略》中涉及发展交通走廊的部分。②不断增长的运输量表明，有必要制订综合解决方案，缩短运输时间，简化通过国境的手续，以电子单据的方式完善运输过程所有参与者和监控机关的协作。③正如米舒斯京总理2021年6月在第二次欧亚大会发言时所说，有必要组成完备的"欧亚交通架构"，也就是建立欧亚铁路、公路、海运、河运和空运基础设施的一体化网络。"东—西"和"北—南"国际交通走廊的发展，将有助于扩大货流，包括同中国的过境交通。在西方对俄经济制裁的背景下，中吉乌铁路建设得到俄的首肯，正在推进之中。2023年5月，中俄政府签订协议，允许黑龙江和吉林的货物通过弗拉迪沃斯托克海运南下浙江沿海，作为中国的内贸内循环出口。

三　贸易畅通方面

贸易互通是"五通"最直观的、最直接的内容：借助电商、刷卡支付等新型商业模式，中俄地方经贸往来日益紧密；中国的服装、鞋帽、小商品已经走进俄罗斯千家万户；俄罗斯的巧克力、饼干、面粉、冰激凌、纯净水正越来越受到中国更多消费者的喜爱。2018年9月，中国9个省区与俄罗斯13个联邦主体的负责人参加东方经济论坛期间，举行了中俄地方领导人对话会。地方合作遍地开花。2019年3月，乌兰乌德与中国

---

① 复旦大学国际问题研究院、俄罗斯国际事务委员会和俄罗斯科学院远东研究所联合发布《中俄对话：2022模式》（2022年7月发布）第29页，https://iis.fudan.edu.cn/e2/38/c37811a451128/page.htm。

② Дятлов С. А., Лобанов О. С., Влияние КОВИД-пандемии на развитие цифровой экономики//Инновации, 2021, No. 1, С. 30 – 37.

③ Дятлов Сергей Алексеевич, Селищева Тамара Алексеевна, and Трунин Виктор Иванович, "Институциональные Новации Обеспечения Цифровой Трансформации и Цифровой Торговли в Евразийском Экономическом Союзе", Известия Санкт-Петербургского государственного экономического университета, No. 5 (131), 2021, С. 19 – 23.

虎林签署加强旅游合作协议。同月，中俄企业权益保护中心在莫斯科成立。中心将为在俄的中资企业和在华的俄企提供法律援助，解决纠纷，投资者的利益，营造良好的经商环境。2018年9月，阿里巴巴集团宣布与俄罗斯合作伙伴成立全资公司。俄罗斯联邦司法部下设仲裁审理委员会2019年4月做出决定，为香港国际仲裁中心颁发常设仲裁机构许可证，香港国际仲裁中心系成为第一个获得俄联邦政府批准的、获准在俄管理仲裁案件的国际知名仲裁机构，此举对经贸互通具有重要意义。2021年12月，在线上举行了执行欧亚经济联盟与中华人民共和国贸易经济合作协定联合委员会会议。与会者讨论了执行这项协定路线图的进程，其核心部分涉及数字交通走廊的发展，与会者还继续就贸易保护措施问题举行对话，研究了竞争、贸易中的技术壁垒、海关合作和简化贸易程序等问题。虽然有新冠疫情的消极影响，中国与欧亚经济联盟的贸易仍发展得相当顺利。2021年，中国成为欧亚经济联盟的主要出口方向，占15.1%，而且是欧亚经济联盟市场上商品的主要供应者，占27.4%。2021年中俄双边贸易额大幅增长。根据中国海关总署数据，中俄双边贸易额首次突破1400亿美元，达到1468.9亿美元，同比增长35.8%。根据俄罗斯海关总署数据，2021年两国双边贸易额达到1407亿美元，同比增长35.2%。2022年上半年，俄冶金产品对华出口增长400%。

中俄在共建"一带一路"过程中逐步解决迟滞两国贸易发展的消极因素，打通贸易流通渠道，不断推动贸易畅通。"一带一路"倡议中的"贸易畅通"，是指着力扫除投资和贸易便利化的壁垒、优化营商环境和实现与沿线国家共建自贸区的目标。投资和贸易便利化是中俄共建"一带一路"的重要利益契合点，为此，中俄在粮食贸易畅通方面做出了诸多努力。[1] 重大项目的合作成效显著，包括能源领域、核领域，航天领域，北极开发，数字经济等领域。[2] 俄是世界资源大国，面积达1700多

---

[1] Украинцев Дмитрий Витальевич, "Эволюция Маркетинга в Цифровой Экономике", Идеи и Идеалы, Vol. 12, No. 3-2, 2020, C. 363-375.

[2] Абубакирова Диана Бакытжановна, "Инициатива" Один Пояс-Один Путь "Как Новый Импульс Развития Региона Центральной Азии", Постсоветские исследования, Vol. 5, No. 1, 2022, C. 73-89.

万平方公里，森林面积达 1126 万平方公里，有 2.2 亿公顷农地和 1.25 亿公顷耕地，天然气储量世界第一，石油开采量世界第二，并且拥有雄厚的科技实力和科技人才。中俄经济具有很强的互补性。贸易畅通，物流便利化向高水平迈进。由于中美贸易摩擦，中国原来从美国进口的部分农产品，如大豆、天然气转而从俄罗斯进口。仅黑龙江省就有 14 个对俄港口。随着 2018 年中美贸易战爆发，中国减少美国大豆进口。2018 年 10 月 18 日，由俄哈巴罗夫斯克港驶出的"龙推 603 号"粮食专用驳船，满载着千吨大豆抵达抚远港，这是中国企业在俄罗斯种植的非转基因大豆首次通过水路大批量运回国内。此外，从 2017 年起，哈尔滨东金集团在与抚远一江之隔的俄罗斯哈巴罗夫斯克承租土地 180 万亩，正致力于探索一条在俄罗斯远东地区发展绿色农业，收获后通过水路运回国内深加工的多元化、全产业链的现代农业之路。据俄罗斯卫星通讯社 2018 年 8 月报道称，俄准备向中国市场供应高达 10 万吨粮食和 30 万吨大豆，并且将提供远东联邦区的 100 万公顷可耕地供中国农民使用。

中国进口的俄原油量一直保持增长，2019 年 6 月 5 日，俄中两国宣布，两国关系已达到新水平，进入了能源合作与安全框架内全面战略伙伴关系与合作的新时代。① 2015 年，中国从俄进口石油 4104 万吨，成为俄罗斯原油第一大进口国。2016 年，中国从俄罗斯进口原油 5248 万吨。2017 年 3 月俄超过沙特成为中国最大原油供应国。仅 2018 年 9 月就达到创纪录的 681 万吨，环比大增 19%。而俄原油量也接近苏联时期创下的历史纪录。在两国元首的见证下，中俄两国政府签署了《中俄东线天然气合作项目备忘录》，中国石油天然气公司与俄罗斯天然气工业股份公司签署《中俄东线供气购销合同》，规定从 2018 年起，俄开始向中国供气，输气量逐年增加，最终达到每年 380 亿立方米，累计 30 年②，4000 亿美元（约合 2.5 万亿元人民币）的合同总额，称为"世纪合同"。俄将成为

---

① Совместное заявление Российской Федерации и Китайской Народной Республики о развитии отношений всеобъемлющего партнерства и стратегического взаимодействия, вступающих в новую эпоху//Kremlin.ru. 2019.5.06. URL：http://www.kremlin.ru/supplement/5413.

② 李永全主编：《"一带一路"蓝皮书："一带一路"建设发展报告（2018）》，社会科学文献出版社 2018 年版，第 10 页。

中国天然气最大供应者。美联社称，这被视作普京在受到西方外交和金融孤立后获得中国的鼎力支持。

世界能源生产和消费模式正在发生深刻调整，这将进一步改变大国之间博弈的地缘政治模式。[①] 俄罗斯和中国作为有关各方，正在密切关注局势，在巩固传统能源合作的基础上，中俄不断开拓在高科技、农业、电子商务、金融、北极等新的增长点。2018年上海举行首届中国国际进口博览会，俄是主宾国之一，也是规模最大的参与方之一。俄企业参展面积达2000平方米。展示的内容主要包括食品、农产品、医疗、高科技、消费品及服务贸易五大板块。俄滨海边疆区对华松子出口翻番，仅2018年12月，中国就采购了超过1879吨松子。根据中国商务部的数据，2018年1—11月，中俄农产品贸易增长31%，成为双边贸易的新增长点。俄大豆、植物油、糖果、海鲜、面粉、油菜籽、亚麻籽等产品先后进入中国市场。贸易结构也持续优化。2018年前11个月，中俄机电和高新技术产品贸易同比分别增长15%和29%。双方还积极打造电子商务、服务贸易等新增长点。中国正在开拓俄罗斯汽车市场。2017年5月，两国联合成立中俄国际商用飞机有限责任公司。双方协议，由中方的中航直升机有限责任公司与俄直升机控股公司共同建造民用重型直升机。2017年11月，俄罗斯诺瓦泰克公司与中国石油天然气集团公司签署协议，共同开发"北极液化天然气2号"项目（LNG－2)[②]。

2018年，中俄贸易增速在中国主要贸易伙伴中位列第一，中国继续保持俄罗斯第一大贸易伙伴国的地位。双方已经正式签署《中国与欧亚经济联盟经贸合作协议》，顺利完成欧亚经济伙伴关系协定联合可行性研究。2018年双边贸易额首次历史性地突破1000亿美元[③]。2023年中俄贸

[①] Романова Екатерина Александровна, "Российско-Китайское Стратегическое Партнерство в Рамках ШОС на Примере Энергетического Сотрудничества: Новые Подходы в XXI в.", Социальные и Гуманитарные Науки. Отечественная и Зарубежная Литература. Сер. 9, Востоковедение и Африканистика: Реферативный Журнал, No. 1, 2022, C. 114 –120.

[②] ［俄］亚·列克秀金娜：《"一带一路"倡议框架下俄中合作的成就与问题》，王志远译，《俄罗斯学刊》2019年第1期。

[③] 殷新宇：《中俄经贸合作量质齐升》，《人民日报》2019年1月19日。

易额首次历史性地突破 2000 亿美元。俄罗斯天然气工业股份公司产品在中国 2035 年前的天然气总需求中所占份额将达到 13%。俄罗斯远东招商与出口事务局有 24 个中资项目，总投资额约 2 万亿卢布。而跨叶尼塞河大桥项目，俄罗斯仍在与中国讨论相关事宜，预计建设花费 100 亿卢布。加上 2018 年中国在俄罗斯 1070 亿卢布的木材加工业投资，这都足以说明俄罗斯和中国的合作关系正日益加深。

商务部新闻发言人高峰在例行发布会上称，2018 年是中俄经贸合作名副其实的"成果年"。中俄经贸关系加速提质升级，双边经贸合作在规模和质量上都实现了新的突破，内生动力不断增强。一是双边贸易创历史新高。根据初步的统计，截至 2018 年 12 月中旬，中俄贸易额已经突破了 1000 亿美元。二是战略性大项目的合作成效显著。三是地方合作进一步走深走实。四是制度对接持续推进。[①] 俄罗斯出口中心副总裁伊戈尔·茹克近日在第二届中国国际进口博览会推介会上说："今年俄罗斯出口中心计划做充分准备参加第二届中国国际进口博览会，同时就博览会期间 B2B 商业模式建立联络开展长期工作。"[②] 2019 年第一季度，中俄双边贸易额同比增长 4%，两国正在研究价值 200 亿美元的投资项目。尽管新冠肺炎对全球产业链、供应链造成一定冲击，但中俄贸易表现出较强的韧性。2020 年上半年，中方对俄医疗器械、编织原料、电子电器进口量持续扩大，俄首批牛肉输华。中俄贸易基本面和长期向好的趋势没有改变。农业合作成为中俄务实合作的新亮点。

在自贸区建设方面，中俄仍有巨大的发展空间。回顾中俄贸易发展历程，中俄早在 20 世纪末至 21 世纪初就在两国边境地区建立了黑河市边民互市贸易区、珲春中俄互市贸易区等，便利了两国边境地区的经贸往来，互市贸易区内的两国农产品贸易借助优惠便利政策也得到了极大的发展，但是必须看到互市贸易区仅建立在延边地区，推向腹地地区的自由贸易区

---

① 《商务部：中俄经贸关系加速提质升级》，http://money.163.com/19/0110/17/E565QA4U002580S6.html#from=keyscan。
② 《尝过甜头！俄罗斯正精心准备这件"涉华大事"》，http://news.sina.com.cn/c/2019-03-23/doc-ihsxncvh4968354.shtml?cre=tianyi&mod=pchp&loc=20&r=0&rfunc=0&tj=none&tr=12。

还未建立。① 截至 2022 年 4 月，中国已经同 25 个国家或地区签订了 17 份自贸协定，此外，13 个自贸协定正在协商中。② 虽然目前中俄没有签订双边自贸协定和成立自贸区，但是，借助"一带一盟"多边平台打通两国贸易渠道，推动建立多边自贸区成为可能。欧亚经济联盟目前已经和中国签订贸易合作条约，未来探索在"一带一盟"框架内建立自贸区大有可为。2022 年 3 月，在俄乌局势紧张，世界众多国家对俄采取经济金融制裁的情况下，电商主体俄罗斯国家馆的各类食品被中国消费者瞬间买空。中俄跨境电商营运体系日臻完备和成熟，一是电商企业搭建合作平台。中国电商企业大力进军俄方市场，阿里巴巴、京东、淘宝等巨头较早抓住俄罗斯电子商务市场潜力，2015 年 6 月，阿里旗下的全球速卖通在俄罗斯当地组建分公司；俄罗斯成为阿里巴巴批发市场的第三大交易国。2021—2022 年该领域工作继续稳步推进。例如，为推动俄企业扩大对中国出口，俄罗斯出口中心与阿里巴巴集团就定期开展培训、网络研讨会等线上俄商品推广活动签署合作备忘录。

"一带一路"与欧亚经济联盟国家的经济实施数字化转型最重要的任务是深化一体化，克服疫情危机，实现欧亚可持续发展，提高竞争力，提高人民生活水平和确保数字主权。最终，数字化转型应有助于形成具有发达的数字平台和数字服务系统的数字竞争性经济。③ 电商仍是最具前景的发展方向，这也符合俄数字经济发展规划目标。④ 根据中国相关数据，2021 年 1—11 月，中俄跨境电商贸易额同比增长 187%。中方数据显示，中俄电商订单数量占全俄跨境电商订单总量 70%，速卖通（俄罗斯）在

---

① Бао Хунянь, Новосельцева Галина Борисовна, "Использование Технологий Электронной Коммерции в Межгосударственной Торговле Китая и России", Известия Высших Учебных Заведений. Поволжский Регион. Экономические Науки, No. 2 (8), 2018, С. 75 – 81.

② 萨尔基相：《未来五年欧亚经济联盟将继续深化一体化发展》2022 年 3 月 15 日，https://www.inform.kz/cn/article_a3601270。

③ Дятлов С. А., Трунин В. И. Формирование Институционально-Правовых Основ Цифровой Трансформации Стран ЕАЭС//Известия СПбГЭУ, 2021, No. 3, С. 43 – 47.

④ Варфаловская Р. А., and Варфаловский А. В., "Электронное Сотрудничество Между РФ и КНР в Период Пандемии в Рамках Международного Права", Образование и Право, No. 11, 2020, С. 355 – 358. Doi：10.24411/2076 – 1503 – 2020 – 00742.

俄罗斯具有较高人气。2022年初，天猫超市和盒马电商平台举行了俄罗斯商品推广活动。1月10—20日，销售额达7.23亿元。根据中国方面的预计，对俄跨境电商贸易额达21.5亿元人民币。

西方自苏联解体以来，对俄罗斯进行了多达四五百次的制裁，涉及了俄政治经济军事文化等多个领域。2022年初的乌克兰危机后西方更是对俄进行了空前规模的制裁，累计达8000多项，使俄罗斯经济和世界经济受到严重影响。欧盟对俄的五轮制裁从实体科技、金融货币再到能源贸易，层层加码，企图不断抬高俄罗斯接受制裁的成本与代价。随着俄乌冲突的发展，2022年2月23日，在第一轮制裁中，欧盟理事会禁止向俄罗斯央行提供资金，2月25日第二轮制裁中，欧盟宣布禁止向俄罗斯提供炼油技术或服务的升级，在2022年2月28日和3月2日的第三轮制裁中，欧盟理事会将7家俄罗斯银行排除在SWIFT系统之外，从实体技术到金融货币、再到能源科技，西方对俄罗斯的制裁举措不断细化聚焦，层层加码，实业制裁与金融科技制裁的串联，俄罗斯被制裁成本不断提升，围绕地缘政治的博弈正在升级。共建"一带一路"，积极促进经贸合作，对两国的长远发展具有重要意义。

四　资金融通方面

资金融通即钱流，是"五通"的条件。货币互换，人民币—卢布结算，中国工商银行、中国人民银行等在俄设办事处，银联消费，人民币国际化，创立金砖银行、欧亚基金、丝路基金、中俄投资基金、亚投行，提供资金业务、支持和保障，并正在讨论石油交易本币结算。资金融通旨在推动金融合作，在货币体系、投融资体系和信用体系中发力，成为支撑两国经贸合作的支柱。[1] 自2013年以来，中俄大力构建金融合作机制和体系，搭建经济金融合作平台、共筑经济共同体的根基。[2] 中俄在金融领域

---

[1] Алексеенко Александр Петрович, "Государственное Управление Организованными Торгами в КНР", Административное и муниципальное Право, No. 9, 2017, C. 10–19.

[2] Жариков Михаил Вячеславович, "Организация Внешнеэкономических Расчетов Между Россией и Китаем в Национальных Валютах", Вестник Российской Таможенной Академии, No. 2, 2015, C. 19–27.

的合作进展迅速,两国在双边贸易、投资和信贷领域持续发力,不断扩大本币在多领域使用,简化本币结算步骤,加大结算能力,建立人民币清算安排,打通多年清算渠道不畅的桎梏。双边金融代表处的设立、金融机构合作和交流机制的建设都在不断发展。[①] 当前,双边金融合作进展空前,成绩斐然。

两国在"中俄银行分委会""欧亚反洗钱和反恐融资小组"(EAG)框架下,共同进行了洗钱类型和趋势的研究,取得了一定的阶段性成果。2014年10月,中国人民银行与俄联邦中央银行签署了规模为1500亿元人民币(8150亿卢布)的双边本币互换协议,旨在便利双边贸易和直接投资,促进两国经济发展。两国积极扩大银行业务合作范围。在政策性银行中,中国国家开发银行和中国进出口银行是主力军。中国银行、中国建设银行、中国工商银行均在俄罗斯开展业务[②]。2018年12月,中俄两国央行签署了《中国人民银行与俄罗斯联邦中央银行合作谅解备忘录》,为对方在另一方发行以本币计价的债券提供便利。俄罗斯央行副总裁称,俄罗斯和中国可能最早于2019年5月达成一项协议,允许在俄罗斯成立离岸人民币中心。这可能是中国在非西方国家设立的第一家离岸人民币中心。

投资方面的合作在扩大。总额为1300亿美元的70个大型合作项目,有的已经实施,有的正在调研。亚马尔液化天然气是全球最大的项目之一,其中30%的资本来自中国的投资者。

中国银联计划2019年在俄罗斯扩大银行卡发行规模。截至2018年底,中方在俄发行了大约200万张银联卡。目前,银联卡准入网络已经覆盖俄境内所有商家的90%左右。此外,银联也在探索将银行卡绑定手机,在俄境内实现非接触式支付的问题。俄已有多家银行接入中国跨境银行间支付系统(CIPS),这可方便中俄贸易结算。虽然环球同业银行金融电讯协会(SWIFT)仍然是国际银行间金融信息传输的主要平台,CIPS结算

---

① Савостина О. В., Синянская Е. Р., and Коршунова Д. А., "Идентификация Понятия «Финансовое Сотрудничество» в Контексте Развития Российско-Китайских Торгово-Экономических Отношений", Дискуссия, No. 5 (108), 2021, C. 78 – 86.

② 刘华芹等:《丝绸之路经济带欧亚大陆新棋局》,中国商务出版社2015年版,第194—195页。

有利于规避俄罗斯银行被切断与 SWIFT 联系的风险。此外，有关创建一项有助于中国投资者投资于在莫斯科发行的人民币计价债券的联通机制，双方正在进行谈判。

2013 年，中国石油天然气集团公司收购亚马尔液化天然气项目 20% 的股份。2015 年 9 月，中国石油化工集团收购西布尔石化控股公司 10% 的股份，一年后丝路基金又收购西布尔公司 10% 的股份。2015 年 12 月，丝路基金购买亚马尔液化天然气项目 9.9% 的股份，并且为该项目提供 7.3 亿欧元贷款。中国化工集团公司收购俄罗斯东方石化公司 40% 的股份。2017 年，北京燃气集团有限公司收购上乔纳斯科石油天然气公司 15% 的股份。中国华信能源有限公司也表示有意收购俄罗斯国家石油公司 14.2% 的股份。

2019 年新冠疫情以来，两国双边本币结算迎来了新进展。深化和扩大本币结算规模是中俄深化金融合作的主要方向之一，有助于规避第三方货币结算带来的汇率风险。2020 年第一季度，双边贸易美元结算比重降至 50% 以下，人民币与卢布结算比重保持上升趋势。本币作为支付手段的作用正在逐步增强。依托多边平台扩大金融合作范围。[①] 2022 年 4 月，"国际工业·中亚地区"国际展览全体会议上俄罗斯工贸部长丹尼斯·曼图罗夫主张在欧亚经济联盟、金砖国家和上海合作组织内部加强相互结算的独立性和扩大本币结算，去美元化与去欧元化成为俄多边金融外交的主要目标。[②] 2023 年 11 月，中俄两国贸易本币结算率达到了 95%。

五 民心相通方面

民心相通，即人民的交往，是"五通"可持续发展的前提和保障。中俄是两个"文化超级大国"。"国之交在于民相亲"，中国与俄罗斯的关

---

① Останин Владимир Анатольевич, Печерица Владимир Федорович, Бояркина Анна Владимировна, "Российско-Китайское Экономическое Сотрудничество в Концепции Глобальной Цифровизации", Вестник Забайкальского Государственного Университета, Vol. 28, No. 4, 2022, С. 126–134.

② 参见今日俄罗斯国际通讯社北京分社官方账号发文《俄工贸部长：俄方建议欧亚经济联盟、金砖和上合成员国扩大本币结算》，https://baijiahao.baidu.com/s?id=1731071158020466761&wfr=spider&for=pc。

系自始至终仍烙印上"上头热下边冷"的印象,两国民间关系发展远不及政治上的高度信任。在当前全球化的条件下,发展国家间的国际关系具有特别重要的意义,对于拥有共同边界的国家尤其如此。① "一带一路"倡议实施以来,随着中俄经济合作的全面铺开、高校交流的日益频繁、休闲旅游的互动增多、人文合作机制的不断建立,蓬勃发展的民间交往促使两国民众的了解程度不断加深。② 双方在"一带一路"框架下,人文交流激增、频繁,包括语言、教育、文学、音乐、艺术、体育、旅游等,不少俄罗斯学生来中国学习,攻读本科、硕士甚至博士学位。也有不少中国师生赴俄学习、进修。教育领域各种形式的交流每年接近 10 万人次。③ 中国在俄设立多家孔子学院,俄方掀起汉语热。彼此中方和俄语人才需求量增加。在 21 世纪的过去 20 年中,在中俄两国政府的支持下,俄罗斯和中国青年举办了一系列扎实的文化和教育活动。④ 媒体合作、旅游合作、智库合作等加速展开,电影节,语言文化节,国际会议频繁,在共同发表学术成果,联合研究科研课题取得进展。在国家年,语言年,旅游年,青年友好交流年,媒体交流年,发展地方合作交流年,国家主办的大型、系列项目与活动不断。俄语以及俄罗斯研究,在苏联解体的十多年里比较寂寞、孤单,不受重视,但在"一带一路"框架下,中国研究俄罗斯的机构和人员不断增加,教育部在北京师范大学、华东师范大

---

① Россия и Китай, Четыре Века Взаимодействия: История, Современное Состояние и Перспективы Развития Российско-Китайских Отношений/Под ред. А. В. Лукина. М. : Весь Мир, 2013. 704 с.

② Глазьев С. Ю. , Архипова В. В. , Агеев А. И. , Ершов М. В. , Митяев Д. А. , Нагорный А. А. , Вэнь Ван, Цинцин Ян, Росс Джон, Чжаоюй Гуань, and Тинтин Чжан, "Вопросы и Состояние Процессов Сопряжения Евразийского Экономического Союза и Инициативы", Один Пояс-Один Путь " в Представлениях Китая и России", Евразийская Интеграция: Экономика, Право, Политика, No. 3 (29) , 2019, С. 13 – 30.

③ Смоляков Дмитрий Анатольевич, "Перспективы Российско-Китайского Гуманитарного Сотрудничества в Рамках Реализации Инициативы", Один Пояс, Один Путь Образование и Наука, Vol. 20, No. 7, 2018, С. 68 – 89.

④ Рисухина Ольга Николаевна, "Развитие культурных связей российского Дальнего Востока и Северо-Восточного Китая (середина 80-х гг. Xx В. -начало XXI В.)", Россия и АТР, No. 3 (85) , 2014, С. 38 – 52.

学、外交学院等设立俄罗斯中心，北京、上海、长春、哈尔滨、乌鲁木齐、兰州、武汉、广州等成为中心。俄方对中国的研究和重视也多起来。莫斯科、圣彼得堡、喀山、叶卡捷琳堡、弗拉基米尔、布拉戈维申斯克、弗拉迪沃斯托克等成为中心。中俄文化交流机制成熟、运转良好。开设新的领事馆，如广州。中俄合拍影片《我是如何成为俄罗斯人的》（又译《战斗民族养成记》）正在热播。两国教育合作成果显著。[1] 第一所中俄联合大学——由莫斯科大学和北京理工大学——在深圳联合开办，习近平主席和普京总统发来贺电，现已经开始正式招生。原有的中国苏联东欧史学会继续活动。经过整合，中国俄罗斯东欧中亚研究会更加积极地开展活动。对于俄罗斯旅游者来说，中国位列最具吸引力旅游目的国前列，前往俄旅游的中国人数多年都在增长，旅游线路涉及的地区不断扩大，既有自然风光，也有人文景点，还有红色旅游。中国公民抵达俄罗斯稳步增长，2014年，以旅游为目的的旅行次数（713.2万次）首次超过了德国公民抵达俄罗斯的人数。来自中国游客流量的增长以及这一入境旅游方向的巨大前景使俄罗斯旅游和酒店业在考虑到中国公民的民族特色和消费者偏好的基础上提高服务质量。目前，针对中国游客的红色路线项目正在俄罗斯实施，关于中国游客的友好协会已经成立。[2] 俄罗斯、中国和蒙古的文化领域和旅游业的发展是三国之间最重要的商业合作领域之一。旅游业是中蒙俄经济走廊的重要组成部分，三国旅游业发展的一个重要阶段是2015年11月签署的《吉林宣言》，根据该宣言，双方承诺推动建立综合旅游运输系统，发展行政领域互动机制，努力解决边境和邻近地区旅行者和旅游组织者的未决问题。[3] 中俄旅游合作潜力巨大，这也将积极推动"一带

---

[1] Арефьев А. Л., Шереги Ф. Э., Обучение иностранных граждан в высших учебных заведениях Российской Федерации: Стат. сб. Вып. 12. Министерство образования и науки Российской Федерации. М.: Центр социологических исследований, 2015. 196 с.

[2] Кульгачев Иван Петрович, Лепешкин Вячеслав Анатольевич, and Мантейфель Елена Алексеевна, "Туристские Обмены России и Стран Восточной Азии: Состояние и Перспективы Развития", Международная Торговля и Торговая Политика, No. 1 (9), 2017, С. 36–52.

[3] Даниленко Н. Н., Рубцова Н. В., Возможность и Направления Сотрудничества России и Монголии в Аспекте Развития Туризма//Россия и Монголия: История, Дипломатия, Экономика, Наука. -Иркутск: Изд-во Байкальского Государственного Университета, 2016, С. 206–211.

一路"中民心相通的部分。上海合作组织大学成立了区域学、高科技等各门类的合作机制，两国教育、理工、经济类等各类高校成立了同类大学联盟。俄将汉语列入国家考试。根据俄罗斯卫星通讯社报道，汉语将列入2019年俄罗斯国家统一考试，即俄罗斯"高考"中。俄罗斯《连塔网》援引非官方统计，中国现有约4万名来自俄罗斯等原苏联国家移民，超过半数生活在上海、北京和广州，这是涵盖各个年龄、职业和国籍的群体，既有在中国学习的大学生，也有中国人的俄罗斯妻子或丈夫，骨干是受过语言和国情教育，从事物流、采购、质量控制等职业，或在教育、IT、咨询等行业工作的高素质人才。他们普遍认可中国的治安环境比俄罗斯好。当前中俄两国人文领域的交流与合作力度空前，高校和科研机构在人才培养、技术合作、人文交流上合作愈加密切，深化两国人民彼此的友谊，促进相互信任，推动筑牢惠及两国人民的连心桥，为两国关系健康可持续发展打下了良好的人文基础。在21世纪的前20年中，中俄两国在文化和教育领域的积极接触，通过政府间和区域间层面的项目。在俄罗斯和中国青年的框架内，举办了大量活动，以促进两国青年之间的互动以及他们对另一国文化的熟悉。[1]

第三节 "五通"合作：原因、问题与前景

那么，"一带一盟"为什么能对接合作并且取得相当大的成效？无非有内部、外部两个原因。其中，内因还是主要的。内因，即内部因素。中俄互为最大邻国，山水相连，居共同的亚欧大陆，有地缘之便，远亲不如近邻。观念上达成共识：结束过去，开辟未来；共同发展，互利共赢。两国面临共同的使命：发展经济、提高民生。两国优势互补：中国的人力资源，俄罗斯的辽阔幅员；中国的资金，俄罗斯的资源。内外的推动是两个

---

[1] Залесская Ольга Владимировна, and Янь Мэйвэй, "Российско-Китайское Гуманитарное Сотрудничество в Области Молодежных Культурно-Образовательных Проектов Между Амурской Областью и Провинцией Хэйлунцзян (Начало XXI в.)", Genesis: Исторические Исследования, No. 10, 2020, C. 91 – 104.

车轮，内部的刚需是主要的，不断加强的，从而保证了可持续性。

两国元首外交的大力推动和保障。两国元首意气相投，私交甚笃，既是两国关系的战略设计师，也是亲力亲为的实践者、引领者。普京总统作为贵宾出席 2017 年 5 月和 2019 年 4 月"一带一路"两次国际合作高峰论坛。应俄总统邀请，习近平主席先后出席俄罗斯东方经济论坛和圣彼得堡经济论坛。"一带一盟"对接合作成为中俄关系新的增长点和亮点。

从 2013 年习近平首访俄罗斯以来，元首互动频繁，在当今大国关系中，以及现代国际关系史中都是罕见的。[1] 2013 年至今，元首外交引领合作方向，政治互信空前未有。2013 年习近平在当选国家主席后首访的国家是俄罗斯。2022 年北京冬季奥运会期间，普京总统是第一个抵达北京的外国领导人，赛前两国首脑就展开会谈并达成多方面协议。据统计，九年以来中俄元首会晤高达 38 次，年均会晤 4 次，元首外交为两国关系领航定向。2021 年，《中华人民共和国与俄罗斯联邦睦邻友好合作条约》的签订迎来 20 周年，两国元首一致决定延长条约，这代表着两国互为好邻居、好伙伴的周边外交会持续深入发展，也树立了新型国际关系的典范。2022 年，即使俄乌处于冲突加剧阶段，中俄关系也始终保持定力。两国始终是背靠背、肩并肩的好朋友，是风雨同舟、精诚协作的战略伙伴。上海合作组织、金砖、中俄全面战略协作双边机制是两国独有的[2]。2021 年上海合作组织庆祝成立 20 周年。

如何正确认识中俄关系中的经济因素？特别是中俄贸易量的不高？中俄贸易量相比中美贸易量是不算高，然而质量或更高。考察两国经贸关系必须与两国贸易总量、GDP 总量联系起来看，才更科学，更靠谱。要看双方贸易量在比较国经贸总量、GDP 总量中所占的比重。美国的 GDP 总量是俄罗斯的 10 倍，而中国的贸易量只是俄的 5 倍，因此美与中国经贸量占 GDP 的权重只有俄的一半。另外，中国从俄进口的大多为石油、天

---

[1] Лазарев Максим Александрович, and Ласкин Александр Анатольевич, "Российско-Китайские Отношения в Новую Эпоху: Стратегия Партнерства", Вестник Экономической Безопасности, No. 1, 2020, С. 262–266. Doi: 10.24411/2414-3995-2020-10049.

[2] 参见李兴《首脑外交视域下习近平对俄外交战略思想析议》，《国外理论动态》2017 年第 12 期。

然气、木材、农产品等必需品，附加值少，人民美好生活需要，从俄罗斯进口能源和军工有利于提高中国的国防安全能力。而从美国进口多为科技含量较高，经济和文化附加值较多的产品，中国付出的代价要大得多。俄真正的经济实力被低估了，其无与伦比的资源与能源也是其得天独厚的实力。其经济在亚欧地区的影响力不容小觑。由于中美贸易战，中方所得利润又被美方拿走相当一部分。因此，中俄与中美经济关系，各有千秋。对整体国际关系而言，经贸关系既非全部，也非唯一的和决定性的。经济关系和政治关系各自具有独立性，各有其自身发展逻辑。两者有关联，但并不等同。GDP决定论甚至经济决定论是错误的。中俄贸易，要看数量，更要看质量；要看经济，更要看政治。

至于外因，即外部因素，包括国际格局和大国关系大局：当前在多强一超的国际格局下，新兴经济体发展，东升西降；遭西方经济制裁，俄进行反制裁，在缺少资金和人力的背景下，俄发展欧亚经济联盟，"转向东方"寻求合作。中国倡议"一带一路"，共同发展，互利共赢，促进新型国际关系、人类命运共同体建设。在美国逆全球化、美国利益至上理念盛行，"亚太再平衡""印太战略"的大背景下，中国践行东西平衡、"向西发展"。美国发起了对华贸易战。作为大陆国家，中俄两国都面临来自海洋方向的西方挤压，抱团取暖，相互借重，相互支持[①]，共同推进大欧亚伙伴关系的发展。以美国为首的西方世界对中俄的政治经济挤压使两国进一步走近。例如，在美国打压中国的高科技公司的情况下，俄罗斯公开支持中国，与中国的华为进行5G合作。双方进一步推动本币结算贸易，以及人民币的国际化，俄方的去美元化等。

当然，"五通"合作也不是没有问题，主要包括双方主观和客观两个方面。在主观上，互信仍然不足，相互并非总是看好，存在防范心理，地缘政治考虑及传统帝国心态尚未彻底消失。俄在建立自由贸易区问题上不积极，甚至反对。在客观上，双方法律法规不健全，俄基础设施不发达，双方铁轨轨距、环保标准不对接，俄规范不足和野蛮执法、贪腐和官僚主

---

① 参见李兴、成志杰《中俄印——亚欧金砖国家是推动丝绸之路经济带建设的关键力量》，《人文杂志》2015年第4期。

义，中国个别不法商人的投机钻营。两国利益不一致、需求不平衡。在交通问题上，无论是高铁还是公路，俄罗斯地广人稀，顾客少，市场有限，受产业结构、交通基础设施的掣肘，难成大气候，特别是远东和西伯利亚，本来就很稀少的人口还在西迁。俄方担心经济依赖，资源外流，受控于人，成为经济附庸。俄罗斯抱怨中国商人过于重利，中国对俄投资较少，投资额低于荷兰和日本，在投资对象国中低于哈萨克斯坦，与两国全面战略协作伙伴关系严重不对称。两国地方合作，表面上很热闹，但真正落地生根的很少，具体的实质性合作与成果不多。中俄对"一带一盟"对接合作的思路有所不同：俄期望带动俄经济"一片"整体发展，中方理解为主要是项目对接。俄罗斯签证办理也不便捷。总的来说，虽然两国关系持续改善，且近年来改善的步子很大，但还未彻底改变两国政热经冷、上热下冷、官方热民间冷、政府热企业冷的局面。当然，国际第三方因素，比如美国、西方的影响也是客观存在的。

"双边合作机制有待进一步细化和具体化，合作的法律基础文件还需要继续完善；在具体的对接过程中仍存在不少政策和法律壁垒，还需要进一步放权和放宽限制。"[1] 两国中小企业的合作有待加强，需要充分发挥其优势，挖掘合作潜力，包括数字经济领域的合作、签证和通关进一步便利化、共同的电子商务平台、战略大项目的合作等问题，要制定完善的法律文件保护投资利益。[2]

不管具体区域范围划分，中方倡议的"丝绸之路经济带"本质是"亚欧"，俄方提出的大欧亚伙伴关系的本质是"欧亚"，虽然总体大致相同，但重心还是有差异的。虽然双方就"冰上丝绸之路"建设达成了共识，但俄官方并没有完全认同"冰上丝绸之路"这一概念，并坚持使用"北方海航道"的提法，即俄不愿其北极战略被"嵌入"到宏大的"冰上丝绸之路"，甚至扩展到"一带一路"的倡议中。俄担心其现存的战略地

---

[1] 《丝路大家谈：疫情之后的"一带一路"该怎么走？》，中国一带一路网，https：//www.sohu.com/a/427941543_731021。

[2] Семенкова Кристина Кирилловна，"Состояние и Перспективы Трансграничной Электронной Торговли Китая"，Российский Внешнеэкономический Вестник，No. 2，2022，C. 83 – 88. Doi：10.24412/2072 – 8042 – 2022 – 2 – 83 – 88.

位有被弱化的风险，且影响到俄在北极的主导地位。① 2019 年底突如其来的新冠疫情导致全球经济陷入困境，也给"一带一盟"的对接合作带来了新的挑战和问题。②

至于"一带一盟"框架下"五通"合作的前景，本书认为，对接是有希望的，合作是有前景的，主要原因是，对接合作符合双方的战略利益，在当前的国际格局和国际环境下，对于双方来说，是明智的、现实的选择。某些分歧和矛盾是存在的，有些是可以理解的，但不是结构性的，也是可以克服的，要努力争取，尽力而为。俄对"一带一路"的认知经历了一个在希望和失望之间徘徊、纠结，最终走向务实，现实，走向对接合作的过程。

实现对接合作贵在坚持，要持之以恒，但也要量力而行，不能期望值过高。正如时任俄驻华大使杰尼索夫所说，中俄关系 70 年从心所欲不逾矩，中俄关系要走"中庸之道"。③ 一方面，"带盟"对接，"五通"合作，互利共赢，共同发展，良性互动；另一方面，分歧是存在的，矛盾是难免的，认识不一是正常的，利益纠纷是客观的，因此，中俄双方要相向而行，相互理解，包容互鉴，照顾彼此核心关切和舒适度，开展良性竞争和善意竞合④。笔者认为，作为一个世界大国，俄罗斯全盘加入"一带一路"的可能性并不大，但正因为如此，体现了俄罗斯作为一个亚欧大国和世界大国的成熟性。"一带一盟"框架下的"五通"合作还是有希望的，可以努力争取的。具体来说，互信还有待提高，项目还有待细化，"带盟"对接还有待做实，"五通"合作还有待深化，对俄投资还有待增加，互利共赢、共同发展要从言语变成行为，从理论变成实践。一句话，

---

① 参见高天明主编，［俄］叶罗辛·瓦西里等副主编《俄罗斯如何看待"冰上丝绸之路"?》，时事出版社 2018 年版。

② Арсентьева И. И., "Курс на Здоровье: Китайская Инициатива", Пояс и Путь "в Условиях Пандемии COVID-19", Евразийская Интеграция: Экономика, Право, Политика, No. 1（39），2022，С. 101–110.

③ 俄驻华大使杰尼索夫：《中俄关系 70 年从心所欲不逾矩》，《中国新闻周刊》2019 年第 6 期。

④ 参见王晓泉《"一带一路"建设中深化中俄战略协作研究》，中国社会科学出版社 2019 年版。

关键在于行动，事实胜于雄辩。

2018年，中俄贸易量超过1000亿美元。2019年，双边贸易额更是增至1100多亿美元。2021年，实际接近1500亿美元。2022年，在俄乌冲突的背景下，中俄保持了正常的经济关系，两国经贸量呈不降反升的势头。中俄经贸合作的脚步不会放缓，只会越走越稳、越走越快、越走越好①。习近平总书记指出，中俄建交70年来，两国关系风雨兼程、砥砺前行，成为互信程度最高、协作水平最高、战略价值最高的一对大国关系。中国外长兼国务委员王毅："只要中俄站在一起，世界就多一分和平，多一分安全，多一分稳定。"②

要保证中俄"五通"合作的长效机制化和可持续性，笔者建议，在"两个框架"下建设中俄"五个共同体"，即在中俄战略协作伙伴关系框架和"一带一盟"对接合作框架下，建设两国发展共同体，利益共同体，安全共同体，责任共同体，以及命运共同体。要重视个人的作用，但不把希望寄托在个人身上，而应放在国家利益、民众友好的基础上，要做实、夯实两国关系基础，使中俄友好、相互信任、彼此依赖在两国成为大势所趋，人心所向，不可逆转。2022年适逢中俄建交73周年，是中俄共筑新时代国家关系的重要阶段，也是两国共建"一带一路"的第九个年头。9年来，中俄两国关系日趋稳固、成熟和坚韧，成为世界上最高程度互信、最高水平协作、最高战略价值的一双大国关系。③ 中俄间关系上不封顶，两国的战略关系也不设禁区。④ 当前世界正逢百年未有之大变局与世纪疫情相互交织，中俄都面临着严峻复杂的国内国际形势，但两国关系自始至终保持着韧劲和定力。中俄经济合作的稳步发展离不开两国政治的高度互

---

① 中国商务部例行新闻发布会，https://news.sina.com.cn/c/2019-04-18/doc-ihvhiewr6934771.shtml。

② 国务委员兼外交部长王毅回答中外记者提问，中国政府网，2019年3月8日。

③ 《大变局中，中俄"一起向未来"（望海楼）》，人民网，2022年4月24日，http://opinion.people.com.cn/n1/2021/1217/c1003-32310231.html。

④ Уянаев Сергей Владимирович，"Россия-Китай: 70-Летний Юбилей Установления Дипломатических Отношений и Взаимодействие в Текущем Столетии", Китай в Мировой и Региональной Политике. История и Современность, Vol. 24, No. 24, 2019, С. 14-38. Doi: 10.24411/2618-6888-2019-10001.

信,在两国领导人的高度重视和亲自推动之下,双方致力于补齐"政热经冷"的短板,不断创造新的经济增长点。2013年末,乌克兰危机爆发,西方开始严厉制裁俄罗斯,其间,俄罗斯国内GDP和工业生产经历了从停滞不前到艰难复苏的过程,中俄经贸合作也随之不断走深走实。十年来,中国一直是俄罗斯最大的贸易伙伴,受全球贸易形势影响,2013—2021年中俄贸易过程中虽有一定的波动,但总体保持稳步增长态势,并且中俄贸易结构也在稳步优化。自"一带一路"倡议推行以来,普京总统曾多次公开支持"一带一路"建设,并且盛赞其为世纪工程,符合俄罗斯自身核心利益,中俄在"一带一路"框架下的经济合作硕果盈枝、成就显著。[1] 不论如今国际形势走向何方,不论西方国家对俄经济金融制裁如何变化,中俄的经贸合作都不会因第三方而动摇,其合作会沿着既定方向稳步发展,努力发展成更加密切、相互依赖与支持的贸易伙伴。[2] 中国发展势头更好一些,经济实力更强一些,意味着在中俄关系的发展中,中国的塑造能力更强一点,不妨主动一些、积极一些、大气一些。在中俄共同成为美国"战略竞争对手"、中美战略竞争不可避免的局势下,尽管存在一些不确定因素,中俄关系超越历史,长期友好是可期的,也是可取的。

---

[1] 俄罗斯总统普京盛赞中国"一带一路"是世纪工程,2022年3月15日,http://www.mofcom.gov.cn/article/i/jyjl/k/201904/20190402858076.shtml。

[2] Ковба Д. М.,"Китайские Ученые о Новом Мировом Порядке и Роли КНР в Нем",Дискурс-Пи,Vol. 19,No. 1,2022,C. 43 – 61. Doi:10. 17506/18179568_ 2022_ 19_ 1_ 43.

第七章 亚欧中心跨区域合作体制机制比较分析："丝绸之路经济带"、欧亚经济联盟和"新丝绸之路计划"

"丝绸之路"本身是个古老的话题，国内外都很关注。冷战后围绕它提出和实践的跨区域国际合作体制机制为数不少，其中影响较大的有中国倡议的"丝绸之路经济带"，俄罗斯主导的欧亚经济联盟，美国提出的"新丝绸之路计划"（以下简称"新丝路"）。鉴于当前中俄美三强在亚欧地区的重要影响力，将这三个体制机制进行比较分析具有一定的现实意义[①]。

第一节 "丝绸之路经济带"与欧亚经济联盟的比较[②]

一 相同或相似之处分析

从形成的过程来看，无论从独立国家联合体到欧亚经济联盟，还是从上海合作组织到"丝绸之路经济带"，都是中俄两国最高领导人亲自提出来并直接推动，可以称之为国家大战略，或战略性倡议，是经过深思熟虑，反复酝酿的，不是心血来潮，也可以说是两国亚欧战略的重要内容和

[①] 参见李兴、[俄] 阿·沃斯克列先斯基编著《亚欧中心跨区域发展体制机制研究》，九州出版社2016年版。

[②] 参见李兴《"丝绸之路经济带"与欧亚经济联盟：比较分析与关系前景》，《中国高校社会科学》2015年第6期。

周边外交的优先方向①，在时间上都恰逢其时。对于俄罗斯来说，独联体虚多实少，独多联少，欧亚经济联盟是对独联体地区一体化多年努力后的重点集中和局部深化。对于中国来说，"一带一路"是中国推进经济全球化和亚欧一体化进程的宏伟倡议和务实深化，也是中国经济外交、周边外交的扩大和升级。两者提出的背景有相似性：对俄而言，北约、欧盟东扩，TIPP（Transatlantic Trade and Investment Partnership，跨大西洋贸易与投资伙伴协议）出台，形势逼人；对华而言，美国重返亚太，提出 TPP（Trans-Pacific Partnership Agreement，跨太平洋伙伴关系协议。后美国退出，演变成 CPTTP）并加强美日同盟，压力不小。两者都是欧亚区域一体化的方式之一，以经济发展为优先，以亚欧陆权为重心，以历史联结为基础，以中俄两国友好为前提，互联互通是其共同内容，上海合作组织是其共同的平台。从文明形态来看，丝绸之路经济带囊括儒教、伊斯兰教、印度教、基督教（包括东正教和天主教、新教），欧亚经济联盟内有东正教、伊斯兰教、基督教（非东正教教派）。以国际关系视之，两机制都具有大国与中小国家、经济较发达国家与经济欠发达国家之间的关系内容。丝绸之路经济带中涉及中国与中亚、中东、东欧国家关系；欧亚经济联盟包括俄罗斯与中亚、东欧、高加索小国的关系。两者的应运而生符合两国国情和国力，既非国别的，也非全球的，而是区域性质的。两体制的提出在时间上巧合，表面看起来突然，其实并不偶然，而是具有一定的内在逻辑和必然的联系。两者的对接合作成为国家发展的重要战略，也是推动中俄战略协作伙伴关系的新的增长点，也是新的亮点和出彩点。目前这也是两国学界、政界和国际学术界正热烈讨论的关键问题。从运作方式来说，两者都是内外统筹，政企统筹。从相互关系来看，两者命运攸关，彼此互为成功的基础和条件，两者的顺利发展有利于亚欧一体化和大欧亚伙伴关系的推进。两体制是"突围"，同时也符合各自的国家利益和长远利益，并且顺应了经济全球化和地区一体化的大趋势。虽然大势所趋，但经济无边，政治有界，多边体制往往形式重于内容，两种体制机制过程都不容易，前景不明朗，困难、障碍、不可测因素很多，这种阻力有来自国内

---

① 参见李兴《欧亚联盟：普京对外新战略》，《新视野》2013 年第 5 期。

的，有来自国外的，有看得见、摸得着的，有看不见、摸不着的，需要摸着石头过河，需要大胆而又谨慎，任重而道远。① 对于中国而言，丝绸之路经济带是支撑"中国梦"的两翼之一，是中国新发展模式的重要内容。以习近平同志为核心的党中央领导中华民族伟大复兴的事业，实现"中国梦"。这种新发展模式的重要思想之一就是，统筹国内国际两个大局，内外联通，海陆并重，东西平衡，改变亚欧大陆地缘经济和地缘政治格局，实现以中俄金砖国家为代表的新兴经济体和发展中国家群体性崛起，从而走出一条非西方的发展道路和模式，造福亚欧，泽被后世。而对于俄罗斯来说，欧亚经济联盟是俄在面临西方长期经济制裁、国际石油价格长期下跌，"普京中兴"难以为继的情况下，继续探索"普京道路"，希望借助于欧亚经济联盟群体优先发展独联体国家并继续维系和巩固俄作为世界独立的经济政治一极的大国地位。两者并行不悖，相辅相成，体现了中俄战略协作关系的高水平和战略性。在当前特朗普搞贸易保护主义、英国脱欧、国际秩序崩盘重组需要时日的大背景下，也体现了同为联合国安理会常任理事国和核大国，上海合作组织和金砖的核心国家、亚欧大国的中国和俄罗斯，对国际政治文明、新型国际关系、人类共同发展、和平进步的理论探索和践行努力。

二　不同点分析

两个机制提出的背景是不一样的。如果说普京提出欧亚联盟，不能说没有深思熟虑，但多多少少有竞选总统的应时之需和实用考虑。而习近平总书记提出的"丝绸之路经济带"，则是与实现中华民族伟大复兴的"中国梦"是直接挂钩的，并且是建立在人类交通技术，特别是高铁技术获得巨大突破的基础上的，因此，"丝绸之路经济带"提出的背景要比欧亚联盟更深刻，格局要大得多。以机制论，欧亚联盟是典型的国际一体化组织，有"硬"机制，而"丝绸之路经济带"是倡议、构想，开始时甚至只是"概念"，没有机制保障，似乎不成熟，具有脆弱性、不确定性。其

---

① 参见 Александров Ю. Г., Казахстан перед барьером модернизации, М., ИВРАН, 2013；杨恕、王术森《丝绸之路经济带：战略构想及其挑战》，《兰州大学学报》（社会科学版）2014年第1期；王义桅《"一带一路"：机遇与挑战》，人民出版社2015年版。

实质是追求"便利化",开放性和包容度。比如吉尔吉斯斯坦在加入欧亚经济联盟以后,吉海关和国家安全委员会就加大了对中国商品走私的打击力度。因此,欧亚联盟工作是往深度方向发展,难度不小,"丝绸之路经济带"工作是往广度发展,工作容量超大。欧亚联盟有先例可仿,"丝绸之路经济带"无先例可循。

从吸引力和影响力来看,"丝绸之路经济带"与欧亚经济联盟存在着一定的竞争关系。2017年3月,联合国安理会关于讨论阿富汗问题的决议时呼吁各国推进"一带一路"建设,构建人类命运共同体。从一体化的程度来看,欧亚联盟高于丝路经济带。从所涵盖的区域来看,丝路经济带大于欧亚联盟。欧亚联盟不包括中国,"丝绸之路经济带"包括中亚和俄罗斯。丝路经济带边界不明,地域上不固定,具有模糊性。从操作性来看也没有必要说得太清、太死,有摸索前进和贵在实践的特点。欧盟反对欧亚联盟,但未必反对丝路经济带。盖因欧盟视前者为潜在的敌手,似要恢复苏联,视后者为经济新趋势,是可以合作的对象。美国反对欧亚联盟,原因与欧盟同出一辙,美国对"丝绸之路经济带"不参与、保持距离,"冷眼旁观"兼冷嘲热讽,盖因视之为潜在对手,不以为然,暂不看好,同时又心存警惕。欧亚经济联盟是传统的套路,会从经济一体化向政治联盟的方向发展,这也正是它作为一个国际组织内外阻力很大、发展并不非常顺利的原因。而"丝绸之路经济带"则以经济发展为核心,体现合作共赢和共同发展理念的新型国际关系。

欧亚联盟抱团取暖,取"防守"态势。"丝绸之路经济带"则是范围更大、一体化程度未必更高的机制,呈"扩张"势头。"丝绸之路经济带"以上海合作组织为平台,以双西(中国西部、西欧)为两端。欧亚联盟则以独联体为平台,以独联体集安组织为支撑,以关税同盟国家为核心,以欧亚经济共同体为过程。在欧亚同盟中,俄罗斯是主导。在"丝绸之路经济带"中,中方力主推动,但并不必然充当领导。建立自由贸易区是欧亚联盟的基础,同时也是"丝绸之路经济带"的目标。2016年《欧亚经济联盟贸易政策发展声明》和《欧亚经济联盟海关条约》取得了阶段性进展,虽然个别成员国在这个或那个问题上持有保留意见。可是从实际内容来看,"丝绸之路经济带"更为务实和接地气,规划了六大经济走廊，其中与俄罗斯中亚直接相关的就有三条，包括第二欧亚大陆桥，中俄蒙经济走廊，中国—中亚—西亚经济走廊。路径很明确，措施很具体。从进度来看，欧亚联盟倾向于有明确的时间表和路线图。而"丝绸之路经济带"则相对灵活，有"始"而无"终"，是一个比较漫长的过程，虽然重视使沿线国家有早期收获。

欧亚经济联盟政经统筹的特点比较明显，而"丝绸之路经济带"海陆统筹的特点相对突出。欧亚经济联盟具有交通、人员、贸易、投资、能源等方面的刚性需求和历史基础，历史和现实、物质的和精神的沉淀很深厚，也很稳定。俄罗斯地广人稀，劳动力不足，能给中亚国家提供就业机会，赚取外汇，这一点是人口众多、就业压力很大的中国很难做到的。因此，尽管欧亚经济联盟不会风生水起，热火朝天，但也不会偃旗息鼓，更不会销声匿迹，它的生命力是很强的。而"丝绸之路经济带"虽然先声夺人，盛名天下，引人关注，但能否持久韧性，有生命力，避免泛化和虚化，还要看中国的实力和定力。从短时段来看，欧亚联盟由于其可能的政治性质而遭美欧西方反对，但从长远观之，"一带一路"终究会被西方视为最主要的竞争对手。

欧亚联盟是俄罗斯维系和追求世界多极之一的经济与政治中心地位的平台。"丝绸之路经济带"也可以说，是中国对外进一步开放、和平发展、合作共赢的一种尝试和途径。欧亚经济联盟能否成功，内部主要取决于俄罗斯自己，外部取决于欧亚经济联盟与"丝绸之路经济带"对接合作能否顺利和成功。而"丝绸之路经济带"建设能否成功，则取决于中俄等亚欧金砖国家的团结合作，包括俄罗斯在内的金砖国家的合作机制是建设"丝绸之路经济带"的强大助力。

在中国的 GDP 总量全球第二、西方对俄实行经济制裁的背景下，中国的资金支撑明显优于俄罗斯。但中国提供的资金应是种子基金，引发基金，不可能大包大揽，最终市场主导，企业主体，政府推动。"丝绸之路经济带"与"海上丝绸之路"相配，海陆并重，东西平衡，内外联动。欧亚联盟与集安组织相配，政府与企业联动，经济与安全并重，政治与军事兼顾。自己一个人走，可能走得快，大家一起走，才能走得远。中俄两种体制机制良性互动，对接合作，互通互补，也存在善意竞争，但也不在于一时一事，不能以一时成败论英雄。

三 "一带一盟"对接合作案例分析：俄参与中巴经济走廊建设

中巴经济走廊是我国"一带一路"在南亚的重大项目，号称"旗舰项目"，投资巨大。据报道，俄欲参与中巴经济走廊建设，包括瓜达尔港。有人表示担心，认为事情复杂了，俄罗斯似乎"搅局"来了。笔者认为，事情未必是那样的。这不是什么坏事，中国应当顺势而为，乐观其成。

第一，俄罗斯欲加入中巴经济走廊的真实原因（动机）是什么呢？这是问题的关键所在。笔者认为，俄方经济利益和地缘政治考量两者兼有，是综合的，地缘政治第一，经济利益次之。在地缘政治经济利益考虑中，欧亚经济联盟与上海合作组织兼重，大欧亚伙伴关系是长远考虑。巴基斯坦位于亚欧大陆南端，而俄罗斯位于欧亚大陆北端，两者是天然的合作对象。这是俄的历史传统和历史性格，由来已久，一以贯之，不刻意针对谁。

1. 普京总统提出的大欧亚伙伴关系中包括巴基斯坦，何况巴基斯坦已经成为上海合作组织正式成员国；巴申请加入金砖组织，并点名请求俄罗斯支持。俄参与中巴经济走廊，意欲推动欧亚伙伴关系和亚欧一体化发展。

2. 阿富汗的安全形势，离不开巴基斯坦和中国的支持与配合。对于俄来说，中亚与南亚本是一盘棋，俄通过参与中巴经济走廊，使安全屏障南移。

3. 俄与印巴同时交好，与中国相比，相对超脱，更容易协调巴基斯坦和印度的关系、中国与印度的关系。

4. 巴基斯坦瓜达尔港濒临印度洋，俄需要温暖的印度洋上有一个基地，用于经商和海军的维修、补给，休养生息，并在亚欧大陆的南端建立一个稳固的支点，扩大俄影响和存在。

5. 中国和巴基斯坦均欲与欧亚经济联盟建立自由贸易区。巴基斯坦和中国周边的印度、越南、印尼、伊朗、埃及、以色列、叙利亚、蒙古、约旦、阿尔巴尼亚等国均有意与欧亚经济联盟建立自由贸易区或成为联系国。俄参与中巴经济走廊可以进行实验，扩大欧亚经济联盟的影响。在西方经济制裁的大背景下，参与非西方机制经济合作，也是俄的不二选择。俄不希望被撇开，并获得发言权。

6. 俄支持中巴经济走廊建设，并推动欧亚经济联盟与中巴经济走廊建设对接，但未必希望中国单独主导，同时试水中国，观察加考察，摸底"一带一路"倡议与项目，获取利益、经验和教训。

第二，"一带一路"建设，中国本来就倡导共商、共建、共享、共赢原则，建立利益共同体，责任共同体，命运共同体，欢迎第三方参与，不搞排他性。作为战略协作伙伴，同为金砖国家，上海合作组织成员，中俄本已在积极推动"一带一盟"对接合作和大欧亚伙伴关系建立。俄方参与中巴经济走廊建设包括使用瓜达尔港，恰恰使中俄获得一个共同、合力推进的新的增长点，使中巴经济走廊不仅成为"一带一路"的示范工程，也成为多国国际合作的样板。

第三，俄罗斯和巴基斯坦都是中国的友好邻国。巴基斯坦是上海合作组织的观察员国并已经递交了正式加入上海合作组织的申请。上海合作组织已经接纳了印度和巴基斯坦为正式成员国。对于俄加入中巴经济走廊建设的设想，中国虽有一定的相关度、发言权和影响力，但对于俄巴两国之间的关系，并无充分的法理性去干预太多。何况巴基斯坦实行大国平衡政策和开放外交，争取国家利益的最大化，本也无可厚非。瓜达尔港口也对巴基斯坦邻近的伊朗、土库曼斯坦开放。巴政府还要堵住某些西方国家和国内反对派各种批评、指责的口实。在全球化和地区一体化的背景下，要想一家独大、独占一国经济项目、垄断一国经济事务是不可能的，不现实的，也是没有必要的。可以把中巴经济走廊建设成"一带一路"示范工程，多国合作的样板。

第四，印度对于中巴经济走廊一直很忌惮并且反对，盖因印巴关系长期敌对，而中印之间有边境争端，存在过历史过节。而俄罗斯与印度的关系传统上很好，同时也与中巴交好。因此，俄罗斯的加入也有利于分散包括印度在内的国际社会对中国的"过度关注"，减轻和消除印度对"中国威胁"的不必要担忧。而恰恰是包括中俄印金砖国家的合作和共襄，是"一带一路"建设能否成功的重要环节，特别是中俄之间的合作在相当程度上关系到"一带一路",特别是"丝绸之路经济带"建设的成败。

第五,俄加入中巴经济走廊,正好可以做成一个以上海合作组织为平台,"一带一盟"对接合作的试验点和亮点。因此,中国可以乐观其成。

第二节 "丝绸之路经济带"与"新丝绸之路计划"比较

一 "丝绸之路经济带"与"新丝绸之路计划"的提出

"丝绸之路经济带"是中国国家主席习近平于2013年9月在哈萨克斯坦演讲时提出的倡议。他指出,为了使欧亚各国经济联系更加紧密、相互合作更加深入、发展空间更加广阔,可以用创新的合作模式,共同建设"丝绸之路经济带"。其主要内容有"五通""三同"。"五通"即政策沟通、设施联通、贸易畅通、资金融通、民心相通。"三同"即利益共同体、责任共同体和命运共同体。

"新丝绸之路计划"则是2011年7月,美国国务卿希拉里·克林顿在访问印度钦奈(Chennai)时提出的,其主要目标是利用阿富汗优越的地理位置,将阿打造成地区的交通贸易枢纽,通过推动南亚、中亚的经济一体化和跨地区贸易,实现阿富汗经济的可持续发展以及安全稳定。其背景就是在阿富汗战争久拖不决的情况下寻求美国从阿富汗"脱身"(撤军),让阿富汗周边国家共同"出资出力",但美国仍要保持对阿富汗的实际控制和主导地位,不让主导权落入美国所认定的竞争对手手中。

二 "丝绸之路经济带"与"新丝绸之路计划"的差异

中国的"丝绸之路经济带"具有深厚的历史底蕴,根植于中国与欧亚地带历史、文化、宗教的传统联系。而美国与"丝绸之路"在历史上、地理上毫无关系,其提出的"新丝绸之路计划"与"丝绸之路经济带"相差甚远。

(一)目的、理念、规划、规模方面

"丝绸之路经济带"主要目的在于拉动中国中西部经济发展,减少对海上贸易通道的依赖，构筑稳定的西部战略空间，推动亚欧区域稳定和共同发展。据此，"丝绸之路经济带"就是一条横跨欧亚大陆、沟通中西交通贸易的陆上大通道，东西而走，从中国经中亚、西亚直至欧洲。

"新丝绸之路计划"则是美国为解决阿富汗困局所提出的。当时美国想从阿富汗"脱身"，希望利用阿富汗优越的地理位置，将其打造成地区交通贸易枢纽，推动南亚、中亚的经济一体化和跨地区贸易，以此来稳定阿富汗的内外局势，解决美国撤军后阿富汗的生存和发展问题。当然，增强中亚对美国的依赖而疏远俄罗斯与中国也是该计划的重要目的。因此，"新丝绸之路计划"总体为南北走向，由中亚国家经阿富汗通向巴基斯坦、印度，将中俄排斥在外。

由于地理、交通的原因，考虑到成本和其他因素，美国的"新丝绸之路"不包括中国，也不包括青藏高原，尽管"新丝绸之路计划"基本沿着青藏高原南下。中国的"丝绸之路经济带"共包括周边六大经济走廊，其中包括中俄蒙经济走廊、中国—中亚经济走廊、中国—中亚—波斯湾经济走廊、中巴经济走廊、中印孟缅经济走廊、中国—东南亚经济走廊。青藏高原也被纳入，不使其处于国家发展大战略之外，尽管其定位还不够清晰。

两者相比，"丝绸之路经济带"显然在布局上更加宏大，覆盖范围更宽广，内容更丰富，更具体，国家投入更大，是作为中国的国家战略，并与中国国内的发展是对接的，其目的是贯通欧亚，共同发展，互利共赢，也更加符合"丝绸之路"这个名字的本意，并且有"一路"即"21世纪海上丝绸之路"与之相呼应，相配合，以经济、贸易为主，兼及文化、安全、政治。"新丝绸之路计划"则以安全为主，兼及经济、民生，是美的地区与国别治理策略，其目的是解决地区反恐和安全问题，是美国外交和安全部门推动的，与美国的国内发展几无关系，并非美国的国家大战略。概而言之，"一带一路"涵盖整个亚欧大陆，包括其中心和边缘地带；而"新丝绸之路计划"则只涵盖亚欧大陆中间的一小部分。

在理念方面，丝绸之路经济带奉行休戚与共、和平发展、共同发展、平等互利、和而不同，不把自己的理念强加于人，设计共商，过程共建，成果共享，反对丛林法则。而"新丝绸之路计划"的设想是要由美国充当设计者、主导者、组织者、协调人，但美国并不一定具体出资、具体出力、具体建设。

（二）产生动因和在本国战略体系中的位置方面

中国推动"丝绸之路经济带"主要源于自身内部的需要。这种需要主要体现在经济、安全、政治等层面。在经济层面，中国需要解决内部"东富西贫"的发展不平衡问题。如果将中国的西部与中亚、西亚乃至欧洲地区连接起来，则西部地区将处于欧亚路上贸易交通的中心地带，势必极大地促进西部经济增长，有利于平衡东西部发展。在安全层面，中国需要在西部构建一个繁荣稳定的外部战略空间以保卫自身的安全。尤其是新疆地区一直面临"三股势力"的威胁，而这"三股势力"与中亚等境外地区的极端势力有着密切的来往。只有实现周边地区共同的稳定发展才有可能彻底袪除极端主义赖以滋生的土壤，才能从根本上解除新疆面临的安全威胁。当然，外部有此愿望也是重要原因。2022年6月，"中国+中亚五国"元首会晤机制建立。

美国的"新丝绸之路计划"主要出于外部需要，是想从阿富汗"脱身"、解决阿富汗问题而来，属于霸权争夺中的一种战略行动，具有一定的投机性。美国急于摆脱阿富汗战争的泥潭，但是又不愿放弃在阿富汗以及中亚地区的影响力，因此试图通过"新丝绸之路计划"来实现这两个颇为矛盾的目标。让别人出钱出力，冲在第一线，而自己"幕后操纵"，甚至发号施令[1]。但无论"新丝绸之路计划"是否成功，美国大军一定会撤出阿富汗，因此这表明该计划只不过是美国力图实现自身利益最大化的一种尝试，并不具有真正的战略重要性，反而实用主义、投机取巧色彩严重。当然，中亚与南亚无论历史、文化还是地理交通联系都很密切。

因此，"丝绸之路经济带"与"新丝绸之路计划"在中美两国战略体系中的位置不同，前者处于中国国家大战略的核心部分，与中国国内的发展相对接。中国为确保其顺利推进，将会发挥制度优势集中力量办大事，内外统筹、陆海统筹、政企统筹。后者则处于美国战略体系的边缘区域，

---

[1] 参见赵江林《中美丝绸之路战略比较研究——兼议美国新丝绸之路战略对中国的特殊意义》，社会科学文献出版社2015年版。

与美国国内的发展并不对接。由此,中国较之美国在推动"新丝绸之路计划"时必然更为积极主动、更为努力、更为持久连续,愿意为之投入更多,付出更大的代价。

(三) 对外开放度和包容性方面

"丝绸之路经济带"是一个开放的、非排他性的经济合作计划。这主要体现在两个方面:首先,参加的成员是开放的。中国欢迎愿意参与合作的沿线各国积极加入其中,共同创造一个繁荣的经济带,也就是说,既包括地理上的沿线国家,也包括虽地理上不是、但有意愿参与的国家和地区;其次,倡导多国共同协作,互利共赢。中国并不认为自身必须领导这一经济带,欢迎各国共同发挥作用。丝绸之路经济带包容"新丝绸之路计划"所在的国家。中亚被"丝绸之路经济带"视为核心区。

"新丝绸之路计划"相对封闭、排他。"新丝绸之路计划"由美国一手主导,完全依据自身需求选择参与方,明确地将成员限定在中亚五国、阿富汗和印巴,坚决将中俄等地区重要大国排斥在外,政治性和排他性很强。"丝绸之路经济带"中,最重视中亚、俄罗斯,包括"新丝绸之路计划"沿线国家;而"新丝绸之路计划"中,最重视阿富汗和印度,排斥区域外国家和地区影响力。

中国在建设"丝绸之路经济带"的过程形成新的义利观,亲诚惠容,共同发展,多予少取,共同担当,形成利益、命运、责任共同体。在这个过程上,中国与周边国家的发展战略是对接的,相向而行的,比如与俄罗斯主导的欧亚经济联盟,以及"新丝绸之路计划"沿线国家。这与霸权国家力推的以控制他国经济命脉、改变他国政治制度、服务于地缘政治为深层目的的"新丝绸之路计划"有着本质的不同,"新丝绸之路计划"是不包括中国的[①]。

(四) 对于欧亚联盟、俄罗斯和蒙古国的态度方面

"丝绸之路经济带"与"新丝绸之路计划"都着眼于欧亚中心地带,而俄罗斯是欧亚中心地带的前宗主国、现在的欧亚一体化主导国,是两者必须考虑的因素。但目前看来,两者对俄的态度截然不同。

---

① 《"丝绸之路经济带"构想的背景、潜在挑战和未来走势》,《欧亚经济》2014年第4期。

中俄互为全面战略协作伙伴关系，互为最大邻国，又都是上海合作组织成员国和金砖国家。尽管历史上中俄关系曾经也很复杂，但当前作为好邻居、好伙伴、好朋友，中国充分认识到俄罗斯与中亚的历史联系和现实利益关切，尊重和承认俄在中亚所拥有的特殊利益和地位。中国欢迎俄罗斯加入其中，共同建设一条稳定的、繁荣的横跨欧亚大陆的经济带，这不仅可以带给两国可观的经济收益，更可以为两国共同营造一个稳定可靠的周边战略依托带，对中俄都是极为有利的。因此，坦率地说，中国的"丝绸之路经济带"从一开始就给俄罗斯留出了充足的空间。俄罗斯对"一带一路"和"一带一盟"的态度，也经历了一个从不解、疑虑到逐渐理解、认同并参与的过程。2015年6月，中俄元首签署了关于"一带一盟"对接合作的联合声明。

而美国的"新丝绸之路计划"最主要防范和排斥的对象就是俄罗斯。通过阿富汗将中亚的油气资源输向印度，南向发展，而不是北向俄罗斯，向印度洋方向打通出海口，相当大程度上是为了给中亚的能源出口打开一条不经过俄的新通道，降低中亚国家对俄的运输依赖。美国力图将中亚国家拉离俄罗斯，割裂两者之间的联系，这仍然没有脱离冷战时期对苏联防范遏制的范式。

"丝绸之路经济带"的空间范围和包容性也都大于"新丝绸之路计划"。显然，"新丝绸之路计划"不包括蒙古国，而"丝绸之路经济带"地理上包括蒙古国。中俄蒙三国山水相连，互为最大邻国，周边自然环境相似，地理、历史、经济、文化联系密切，经济互补性强，蒙古国是三个国家中的跨界民族。"一带一盟"加上蒙古国的草原之路，形成中俄蒙经济走廊。包括两条通道：第一条以中国内蒙古自治区乌兰察布为节点，经二连浩特进入蒙古国"草原之路"，抵乌兰巴托，经蒙古国边境城市苏赫巴托尔进入俄罗斯，在乌兰乌德与西伯利亚大铁路交会，直达俄罗斯的欧洲部分。第二条经过中国东北通道，从大连、沈阳、长春、哈尔滨到满洲里，经俄罗斯的赤塔与俄西利亚大铁路相连。经济外交，设施联通，地方合作，能源外交，人文合作，内容丰富。"丝绸之路经济带"、欧亚经济联盟，与蒙古国草原丝绸之路相对接。蒙古国可以借此获得东向出海口，避免内陆国没有出海口的劣势。蒙古国可以同时搭上中俄发展快车。天时不如地利，远亲不如近邻，心动不如行动。"一带一路"和"中俄蒙经济走廊"前景看好。

三 "丝绸之路经济带"与"新丝绸之路计划"的相似点

"丝绸之路经济带"与"新丝绸之路计划"的差异是明显的，但也存在某些交汇处或相似点，这主要体现在以下几个方面。

第一，都以"丝绸之路"命名。作为古代亚欧大陆的交通网络，丝绸之路很早就存在，但是，作为一种正式的学术命名，却是近代以后的事。1877年，德国地理学家李希霍芬（Ferdinandvon Richthofen）首次在他的《中国》一书中使用了丝绸之路（The Silk Road）这个概念，用以描述从中国到中亚两河流域（阿姆河与锡尔河）和印度之间的交通。后来，阿尔巴特．赫尔曼（A. Herrmann）在他的《中国与叙利亚之间的古代丝绸之路》一书中，沿用了李希霍芬的丝绸之路概念，并把这条路向西延伸到了地中海和小亚细亚。"丝绸之路"这一术语作为世界品牌便逐渐确立下来。中美两个倡议都想借助于这一世界公认的、约定俗成的品牌效应来包装。

第二，两者所覆盖的地理范围有重合，都包括中亚和南亚。中亚处于亚欧大陆的中心，面积广大，资源丰富，人口不多。虽然两个倡议一个南北走向，一个东西走向，但都将中亚作为计划内极为重要的组成区域，其核心范围都在欧亚的中心地带，其地理位置和战略地位显要，冷战后中亚一度形成"真空"地带，大国博弈激烈，在国际经济政治中的地位不断上升。南亚、中东也是"丝绸之路经济带"所涵盖的重要领域。在地理范围上，中国倾向于广义的中亚和南亚区域，美国似乎倾向于狭义的中亚和南亚范围。

第三，两者的战略目标都是通过经济和贸易发展来推动地区安全形势的改善。中亚、南亚地区宗教、民族、领土关系复杂，三股恶势力猖獗，严重影响了本地区经济发展和人民生活，中国希望通过中亚、南亚等国经济的繁荣发展为中国新疆地区和西部安全创造一个良好的战略依托带。美国则希望通过中亚、南亚地区的经济发展来为阿富汗的安全、稳定与繁荣创造良好的地区条件。发展经济，改善民生，于己于人都是利好。在这一点上两者的着眼点有着共通性。

第四，在具体的合作内容上，都十分重视基础设施建设、互联互通，中亚打通出海口的重要性以及能源合作。由于各种原因，中亚、南亚交通基础设施都比较落后。中国和美国显然都意识到了基础设施落后、封闭、缺乏出海口对于合作推进、互通互补的制约，也都意识到中亚等地区所蕴藏的巨大能源储备的重要价值。因此无论是"丝绸之路经济带"还是"新丝绸之路计划"都强调要大力加强包括铁路、公路、港口和航空在内的地区基础设施建设，互联互通，强调中亚等地区油气资源对外输出的重要性。美国的设想是中亚、阿富汗油气南下，印度、巴基斯坦商品北上。中国的倡议是中国的商品、产能西进，中亚、中东能源、商品东输，从而东向打通出海口。

第五，都有大国推动、小国参与。"新丝绸之路计划"是美国一己推动，拉上印度，有中亚、南亚小国参与。"丝绸之路经济带"是中国合力推动，包括俄罗斯，有中亚、中东、高加索、中东欧小国参与，需要大国付出甚至牺牲。两者是中美俄三角关系博弈的新领域，在某种意义上反映了亚欧地缘经济政治的新变化[①]。印度作为金砖国家和南亚—印度洋大国，新兴经济体，在两个倡议的考量中都扮演了重要角色，发挥重要功能。

第六，两者的发展都不容易，掣肘因素多，都有不确定性。中美各有千秋，也各有短板。美国的存量多，中国的增量大。中国有地缘近邻优势，美国有制度管理经验。美国原计划2014年从阿富汗撤军，但后来由于形势的发展拖至2021年才最终撤出。乌克兰危机、中东局势的变化也对中国的"丝绸之路经济带"建设带来意想不到的影响。

第三节 小结与思考

中国人张骞两千多年前"凿空"西域，开通丝绸之路。因此，"丝绸

---

① Ли Син, Братетский, Россия и Китай В Евразийской Интеграции: Сотрудничество или Соперничество? Москва-Санкт Петербург, 2015；赵江林《中美丝绸之路战略比较研究——兼论美国新丝绸之路战略对中国的特殊意义》，社会科学文献出版社2015年版。

之路经济带"具有深厚的历史底蕴。植根于作为亚欧大国的中国与亚欧中心区域先天的地理、历史、文化、宗教的天然的、传统的联系。而在地球另一端,历史上、文化上没有关联的美国,其提出的"新丝绸之路计划"只是借用了"丝绸之路"这一世界品牌,内容上与"丝绸之路经济带"不可同日而语。不能否认"新丝绸之路计划"也有发展经济、提高民生、加强互联互通、打通出海口等具有积极作用的内容,但终究具有政治性、排他性,甚至投机性,只是美国的一个连接中亚和南亚区域的外交策略,是源于其中亚地缘战略的需要,是美国全球霸权战略的一个次要组成部分。"新丝绸之路计划"还具有封闭性、排他性和针对性,比如"新丝绸之路计划"就不包括中国、俄罗斯、蒙古国等上海合作组织成员国和欧亚经济联盟国家。"丝绸之路经济带"的空间范围、包容性和吸引力也都大于"新丝绸之路计划",更容易得到本国国内和周边国家的支持,更为接地气也更有人气。至今,已有100多个国家和国际组织表达了积极支持和参与"一带一路"的态度,已同40个国家和国际组织签署共建"一带一路"合作协议①。其中,中国主导的"丝绸之路经济带"与俄罗斯主导的欧亚经济联盟的对接合作已经上升到国家战略层面,两国最高领导层已经达成共识,并且以国家文件的形式固定下来。虽然在实践中不是没有问题②,但也初见成效,产生了早期收获。2016年中俄两国贸易终于走出低谷,中方贸易顺差持续扩大。③ 据统计,中国企业近八年对欧亚经济联盟国家累计直接投资增长138%,增至257亿美元④。2017年5月、2019年4月、2023年10月在北京先后召开了三次"一带一路"国际合作高峰论坛,有数十个国家的领导人莅临盛会。这是具有标志性意义的大事

---

① 《世界舞台上的习近平》,http://news.sohu.com/20170202/n479779855.shtml2016。

② 参见 И. А. Макаров, А. К. Соколова, Сопряжение евразийской интеграции и Экономического пояса Шелкого Пути: Возможности для России, Вестник Международных организаций, No. 2, 2016; А. С. Скриба, Сопряжение ЕАЭС и Экономического пояса Шелкого пути: интересы участников и вызавы реализации, Вестник Международных организаций, No. 3, 2016。

③ 据2017年1月13日俄新社载,2016年,中俄贸易总额达695.25亿美元,同比增长2.2%。其中,中国对俄出口额为372.97亿美元,增加7.3%,自俄进口额为322.28亿美元,减少3.1%。

④ 卫星通讯社莫斯科2017年1月31日电,欧亚开发银行一体化研究中心报告。

件。因而可以说，与美国的"新丝绸之路计划"相比，"丝绸之路经济带"或更有前景。由于"新丝绸之路计划"也覆盖中亚，三种体制机制在中亚交集，所以，原则上应该说"新丝绸之路计划"与"丝绸之路经济带"、欧亚经济联盟也有合作的空间。但实践中合作的空间、成效不大，由于互信不足，平行、竞争的一面倒是比较明显，至今没有出现它与"一带一盟"对接合作的正式官方表态。共和党候选人特朗普出人意料地当选美国的新总统，采取美国国内优先、全球战略收缩的政策取向，其竞争对手民主党人希拉里倡议的"新丝绸之路计划"前景堪忧。特朗普取消美国参加 TPP 和 TTIP，但提出了"印太战略"，新建了美日澳印四国机制。2020 年初，华盛顿公布了一项中亚战略，计划倡导美国的价值观，抗衡地区邻国对中亚的影响力。2022 年 5 月 23 日，美国新任总统拜登在日本东京正式启动"印太经济框架"（IPEF），美国、日本、印度、澳大利亚、韩国、印度尼西亚、泰国、马来西亚、新加坡、菲律宾、新西兰、越南、文莱 13 国成为创始成员，排除中国和俄罗斯参加。拜登政府与特朗普政府一样，强调"经济安全就是国家安全"，重视减少对中国的经济依赖，将供应链重塑、主导数字经济规则等其印太经济战略的重要目标[1]。这些会对"一带一路"和欧亚经济联盟建设带来什么影响，还有待观察。

至于俄罗斯欲参与中巴经济走廊，涉及"丝绸之路经济带"与欧亚经济联盟对接的关系问题，我们认为，中国的对策如下。

1. 要防止西方（如美欧日等）挑拨离间，分化瓦解中俄关系，防止反对势力（如印度）误解、误会、误读中国意图。尤其是在目前中俄关系有待继续加强、俄美关系将会改善、中美关系不确定因素增加的背景下，中国应顺势而为，乐观其成，不宜反对。

2. 建设好中巴经济走廊，同时处理好与印度的关系。可以考虑在"一带一路"、上海合作组织、金砖国家集团以及中国—俄罗斯—印度三边关系、欧亚经济联盟、南亚经济共同体的框架内，把中巴经济走廊做成"一带一路"与上海合作组织、欧亚经济联盟、大欧亚伙伴关系对接合作

---

[1] 赵明昊：《印太经济框架及其对中国的影响》2022 年 4 月 24 日。

的试验和示范项目。事实上,中巴经济走廊被称为"一带一路"合作框架下的标志性项目,在各类双边合作中起到了"引领作用","发展成果惠及巴基斯坦全体人民,进而惠及本地区各国人民"[①]。

3. 在"利"和"义"的关系问题上处理好是关键。要寻求各方相同利益、相似利益、相近利益、交叉利益,尽管避免不同利益的负面影响,互利共赢,互让双赢,分工明确,各有获利。欧亚伙伴关系计划中包括欧亚经济联盟,上海合作组织、东盟以及印度、巴基斯坦等南亚地区,与"一带一路"多有重合和交叉。两者相辅相成,互为条件,互为基础,相得益彰。不以牺牲和损害对方为前提,共同努力,共同发展,推进亚欧一体化。对于美国的"新丝绸之路计划",能合作的地方,可以合作,对于其排他性、针对性,中俄共同抵御。

4. 笔者判断,俄的动机一是取得发言权,二是获得潜在的利益,三是防止"一带一路"建设绕过俄罗斯,应该不是"搅局""捣乱",而是"入伙"和"合伙",加上观察和考察。处理妥当可望成为两国战略协作伙伴关系的新的增长点。

5. 笔者认为,只要本着市场经济原则,职能和责任相对分工明确,加之中国的资金优势、地缘优势和先发优势,中国的利益就能得到保障。因此,这不是什么坏事,不必夸大竞争和负面影响。相反,俄加入进来,共同承担经济风险特别是安全风险,包括西方掣肘和三股恶势力的破坏,多一个伙伴甚至一个帮手,利益和责任捆绑,去实现相同或相近、并不矛盾或冲突的目标,不是很好吗?中国要有这个大度、大气和自信。中国应当树立言行一致,义利兼顾,自信而敢于担当的国际形象,提高他国与中国相处的互信度、舒适度,提升中国的"软实力"。项目建设应尽可能使"一带一路"沿线国家互利多赢,共同发展,这样才有可持续性和发展前途。

6. 判断动机是很难的事情,动机主要取决于各相关方利益定位、在格局中的地位、力量对比和形势变化等诸多因素,并且是对方认定的利

---

① 习近平:《构建中巴命运共同体,开辟合作共赢新征程——在巴基斯坦议会的演讲》,《人民日报》2015年4月22日第2版。

益，因此动机是可以分析，有一定的可测性，但同时由于动机具有主观性，不可测性，因而具有可变性。凡事预则立，不预则废，所以，一切都要精心策划，全力经营，高瞻远瞩，深谋远虑，合作为重，未雨绸缪，求大同而存小异，以不变应万变。

第八章 "丝绸之路经济带"框架下中俄经济合作的变化与发展

近年来,由于受世界经济增长乏力,国际大宗产品价格波动,加之汇率不稳和高通胀压力,以及中俄两国自身经济结构调整和全球新冠疫情冲击等各种因素的影响,中俄两国在经济领域的合作面对新挑战和新变化,力图在多边和双边框架下以构建经济利益共同体来推动两国经济合作行稳致远,不断拓宽合作领域的深度和广度,促进两国经济合作水平迈上新的台阶。本章从2014年乌克兰危机后俄罗斯经济发展形势和中俄经贸关系的发展与变化入手,基于区域经济一体化理论框架的发展与实践,分析了当前两国经济合作的总体形势、合作新亮点和地区经济合作的新进展。未来,中俄将继续按照两国领导人提出的既定目标,依托"丝绸之路经济带"建设与欧亚经济联盟对接合作的契机,进一步扩大货物贸易的规模,大力促进服务贸易发展,围绕跨境运输、旅游、教育、科技创新、生态农业、医疗服务等领域,充分发挥中小企业的创新潜力,稳步推进具体合作项目的对接。由于两国经济互补性明显,产业竞争度不高,未来仍有较大的发展潜力。

第一节 区域经济一体化理论框架的发展与实践

"二战"后,区域经济一体化理论不断创新与发展,在实践中也不断得到深化。各国在发展经济的过程中,不断促进生产要素的自由流动和资源的优化配置,一些发达国家逐步形成了生产交换分工和要素自由流动并具有协调机制的有机整体。此后，随着经济全球化的加速和国际贸易的快速发展，国家间的贸易壁垒大幅降低，这为区域经济一体化的进一步发展奠定了基础，并逐步成为当今世界经济的主要趋势之一。

伴随着世界主流经济学的不断发展，区域经济一体化的理论框架可分为传统理论分析框架和现代理论分析框架两个阶段。第一阶段的传统理论分析框架是指 20 世纪 50—80 年代形成的区域一体化理论，与传统的主流国际贸易理论接近，都是以完全竞争、产品同质、要素不流动等为假设前提，主要是对贸易创造和贸易转移进行分析，大多属于静态分析模型，关注重点是区域经济一体化的贸易效应。其主要代表是维纳（Viner Jocob，1950）和米德（Meade，1955），前者提出的是以关税同盟为基础的分析框架，主要参考变量是成员国参与关税同盟后的贸易流和贸易条件的变化；后者提出的是以自由贸易区为基础的分析框架，主要参考变量是成立自由贸易区对成员国的贸易流和贸易条件的变化和影响。第二阶段的现代理论分析框架则是指 20 世纪 80 年代末以来形成的一体化理论，主要以现代主流经济学的新贸易理论、新增长理论和新经济地理理论为基础，以规模经济、产品差异、不完全竞争和要素的自由流动为假设前提，重新审视区域经济一体化带来的收益，大多属于动态效应的分析模型。其关注重点是从生产领域来分析区域经济一体化产生的生产效应，大致可归纳为规模经济效应、直接投资效应、经济增长效应、产业集聚效应。[1] 相比传统的区域经济一体化理论框架，现代区域经济一体化的理论分析框架能更加全面和科学地反映出区域经济一体化所带来的福利效应。这将有助于我们加深对区域经济一体化的理解，同时对加强区域间主权国家之间的国际经济合作具有一定的实践指导意义。

一般来说，区域经济一体化是指地理位置相邻的两个或两个以上国家（地区），以获取区域内国家（地区）间的经济集聚效应和互补效应为目的，通过制定共同或协调的社会经济政策，实现区域内产品及要素在本地区自由流动的一个过程或状态。[2] 其组织形态由低级到高级依次分为优惠

---

[1] 金丹：《区域经济一体化的理论框架研究》，载《西部经济管理论坛》2014 年第 3 期。

[2] 蔡武：《区域经济一体化与协调发展理论研究综述》，载《内蒙古财经学院学报》2012 年第 5 期。

贸易协定、自由贸易区、关税同盟、共同市场、经济联盟及完全经济一体化。① 多年来，区域经济一体化理论的实践表明，区域间加强经济和技术分工合作，可有效消除壁垒，有利于促进要素的流动，优化资源的配置，提升资源使用效率，促进区域内的协调发展和共同繁荣。

中俄作为区域内的两个大国，双方基于国际区域经济一体化理论框架的发展，多年来在实践中不断探索和创新经济合作方式，力图在多边和双边框架下以构建经济利益共同体来推动两国经济合作行稳致远，不断拓宽合作领域的深度和广度，促进两国经济合作水平迈上新的台阶。同时，还致力于建立促进两国区域经济一体化发展深入融合的协调机制和交流机制，不断加深两国地区间的经济合作。主要体现在：一是突出区位优势，进一步推动中俄两国毗邻地区跨境贸易的升级转型和产业同步协调发展。抓住跨境电子商务、农产品贸易和深加工、渔业合作、能源合作、科技合作等领域的发展机遇，进一步推进要素整合，加快两国毗邻地区区域一体化发展战略的对接和融合，力求从根本上突破诸多长期存在的行政和制度方面的壁垒，围绕新型快速发展的业态打造新的经济增长点，促进两国相邻地区的区域经济发展，实现一体化协同发展。二是突出产业优势，进一步推动中俄两国非毗邻经济发达地区在科技创新、生物医药、金融创新、数字经济等多领域合作的深度与广度，抓住全球新工业革命和产业结构调整的契机，充分利用两国各自经济和产业较为发达地区的比较优势，进一步加强传统产业和新兴产业的分工协作，实现产业结构的市场化整合和优势互补，促进两国产业集群的对接与合作，从而带动地区经济实现转型升级。

第二节　2014年乌克兰危机后俄罗斯经济发展总体形势

2014年乌克兰危机后，受多重叠加因素的影响，俄罗斯经济遭遇重创，经济增长乏力，总体呈波动性的低速增长态势。从中长期看，俄罗斯经济运行的稳定性和经济增长的可持续性受到严峻挑战，特别是2020年

---

① 宋兰旗：《亚太区域经济一体化的进程与影响因素》，载《经济纵横》2012年第12期。

突发的全球新冠疫情，打乱了俄罗斯宏观经济运行和反危机经济政策实施的节奏，其经济发展再次陷入危机。俄罗斯国家统计局的数据显示，2015年俄罗斯的GDP增速同比上年为-2%，2016年俄罗斯经济持续下滑的势头有所好转，GDP增速同比上年为0.2%，此后三年，总体保持了低速的增长态势。俄罗斯GDP增速2017年为1.8%，2018年为2.8%，2019年为2%。2020年在席卷全球的新冠疫情冲击下，俄罗斯经济全年GDP增长为-3.0%。尽管自此轮经济危机发生以来，俄罗斯出台了包括刺激出口、鼓励扶持创新、实施进口替代政策等一系列的反危机措施，但由于国内经济活力不足，受居民实际可支配收入减少和就业率下降等影响，俄罗斯国内消费需求增长放缓，在一定程度上抑制了俄罗斯经济的增长。在新冠疫情持续大流行的背景下，俄罗斯政府制订了一系列抵御经济衰退的复苏计划，并调整了经济长期发展目标，新制定了《2030年前俄联邦国家发展目标》。日前，俄罗斯经济发展部再次修订对国内宏观经济的预测，预计2021年GDP增速为4.2%，达到2012年以来最快的经济增速，此后三年俄罗斯GDP将保持2%—3%的增长；预计2021年俄罗斯的年度通货膨胀率为5.8%，2024年预计可降至4%。[1]

总体来看，2014年俄罗斯收回克里米亚事件并没有从根本上解决俄罗斯与乌克兰、俄罗斯与西方之间存在的矛盾。2022年2月爆发的俄乌冲突是这种矛盾的继续和扩大。乌克兰危机后俄罗斯经济发展经历了多轮内外部的考验，包括：西方严厉的经济制裁、经济危机、疫情冲击、俄乌冲突等，俄罗斯经济遭到了严重的打击和损失，面临着巨大的压力，但其总体经济运行表现出相当强的韧性和稳定性。随着俄政府实施的反危机措施，包括颁布"卢布令"，运用石油、天然气等能源和粮食优势为外交手段，以及重启和恢复经济的政策举措的有序展开，加之"向东看"战略的持续推进，都会给中俄经济合作带来新的发展机遇。此外，在全球经济增速放缓以及国际"黑天鹅事件"频发的背景下，中俄基于《深化全面战略协作伙伴关系、倡导合作共赢的联合声明》，必将在良好的政治互信

---

[1] «ВВП и инфляция и дутрука обруку: Минэконом развития представило обновленный макро экономический прогноз», «Газета» No. 139（3428）（2209），Экономика，21сен. 2021г.，https：//www. rbc. ru/newspaper/2021/09/22/61487f759a79478ff9a2792b.

基础上全面发展经济合作关系，从而进一步巩固和深化两国的友好关系，夯实中俄新时代全面战略协作伙伴关系的内涵。

第三节　现阶段中俄经济合作发展的新变化

自 2010 年起，中国已连续十一年位居俄罗斯最大的贸易伙伴国。2000 年，中俄贸易额仅为 80 亿美元，2014 年两国贸易额达到了 953 亿美元。乌克兰危机后，俄罗斯遭遇经济危机，虽然两国的贸易规模和出口量没有下降，但伴随国际油价和大宗产品价格的下跌，双边贸易额出现了大幅下滑。根据中国海关的统计，2015 年中俄贸易额下降至 680.7 亿美元，跌幅为 28.6%。[1] 面对严峻的形势，中俄两国不断创新合作方式，双边贸易额在 2016 年企稳回升，同比增长 2.2%，达 695.3 亿美元。[2] 2017 年，中国海关总署的统计数据显示，两国双边贸易额升至 840.71 亿美元，同比增长 20.8%，其中，中国对俄出口额为 428.76 亿美元，同比增长 14.8%；中国自俄进口总额为 411.95 亿美元，同比增长 27.7%。[3] 2018 年，中俄双边贸易继续保持快速增长，两国贸易额首次突破 1000 亿美元大关，达到 1070.6 亿美元，同比增长 27.1%，增速在中国前十大贸易伙伴中列第一位。其中，中国对俄出口 479.8 亿美元，同比增长 12%，自俄进口快速增长，进口额达 590.8 亿美元，同比增长 42.7%。对俄出口主要以机电产品为主，自俄进口主要集中在原油、煤、锯材等能源资源类产品。[4] 2019 年，中俄双边经贸额仍保持增长势头，但增速有所放缓。中

---

[1] 《2015 年中俄进出口贸易总值 680.7 亿美元》，中华人民共和国商务部网站，2016 年 1 月 14 日，http://www.mofcom.gov.cn/article/i/jyjl/e/201601/20160101234257.shtml。

[2] 《今年 1 月双边贸易额达 65.5 亿美元　中俄培育贸易增长新动能》，人民网—人民日报，2017 年 2 月 17 日，http://finance.people.com.cn/n1/2017/0217/c1004-29087101.html。

[3] 《中国海关：2017 年中俄贸易额达 840 亿美元同比增长 20.8%》，中国贸促会驻俄罗斯代表处，2018 年 1 月 16 日，http://www.ccpit.org/Contents/Channel_3974/2018/0116/950396/content_950396.htm。

[4] 《2018 年中俄贸易额达到创纪录的 1070.6 亿美元》，中华人民共和国商务部网站，2019 年 1 月 14 日，http://www.mofcom.gov.cn/article/i/jyjl/e/201901/20190102826532.shtml。

国海关总署的统计数据显示，中俄双边贸易额2019年达到1107.573亿美元，同比增长3.4%，其中中国对俄出口额为497.047亿美元，同比增长3.6%；中国自俄进口总额为610.526亿美元，同比增长3.2%。① 2020年受新冠疫情冲击，全球经济严重衰退，国际贸易出现大幅萎缩。在此背景下，中俄双边贸易也受到一定影响，出现了下降。中国海关总署的统计数据显示，中俄双边贸易额2020年为1077.65亿美元，同比下降2.9%，其中，中国对俄出口额为505.84亿美元，同比增长1.7%；中国自俄进口总额为571.81亿美元，同比下降6.6%。② 2021年中俄贸易止跌回升，全年双边贸易额突破1400亿美元，创造历史新高，特别是俄对华出口保持快速增长。前三季度，两国贸易额比2020年同期增长29.8%，达1025.3亿美元，其中俄对华出口增长27.6%，达到551.3亿美元。③ 2022年上半年，中俄双边贸易额增长27.3%。

近年来，双方在共同推动更高水平的贸易投资便利化、加深更高水平的金融合作，促进两国科技创新合作，加快更高水平的产业合作，以及打造地区合作新亮点和培育新的增长点方面付出了诸多努力，在实践中取得了一些突破，两国经济合作迈上了新的台阶。2018年5月，中国与俄罗斯主导的区域经济一体化组织欧亚经济联盟正式签署《中华人民共和国与欧亚经济联盟经贸合作协定》，其重要成果之一是形成了解决欧亚经济联盟与中国经贸合作问题的法律基础和合作机制，其中特别注重透明公开，强调信息交换和磋商机制，这为今后各方商议采取更高水平的贸易便利化措施打下了基础。④ 此外，中俄还顺利完成欧亚经济伙伴关系协定联合可行性研究，并在世贸组织、金砖国家、上海合作组织、二十国集团等多边框架下保持着密切沟通与协调。

---

① 郭晓晓：《2019年中俄经贸合作新进展》，载《俄罗斯黄皮书：俄罗斯发展报告（2020）》，社会科学文献出版社2020年版，第289页。

② 郭晓晓：《疫情下中俄经贸合作的新进展》，载《俄罗斯黄皮书：俄罗斯发展报告（2021）》，社会科学文献出版社2021年版，第328页。

③ 俄罗斯驻华商务代表：《俄中双边贸易额今年有望再创新高》，《中俄头条》2021年10月25日。

④ 蒋菁、刘阳：《〈中华人民共和国与欧亚经济联盟经贸合作协定〉评析》，载《俄罗斯学刊》2019年第6期。

尽管两国贸易水平还有待进一步提高，但近年来两国的经济关系发展中不乏新的亮点和新的变化，双边经济合作呈现出积极的发展态势。基于国际区域经济一体化理论框架的分析表明，两国区位优势明显，经济互补性明显，产业竞争度不高，未来仍有较大的发展潜力（见图8.1）。

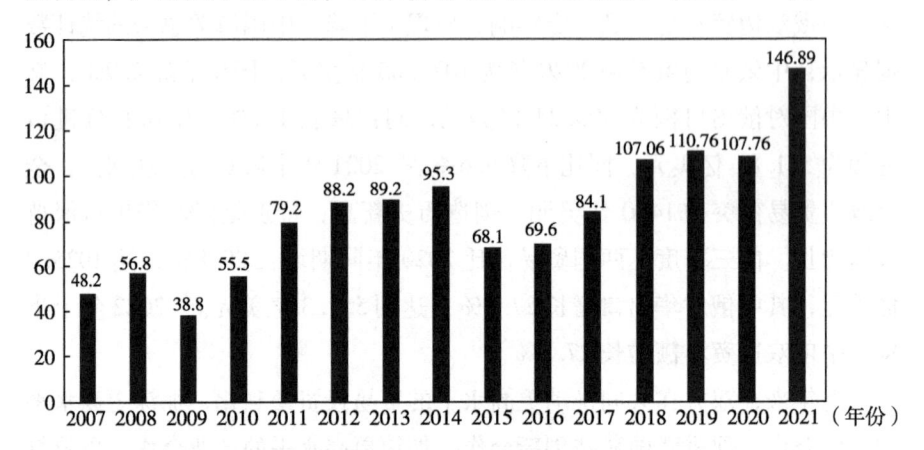

图 8.1　2007—2021 年中俄双边贸易额（单位：十亿美元）

数据来源：复旦大学国际问题研究院、俄罗斯国际事务委员会和俄罗斯科学院远东研究所发表的年度报告《中俄对话：2022 模式》。

当前，受新冠疫情的持续冲击，世界经济整体增长乏力，国际大宗产品价格波动增大，加之汇率浮动和高通胀带来的不确定性，以及中俄两国自身经济结构调整等各种因素的影响，两国经济合作在新的形势下仍旧处于调整期。在全球经济乏力以及国内经济转型的大背景下，中俄经贸关系的发展已不再单纯追求贸易量的增长，而是更加注重出口结构的调整和合作质量的提升，着力加强非能源领域的技术密集型产业合作，推动优势产业的互补性双向发展，以及拓宽服务贸易领域的务实合作，具体体现在以下几个方面。

首先，两国的机电产品贸易呈现出新活力。近年来，中俄机电经贸领域合作稳步增长，合作领域不断拓宽。中国商务部的数据显示，2016 年中俄机电产品进出口表现喜人，中国对俄罗斯机电产品出口增幅超过 30%，加上高新技术产品，中国机电产品占对俄罗斯出口产品的比重超过

60%。而中国自俄罗斯进口的机电产品,增幅也达到了35%。① 2018年前11个月,中俄机电和高新技术产品贸易同比分别增长15%和29%。② 2021年,虽受新冠疫情冲击,但中俄经贸互补性强、双方合作长期向好的基本面没有改变。2021年前5个月,中俄机电贸易总额达143.9亿美元,同比增长46.2%,特别在机械装备、家电电子、电信设备、核电、航空航天等领域有着广阔的合作空间和良好的发展前景。未来,将积极推动中俄两国在原材料、零部件供应等领域加强供应链和产业链合作,以及将更多的俄罗斯机械产品、高新技术,以及其他俄罗斯优势产品出口到中国,并加强两国在产业园区方面的合作。③

其次,农产品合作成为两国经贸务实合作新热点,贸易额显著增长。近年来,中国对进口食品的需求不断增加,俄罗斯依靠得天独厚的地理优势和危机后卢布贬值刺激出口作用的推动,对华农产品的出口规模逐步加大。俄罗斯海关数据显示,中国2016年前三季度从俄罗斯进口的食品比上年同期增长22%,对华出口占俄罗斯食品对外出口的11%,中国取代土耳其成为俄罗斯食品最大进口国。而中国海关信息网的信息显示,俄罗斯连续两年成为中国最大的鱼类供应国。④ 2017年,中国从俄罗斯进口的农产品超过了30亿美元。中国驻俄大使馆公使兼经济商务参赞李静援表示,这是中俄贸易一个新领域,并且俄罗斯的优质农产品在中国市场非常受欢迎。近年来,俄罗斯大豆、植物油、糖果、海鲜、面粉、油菜籽、亚麻籽、肉类等产品先后进入中国市场。据中方统计,2020年中俄农产品贸易额达55.5亿美元,创历史新高。其中,中方进口40.9亿美元,增长13.7%,中国跃升为俄罗斯农产品和肉类第一大出口市场。⑤ 未来,中俄

---

① 曲颂:《中俄培育贸易增长新动能》,《人民日报》2017年2月17日第3版。

② 《中俄2018年双边贸易额首次突破1000亿美元》,《人民日报》2019年1月19日,http://www.chinanews.com/cj/2019/01-19/8733499.shtml。

③ 《张钰晶会长出席中俄新时代合作论坛并致辞》,中国机电产品进出口商会网站,2021年7月19日,http://www.cccme.org.cn/news/content-3014901.aspx。

④ 《中国成俄罗斯食品最大进口国 冷冻水产大豆等热销》,消费日报网,2017年2月15日,http://www.xfrb.com.cn/html/zixun/shenghuoxiaofei/jingxuanyaowen/45911.html。

⑤ 《中国成为俄农产品和肉类第一大出口市场》,新华网,2021年1月28日,http://www.xinhuanet.com/2021-01/28/c_1127038290.htm。

两国农产品贸易仍有很大的增长潜力，将成为促进双边贸易规模扩大的新动力。

此外，中俄经贸合作模式不断创新，以投资带动贸易的驱动力逐步形成。今后，双方将进一步加强抗疫合作，积极促进跨境电商等新业态、新模式发展，拓展双向投资和战略性大项目合作，打造科技创新合作新增长点。特别是在"一带一路"建设与欧亚经济联盟项目对接的过程中，双方不仅加强在创新科技领域的全方位合作，还积极打造电子商务、服务贸易等新的贸易增长点，重视挖掘中小企业合作的潜力，积极探索产业对接与升级的新路径，重点实施高新技术、生态环境、基础设施领域的合作项目，着力打造产业园区和跨境经济合作区，加深金融领域的合作等，这构成了深化中俄新时代经贸关系发展及贸易结构改善的重要举措，这些项目的落实必将带动欧亚地区的共同发展。

第四节　现阶段中俄经济合作呈现的新亮点

近年来，国际形势变化叵测，新冠疫情肆虐全球，但中俄关系始终稳步发展，持续向好。两国经济合作领域不断拓展并持续深化，呈现出不少合作的亮点，具体体现如下。

一　中俄能源合作层次迈上新台阶

能源合作是两国双边关系的重要议程，这对夯实两国全面战略协作伙伴关系意义重大。乌克兰危机后，受国际油价大跌和西方对俄能源制裁的影响，俄罗斯迫切实施能源多元化战略，由此进一步加大了与中国能源展开多领域合作的力度。在天然气领域，两国合作领域不断拓宽。除了东线天然气购销合同和西线天然气供气框架协议的签署外，中俄还拓展了在油气上下游一体化、油气融资合作、油气工程装备制造和技术开发等领域的合作，并取得了较大进展。比如，2015年9月中石化与俄罗斯最大的天然气加工和石化产品公司西布尔集团再次签署战略投资协议，最终获得该公司20%的股份；继中石油购买亚马尔液化天然气项目20%的股份后，中国丝路基金在2016年4月完成对该项目9.9%的股权收购，中国公司持股比例接近三分之一。① 此外，在该项目的设备制造方面，几家中国公司参与了项目模块的建造工程，中国金融机构提供了融资支持。2015年12月，丝路基金与诺瓦泰克公司签署股权转让协议的同时还签署了为期15年融资金额约7.3亿欧元的长期贷款，2016年，中国进出口银行和国家开发银行也分别与亚马尔公司签署了为期15年总额达93亿欧元和98亿元人民币的贷款协议，这为该项目的顺利实施提供了有力保障。2018年7月19日，首艘来自亚马尔项目载有15.9万立方米液化气的船舶顺利到达中国石油江苏如东LNG接收站，这标志着两国天然气合作继管道项目后再次取得重大成功。此后，双方在亚尔马项目基础上，再次在北极地区的格丹半岛共同开发世界级液化天然气LNG2项目，计划总投资213亿美元，总产能为1980万吨，包括乌特涅耶天然气田的开发及三条生产线的建设。在油气加工、冶炼和化工领域，双方取得丰硕成果。2019年9月17日，在两国总理见证下，中国石化与俄罗斯西布尔公司签署《丁腈橡胶项目合作谅解备忘录》，计划在中国合资建设一套年产能达5万吨的丁腈橡胶生产装置；双方还签署了《氢化苯乙烯-丁二烯嵌段共聚物项目框架合作协议》，计划在俄罗斯合作建设一套年产能不小于2万吨的氢化苯乙烯-丁二烯嵌段共聚物生产装置。此外，中国化工工程集团与俄罗斯天然气开采股份有限公司签署俄罗斯波罗的海化工综合体项目的总承包合同，合作建设全球最大乙烯一体化项目，合同金额高达120亿欧元，计划年产乙烯280万吨，聚乙烯288万吨。2020年12月，俄罗斯西布尔公司与中石化就中俄东线管道俄罗斯境内段"西伯利亚力量"管道配套项目阿穆尔天然气化工综合体成立合资公司事宜完成交割，项目计划建设一座生产基础聚合物的综合体，设计年产能力为230万吨聚乙烯和40万吨聚丙烯。在核能领域，中俄合作的两大核电站都取得新的进展。田湾核电站二期工程3、4机组分别于2018年2月和12月投入商业运营。三期工程5、6号机组计划于2021年底投入商业运行。四期工程《田湾核电站二

---

① 徐洪峰、王海燕：《中俄能源合作的新进展及存在的制约因素》，《欧亚经济》2017年第1期。

期工程 7、8 机组总合同》于 2019 年 3 月签署。此外，2019 年 6 月，两国相关企业在中俄元首的共同见证下签署了《徐大堡核电站 3、4 号机组总合同》。在电力合作领域，自 1992 年从俄罗斯购电开始，两国电力贸易额逐年增长，2019 年中国自俄购电 30 亿千瓦时，累计购电量达到 304.22 亿千瓦时，这对促进我国能源机构调整，加强两国互联互通产生积极作用。

未来，双方将继续通过促进人员往来、加强政策沟通、增强企业互信、扩大相互投资、完善基础设施和加强联合研究等措施，实现优势互补和利益共享，从而进一步提高两国能源合作的水平。

二 中俄跨境电子商务合作日趋成熟

跨境电商作为一种新的合作模式，对促进中俄双边贸易增长发挥积极作用。俄罗斯电子商务起步相对较晚，但发展势头迅速，近些年的市场平均增长率始终保持 20% 左右的快速增长，2018 年俄罗斯电子商务更是创造了 59.3% 的超高速增长，预计到 2024 年俄罗斯电子商务市场规模将达到 3.5 万亿卢布（约合 488 亿美元）。

近年来，全球跨境贸易的不断增长和两国国内电子商务的蓬勃发展，为中俄跨境电商发展提供了新的市场机遇。中国的速卖通、淘宝、京东等电商平台纷纷进军俄罗斯电子商务市场，并受到俄罗斯网购者的广泛欢迎，中俄跨境电商交易额也随之呈现出逐年增长的态势。2015 年两国的跨境电商交易额为 27.2 亿美元，2016 年虽小幅回落至 25 亿美元，但 2017 年又进入快速增长的通道，达到 35 亿美元，2018 年增至 40 亿美元，2019 年则突破 50 亿美元。2020 年受新冠肺炎疫情影响，中俄跨境电商交易规模进一步增长。相关数据显示，俄罗斯电子商务市场订单总量的 80% 以上来自中国跨境电商企业，俄罗斯境外包裹总量的 90% 来自中国。[①]

伴随着跨境电商的快速发展，网络消费者的需求也在悄然发生变化，

---

① 姜岩、郭连成、刘慧：《"一带一路"背景下中俄跨境电商发展的机遇、挑战与对策》，载《欧亚经济》2021 年第 4 期。

对多样化和个性化商品的追求不断攀升，这促使中俄跨境电商模式趋向多元化发展，交易平台也不断发展成熟。此前，以海外消费者为目标的跨境外贸电商 B2C① 和以海外零售商为目标的跨境电商 B2B② 外贸企业改变了传统中俄贸易的格局。近年来，中俄跨境电商的主要交易模式不断发展，除了 B2C 和 B2B，还拓展到了 B2B2C（Business-to-Business-to-Consumer，供应商、电商企业与消费者之间的电商交易）、C2C（Consumer-to-Consumer，消费者之间的电商交易）、M2C（Manufacturers-to-Consumer，生产厂家与消费者的电商交易）和 O2O（Online-to-Offline，线上线下一体化）等多种模式。同时，为提升物流运输的效率和对包括售后在内的产品服务水平，海外仓的模式，特别是综合服务型海外仓的模式逐步成为中俄跨境电商发展的新趋势。这不仅有助于缩短物流时间，还能给当地消费者带来更好的购物体验，并提供产品相关的售后服务，进而提升消费者对中国商品的品牌认可度。

目前，尽管以阿里速卖通为代表的 B2C 跨境电商模式在俄罗斯发展迅速，但因俄境内物流整体偏落后，且极易受到俄罗斯各种税收新政的影响，物流成本会逐步增加，配送时间无法保证，加之地区发展不均，低附加值的产品销售将面临困境。自 2017 年 1 月 1 日起，《俄罗斯新税务条例》生效，条例规定所有通过互联网向俄罗斯居民提供的商品和服务，均需缴纳 18% 的增值税，且需提交收货人护照复印件。此外，俄海关还建议将个人每月的免税额从 1000 欧元降至 22 欧元，俄联邦委员会则出台了跨境商品免税限额的阶梯式收紧政策。自 2019 年起，跨境商品免税限额为 500 欧元以下，重量低于 31 公斤；2020 年起，跨境商品免税限额降至 200 欧元以下，重量低于 31 公斤；自 2022 年起，跨境商品免税限额直接降至 20 欧元。这些措施的实施无疑会对中俄 B2C 跨境电商的发展产生很大的影响。今后，随着俄罗斯经济的复苏，加上持续的疫情改变了很多客户的消费习惯，俄国内电商市场的消费潜力在后疫情时期将得到

---

① Business-to-Customer 的缩写，中文简称为"商对客"，是电子商务的一种模式，即直接面向消费者销售产品和服务的商业零售模式。

② Business-to-Business 的缩写，指企业与企业之间通过专用网络或 Internet，进行数据信息的交换、传递，开展交易活动的商业模式。

进一步的释放，如何有效发展 B2C 模式，稳住 B2B 模式，并实现跨境电商平台的多元化模式融合发展显得尤为重要。此外，在国际贸易形势发生转变和外贸订单出现碎片化的大趋势下，国际贸易的电商化也将形成一种趋势，且呈现出小批量、多批次的特点。因此，基于传统贸易优势的品牌化战略，加强供应链管理，强化数据分析，优化运营模式等仍是中俄跨境电商下一阶段发展需要努力的重点方向。今后，中俄两国还将继续加强在国际物流和金融支付等领域的深度合作，为跨境电商的发展提供便利。

与此同时，俄罗斯也十分看好中国庞大的食品消费市场，在俄罗斯出口中心的大力支持下加大了对华出口跨境电商平台的建设。比如在华成立俄方全额投资的跨境电商网站"打开套娃"和在天猫国际开设俄罗斯国家馆等。近年来，绿色优质的俄罗斯食品备受中国消费者的青睐。未来，俄罗斯出口中心将继续加大与中国电商巨头的合作，寻求整合发展，在线上为中国消费者提供更多样的俄罗斯优质商品。

目前，中俄跨境电商合作日趋成熟，正逐步形成双向驱动。从长远发展来看，由于双方的经济结构互补性明显，地理上存在毗邻的优势，相关的各种制度也在不断完善中，未来中俄跨境电商合作仍在黄金发展期，将为促进两国经济合作提供新的动力。

三 中俄金融合作跨入新的历史发展阶段

西方对俄实施金融制裁后，俄罗斯加快了与中国在金融领域合作的步伐。当前，两国金融合作日益深化，取得了不少可喜的变化，这为两国深化经济合作奠定了坚实的基础。

第一，金融合作机制不断完善，双方沟通更为便利高效。除了国家层面的两国总理定期会晤机制框架下的中俄金融合作分委会、中俄财长对话机制和中俄金融合作论坛之外，两国相关金融机构还在 2015 年 10 月成立发起中俄金融联盟，积极搭建新的合作平台。其成员机构数量已从成立之初的 35 家扩大至现在的 72 家，涵盖银行、保险、基金、信托、资产管理等各类金融机构。截至 2019 年 9 月，联盟成员间累计已签署数十项合作协议，内容涉及资金清算、外汇交易、现钞调运等十多个领域。此外，已组织17项对俄跨境同业业务合作,其金额折合人民币超过170亿元。①未来,该联盟将为中俄两国在代理行关系建立、银团贷款、贸易融资、现钞调运、金融衍生产品交易等领域的合作发挥重要作用。

第二,合作领域日益扩大,合作方式不断创新。为扩大两国金融领域合作关系,双方签署了一系列合作文件,包括:《中俄反洗钱和恐怖融资谅解备忘录》《在俄罗斯建立人民币清算中心的合作备忘录》《双标借记卡协议(俄罗斯国家银行支付系统和银联系统)》《证券领域签署的合作备忘录》《保险领域合作共同行动计划》《中俄会计准则合作备忘录》《中俄审计监管合作备忘录》《中国财政科学院与俄罗斯财政部财政研究所战略合作协议》《中国财政部政府和社会资本合作中心与俄罗斯联邦政府和社会资本合作中心备忘录》等。此外,双方还在金融市场展开深入合作。2018年1月,上海场外大宗商品衍生品协会与俄罗斯圣彼得堡国际商品原料交易所签署合作协议。按照协议,双方将建立定期沟通机制,共同搭建大宗商品企业交流平台,就能源领域跨境大宗商品指数和衍生品研发方面展开深入的合作。2018年4月,上海黄金交易所与莫斯科交易所签署《黄金交易谅解备忘录》,提出为中俄两国贵金属市场通过产品信息共享,定期联合组织相关主题会议与人员交流培训,并积极寻找商业合作机会。上述这些文件的签署,为双方在未来金融领域的多元化、多层次的广阔合作奠定了坚实的基础。

第三,本币结算与跨境支付合作范围扩大,中俄联手推进去美元化。当前,中俄经济合作的着力点集中在投资领域,这对两国的金融合作提出了新的要求。伴随"一带一路"实施项目融资需求的增长和中俄贸易服务需要的增强,以及人民币国际化不断前行的步伐,中俄加强本币合作的愿望日趋强烈,合作条件也日趋成熟。双方不仅在2017年11月签署了为期三年规模为1500亿元人民币的本币互换协议,还在银联卡支付结算方面取得了诸多进展。2018年以来,中俄货币互换额保持快速增长。同时,双边贸易本币结算也呈持续增长。2019年6月,中俄两国正式签署过渡

---

① 《"中俄金融联盟"工作获两国官方肯定 哈尔滨银行对俄业务发展迎来新机遇》,搜狐网,2019年9月9日,https://www.sohu.com/a/339717657_639898。

到本币结算的政府间协议。根据该协议，中俄两国将大力扩大双边贸易本币结算，着力建立卢布和人民币的金融工具市场。2020年前三个季度，中俄本币结算的比例已提高至25%，相比7年前2%的比例，有了很大的提高。① 此外，2015年末，俄罗斯央行宣布将人民币纳入国家外汇储备。2021年2月，俄罗斯财政部又宣布将人民币纳入国家财富基金，占比为15%，这是人民币国际化的重要体现，也是中俄联合推进去美元化，在金融领域展开深入合作的具体体现。

以上这些均表明，中俄两国在金融领域的合作步入了一个实质性的新的历史阶段，这为两国今后开展更高层次的经济合作奠定了重要的基础。未来，中俄金融合作将持续发挥引领的作用，为"一带一路"基础设施项目和两国大型合作项目的顺利开展提供有力保障。

此外，中俄双方在大项目的合作成效显著，特别是在传统的能源领域、航天领域、核领域、跨境基础设施领域，以及包括北极开发、数字经济等新兴领域，都显现出良好的合作新局面。

第五节　中俄地区经济合作的新进展②

地区合作一直是中俄两国务实合作的重要领域。乌克兰危机以来，俄罗斯地方政府对华合作意愿和期望明显增强，两国地区经济合作已不局限于毗邻的边境地区，而是逐步由点到面有序展开。同时，中俄地区经济合作机制不断完善，合作领域不断拓展。根据俄中友好、和平和发展委员会地区合作理事会提供的信息，截至2016年，俄罗斯与中国建立省、市级地区合作关系的共有241对，其中97对为省州级，144对为市属级。与中国签署地区合作协议的俄罗斯联邦主体数量达到了51个，与中国签署友好城市或伙伴关系协议的市级行政机构有91个。俄罗斯各地区同中国

---

① 《中俄本币结算比例提高至25%》，中华人民共和国商务部网站，2021年1月13日，http://www.mofcom.gov.cn/article/i/jyjl/e/202101/20210103030729.shtml。

② 蒋菁、阿·谢苗诺夫：《新时期中俄地方合作展望》，载《俄罗斯黄皮书：俄罗斯发展报告（2019）》，社会科学文献出版社2019年版，第351—361页。

展开经济合作的水平参差不齐，对华合作较为活跃的地区是莫斯科、圣彼得堡、滨海边疆区和伊尔库茨克州。[①] 未来，在两国政府的积极推动下，中俄地区经济合作的水平会再创新高。

一 中俄毗邻地区合作水平不断提升

东北地区一直是中俄展开毗邻地区经济合作的前沿，它与接壤的俄罗斯远东地区，充分利用区位优势相互依托、相互促进，共同服务于地方经济的发展，对维护中俄边境地区的社会稳定发挥着重要作用。中俄两国对毗邻地区经济合作高度重视，近年分别出台一系列国家级的规划纲要和政策举措，推动这一地区经济合作的战略升级。

乌克兰危机后，迫于西方制裁和经济下滑的双重压力，俄罗斯政府加快了对远东地区开发的战略部署，并于2016年8月出台了新修订的远东开发国家纲要，将设立跨越式开发区（超前经济发展区）、建立自由港和推出重大基础设施项目建设作为主要的发展方向，力图通过加大与中国在内的亚太地区国家的合作，加速远东的开发，从而寻求国内经济增长的突破口。而中国"一带一路"倡议的实施，也为提升该地区的经济合作水平提供了契机。特别是中俄毗邻地区"布拉戈维申斯克—黑河"公路桥建设项目和"下列宁斯科耶—同江"跨境铁路桥的建成通车，将进一步促进中俄毗邻地区的经济合作和繁荣发展。

近年来，中国东北地区与俄罗斯东部地区利用毗邻地区的地缘优势和相互的产业互补优势，在贸易、科技和金融等多个领域展开了积极有效的合作，对俄合作地区的范围也在逐步向俄罗斯中部地区延伸和拓展，这对促进双方的地方经济发展起到了一定的推动作用。两国毗邻地区的合作水平不断提高，主要体现在以下几方面。

首先，地区贸易额持续增加，贸易结构不断优化。2016年上半年，中国已跃升为俄远东地区第一大贸易伙伴。[②] 2017年俄远东地区对华贸易

---

① Межрегиональное и приграничное сотрудничество//Доклад российско-китайского комитета дружбы, мира и развития 《Тенденции и перспективы российско-китайских отношений》, Москва, 2017, стр. 53.

② 《商务部就中国东北与俄远东经贸合作情况等答问》，中华人民共和国中央人民政府网站，2016年11月2日，http://www.gov.cn/xinwen/2016-11/02/content_5127556.htm。

额为77.7亿美元，其中对华出口50.8亿美元，进口26.9亿美元。① 2018年上半年，远东地区对华继续保持较快增长势头，对外贸易总额达到了41.93亿美元，同比增长15.1%，对华贸易占远东对外贸易总额的27.2%，达历史最高水平。② 2018年全年，远东对华贸易额达到了97亿美元，同比增长28%。2021年前三个季度，远东地区与中国的对外贸易额升至182亿美元，较去年同期增长50%。同时，进出口产品的品类也日趋多样，农产品和高附加值、高科技含量的产品贸易比重迅速上升。比如，2017年中国从俄罗斯进口的农产品已超过30亿美元，是俄罗斯第一大食品进口国。③ 截至2018年10月，中国进口俄罗斯农产品同比增长了52.5%。④ 此外，中国企业还积极参与俄远东地区农业开发，开展种养加一体化农业合作项目，取得了良好的社会经济效益。

其次，地区合作协商机制不断完善。除了地区层面的中俄两国边境和地方间经贸合作协调委员会机制之外，两国于2015年成立中国东北地区和俄罗斯远东地区地方合作理事会，2016年将其改组为政府间委员会，并纳入中俄总理定期会晤机制，这对进一步推动中俄毗邻地区经济合作意义重大。2018年11月7日，《中俄在俄罗斯远东地区合作发展规划（2018—2024年）》获得正式批准，相比2009年两国批准实施的《中国东北地区与俄罗斯远东及东西伯利亚地区合作规划纲要（2009—2018）》，基础更加扎实，内容更加翔实。它全面阐释远东地区中俄经贸合作发展机制，重点归纳了俄罗斯远东对中国投资者的合作优势，详细介绍俄远东地区中俄战略合作项目和基础设施项目以及支持外国投资者的国家优惠政策，重点推介了远东地区展开中俄经贸合作的7个优先领域：天然气与石油化工业、固体矿产、运输与物流、农业、林业、水产养殖和旅游等。这

---

① 刘锋：《俄罗斯远东融入一带一路意义重大》，载《中国社会科学网—中国社会科学报》2018年6月14日，http：//ex.cssn.cn/zx/bwyc/201806/t20180614_4365709.shtml。

② 根据俄罗斯联邦海关总署远东分署的统计数据计算得出，http：//dvtu.customs.ru/index.php?option=com_content&view=article&id=24562；-2018-&catid=295；2017-04-12-04-47-16&Itemid=340。

③ 吴焰：《中俄贸易在结构优化中回暖走强》，载《人民日报》2018年1月23日第3版。

④ 路虹：《中俄贸易千亿平台新跨越》2019年1月16日，商务部公共信息平台——中国服务贸易指南网，http：//tradeinservices.mofcom.gov.cn/article/news/gjxw/201901/76272.html。

一规划充分体现了双方的产业合作优势、市场营商环境和投资政策环境等，是指导双方展开毗邻地区合作的纲领性指导文件，其主要目的就是促进调整贸易结构和优化合作模式，加快双方地方合作的战略升级，这对推动下一阶段中俄毗邻地区合作具有重要的意义。

再次，地区合作开发向深层次多领域发展。在政府的高度重视下，双方在毗邻地区的经济合作中启动了一批重点投资合作项目。除了传统的能源矿产领域，还积极开拓农林、科技、航空、船舶、港口建设等领域的项目合作。同时，将合作地域延伸到俄罗斯中部地区，充分挖掘产业合作的潜力，拓展对俄合作新方向，特别是在高科技创新领域的合作做了有益的尝试。比如，为加强两国城市之间的创新体系建设，打造技术转移服务网络，加快科技成果转换，由中俄多家单位发起的两国四地（哈尔滨、深圳、莫斯科、叶卡捷琳堡）联合创新中心于2017年11月18日在深圳宣告成立。它是根据中国科技部与俄罗斯经济发展部签署的《首届中俄创新对话联合宣言》和《2017—2020年中俄创新合作工作计划》，以及哈尔滨市和深圳市对口合作的基础上而发起成立的，首个试点落户于深圳市宝安区石岩街道的天格科技园。尽管受疫情影响，还未展开实质性的成果。但双方有信心，今后可借助此平台大力推进两国四地的科技创新交流与合作，进一步深化科技服务贸易往来，加快具有市场应用前景的科技成果和高新技术产品推向中国和俄罗斯市场。此外，双方在政府的大力支持下还将积极搭建诸如中俄博览会、中国—东北亚博览会、东方经济论坛等高级别的合作平台，进一步加强政策对接，共同推动双方在毗邻地区经济合作中取得更多务实的成果。

最后，随着中俄双方的产业合作和科技合作不断加强，中国东北地区和俄罗斯东部地区的贸易格局将进一步得以优化，而服务贸易和技术贸易会日渐成为双方贸易合作的主要形式。未来，东北与远东地区在基础设施建设、自然资源开发与利用、创新科研技术转化、农产品深加工、旅游资源开发等领域仍具有较大的发展空间。

二 中俄非毗邻地区合作机制不断完善

扩大中俄非毗邻地区合作一直是中俄务实合作重点开拓的方向。为使更多地区尽快融入中俄地区合作的步伐，2013年1月国务院批复同意开展中国长江中上游地区六省市和俄罗斯伏尔加河沿岸联邦区十四个联邦主体的合作，并将其纳入了中俄地方领导人定期会晤机制。这是继中国东北地区和俄罗斯远东地区合作机制之后，又一国家级的中俄地区交流机制，有利于推动两国非毗邻地区全方位展开互利共赢的地方合作。2016年，双方决定将两地区地方领导人座谈会机制提升为两地区地方合作理事会，标志着两河流域合作步入了全新发展阶段。它对促进这两个地区的人文、经贸、投资等互利合作意义重大，是中俄加深非毗邻地区合作新模式的探索。

伏尔加沿岸联邦区在俄罗斯所有的联邦区中，整体综合实力较为雄厚、经济结构多元化程度高、产业部门较为齐全，而且很多行业都达到了较高的发展水平。采矿业、机械制造业、石化工业齐头并进、农工综合体、生物技术、制药、建筑、建材、交通和能源等行业在联邦区的经济发展中发挥着重要作用。而中国长江中上游的几个省市产业优势显著，资源丰富，城市密集，市场发展空间广阔，是未来中国经济增长潜力最大的地区之一。

"两河流域"合作展开以来，中国长江中上游地区六省市和俄罗斯伏尔加河沿岸联邦区十四个联邦主体在这一合作机制的推动下，充分利用自身的产业互补优势，从政府层面积极推动两个非毗邻地区在经贸、投资、装备制造、高新科技创新、文化教育和旅游开发等领域展开务实合作。双方确定了具体的投资项目清单和人文合作路线图，从政府层面积极推动两地区在经贸、投资和人文领域的互利合作。两地区"中俄青年论坛"的举办和高校联盟的成立加深了该地区青年的友好交往。同时，针对合作理念存在差距的问题，安徽省还有针对性地组织高级公务员研修班，邀请地区管理干部来华参观学习，交流经验，取得了良好的效果。目前，在这一合作机制的推动下，六省市在伏尔加联邦区投资兴业的企业有数十家，涵盖水泥厂建设、现代农业园区和温室建设、农用拖拉机生产、木材工贸合作区、国际商务中心建设、红色旅游项目推广、茶叶贸易等领域，这对推动中俄非毗邻地区的合作起到了很好的示范效应。2015年地方领导人座谈会期间，双方签约了总金额达174亿元的6个经贸合作项目。①

今后，两个地区依托人文交流奠定的良好基础进一步深入推进国际产能合作，促进项目落地是工作重点，主要潜在的合作领域包括汽车制造业、航空制造业、科技密集型集群产业、农工综合体、旅游业等。同时，建立中俄产业园区、成立合作发展基金，以及搭建相关的信息平台和加强法律支持和政策咨询等具体的措施和建议被纳入地方合作的工作议程。中俄"两江流域"的合作大大丰富了两国地方合作的内涵，同时也为深化新时期的中俄关系发展注入了新的动力。

三 中俄省州地方合作全面展开

除国家层面的地区合作机制之外，各地区还积极建立省州合作机制，特别是经济较为发达的省市，积极展开对俄的地方合作，成效显著。两国省州级和城市间的次区域经济合作也呈现出一定的活力，是新形势下中俄地区合作的一个新趋势。比如，江苏省与莫斯科州在 2014 年签署了政府间的合作协议，双方设立合作委员会，由副省级领导担任主席，负责落实双方具体的合作项目。近年来，江苏省在中俄省州地方合作机制的推动下，对俄贸易和投资都取得了较快的增长，特别是江苏省驻俄罗斯经贸代表处在协调和推动中俄地区友好合作方面，发挥了重要的桥梁作用。此外，江苏省商务厅还结合地方产业优势，疫情前每年组织省内企业赴莫斯科参加各类大型的行业展览，组织考察市场，加深中俄两国企业间的相互了解。省发改委建立了中俄地区合作项目库，与莫斯科州保持密切的联系，积极推动项目的落地。近年来，江苏企业在机场设备供应、大型机械设备供应、高端纺织产品出口等领域积极拓展俄罗斯市场，取得了较好的市场效益。此外，江苏省还在新材料、新能源、新技术等领域加强对俄合作，以"中俄科技创新年"为契机，举办了一系列中俄创新交流对接活动。南京市政府与圣彼得堡国立大学等九大俄罗斯著名高校分别签署创新合作协议，形成了全面科技创新的合作关系。今后，双方将通过共同举办

---

① 《中国长江中上游地区和俄罗斯伏尔加河沿岸联邦区地方领导人第四次座谈会在成都举行》，《四川日报》2015 年 8 月 8 日，http://epaper.scdaily.cn/shtml/scrb/20150808/107175.shtml。

创新活动、共同推进研发项目合作、共同促进创新创业、共同建立创新合作载体等方式，支持俄罗斯高校与南京产业界合作，开展技术成果转化、产业核心关键技术攻关，共同提升产业创新能力，实现互利共赢。南京市将设立专项资金予以支持，计划专门设立"中俄（南京）创新合作服务中心"，并适时建立"对俄合作国际创新园"，推动江苏省对俄形成稳定、持续、长效的合作关系。① 未来，双方还将积极探索省州地区合作方面的新路径和新方式，进一步提高两国地区合作的水平。

总体而言，虽然两国在地区经济合作中还面临诸多挑战和亟待解决的现实问题，但合作前景十分广阔。未来，地区合作各方将尽全力积极参与、配合和支持国家间大项目合作，加强产能和装备制造合作。除了将高科技和创新合作列为重点开拓方向外，还将注重密切人文和人员交流合作，农业和粮食合作，共同推动两国地区合作结出更多硕果。

第六节　小结

现阶段，全球的政治局势和经济格局为中俄深化经济合作提供了新的历史性发展契机。目前，两国都在经历经济结构的调整期，各自出台了发展经济的国家战略，如何有效实现发展战略对接，是新常态下中俄经济合作水平发生本质飞跃的关键。它不仅关乎双方战略利益的契合，也是两国经济转型和产业升级的现实需要。未来，在两国经济合作中，将继续按照两国领导人提出的既定目标，进一步扩大货物贸易的规模，大力促进服务贸易发展，围绕跨境运输、旅游、教育、科技创新、生态农业、医疗服务等领域，充分发挥中小企业的创新潜力，稳步推进具体合作项目的对接。然而，就俄罗斯目前面临的经济发展环境来看，中俄之间以投资拉动经济增长的方式将是两国经贸发展的必然趋势，因此，如何抓住俄罗斯东部开发的机遇，在新形势下充分利用好各种多边和双边的合作平台，加强重大

---

① 《南京借力创新周"深耕"中俄创新合作》，来源：江苏省科学技术厅，2021年7月6日，http：//kxjst.jiangsu.gov.cn/art/2021/7/1/art_82536_9887630.html。

项目的投资合作是两国经济关系发展的重点。

由于种种原因，俄罗斯近几年的投资环境总体上仍旧难以令人满意，双方在投资项目的合作理念中存在不小的差异，俄方提出的很多重点合作项目缺乏前期的可行性分析，无法为中方的投资决策提供有效的材料和数据，使得一些有前景的合作项目无果而终。再有，就是在合作过程中，俄方的政策保障不到位，管理和运营理念的不同给项目的落实带来了不小的挑战。而中方企业界普遍缺乏对俄罗斯经济、法律和营商环境的全面了解，对赴俄投资兴业没有足够的信心和前期充分调研的耐心。另外，在投资项目风险的把控方面，也缺乏专业客观的分析，这在一定程度上影响了对一些项目投资机会的把握。加之两国的文化背景和思维方式存在较大的差异，在人才培养上又存在断层现象，所以，双方从上到下都有必要加强合作项目的团队建设，避免一些项目从策划、决策到实施的各个环节都缺少有效的沟通和专业性的指导意见，从而陷入一种想做但不知怎么做的尴尬处境，或者走了不少弯路，导致合作效果不如预期，打击双方原本脆弱的合作信心。

2022年2月俄罗斯发动对乌克兰的"特别军事行动"以来，西方国家对俄罗斯发动了史无前例的经济制裁。俄乌冲突对中俄经贸关系的影响是双重的。当前，如何抓住中俄全方位经济合作的好时机，落实两国政府提出的务实合作，避免西方对中国企业可能的二级制裁，是值得考虑和研究的问题。为此，双方一定要认真总结和深入分析之前不成功合作案例的经验和教训，熟练掌握各种相关法律，探索新的合作模式，加快复合型人才培养，确保两国经济合作取得跨越式发展。

第九章 关于新时期中俄地方投资合作信任模式的初探

新时期的中俄经济合作，尤其是地方合作，显得比以往任何时候都更加重要。多年来，中俄关系中存在这样一种现象，就是贸易合作落后于政治和战略合作水平，地方直接投资合作落后于贸易合作水平。而地方直接投资合作落后的根本原因就是缺少信任模式。中俄地方合作的实践表明，政治信任难以自动转化成经济信任。新时期中俄地方投资合作亟须建立有效的信任模式，这是进一步深化新时代两国全面战略伙伴关系的重要任务，也是推动新时期全面地方合作的关键。

2019年6月，习近平主席在对俄罗斯进行国事访问期间，与俄罗斯总统普京共同签署了《中华人民共和国和俄罗斯联邦关于发展新时代全面战略协作伙伴关系的联合声明》，这表明两国关系再次提升到了一个全新的水平。两国领导人确定了2018—2019年为国家级的地方合作交流年，也足以证明两国亟须提升全面地方合作的水平，特别是有效开始地方投资合作，才会在新时期实质性深化中俄全面战略协作伙伴关系。未来，建立新时期中俄地方投资合作的信任模式，是推动新时期全面地方合作的关键。

第一节 经济全球化与国家间的经济信任

经济全球化让资本流动受到意识形态的束缚降至最少，也让资本的本性得以充分释放。资本,尤其是私人资本的本性是逐利,而逐利是资本流动的内生性冲动力。为使资本流动有利于促进生产力和社会发展,各国都会根据本国经济和社会发展的实际需求,来制定鼓励或约束资本流动的法律和法规。国家在投资领域的管理法治化程度越高,投资的安全性越大。一个国家在政治、经济、社会和外交领域的法治化程度越高,必然会赢得更多国家的信任。同理,一个国家在投资领域的法治化程度越高,也必然会赢得更多资本的信任。因为资本逐利时的理性要求首要是安全,即投资的安全性是最重要的。

投资领域法治化是国家间经济信任的最重要基础。投资领域法治化可以使资本流动跨越国家间意识形态差异,超越国家间政治互信水平,这种经济互信与政治互信往往并不必然呈现一个平衡状态。在中国与西方国家间的投资实践中,有许多此类的实例。实践还表明,相当规模的国家间资本相互流动,客观上会促进提高或保障国家间基本的政治互信水平,或者说至少有利于主观上主动探索以政治合作或妥协来保障相互投资存量安全的途径。也正是在这个意义上,可以说经济全球化在相当大程度上对全球政治稳定提供了一定的保障。

一般而言,以立法鼓励和保障外国投资的国家,在形式上就具备了投资安全的法律基础。现实中,影响跨境资本安全的有多种因素,如社会、文化、资源等,但最重要的是法律执行环境。对外国投资立法后,执行环境往往是决定法制化程度的关键因素。法律执行环境既包括执法主体对外国投资行为适用法律的选择倾向,也包括执法效率和效果,以及社会对外国资本投资行为的认知倾向。其中,有一种认知倾向是欢迎外国投资创造就业岗位,却见不得外国资本赚钱。尚不适应市场经济的居民,对资本特别是外国资本的这种认知倾向是可以理解的,当然也是可以转变的。

目前,中俄两国政治上高度互信,但经济互信明显不足。未来,两国需要在政治高度互信的基础上大力培育经济互信,这就需要我们共同探索把政治互信转变为经济互信的途径,需要探索建立经济互信特别是投资互信的模式。对于中俄两国参与经济合作的各方来说,探索和建立投资互信模式,特别是地方投资互信模式显得十分必要和迫切。多年来,中俄国有企业(或国有控股企业)间相互的大型投资项目有着十分成功的实例,但以私人企业为投资主体的地方间投资合作水平始终在低位徘徊，这也是中俄经济合作中显而易见的短板。在中俄两国发展新时代全面战略协作伙伴关系的推动下，如何补强短板，建立中俄地方间投资信任模式是十分迫切需要研究的重点。在现有投资环境条件下，中俄地方投资主体同样可以有所作为。本章旨在围绕新时期中俄地方投资合作信任模式的构建方面，做一些初步的探讨。

第二节　中俄地方投资合作亟须建立信任模式

信任模式是指实现信任的制度化方式，也指实现信任的路径和信任对接方式。信任模式可以有政治信任模式和经济信任模式，本章讨论的是与政治信任相关的经济信任模式。正常情形下，政治互信是国家关系的基础，也是国家经济关系的基础。但现实中政治互信并不总是能自动转化为经济互信。对于市场经济国家来说，在尊重市场经济规则和原则的条件下，把国家间政治互信转化为经济互信还需要做出更多努力。

当前，中俄两国已经具备高度政治互信，中俄高度政治互信有坚实的法律基础。作为法律基础的文件主要有《中华人民共和国与俄罗斯联邦睦邻友好合作条约》（2001）[①]、《中华人民共和国与俄罗斯联邦关于全面战略协作伙伴关系新阶段的联合声明》（2014）[②]、《中华人民共和国与俄罗斯联邦关于进一步深化全面战略协作伙伴关系的联合声明》（2017）[③] 和《中华人民共和国和俄罗斯联邦关于发展新时代全面战略协作伙伴关系的联合声明》（2019）[④]。《中华人民共和国和俄罗斯睦邻友好合作条约》规定：

[①] 《中华人民共和国与俄罗斯联邦睦邻友好合作条约》，http://www.people.com.cn/GB/historic/0716/6761.html。

[②] 《中华人民共和国与俄罗斯联邦关于全面战略协作伙伴关系新阶段的联合声明》，http://www.xinhuanet.com/world/2014-05/20/c_1110779577.htm。

[③] 《中华人民共和国与俄罗斯联邦关于进一步深化全面战略协作伙伴关系的联合声明》，http://www.china.com.cn/news/world/2017-07/05/content_41153556.htm。

[④] 《中华人民共和国和俄罗斯联邦关于发展新时代全面战略协作伙伴关系的联合声明（全文）》，http://www.gov.cn/xinwen/2019-06/06/content_5397865.htm。

"缔约双方相互尊重对方根据本国国情所选择的政治、经济、社会和文化发展道路。""中方支持俄方在维护俄罗斯联邦的国家统一和领土完整问题上的政策。""俄方反对任何形式的台湾独立。俄方支持中方在维护中华人民共和国的国家统一和领土完整问题上的政策。"这些条款体现了中俄两国高度政治互信。在国际局势发生重大变化的今天，政治互信对中俄两个大国有着极其重要的意义。2021年6月28日，习近平主席在北京同俄罗斯总统普京举行视频会晤。两国元首发表联合声明，正式宣布《中华人民共和国与俄罗斯联邦睦邻友好合作条约》延期。它将继续为两国推动新时代全面战略协作伙伴关系高水平发展，维护全球和平稳定提供有力支撑。《中华人民共和国与俄罗斯联邦关于全面战略协作伙伴关系新阶段的联合声明》规定："在双方共同坚定努力下，中俄关系已提升至全面战略协作伙伴关系新阶段。双方将保持和深化高层战略互信对话，提高现有双边政府、议会、部门和地方间合作机制效率，必要时建立新的合作机制。""大力增加相互投资，包括在俄境内建设交通基础设施项目，综合开发矿产资源，建设经济型住房。"① 联合声明把地方合作及加大中方对俄投资列入了双边关系新阶段的优先任务，而且指明了投资的主要领域。这表明了两国地方合作的必要性和可能性。《中华人民共和国与俄罗斯联邦关于进一步深化全面战略协作伙伴关系的联合声明》规定："无论国际形势如何变化，都将恪守《中华人民共和国与俄罗斯联邦睦邻友好合作条约》；相互视对方为外交优先伙伴；遵循两国元首达成的共识，相互支持对方维护主权、安全和领土完整等核心利益的努力，支持对方走符合本国国情的发展道路，支持对方发展振兴，支持对方推行自主的内政方针。"这个声明中的四个"相互支持"替代了此前的"相互尊重"，最集中地表明了两国政治互信程度达到了最高水平。《中华人民共和国和俄罗斯联邦关于发展新时代全面战略协作伙伴关系的联合声明》指出："中俄关系进入新时代，迎来更大发展的新机遇。双方宣布，将致力于发展中俄新时代全面战略协作伙伴关系。其目标和方向是：守望相助，相互给予

---

① 《中华人民共和国与俄罗斯联邦关于全面战略协作伙伴关系新阶段的联合声明》（2014年5月20日）第二条，http://www.xinhuanet.com/world/2014-05/20/c_1110779577.htm。

更加坚定有力的战略支持,支持对方走自身发展道路和维护本国核心利益,保障两国各自安全、主权和领土完整。为此,双方将进一步开展相关领域互信合作。深度融通,就国家发展战略对接进行密切协调和战略协作,拓展经贸和投资互利合作。"这表明了双方将致力于进一步充实中俄全面战略协作伙伴内涵,进一步提升合作的质量和水平。

就地方合作而言,中俄两国中央政府主导和推动地方合作有了多年尝试。签署了《中国东北地区同俄罗斯远东及东西伯利亚地区合作规划纲要(2009—2018)》(2009)、《中俄在俄罗斯远东地区合作发展规划(2018—2024年)》(2018)和《中华人民共和国和俄罗斯联邦关于长江中上游地区与伏尔加河沿岸联邦区开展合作的议定书》(2013)[①],并在文件项下建立了相应的合作协调机构。前两个文件意在发展相邻地区合作,后一文件则尝试发展非相邻地区合作。这些文件是中俄地区合作的指导性文件,合作重点是投资合作,目标是要把国家政治互信转化为地方投资合作,让地方投资合作夯实国家政治互信的基础。

中俄政治信任模式是有效的,实现信任的方式是多方面、多渠道和多领域的,有着实现信任的路径及信任对接机制,例如各层级的定期会晤和磋商机制、外交和安全领域的磋商机制等。中俄地方经济合作一直是两国合作的重要议题。在两个地方合作文件的指导和促进下,中国对俄直接投资包括地方对俄直接投资取得了一定的成绩,但总体成效仍不尽如人意。具体详见表9.1和表9.2中的统计数据。

表9.1　　　2010—2020年度中国对外直接投资流量[②]情况　　单位:亿美元[③]

年份	2010	2011	2012	2013	2014	2015	2016	2017	2018	2019	2020
全国合计	688.1	746.5	878.0	1078.4	1231.2	1456.7	1961.5	1582.9	1430.4	1369.1	1537.1
全球位次	5	6	3	3	3	2	2	3	2	2	1

---

① 《中华人民共和国和俄罗斯联邦关于长江中上游地区与伏尔加河沿岸联邦区开展合作的议定书》至本书成稿时,未能在公开渠道见到全文内容。

② 对外直接投资流量:等于当期对外直接投资总额,减去当期境外企业对境内投资者的反向投资。

③ 中华人民共和国商务部、中华人民共和国国家统计局、国家外汇管理局:《2020年度中国对外直接投资统计公报》,http://images.mofcom.gov.cn/www/202109/20210929084957284.pdf。

续表

年份	2010	2011	2012	2013	2014	2015	2016	2017	2018	2019	2020
对俄罗斯	5.6	7.1	7.8	10.2	6.3	29.6	12.9	15.5	7.25	-3.79	5.7
俄罗斯占比（%）	0.8	1.0	0.9	1.0	0.5	2.0	0.7	1.0	0.5	—	0.4

数据来源：根据历年中国对外直接投资统计公报整理。

如表9.1所示，2020年中国对外直接投资流量是2010年的2.23倍，但同期中国对俄罗斯直接投资流量增长却不明显。从中国对俄罗斯直接投资流量占比情况看，2015年中国对俄直接投资流量达到29.6亿美元，占2%，为近十年来对俄直接投资流量的峰值。此后，对俄投资出现波动性增长，但总体处于下降趋势。2018年中国对俄罗斯的直接投资流量相比2017年下降53.2%，占比降至0.5%。2019年则为负流量，2020年中国对俄罗斯的直接投资流量为5.7亿美元，占中国对外直接投资流量总额的比重仅为0.4%。从行业分布看，2020年中国对俄直接投资主要集中在采矿业（2.16亿美元，占37.9%）、科学研究和技术服务业（1.64亿美元，占28.7%）、建筑业（0.65亿美元，占11.3%）、农/林/牧/渔业（0.5亿美元，占8.7%）、租赁和商务服务业（0.48亿美元，占8.4%）等。

表9.2　　　　2010—2020年度中国对外直接投资存量[1]情况　　单位：亿美元[2]

年份	2010	2011	2012	2013	2014	2015	2016	2017	2018	2019	2020
全国合计	3172.1	4247.8	5319.4	6604.7	8826.4	10978.6	13573.9	18090.4	19822.7	21988.8	25806.6
全球位次	17	13	13	11	8	8	6	2	3	3	3
对俄罗斯	27.9	37.6	48.9	75.8	86.9	140.2	129.8	138.72	142.1	128.0	120.7
俄罗斯占比（%）	0.9	0.9	0.9	1.2	1.0	1.3	1.0	0.8	0.7	0.6	0.5

数据来源：根据历年中国对外直接投资统计公报整理。

从表9.2可以看出，2020年末，全国对外直接投资存量相比2010年

---

[1] 对外直接投资存量：等于年末对外直接投资总额减去境外企业累计对内投资者的反向投资。

[2] 中华人民共和国商务部、中华人民共和国国家统计局、国家外汇管理局：《2020年度中国对外直接投资统计公报》，http://images.mofcom.gov.cn/www/202109/20210929084957284.pdf。

增长8.14倍，同期对俄罗斯直接投资存量增长为4.33倍。从中国对俄直接投资存量占比情况看，2010—2017年对俄直接投资存量占中国对外直接投资总存量的比重始终徘徊在0.9—1.3，2018年后则呈下降趋势。2020年末，中国对俄罗斯的直接投资存量降为120.7亿美元，占中国对外直接投资总存量的比重降至0.5%，为十年来最低。俄罗斯排名中国对外直接投资存量的第13位。2020年末，中国在俄罗斯设立境外企业近1000家，雇用外方员工2.2万人。从存量的主要行业分布情况看，主要投向采矿业49.95亿美元，占41.4%；农/林/牧/渔业27.72亿美元，占23%；制造业15.69亿美元，占13%；租赁和商务服务业6.43亿美元，占5.3%；科学研究和技术服务业5.23亿美元，占4.3%；金融业4.97亿美元，占4.1%；批发和零售业3.32亿美元，占2.7%；房地产业3.11亿美元，占2.6%。[1]

上述统计表明，近十年来，中国对俄直接投资虽然有所增加，但整体水平依旧不高，且近三年来还呈现出不稳定的发展态势。这是在中俄两国高度政治互信以及积极鼓励对俄投资的条件下做的，可以看作是中俄两国政府和地方政府一直努力取得的成绩。因为如果没有政府鼓励对俄投资的措施，对俄罗斯直接投资可能会低于全国对外直接投资的平均水平。

作为世界第二大经济体，中国对外投资发展迅速，但总体投资规模还有待进一步提高。从对外直接投资流量来看，中国自2003年有关部门权威发布对外直接投资数据以来，已经连续九年位列全球对外直接投资流量的前三名，2020年的对外投资流量是2002年的57倍，年均增长速度高达25.2%，对世界经济的贡献日益凸显。特别是2020年在全球新冠疫情肆虐的背景下，中国对外直接投资逆势增长，首次跃居世界第一，达到1537.1亿美元，同比增长12.3%，占全球的份额升至20.2%。[2]从对外

---

[1] 中华人民共和国商务部、中华人民共和国国家统计局、国家外汇管理局：《2020年度中国对外直接投资统计公报》2021年9月，第41页，http://www.mofcom.gov.cn/article/tongjiziliao/dgzz/201809/20180902791492.shtml。

[2] 《2021世界投资报告》，涉及中国对外直接投资数据采用的是2020年统计快报数据（1329.4亿美元），公报数据为最终的年度数据（1537.1亿美元），此处中共对外直接投资流量占全球的份额是按调整后的总量计算得出。

直接投资的存量来看，2020年末中国对外投资存量达25806.6亿美元，是2002年末存量的86.3倍，占全球外国直接投资存量的份额由2002年的0.4%升至2020年的6.6%，排名由2002年的第25位升至第3位。但从存量规模来看，中国与排名第一的美国还有较大的差距，仅相当于美国对外投资存量规模的31.7%。未来，中国对外投资还有较大的增长潜力。如何在发挥投资增长潜力的过程中加大对俄罗斯投资的力度，把高度政治互信切实转化为经济互信，是需要认真研究的重要问题。

多年以来，中俄关系中一直存在这样一种现象，就是贸易合作落后于政治和战略合作水平，地方直接投资合作落后于贸易合作水平。地方直接投资合作落后的根本原因是缺少信任模式。地方合作的良好愿望往往停留在官方会议和文件上，停留在各色论坛上。俄方说有需要、有项目，中方说有能力、有资金，但实际进行直接投资的成功案例较少，成功经验也不具备普遍意义。国际贸易结算方式的多样性可以让信任基础并不充分的商业主体完成贸易合作。对于国家间的地方合作来说，没有互信就难以展开直接投资合作。有互信，但没有信任模式，投资合作同样只会停留在愿望上。中俄地方投资合作的现状像后者。从这个意义上说，信任模式也是信任的实现机制。

中俄地方合作缺少信任模式的原因，一是依旧存在官僚主义。官僚主义表现在交往中过于看重签署有关地方合作的官方文件，把此作为任务和政绩。所以，合作文件中往往缺少有效的合作机制，更缺少实现信任的模式。二是依旧存在形式主义。形式主义表现在相互商务和投资考察多走马观花，少有做实际调研并提出实现或完善合作的有效建议。形式主义还表现在以地方合作为主题的会议过多，多过与任何其他国家的类似会议。但多年过去了，却少见针对地方投资合作的创新性建议。三是依旧缺乏加深民间互信的长效机制，特别是地方合作层面。主要体现在民众间的了解依旧不够深入，彼此还有很多顾虑，并且在合作理念上存在一定的差异。本章就是以务实精神，尝试提出和论证中俄投资信任模式，以期推动中俄地方投资合作。

中俄地方合作的实践表明，政治信任难以自动转化成经济信任。为中俄地方投资合作建立信任模式，是新时期发展两国全面战略伙伴关系的重要任务。

第三节　信任信用化是信任模式的核心

在个人关系、社会关系和国家关系中，信任是金。信任是指可以依赖的关系。双方相互信任，才可以把自己的财产、权益、利益和权利托付或暂时让渡给对方，以期获得近期或远期利益。这种利益可以是财产性物质利益，也可以是非财产性道义利益。在这种财产、权益、利益和权利的受托方或被让渡方，对于委托方或让渡方是具备信用，有权利和能力利用信用对受托品进行经营并获得利益，并依约定期限和约定条件与受托方分享增值了的利益，这就是信任信用化和信用资本化。在市场经济条件下，信任信用化通常表现为信用资本化。从这个意义上说，信任产生信用，信用可以形成资本，资本产生的利益可以共享。

目前，中俄地方间的经济互信还处于初级阶段。中俄两国政府一直把推动地方合作作为战略合作方向之一，以全面提升经济互信。例如，分别于2009年和2013年签署了《中国东北地区与俄罗斯远东及西伯利亚地区合作规划纲要（2009—2018）》和《中华人民共和国和俄罗斯联邦关于长江中上游地区与伏尔加沿岸联邦区开展合作的议定书》。但到目前为止，上述文件框架下取得的成就尚不及最初的愿望和人们的期待。多年地方合作的实践表明，中俄两国政治和战略互信并没有完全转化为同等程度的地方经济互信。这一点在本章上述表9.2中的直接投资数据可以得到印证。

相互信任不应是空谈。空谈信任的结果等同于不信任，甚至比不信任更糟。真正的相互信任，就应把信任积极转化为信用，即信任信用化。地区合作中的信任信用化，其途径和方式可以多样，但能最大限度和最有效地把信任信用化的是直接投资合作。投资方基于信任向对方投资，包括投入资金、设备、人力、设计、技术和专利，接受投资的一方就等于具备了信用。管理和经营好信用，使投资者获得利益，并从投资本身及投资创造的新增利益中获得收益，即信用资本化。一般情况下，新增利益是指当地生产性或社会性固定资产的增加，以及从新增生产性固定资产的使用中不断产生的新税源，以及就业岗位的增加。

信任信用化的前提是相信对方的信用资本化条件和能力。条件是指，投资需求、部分投资能力、人力和土地供给能力，以及保护投资的法规。这里的投资需求指有可研论证的生产性或社会性基础设施项目。这些项目应具备未来增加就业和税收，以及对当地社会经济发展有重要意义的特点。保护投资的法规中应包括保障投资安全和投资者利润汇出、保障投资者享受国民待遇、保障外国投资者依法享受地方税收优惠及其他优惠。信用资本化能力，是指作为信用获得方的投资伙伴的投资管理和经营能力、与投资项目相适应的当地资信能力，还包括在当地的公共关系能力。投资管理和经营能力体现在其已完成投资项目的效果上。当地资信能力主要看固定资产规模及负债情况，或者是否具备充分和合理的现金流。

俄罗斯联邦每个主体都有具备信用资本化条件和能力的投资伙伴。本书认为，至少有三个方法有助于找到符合信用资本化条件的俄罗斯地方投资伙伴，即优先合格投资者。

方法一，是选择俄罗斯地方政府提供国家担保的地方投资者。这里的国家担保（государственная гарантия）是指俄罗斯联邦主体政府和地方自治体对当地投资者的投资行为提供的担保。这类国家担保的依据是俄联邦《预算法典》第117条。国家担保的规模在当地相应年度的预算法规定的担保总额度内。所以，只要了解当地预算法（含地方自治体预算法规文件），就可以知道当地国家担保的最大规模了。国家担保是俄罗斯促进投资的一项制度性支持措施，用于帮助地方投资者融资并投到社会经济发展的优先项目中。2017年底统计表明，使用国家担保较多的主体是秋明州、列宁格勒州、车里亚宾斯克州、鞑靼共和国、萨哈共和国（雅库特）、克拉斯诺达尔边疆区和楚科奇自治区等。[①] 这一统计反映不出地方自治体提供的国家担保。在俄罗斯，除联邦直辖市外，其他所有城市都属于地方自治体。所以，对俄地方投资一定要了解所在地的地方自治体的年度预算法。受当地政府国家担保的俄方投资者，参与的是当地社会经济发展规划中的项目，由当地政府经法定招标程序确定，有投资和资信能力，

---

① Показатели уровня долговой на грузки субъектов РФ-итоги 2017года, http://vid1.rian.ru/ig/ratings/gosdolg_01_2018.pdf.

在当地属于信用状况最好的企业。因为获得国家担保的前提条件是企业有可质押资产以及无拖欠税款。

方法二，是选择俄罗斯地方政府提供预算贷款的投资者。地方政府向投资企业提供预算贷款的依据是俄联邦《预算法典》第93.2条。接受预算贷款的投资者首先必须具备的条件是，有可质押品或第三方（包括银行）的担保，所投资的项目有良好流动性，具备未来偿还贷款的条件和能力。2017年的一份统计表明，俄罗斯只有3个联邦主体没有采用这种对企业的支持方式。预算贷款在俄罗斯大多数地方政府负债结构中占较大比重。① 所以，中国地方企业选择接受过政府预算贷款帮助的俄地方投资者为合作伙伴，并共同投资当地社会经济发展的其他优先项目，在理论上是安全和合理的，因为这些项目的投资回收保障是当地未来税收。

方法三，是选择俄罗斯的"政府与私企伙伴关系"中的俄地方投资者。俄罗斯为促进基础设施建设，实行一项新的投资机制即"政府与私企伙伴关系"（государственно-частное партнёрство，ГЧП）。与政府结成投资伙伴的地方投资者，全部经过严格的资质审核，且经过招投标后确定的，在当地属于信用状况很好的私企。根据俄罗斯《关于政府与私企伙伴关系》的联邦法律②第5条第8款的规定，参加这一伙伴关系的私企须具备必要的信用条件。按照该法律第5条第6款的规定，已经加入"政府与私企伙伴关系"的私企有权邀请第三方一起从事项目建设。所以，中国地方企业在对俄地方投资时，除了在当地注册公司后直接参加与政府的伙伴关系外③，通过与已经成为政府伙伴的俄地方投资者合作也是合理选择。

---

① Показатели уровня долговойна грузки субъектов РФ-итоги 2017 года，http：//vid1. rian. ru/ig/ratings/gosdolg_ 01_ 2018. pdf.

② Федеральный закон 13 июля 2015г. N224-ФЗО государственно-частном парнерстве，муниципально-частном партнерстве в Российской Федерациии в несенииизменений в отдльные законодательные акты Российской Федерации（вред. Федеральных законовот 29. 12. 2015N391-ФЗ，от03. 07. 2016N360-ФЗ，от03. 07. 2016N361-ФЗ），https：//normativ. kontur. ru/document? moduleId = 1&documentId = 265336.

③ "Иностранные инвесторы могут участвовать в ГЧП проектах，зарегистрирова в юридическое лицо на территории РФ"，俄罗斯联邦卡卢加州地区发展局（Агентство регионального развития Калужской области）2018年5月7日的回复邮件内容（invest@ arrko. ru）。

合作内容既可以与俄相应企业一起投资"政府与私企伙伴关系"项下的基础设施项目，也可以尝试与其共同投资其他项目。了解和找到俄罗斯地方的与政府有伙伴关系的投资者可以到主体的相关官方网站，如卡卢加州的官网（http：//ppp-kaluga.ru/）。

俄罗斯联邦法律为"政府与私企伙伴关系"规定了较广泛的项目范畴。可以从事投资合作的领域包括社会基础设施、交通基础设施、市政和能源基础设施、公共信息基础设施、工业和农业基础设施等。这些领域几乎都是中国地方投资者的强项。政府与私企伙伴关系中，作为政府一方的可以是联邦政府、联邦主体政府，也可以是地方自治体。2017年初共列出2446个基础设施项目，其中联邦项目17个，联邦主体项目238个，地方自治体项目2191个。已签署合作协议的项目2183个，总投资额2.04万亿卢布，其中，私企投资1.3万亿卢布，占65.4%。俄罗斯这一投资促进机制及其他方面的努力，对改善投资环境起着积极的作用。在2017年世界银行的各国营商环境评定中，俄罗斯列第40位（中国列第78位），较上年提升了11位。[①]

此外，还应掌握发现和选择适于在俄地方投资项目的途径。这个途径是各主体政府的投资官网。一般情况下，在此类官网上会提供当地未来社会经济发展战略或规划的官方文件。文件会明确规定出当地社会经济未来重点发展领域和方向。在此类官网上，还可以看到当地政府鼓励投资和合作的项目简介以及相应投资规模。中国的地方投资者可根据自己的资金、生产、技术和市场优势从中做出选择。通过此类官网了解地方投资项目情况，可以参考卡卢加州和斯维尔德洛夫斯克州的投资官网[②]。

中俄地方合作的实践表明，即使有找到适于合作的俄罗斯投资伙伴（优先合格投资者，下同）和适于投资的项目，地方投资合作进展也满是艰辛。笔者认为，原因在于中俄双方没有找到把信用跨境衍生的途径。

[①] Исследование В семирного Банка：Ведение бизнеса в 2017 году, http：//gtmarket.ru/news/2016/10/26/7312.

[②] 卡卢加州投资官网：http：//investkaluga.com/；斯维尔德洛夫斯克州投资官网，http：//invest.midural.ru/。

第四节 信用衍生是信任模式的关键

信用是可以衍生的。对中俄地方合作来说，信用可以跨境衍生。信用可以衍生，是因为信用具有这样的特点，即信用可以形成资本，或信用即资本。资本的特征之一是价值增值。以信用为资本的价值增值就是信用衍生。有能力和有资质投资当地社会经济发展规划中的项目或当地重要项目，且获得当地政府的国家支持的俄地方投资伙伴，[①] 对于中国的地方投资者来说，就是俄方具备了源信用。源信用是信用跨境衍生的酵母。

如何把俄投资伙伴的源信用跨境衍生为相对于中国地方投资者的信用，这是实现以信任为基础的投资合作的关键。如果投资全过程发生在一个国家甚至一个国家的不同地区，会有较多信用衍生方法，如最简单的可以采取第三方担保的方法。但跨境投资合作，要求有适于中俄两国互信关系特点的信用衍生方法。这些方法如下。

一 签署以中俄地方政府为主体的投资合作规划纲要作为信用衍生平台

规划纲要文件的法规基础是中俄贸易和投资保护协定及其他两国中央政府间促进投资的协议、地方促进和保护投资的法规。规划纲要文件的政治基础，是《中华人民共和国与俄罗斯联邦睦邻友好合作条约》《中华人民共和国与俄罗斯联邦关于全面战略协作伙伴关系新阶段的联合声明》以及《中华人民共和国与俄罗斯联邦关于进一步深化全面战略协作伙伴关系的联合声明》。规划纲要文件的客观基础，是中俄地方的社会经济发展规划和两国签署的地方合作指导文件。规划纲要的目标是通过投资合作增加两国地方居民的福祉。

此类规划纲要的特点：一是合作主体化即省州化，即中国的省市区和俄罗斯的联邦主体；二是合作主体结对化。与以往以大区域为主体的合作文件不同，此类规划纲要文件应是结对签署，基本形式是一对一；三是规

[①] 关于国家支持：主体政府的支持是国家支持；国家支持的内容：税收优惠等。

划纲要文件的开放性。这里的开放性即指规划纲要文件签署后,可依据投资进展,跟进签署针对具体项目的合作备忘录,作为规划纲要文件的补充部分,以实现精准合作。还可以在具备充分条件的前提下,中方其他地方政府也可以加入规划纲要。此类投资合作规划纲要是信用衍生的必要的准法规性平台。根据投资合作实践,此类纲要可以做到模板化。

二 中国地方政府向本地对俄投资者提供国家支持作为信用衍生催化剂

以中俄地方政府为主体的投资合作规划纲要为依据,以相应俄地方投资伙伴具备源信用为前提,中国地方政府向选择俄优先合格投资者为合作伙伴的本地对俄投资者提供国家支持。与精准合作相适应,国家支持是专项和定向的。国家支持的内容、形式和力度在国家和当地相关法律范围内,即在本省市区的事权范围内。国家支持的具体形式可以是向对俄投资者提供税收优惠、信贷支持、贴息及其他行政减免措施。此类国家支持的规模不一定太大,但国家支持本身有着十分重要的意义,不仅使本地投资者获得了相对于俄地方投资者的信用,更在实际上等同于间接地向相应俄地方政府和俄优先合格投资者的信用提供了形式担保。这里的信用担保,指跨境无质押担保,不具备法律约束力,但却可以发挥类似的担保功能。担保功能体现在使中国地方投资者有充分信心与俄地方投资伙伴开始实际投资合作。此类担保基础是主权互信,即中国地方政府信任俄联邦主体政府及信任其提供的国家支持的投资合理性和安全性。这种以俄地方投资者获得本地政府的国家支持后具备的源信用为基础,使中国地方投资者获得国家支持而派生出关联信用,并进而使源信用具备和增加在实际投资合作中资本化的条件,就是中俄地方投资合作中的信用跨境衍生。

三 中俄地方政府共同净化信用衍生环境

如前所述,中俄地方投资合作的主要问题是缺信任模式。生活表明,建立信任模式面临的另一个障碍是不适宜的社会和行政环境。障碍在中俄双方都存在。在俄方,不适宜的社会环境是指部分民众对外国投资的偏见,没有认识到在经济全球化时代,国家间投资合作是促进经济发展的一种有效方式,外国投资不仅有利于完善本地社会和经济基础设施,还可以为当地增加就业岗位和税源，进而促进社会和经济领域的发展。部分民众甚至对以初级产品返还投资和利润的方式存在抵触情绪，以至于出现以维护环境保护法下公民权利为理由对外国投资设置障碍的现象。在中方，部分投资者看不到或不愿看到俄罗斯投资环境向好的方向的变化，把俄罗斯投资环境定格在20世纪。其实在中国投资者踌躇不前时，西方国家对俄投资从来没有停止过。不适宜的行政环境主要存在于俄罗斯方面。这里是指对包括外资企业在内的过多企业检查，以及劳务移民配额中对来自中国劳务人员的限制，如在本地劳务移民配额中对中国劳务人员再设限制。总的来说，俄罗斯投资环境在改善。为了有效营造信用衍生环境，两国地方政府有义务多做有利于投资合作的舆论宣传和消除行政壁垒。

以中俄地方投资合作为语境的信用衍生的实质，是两国地方政府隔空为本地商业信用提供类主权担保。这种类主权担保的质押品是政治互信。中俄有着最高程度的国家间互信，转化为地方政府间互信进而生成商业信用，这是两国中央和地方政府的共同责任。互信已经坚实存在，但要把互信转化为商业信用，需要两国中央和地方政府以及实业界的思维创新和务实合作。

综上所述，对中俄投资合作信任模式（以中方视角），可以用图9.1表示。

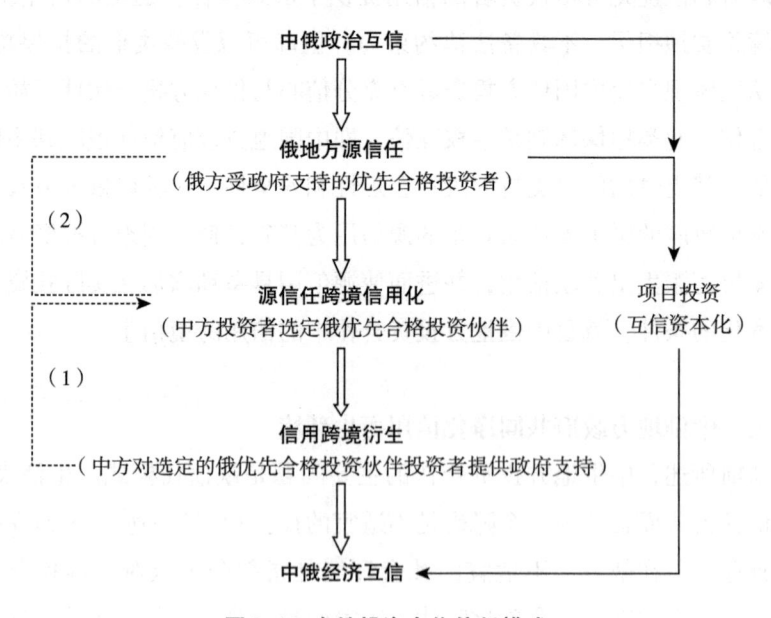

图 9.1　中俄投资合作信任模式

图 9.1 中的俄"优先合格投资者"是指获得地方政府提供的国家担保、国家预算贷款和成为"政府与私企合伙伙伴"关系中的伙伴的俄地方投资者。这里"优先"的意义是指并不否定与其他投资者合作的可能性。

第五节　对信任模式的保障机制

上述信任模式需要有以下内容的配套保障机制。

一　制定适于中俄地方投资合作的风险评估标准

地方投资合作属于商业性质，不会因为互信而自动免除商业风险。但高度互信是中俄两国国家关系的本质特征，应共同制定既符合两国家关系特征，又适于地方投资合作的统一的风险评估标准。这不仅有利于管理风险，更重要的是为投资决策提供必要依据。事实表明，对俄投资既不适用于西方国家的投资风险评估标准，也不适用于非洲等其他国家的投资风险评估标准。在中俄统一的风险评估标准中，体现国家间高度互信的因素须占应有权重。

二　设立以地方为主体的投资合作协调机构

以中国省区市和俄罗斯联邦主体为主体的专职地方相互投资协调机构。中方的此类机构可设立在省区市的国际贸易促进会。[①] 根据《中国国际贸易促进委员会章程》第十九条规定，地方贸促会的职责之一，是"开展促进该地区、该行业与世界各国、各地区之间的贸易、投资和经济技术合作活动"。此类协调机构的特点是，靠着自身经验优势，对与本地区结对合作的在俄投资项目提供跟踪式专业协调服务。协调服务内容，除了提供必要的法律服务，还可向本地政府提供对中俄地方投资合作规划纲要的完善建议。中方可建议俄地方政府设立相同职能的协调机构。此外，还可以在此协调机构内设立地区投资争端解决机制。

[①] 参照中国国际贸易促进委员会章程执行。

三 设立地方的中俄地方合作基金

如以中国省市为主体设立对俄地方合作基金。合作基金可由隶属省级政府（省国资委）的国有独资投资公司为主设立，以向对俄投资的本地投资者为融资服务对象。目前，黑龙江省作为对俄合作的重点省份，在这方面做出了新的尝试。2018 年 6 月 16 日，中方在哈尔滨与俄方共同签署了《中俄人民币基金管理公司合作协议》，旨在重点投资国家"一带一路"框架下黑龙江省与俄罗斯有关省州合作的项目。未来，此类基金可充分发挥对俄地方投资合作助推器的作用，服务于"一带一路"项目的建设。

四 设立中俄地方信任模式发展论坛

论坛可以中俄结对的地方政府为主办方，定期举办。论坛的意义在于对已有信用模式及保障措施进行动态评估，提出完善建议，解决合作中遇到的新问题，不断优化合作模式和机制，共同确立未来中短期投资合作方向和项目，使地方投资合作长期化、制度化。

五 建立中俄合作干部人才培养机制，夯实互信的基础

力争实现干部交流的机制化和管理的统一化，特别要加强两国地方行政序列和对外合作重要岗位的干部人才培训，加强两国在对外合作法规政策方面和相关国情知识的培训，充分了解两国在对外合作理念方面现存的差异，在充分了解的基础上寻找对接点，只有建立长期有序的中俄地方干部培训和交流机制，才能不断增进项目对接地方合作层面相关机构和有关人员的互信，促进两国地方合作项目的稳步推进。

第六节　小结

当前，国际经济和政治局势正在经历深刻变化。中国和俄罗斯都分别受到来自美国和欧洲国家的经济与政治压力，中俄全面深化战略协作伙伴

关系将面临更多的考验和挑战，两国迫切需要找到把高度政治互信转化为全面经济互信的途径，这对两国是具有战略意义的课题。2022 年上半年，由于受俄乌冲突和西方对俄经济制裁的影响，俄罗斯未能获得中国"一带一路"倡议范围内的融资和投资[①]。应当指出，应对美欧挑战，两国地方政府同样负有国家战略责任。因此，相关领域的专家和学者更应脚踏实地，开拓思维，积极向中央和地方政府建言献策，有的放矢，提供更多建设性的解决方案。2023 年 3 月，中俄两国元首签署了《中华人民共和国主席和俄罗斯联邦总统关于 2030 年前中俄经济合作重点方向发展规划的联合声明》。从中俄经济合作现状、潜力及未来发展前景看，两国地方全面投资合作必将换来重大的战略回报。

---

① 俄罗斯卫星通讯社 2022 年 7 月 25 日电。

# 第十章 "丝绸之路经济带"框架下中俄边界地区合作：以黑龙江（龙江经济带）为例

第一节 问题的提出

共建"一带一路"倡议是中国参与全球开放合作和促进全球共同发展繁荣的中国方案，要实现的目标就是各方在"一带一路"国际合作框架内携手应对世界经济面临的挑战，拓展发展空间，实现优势互补、互利共赢。自2013年提出以来，共建"一带一路"以共商共建共享为原则，不断对接各国的政策和发展战略，包括依托中蒙俄走廊等与俄罗斯提出的欧亚经济联盟进行对接合作。与此同时，共建"一带一路"作为中国扩大对外开放的重大举措，在推动过程中也在与中国国内的区域发展战略进行对接，利用好两个市场、两种资源，促进国内国际双循环良性互动。共建"一带一路"与东北老工业基地振兴和边境地区等特殊类型地区发展之间的对接，就涉及中俄边界地区合作。在新形势下，无论是推动"一带一盟"框架下的中俄合作，还是深化东北地区对俄经济联系，都需要一个很好的抓手。

在全球性水稀缺和跨界水资源冲突问题日益凸显的形势下，跨界河流在国际关系中发挥着越来越重要的作用。中国正面临着来自西北部、西南部和南部跨界水资源纠纷带来的挑战，中国在某些国际河流境内部分开发跨界河流使用问题已经上升为中国与周边国家关系中的重要内容之一。中国与俄罗斯是大国，同时又是邻国。国内外学界关于中俄关系的研究成果颇多，但往往是从国际格局、地缘政治、大国利益、意识形态、民族主义等视角的研究，而从跨界河流角度的研究成果很少。

国内外学者对黑龙江进行了许多有价值的研究，主要集中在自然概况、水污染、洪水、水电开发、生态环境、法律等方面[1]。从国际关系视角来研究的成果不多，进行这方面研究的俄国学者有索恩采夫、诺索娃、波尔戈夫、普罗霍罗娃等[2]，中国学者有王志坚、翟晓敏、李传勋、

---

[1] 中国学者研究成果包括：贾生元、戴艳文、阎万江：《中俄界河黑龙江生态环境保护与可持续开发利用研究》，载《水资源保护》2003年第3期；周海炜、郑莹、姜骞：《黑龙江流域跨境水污染防治的多层合作机制研究》，载《中国人口·资源与环境》2013年第9期；贾德香、白建华、梁芙翠：《中俄界河水电项目合作开发前景分析》，载《能源技术经济》2010年第2期；Chen Huiping, "The 1997 UNWC and China's Treaty Practiceon Trans boundary Waters", *Water International*, 2013, No. 2, 等。俄国学者研究成果包括：Говорушко М. С.，Горбатенко В. Л.，Трансграничное водопользование в бассейне р. Амур//Вестник ДВО РАН, 2013, No. 2; Воропов Б. А., Мандыч А. Ф., Махинов А. Н., Современность и вероятное будущее Амура и связанных с нимэкосистем// Регионы нового освоения: ресурсный потенциал и инновационные пути его использования: сб. Докл. конф. с междунар. Участием (Хабаровск, 19－22 сент. 2011г.): Хабаровск, 2011; Кондратьева М. Л., Фишер К. Н., Бардюк В. В., Биоиндикация трансграничного загрязнения реки Амур ароматическими углеводородами после техногенной аварии в Китае//Сибирский экологический журнал, 2012, No. 2; Natalia Pervushina, "Water management and use in the Amur-Heilong River Basin: Chanllenges and Prospects", *Environmental Security in Watersheds: The Sea of Azov*, 2010; Sergei Blagov, "Damage control for Russia and China after chemical spill", *Eurasia Daily Monitor*, 2006, No. 15，等等。其他学术机构也对黑龙江进行了研究，比如世界自然基金会（WWF），在符拉迪沃斯托克（俄罗斯）、哈尔滨（中国）和达达勒（蒙古）设立了三个办事处，致力于黑龙江流域的跨界合作项目。目前，该项目已经完成了第一阶段的任务，即通过回顾现存文献从而评估现状，评估报告以《Amur－HeilongRiverBasinReader》为题出版，包含流域自然概况、社会经济、面临的挑战以及应对的方法四个方面。

[2] Солнцев М. А.，Отконфликта к сотрудничеству; Российско-китайские отношения в области управления водными ресурсами//Международное право, 2009, No. 1, C. 246－261; Носова С. Ф., Россия-Китай: правовое регулирование отношений природопользо в анияв бассейне реки Амур//Власть и управление на востоке россии, 2007, No. 3, C. 133－140; Болгов В. М., Российско-Китайское сотрудничество в области использования и охраны трансграничных водных объектов: опыт и проблемы//Использование и Охрана Природных Ресурсов в России, 2016, No. 2, C. 89－95; Прохорова В. Н., Развитие российско-китайских отношений в свете освоения бассейна реки Аму//Китай в мировой и региональной политике. история и современность, 2011, No. 16, C. 230－244.

滕仁等①，其他学者和研究机构有帕特里夏·伍特斯和瑞典安全与发展政策研究院（Institute for Security & Development Policy）②。然而，俄国学者在黑龙江问题上存在诸多消极片面的观点，似乎一致认为，中国与俄罗斯在黑龙江水资源利用方面存在着竞争关系，俄罗斯对中国存在着担心，视中国为引发未来冲突的潜在威胁，认为对黑龙江当前已经出现或未来可能出现的跨界水资源和生态环境问题需要负更多责任的一方是中国。比如，戈特万斯基认为，是中国一侧人口和经济压力的增加导致黑龙江出现生态环境和人类生存条件的恶化③；娜塔莉娅·佩尔乌申娜认为，黑龙江会因为中国一侧水量的减少而成为引发跨界冲突的潜在因素④；戈尔巴坚科认为，对俄罗斯近黑龙江地区生态环境造成的负面影响来自中国计划在黑龙江干流修建水电站⑤；卡拉金认为，中国是黑龙江水污染的主要"贡献者"，排入黑龙江的废水等污染物绝大多数来自中国一侧，中国东北地区人为活动对黑龙江水体产生的压力是俄罗斯的10倍⑥。尽管如此，中俄在黑龙江跨界水资源方面的合作也得到了俄国学者的肯定。索恩采夫认为，中俄两国在生态环境合作方面迈入了

---

① 王志坚、翟晓敏：《我国东北国际河流与东北亚安全》，载《东北亚论坛》2007年第4期；李传勋：《中俄毗邻地区非传统安全领域合作初探》，载《俄罗斯中亚东欧研究》2006年第6期；滕仁：《中俄在边界水体水资源安全方面的合作》，硕士学位论文，黑龙江大学，2007年；滕仁：《中俄毗邻地区生态安全合作研究》，载《西伯利亚研究》2010年第4期。

② Patricia Wouters, "Can the dragon and bear drink from the same well? Examining Sino-Russian cooperation on transboundary rivers through a legallens", Social Science Electronic Publishing, 2013；瑞典安全与发展政策研究院（Institute for Security&Development Policy）于2013年出版了"Sino-Russian Transboundary Waters: A Legal Perspectiveon Cooperation"。

③ Готванский И. В., Бассейн Амура: осваивая-сохранить. М., 2007, C. 17.

④ Natalia Pervushina, "Water Management and Use in the Amur-Heilong River Baisn: Challenges and Prospects", *Environmental Security in Watersheds: The Sea of Azov*, 2010, p. 233.

⑤ Горбатенко В. Л., Российский дальний востокв АТР: Водные ресурсы и проблемы водопользования, 2014, C. 90.

⑥ Vladimir P. Karakin, "Transboundary water resources management on the Amur River: competition and cooperation", *Environmental Risksto Sino-Russian Transboundary Cooperation: from Brown Plans to a Green Strategy*, 2011, p. 93. 这篇文章中还指出，排入黑龙江干流部分额尔古纳河口至松花江口段的废水有75%来自中国一侧，排入松花江口至乌苏里江口段的废水有98%来自中国一侧。

新阶段①；博尔戈夫等认为，即便中俄在黑龙江问题上存在分歧和矛盾，但双方相互尊重和信任，在黑龙江合作方面取得了丰硕的积极成果②。

中俄学者从国际关系角度对黑龙江进行的研究值得肯定，但从深度、广度和高度来看，这些研究才刚刚起步。随着2013年"一带一路"倡议的提出，黑龙江所在区域变得更加重要。一方面，俄罗斯是"丝绸之路经济带"沿线国家，对于中国而言，加强与俄罗斯的合作不仅能够促进经济稳定持续发展，而且有利于构建和谐的周边环境；另一方面，"丝绸之路经济带"以发展经济、改善民生为主要内容，以互联互通为基础，这些与水资源和生态环境都密切相关。因此，重视和加强从国家关系角度进行黑龙江研究，这一必要性不言而喻。2014年4月，黑龙江省委提出了构建"黑龙江陆海丝绸之路经济带"的总体设想。时隔一年，《推动共建丝绸之路经济带和21世纪海上丝绸之路的愿景与行动》，"龙江丝路带"正式纳入国家"一带一路中蒙俄经济走廊"。

在国际社会上，已经存在一批从国际关系角度研究跨界流域水资源问题的成果，虽然这些成果涉及面广泛，但不难发现，这些研究几乎都离不开对冲突或合作的讨论③。阿里埃勒认为，流域国家间关系的本质就是冲突和合作④。跨界水资源因素在流域国家间关系中发挥作用的形式有两种：一种是流域国家间冲突或合作的目标；另一种是流域国家用以获取其他利益的工具。当前存在着大量关于跨界河流流域国家间冲突或合作的文献，然而却未能提供全面和客观反映流域国家间互动关系的论证。学界对

---

① Солнцев М. А., От конфликта к сотрудничеству: Российско-китайские отношения в области управления водными ресурсами//Международное право, 2009, No. 1, С. 256.

② Болгов М. В., Демин А. П., Шаталова К. Ю., Российско-Китайское сотрудничество в областииспользования и охраны трансграничных водных объектов: опы типроблемы//Использование и охрана природных ресурсов в России, 2016, No. 2, С. 94.

③ 比如，荷马·迪克斯（Homer Dixon）认为在可再生资源中，水引发国际战争的可能性最大。格莱克（Gleick）认为当出现水稀缺时，国家会将获取水资源看作是国家安全问题。沃尔夫（Wolf）认为，关于水的合作比冲突更常见，等等。

④ Ariel Dinar, Shlomi Dinar, Stephen McCaffrey, Daene McKinney, "Bridges over Water: Understanding Transboundary Water Conflict, Negotiationand Cooperation", World Scientific Publishing Co. Pte. Ltd., 2007, p. 141.

跨界流域国家间涉水关系的影响因素没有形成统一的认识。格莱克从环境安全角度指出了水稀缺与流域国家间冲突的关系[1]；亨塞尔认为，水资源缺乏地区更容易出现流域国家间纠纷[2]；杜肯则认为，水稀缺则可能是合作的起点[3]；埃斯佩和托菲奎对过去60年流域国家间签订的协定进行分析，得出结论：跨国界河流对流域国家越重要，该国家越倾向于签订跨国界河流管理协定[4]；勒马奎德从地理的角度分别分析了上下游国家间和边界沿岸国家间合作的动力差异[5]；洛维从相对权力的角度认为，当霸权国位于下游的情况下，更容易出现流域国家间的合作[6]；弗雷德里克提出了影响流域国家间涉水关系的因素：各沿岸国家在流域中的位置、跨国河流对各沿岸国家的重要性、各沿岸国家之间的相对权力[7]；李志斐聚焦中国的实际现状，利用定量研究分析，分析出了明显影响中国跨国界河流问题的因素，包括国家关系、领土争议和治理模式[8]。综合来看，影响因素不外乎以下五个方面：地缘位置、流域国家对河流水资源依赖程度、相对权力、国家关系（包括领土争议）、治理模式。

本章拟从国际关系视角，利用相关历史资料和法律文件，以黑龙江为切入点来纵向梳理中俄关系的来龙去脉，分析中俄围绕黑龙江跨界水资源互动的影响因素，探讨黑龙江在"一带一路"与欧亚经济联盟对接中的地位和作用。需要说明的是，水资源具有流动性、循环性和整体关联性，

---

[1] Peter H. Gleick, "Water and Conflict", *International Security*, 1993, No. 1, pp. 79–112.

[2] Paul R. Hensel, Sara M. Mitchell, Thomas E. Sowers, "Conflict Management of Riparian Disputes", *Political Geography*, 2006, No. 2, pp. 383–411.

[3] Dokken Karen, "Environmental Conflictand International Integration", *Conflict and the Environment*, Kluwer Academic Publishers, 1997, pp. 519–534.

[4] Molly Espey, Basman Towfique, "International Bilateral Water Treaty Formation", *Water Resources Research*, 2004, No. 5, pp. 1–8.

[5] David G. Le Marquand, *International Rivers: The Politics of Cooperation*, Westwater Research Centre, University of British Columbia, 1977, p. 8.

[6] Miriam R. Lowi, *Waterand Power: The Politics of a Scarce Resource in the ordan River Basin*, Press Syndicate of the University of Cambridge, 1993, p. 10.

[7] Frederick W. Frey, *Middle East Water: The Potential for Conflictor Cooperation*, Water in the Middle East: Conflictor Cooperation, Boulder: Westview Press, pp. 180–198.

[8] 李志斐：《中国跨国界河流问题影响因素分析》，载《国际政治科学》2015年第2期。

干支流之间相互影响，水资源与土地、生物等自然要素之间联系密切①，因此，本章的研究不局限于黑龙江，而是放在整个流域之内对其进行分析。本章可视为在"丝绸之路经济带"框架下中俄地方合作的一个案例（龙江经济带）。

第二节 黑龙江：历史上曾经的争议之边

黑龙江起初是中国的内河，从1643年开始直到新中国成立，沙俄在不断侵略、争议和逼签条约之下，侵占了黑龙江以北大片中国领土，将黑龙江变成了中俄的界河，并继续以各种方式在黑龙江区域蚕食中国边界领土权益。

一 在条约的划定下，黑龙江逐渐演变成为中俄边界

（一）《尼布楚条约》：黑龙江南源额尔古纳河成为最初边界

15世纪末、16世纪初，由最初只占有地处东北罗斯的莫斯科河中游一小片土地的莫斯科公国形成了统一的俄罗斯国家，疆域的东边只到北乌拉尔山的支脉②，与当时已经在中国管辖之下的黑龙江、乌苏里江流域之间隔着大片的土地。所以，在中俄之间原本并不存在着接壤的边界。16世纪初，沙俄开始野心扩张，当时清政府统治下的中国就成为沙俄的目标之一。1643年，清政府忙于平定"三藩之乱"，沙俄趁此开始入侵我国黑龙江流域。在沙俄先后多次入侵惨遭失败和清政府妥协让步的情况下，双方于1689年9月7日签订了《尼布楚条约》。

《尼布楚条约》对中俄边界进行了第一次划界，该条约第一款对边界的划定为：（1）"格尔必齐河为两国之界"；（2）"格尔必齐河发源处为石大兴安岭（即外兴安岭，俄称斯塔塔夫山脉），此岭直达于海，亦为两国之界：凡岭南一带土地黑龙江正源额尔古纳河被划为中俄东段边界的西

---

① 何俊仕、尉成海、王教河编著：《流域与区域相结合水资源管理理论与实践》，中国水利水电出版社2006年版，第13—14页。
② 中国社会科学院近代史研究所：《沙俄侵华史（第一卷）》，人民出版社1976年版，第71—74页。

段部分。流入黑龙江大小诸川，应归中国管辖；其岭北一带土地及川流，应归俄国管辖"；（3）"又流入黑龙江之额尔古纳河亦为两国之界：河以南诸地，尽属中国，河以北诸地，尽属俄国"；（4）"惟界于兴安岭与乌第河之间诸川流及土地应如何分划，今尚未决"[1]。据此，额尔古纳河被划为中俄东段边界的西段部分，《尼布楚条约》实际上使中俄边界经历了从无到有的变迁，基本上还是一个平等条约。

（二）《瑷珲条约》：南延以黑龙江为界

《尼布楚条约》换来的是，清政府与沙俄之间的边疆和平在1854年被打破。19世纪中期的中国面临着内忧外患，逐步由封建社会转变成了半殖民地半封建社会，沙俄则趁此时机侵占我国领土，逼签条约。从1854年开始，以穆拉维约夫为首的俄军开始侵犯黑龙江，通过建立移民点、军事点等手段实际占领，逼迫清政府于1858年签订《瑷珲条约》。[2]

《瑷珲条约》对中俄东段边界进行了大调整。根据条约，额尔古纳河一段变成中俄东段边界的西段部分的边界；格尔必齐河源外兴安岭至海一段南移至黑龙江，割让了黑龙江以北60多万平方公里的领土；"由乌苏里江往彼至海所有之地，此地如同连接两国交界明定之间地方，作大清国、俄罗斯共管之地。"[3] 据此，中俄边界向南延伸，黑龙江就成为中俄界河。《瑷珲条约》不仅使沙俄侵占了我国黑龙江以北的大片领土，而且还将乌苏里江以东地区划为中俄共管地，为沙俄进一步侵占乌苏里江以东地区埋下伏笔。

（三）《北京条约》：继续南下以乌苏里江为界

《瑷珲条约》虽然将黑龙江划为中俄边界，然而沙俄却利用该条约将乌苏里江以东地区划为中俄共管地，为其最终达到侵占的目的埋下伏笔。《瑷珲条约》之后，沙俄先占领共管之地后逼迫中国于1860年签订中俄

---

[1] 步平、郭蕴深、张宗海、黄定天：《东北国际约章汇释（1689—1919年）》，黑龙江人民出版社1987年版，第86页。

[2] 参见刘家磊《东北地区东段中俄边界沿革及其界牌研究》，黑龙江教育出版社2014年版，第19页。

[3] 步平、郭蕴深、张宗海、黄定天：《东北国际约章汇释（1689—1919年）》，黑龙江人民出版社1987年版，第90页。

《北京条约》，变共管为独占。条约规定："自乌苏里江口而南，上至兴凯湖，两国以乌苏里江及松阿察二河作为交界。其二河东之地，属俄罗斯国；二河西属中国。自松阿察河之源，两国交界逾兴凯湖直至白棱河；自白棱河口顺山岭至瑚布图河口，再由瑚布图河口顺珲春河及海中间之岭至图们江口，其东皆属俄罗斯国，其西皆属中国。两国交界与图们江之会处及该江口相距不过二十里。"[①] 据此，从黑龙江与乌苏里江的交汇口开始，中俄边界向南延伸，以乌苏里江为界，而黑龙江下游划归俄罗斯，全部在俄罗斯境内。

经过这三个阶段，现代中俄东段边界走向的基本形态已经大致形成，界河段包括黑龙江河南源额尔古纳河、黑龙江上中游、黑龙江支流乌苏里江、乌苏里江支流松阿察河和兴凯湖。黑龙江由此从中国内河演变成了中俄的界河。

侵占黑龙江并不是偶然事件，而是沙俄蓄谋已久的目标。夺取黑龙江的想法甚至可以追溯到彼得一世统治时期，当时就提出要在黑龙江河口建立俄国城市[②]。沙皇伊丽莎白·彼得洛夫娜想要开辟黑龙江航路[③]。为此，沙俄多次派遣"探险队"赴黑龙江进行"考察"。在沙俄看来，黑龙江非常重要，其战略意义在于满足扩张野心和获取东方出海口。

二 在作为边界的黑龙江地区，两国之间的冲突时有发生

将中国东部大片领土划给沙俄的条约签订了，由俄方操纵的勘界也进行了，划定边界并未阻止沙俄对中国侵略的野心。自19世纪70年代起，在西方列强殖民浪潮的影响之下，沙俄在中俄边界仍不断挑衅，黑龙江地区就是一个缩影。

从1858年开始，沙俄就开始多次驶船入侵松花江，勘察地形和非法

---

① 参见王苟《中俄国界东段学术史研究：中国、俄国、西方学者视野中的中俄界东段问题》，中央文献出版社2008年版，附录《中俄北京条约》。
② [俄] E. B. 冈索维奇：《阿穆尔边区史》，黑龙江省哲学社会科学研究所第三研究室译，商务印书馆1978年版，第55页。
③ 翁文灏：《中俄国界史地考》，转引自刘家磊《东北地区东段中俄边界沿革及其界牌研究》，黑龙江教育出版社2014年版，第14页。

绘制地图。19世纪90年代，沙俄筹划在中国东北地区修筑"东清铁路"①，这为俄国船只进入松花江提供了"合理依据"，侵犯我国松花江的航权②。之后，甚至还出现了沙俄在松花江炮击华轮、在海兰泡和江东六十四屯屠杀中国人③的恶性事件。

俄国十月革命之后，苏维埃政府两次发表对华宣言，提出废除俄国前各政府与中国缔结的一切条约，放弃以前从中国人民那里掠夺的中国的土地和租界，将从中国夺得的一切都无偿归还中国④。但由于种种原因，苏联的宣言没有成为现实。1929年，中苏围绕中东铁路发生了冲突。苏联宣布对华断交，扣留在乌苏里江和黑龙江上的中国轮船，摩擦升级为大规模武装冲突。苏联红军袭击并占领历史上属于中国的黑瞎子岛。黑瞎子岛位于黑龙江和乌苏里江的汇合之处，面积300多平方公里。之后，黑瞎子岛曾经多年成为中俄边界历史遗留问题。

新中国成立之初，中苏结为盟友，经历了一段时期的"蜜月"，边界相安无事。至20世纪60年代初，双方关系恶化，直接反映到边界纠纷问题上。苏联在黑龙江、乌苏里江不断挑衅，驱逐、殴打进入这些岛屿的中国居民⑤。中苏从1964年开始就边界问题进行谈判。双方在边境增加武

---

① "东清铁路"是一条"丁"字形铁路，西起满洲里，与俄罗斯后贝加尔铁路相接，东至绥芬河，与南乌苏里铁路相接，支线北起哈尔滨向南至旅顺。中华民国成立后，"东清铁路"改称为"中东铁路"。

② 趁在中国东北修筑铁路之际，中东铁路公司船只几乎霸占整个松花江航运，俄国商船还利用松花江经营客货运输，侵犯我国松花江的航权。

③ 黑龙江左岸的海兰泡和江东六十四屯世代繁衍生息着中国居民，这两个地方因《瑷珲条约》的签订而被划归沙俄。海兰泡被改名为"布拉戈维申斯克"。根据《瑷珲条约》，中国人在江东六十四屯享有居住权，江东六十四屯归清政府管辖。

④ 参见薛衔天等《中苏国家关系史资料汇编（1917—1924）》，中国社会科学出版社1993年版，第87页；姜毅《中俄边界问题的由来及其解决的重大意义》，载《欧洲研究》2006年第2期。后者指出，苏维埃政府在对华宣言中所提到的要废除的旧约并不是所有的条约，其中就不包含那些关于边界和领土的不平等条约。

⑤ 《北京条约》规定了中俄以黑龙江和乌苏里江为东段边界。按照国际规则，河流中岛屿的归属权应取决于其与河流主航道中心线的位置关系。但《北京条约》却并未明确黑龙江和乌苏里江江中岛屿的归属权，致使沙俄和苏联都不承认中国对黑龙江、乌苏里江主航道中心线中国一侧岛屿的归属权。这些岛屿中就包括珍宝岛。

装力量，边界事件不断发生。苏联武装干涉中国边民和渔民的活动，局势不断紧张化。1969年3月，两国在珍宝岛发生了武装冲突。双方都进入了战备状态，所幸冲突并未演化成全面的战争。

总之，《尼布楚条约》（1689）、《瑷珲条约》（1858）、《北京条约》（1860），基本划分和奠定了中俄界河——黑龙江和乌苏里江的基础。这既是历史发展的结果，也是当时中俄两国力量对比和国家关系的写照，还取决于当时的国际形势、国内政治以及民族性格和历史传统诸因素。界河维持了一百多年的相对和平，尽管其中也发生过历史冲突。遗憾的是，中俄两国毗邻而居数百年，边界线漫长，隔河相望，居然没有一座横跨黑龙江界河的公路或铁路相通。这种情况，直到"一带一路"新时代才真正改变。

苏联解体以后，随着国际格局的演变，中俄两国之间的力量对比和国际地位发生了有利于中国的变化，面对正在形成中的国际体系和国际秩序，相同的历史使命和相似的国际处境，在经济全球化、地区一体化的大背景下，人们的观念或主动或被动地发生了变化，不再认为只有博弈、冲突和竞争才是获取国家利益的方式，互利共赢、合作共赢、互让共赢成为中俄双方首先是两国最高领导层之间达成的共识。中俄战略协作伙伴关系节节发展，步步高升。在这种情势下，中俄两国的边界谈判比较顺利，不仅成功地划定了历史上久拖不决的边界，而且运用对半分的方式成功地解决了黑瞎子岛问题。两国的立法机构已经批准有关条约，两国之间的领土问题已经从法律上得到事实上的解决。界河又转而成为两国友好之界、合作之界，体现了历史的沧桑巨变。

第三节 黑龙江：当今中俄的合作之界

20世纪50年代以来，中俄（苏）围绕黑龙江在航行、渔业、开发利用、解决边界遗留问题等方面逐步开展合作，虽然在一段时期内受到双边关系波动的负面影响，但合作仍然是大趋势。

中苏黑龙江合作始于对界河航行的建设、对界河航行权利和安全的保障，双方政府于 1951 年 1 月 2 日签订了《黑龙江、乌苏里江、额尔古纳河、松阿察河及兴凯湖之国境河流航行及建设协定》。这一航行规则之后于 1987 年、1993 年和 2009 年经历了四次修订，最新一版《中俄国境河流航行规则》是目前有效规范中俄界河涉航事务的唯一航行规则。

1956 年，中苏签订《关于中苏共同进行调查黑龙江流域自然资源和生产力发展远景的科学研究工作及编制额尔古纳河和黑龙江上游综合利用规划的勘测设计工作的协定》，这是中苏第一次合作规划利用界河跨界水资源。双方成立了联合考察队和黑龙江流域生产力问题联合学术委员会，目标是调查黑龙江流域的地质构造、植被、气候、水文和矿产等内容，从而研究黑龙江流域的经济发展潜力，为制订开发规划提供参考意见。联合考察队取得了丰硕的成果，制订了多项发展计划，其中包括在黑龙江干流修建梯级水库以防洪和发电的方案[1]。然而，由于中苏关系的破裂，1956 年启动的黑龙江流域考察工作于 1962 年被迫停止。20 世纪 80 年代，随着中苏关系开始缓和，两国之间围绕界河水资源的合作逐渐恢复。为了继续合作规划利用水资源以发电和调洪，中苏于 1986 年成立"中苏关于额尔古纳河和阿穆尔河水资源全面利用规划联合委员会"，开展额尔古纳河和黑龙江界河段的水资源综合合理利用（水力发电、调洪、航行、供水等）和保护（防止污染）的规划[2]。1986—1999 年，中苏双方开展了相关规划，提出了若干水电站建设方案[3]。

1991 年 5 月，中苏签订了《中苏关于国界东段的协定》，这是双方多

---

[1] 包括 Амазарская、Джалиндинская、Кузнецовская、Сухотинская、Благовещенская 水利枢纽工程。参见 Environmental Risks to Sino-Russian Transboundary Cooperation: from brown plans to a green strategy, *WWF's Tradeand Investment Programme Report*, 2011, p. 96。

[2] Sergei Vinogradov, Patricia Wouters, "Sino-Russian Transboundary Waters: ALegal Perspectiveon Cooperation", *Stockholm paper*, Institute for Security and Development Policy, 2013, p. 46.

[3] 经过联合考察和讨论之后，双方于 1999 年提出了若干水电站建设方案，包括黑龙江干流上的漠河、连盏、欧浦、双合站、呼玛、太平沟梯级开发方案和额尔古纳河上的室韦、腰板河、奇乾上坝三个坝段组成的梯级方案。其中，只有太平沟水电站被列入当前的开发计划，且前景暂不明朗。参见贾德香、白建华、梁芙翠《中俄界河水电项目合作开发前景分析》，载《能源技术经济》2010 年第 2 期。

年艰辛谈判的阶段性成果。黑龙江作为两国界河的法律地位得到了确定。然而，这一协定是在搁置了黑瞎子岛和阿巴该图洲渚的归属权的基础上达成的。

此外，黑龙江渔业也是中苏合作的内容之一。1988年，中苏签订了《中苏渔业合作协定》，开启了双方就界河、界湖渔业资源的捕捞、增殖、保护和水产品加工与贸易等方面的全面合作。双方在渔业方面的合作起步较早，在苏联解体之后依然得到延续。

随着苏联的解体，冷战的结束，中俄关系非但没有走下坡路，反而不断攀升。这一趋势表现在中俄围绕黑龙江的合作发展上，双方签订了一系列双边协定，尤其是涉及新领域，建立起了相应的合作机制。

一 双边协定

表10.1列举了苏联解体以来中俄签订的涉及黑龙江合作的协定，内容包含三个方面：黑龙江水面及水面上方（划界、航行、界桥）、黑龙江水体（渔业、防洪）、人类对黑龙江水体利用所产生的影响（生态环境、水污染）[1]。

表10.1　　　　　　　中俄围绕黑龙江签订的双边合作协定[2]

时间	条约	内容	说明
1992年	《关于黑龙江和松花江利用中俄船舶组织外贸运输的协议》	航行	中国获得船只在俄罗斯境内黑龙江下游出海的权利

---

[1] 此处协定内容所包含的三个方面是借鉴王志坚所著《国际河流法》中关于国际河流客体具体内容的分类方法，较全面地反映出了跨界水—人类活动—生态环境之间的互动关系，人类活动通过利用跨界水对生态环境造成一定的影响，反过来，对生态环境的影响又会对跨界水产生一定的影响。与此同时，笔者对《国际河流法》中关于国际河流客体具体内容的三种分类方法进行了改动，把"黑龙江水面上方"也包括在内，因为考虑到中俄之间修建跨黑龙江大桥，这是中俄关系、中俄跨界水合作发展的重要内容之，不可忽略。

[2] 表格内条约参见中华人民共和国外交部：《中华人民共和国条约集》（第四十一集至第五十八集），世界知识出版社；中华人民共和国外交部边界与海洋事务司：《中华人民共和国边界事务条约集（2004—2012年）》，世界知识出版社2013年版；中国外交部网站，http://www.fmprc.gov.cn/web/; Chen Huiping, "The 1997 UNWC and China's Treaty Practiceon Trans boundary Waters", *Water International*, 2013, No.2。

续表

时间	条约	内容	说明
1993年	《中俄国境河流航标管理规则》	航行	明确界河航道中心线两侧航标的设置问题,一改以往江中岛屿航标均由俄方管设的局面,而是双方分别对主航道中心线各自一侧的航标进行设置和管理
1994年	《中俄关于黑龙江、乌苏里江边境水域合作开展渔业资源保护、调整和增殖的议定书》	渔业	继1988年中苏开启渔业合作之后进一步发展
1994年	《中俄环境保护合作协定》	环境保护	协定第2条涉及边境河流水资源综合利用和水体保护、边界自然保护区建设和管理
1994年	《中俄关于船只从乌苏里江（乌苏里河）经哈巴罗夫斯克城下至黑龙江（阿穆尔河）往返航行的议定书》	航行	中国船只在俄罗斯境内黑龙江下游航行
1995年	《中俄关于共同建设黑河——布拉戈维申斯克黑龙江（阿穆尔河）大桥的协定》	界河大桥	中俄第一座界河公路桥,方便两国人员往来和经贸活动,保证和发展两国间可靠与稳定的全年交通
2001年	《中俄睦邻友好合作条约》	边境水体、生态系统	条约第19条涉及公平合理利用边境水体、界河流域的生物资源领域合作
2004年	《中俄东段边界补充协定》	界河遗留问题的解决	在1991年的《中苏关于国界东段的协定》基础上解决了历史遗留争议问题,即黑瞎子岛和阿巴该图洲渚的归属问题
2006年	《中俄关于两国跨界水体水质联合监测的谅解备忘录》	水质监测	2005年松花江污染事件直接促成了联合水质监测
2006年	《中俄国界管理制度协定》	边界管理	协定第4章从整体上规定了边界水的一般规则,包括保护边界生态环境、防止水土流失、防止和控制边界水污染、边界水航行规则、渔业生产、界河河岸防护、边界水信息交换等
2008年	《中俄关于合理利用和保护跨界水的协定》	跨界水合理利用和保护	对跨界水合理利用和保护的范围、内容和方法进行了细化,为中俄进一步跨界水合作提供法律基础
2008年	《中俄关于建立跨界突发环境事件通报和信息交换机制的备忘录》	突发环境事件应急联络	中俄环保合作领域的合作内容之一

续表

时间	条约	内容	说明
2008年	《中俄关于共同建设、使用、管理和维护中国黑龙江省同江市——俄罗斯犹太自治州下列宁斯阔耶居民点区域内黑龙江（阿穆尔河）铁路界河桥的协定》	界河大桥	中俄第一座界河铁路桥，2014年正式奠基，目前已经完工、通车
2014年	《中俄跨界水防洪领域谅解备忘录》	防洪	建立跨界水防洪合作机制
2015年	《关于修订1995年6月26日签署的〈中俄关于共同建设黑河——布拉戈维申斯克黑龙江（阿穆尔河）大桥的协定〉的议定书》	界河大桥	跨江大桥项目取得突破性进展，目前已经完工通车
2015年	《中俄关于在中俄边境黑河市（中国与布拉戈维申斯克俄罗斯之间共同建设、使用、管理和维护跨黑龙江阿穆尔河）索道的协定》	界河索道	第一条跨境索道项目，已完成前期工作，预计明年年底开通运营

由表 10.1 可以看出，自苏联解体以来，尤其是进入 21 世纪之后，中俄围绕黑龙江的合作进展迅速。从条约数量来看，从 1992 年至今，中俄签订的涉黑龙江合作条约就比过去 40 年间中苏签订的条约要多。从合作延续性来看，中俄围绕黑龙江的合作是在连续不断地前进，而中苏合作则出现了一段时期的中止。从合作内容来看，中俄双方合作的重点不仅仅局限于黑龙江跨界水资源的使用，即航行、渔业、水利工程等，还开拓了环境保护的新领域，包括跨界水体水质监测、边界自然保护区建设和管理、边界生态环境保护等。除此之外，存在于黑龙江的边界遗留问题（上文提到的黑瞎子岛和阿巴该图洲渚）得到了彻底解决，跨黑龙江大桥的修建也取得了实质性进展[1]。

二 功能机制

中俄围绕黑龙江的合作机制是复合型合作机制，由几个内容不同、职

---

[1] 关于中俄签署的修建两座界河大桥的协定，属于双方围绕黑龙江合作的内容，所以在表格中列举出来。然而，修建界河大桥只能算作是中俄围绕黑龙江开展的合作项目，并不是合作机制，所以不在下文功能机制部分进行详细分析。

能不同、层面不同的合作机制构成①。根据中俄之间达成的协定，双方成立了相关联合委员会或机制，实施协定和协调工作，促进相互间的信息交换与共享，并在出现分歧或争端时开展对话。合作机制大致包括以下内容。

（一）道路联通

数百年来，中俄隔黑龙江相望，但无公路铁路相通。交通基础设施互联互通，既是丝绸之路经济带建设的基础，也是龙江经济带建设的基础。经过中俄两国政府多年的努力，历经曲折，2020年1月，中俄黑龙江大桥通过验收，已具备通车条件。中俄之间首座跨境铁路大桥——中俄同江铁路大桥近日竣工通车②。天堑变通途，结束了数百年来两国人民"鸡犬之声相闻，不相往来"的交通阻隔局面。

（二）航行合作机制

根据1951年签订的关于黑龙江、乌苏里江、额尔古纳河、松阿察河及兴凯湖之国境河流航行及建设协定，中苏双方成立了中苏国境河流航行联合委员会，负责研究界河的航标设置、航道疏浚、航运基础设施和船舶航行安全等问题，每年由两国轮流举办一次例会。中苏国境河流航行联合委员会经受住了中苏关系变化的考验，于苏联解体后1992年更名为中俄国境河流航行联合委员会，至2022年4月已经举行了63次例会。它是中俄在黑龙江界河方面的第一个也是目前为止持续时间最久的双边合作机制。航行联合委员会中国一方涉及交通运输部、外交部等国家部委和黑龙江、内蒙古自治区两个地方相关政府部门，俄罗斯一方则包括阿穆尔河流域航道航政管理局等。

（三）渔业合作机制

为了实施1988年签订的《中苏渔业合作协定》，中苏双方成立了渔业合作混合委员会，每年召开一次会议。苏联解体之后，双边渔业合作混合委员会得到延续，至2022年4月已召开了30次会议。中俄渔业合作混合委员会中国一方涉及农业部渔业渔政管理局，俄国一方涉及联邦渔业署。经过共同努力，黑龙江水域渔业生产秩序稳定，双方在渔业合作方面

---

① Sergei Vinogradov, Patricia Wouters, "Sino-Russian Transboundary Waters: A Legal Perspectiveon Cooperation", *Stockholm paper*, *Institute for Security and Development Policy*, 2013, p. 45.

② 新浪网，2022年5月6日。

取得良好成效。中俄黑龙江渔业合作较其他领域起步早，但至今仍然具有巨大的潜力可挖。

(四) 环保合作机制

1994年，中俄签署了《中俄环境保护合作协定》，正式开启了双边环保合作进程。《中蒙俄共同自然保护区的协定》和《关于兴凯湖自然保护区协定》的签订表明中俄环保合作的不断扩大。从1997年开始，环保合作的议题相继纳入中俄两国高层会晤机制中，《中华人民共和国和俄罗斯联邦联合声明》《中华人民共和国与俄罗斯联邦睦邻友好合作条约》及《中华人民共和国和俄罗斯联邦总理定期会晤联合公报》都将环保合作作为重要内容①。2006年，中俄签署了《中华人民共和国和俄罗斯联邦联合声明》，据此双方在既有的中俄总理定期会晤委员会框架之下成立了中俄环保合作的长效机制——环保合作分委会，标志着中俄环保合作进入了一个崭新的阶段②。环保合作分委会是两国级别最高的环境保护合作机制，全面规划、指导和促进环境保护方面的双边合作，每年召开一次会议，轮流在中国和俄罗斯举行，于2021年10月召开了第16次会议。基于双方共同商定的优先合作领域③，环保合作分委会在其之下成立了污染防治和环境灾害应急联络、跨界水体水质监测与保护、跨界自然保护区和生物多样性保护三个工作组。环保合作分委会中国一方涉及生态环境部、外交部、发展和改革委员会、自然资源部、水利部、农业农村部、林业和草原局等十个国家部委和内蒙古、黑龙江两个地方政府，俄罗斯一方则包括自然资源与生态部和紧急状态部等部门④。分委会主席由中国生态环境部部

---

① 《周生贤出席中俄总理定期会晤委员会环保合作分委会第一次会议提出建立中俄环保合作长效机制开展环保分委会工作三建议》，http://www.gdep.gov.cn/news/hbxw/201010/t20101008_110780.html。

② 《周生贤出席中俄总理定期会晤委员会环保合作分委会第一次会议提出建立中俄环保合作长效机制开展环保分委会工作二建议》，http://www.gdep.gov.cn/news/hbxw/201010/t20101008_110780.html。

③ 刘宁：《周生贤出席中俄总理定期会晤委员会环保合作分委会第一次会议》，载《中国环境报》2006年9月13日。

④ 《积极行动中的中俄环保合作专访环保部官员刘宁》，http://www.china.com.Cn/news/env/2009-11/19/content_18919535.htm。

长和俄罗斯自然资源与生态部部长共同担任。

（五）合理利用和保护跨界水合作机制

中俄合理利用和保护跨界水联合委员会执行 2008 年签署的《中俄关于合理利用和保护跨界水的协定》的工作，就跨界水资源领域的问题进行商讨并统筹处理，包括联合规划跨界水利用和保护、制定跨界水水质的统一标准、制订预防和应对跨界水突发事件及消除或减轻其后果的计划、研究突发事件所致重大跨界影响的分析和评估方法及救助措施以及促进争议解决①。联合委员会中国一方涉及外交部、水利部、国家环境保护总局等部门和内蒙古自治区、黑龙江省地方政府，俄罗斯一方包括自然资源部、联邦水资源署等部门和相关边境地方政府。联合委员会主席由中国外交部副部长和俄罗斯联邦水资源署署长共同担任。联合委员会轮流在中国和俄罗斯举行会议，每年一次，至今已举行了 8 次。2009 年，在中俄合理利用和保护跨界水联合委员会第二次会议中，双方成立了跨界水质监测和保护、水资源管理两个工作组。

（六）跨界水体水质联合监测合作机制

中俄跨界水体水质联合监测在中俄总理会晤委员会环保合作分委会和中俄合理利用和保护跨界水联合委员会的框架内开展。事实上，早在 2003 年，中国黑龙江省和俄罗斯哈巴罗夫斯克边疆区环保部门已开始对黑龙江和乌苏里江开展联合水体水质监测。2006 年，中俄达成了《中俄关于两国跨界水体水质联合监测的谅解备忘录》，将联合在额尔古纳河、黑龙江、乌苏里江、绥芬河和兴凯湖等跨界水体开展联合监测。联合监测的范围由 2 个跨界水体扩大至 5 个跨界水体，性质由地方行为上升为国家行为。根据此计划，中俄两国成立了跨界水体水质联合监测协调委员会，指导联合监测计划的制订及协调落实。双方各自任命一名联合监测协调委员会主席，由两位主席共同领导委员会。同时成立联合专家工作组，负责商榷联合监测计划实施方案、培训技术人员、协调联合检测中的有关技术问题、起草联合监测计划的年度实施报告。联合监测协调委员会中国一方涉及国家环

---

① 《中俄关于合理利用和保护跨界水的协定》，中国外交部网站，http：//www. fmprc. gov. cn/web/wjb_ 673085/zzjg_ 673183/bjhysws_ 674671/bhfg_ 674677/t708160. Shtml。

境保护部、外交部等部门、国家监测总站和内蒙古自治区、黑龙江省地方环保监测站，俄罗斯一方包括水资源署、自然资源部和生态部、水文气象署等部门和相关边境地方环保监测中心①。联合监测协调委员会和联合专家工作组会议每年轮流在中俄举行。迄今为止，中俄跨界水体水质联合监测协调委员会暨专家工作组会议已举行16次，是中俄环保领域合作中进展最快的一个方面②。2020年新冠疫情暴发，中俄双方克服疫情困难，采取单独监测并互相通报的方式，共同完成了当年的水质监测合作。

（七）跨界突发环境事件通报和信息交换机制

2008年，中俄签订《中华人民共和国环境保护部和俄罗斯联邦自然资源与生态部关于建立跨界突发环境事件通报和信息交换机制的备忘录》，中方由环境保护部牵头，俄方由自然资源与生态部牵头。《中俄跨界突发环境事件通报和信息交换机制的备忘录》是中俄总理定期会晤委员会环保合作分委会在环境突发事件应急联络方面的新进展，加强双方在应对跨界突发环境事件方面的合作，增进互信，避免因信息交流不畅而出现的误会。

（八）防洪合作机制

黑龙江流域洪水频发，历史上曾出现过多次较大和特大洪水，对沿岸中俄两侧均造成严重损失。黑龙江防洪能力较低，一方面，黑龙江干流缺乏大型控制性防洪水利工程；另一方面，干流堤坝的防洪标准较低。中俄两国在防洪方面的合作主要以信息交流、洪峰调节和救灾援助等为主。双方签订的整体框架性协定为防洪合作提供了一定的基础，比如1986年《关于互换黑龙江流域水文情报和预报的备忘录》、2006年的《中华人民共和国政府和俄罗斯联邦政府关于预防和消除紧急情况合作协定》和《中华人民共和国政府和俄罗斯联邦政府关于中俄国界管理制度的协定》、2008年的《中华人民共和国政府和俄罗斯联邦政府关于合理利用和保护跨界水的协定》。2013年发生的黑龙江大洪水，在一定程度上促使中俄加强防洪减灾合作。2014年6月，两国签署了《中俄跨界水防洪领域谅解

---

① 孙平、刘晓丽、徐丹：《中俄跨界水体水质联合监测长期合作若干问题的思考》，载《环境科学与管理》2009年第8期。

② 李平：《让环保合作成为中俄战略协作的典范》，载《中国环境报》2013年7月2日。

备忘录》，建立跨界水防洪合作机制。防洪合作由中国水利部和俄罗斯联邦紧急情况部牵头共同推动落实。

第四节　中俄黑龙江合作：分析和展望

中俄签订了多项涉黑龙江合作协定，并在协定的基础上成立合作机制，可以认为中俄在黑龙江方面是合作的状态。从合作的进展与效果来看，目前中俄黑龙江合作在广度和深度上都有待提升。但推动进一步合作也面临着不确定性和困难挑战。

一　影响中俄黑龙江合作的因素分析

对于黑龙江流域的中俄两国来说，影响跨界流域合作的因素涉及多个方面，包括相对不变的客观地理位置，也包括随着历史演变、经济社会发展而不断变化的需求、能力和观念等。

（一）中俄在黑龙江流域中的地理位置

由前述可知，黑龙江经历了由中国内河到中俄界河的历史演变，界河的法律地位也已经得到了确认。从整个黑龙江流域来看，不能简单地将中俄两国看作是黑龙江界河两侧的沿岸国。作为中俄界河段的黑龙江只有其上游和中游部分，而其下游部分则全部在俄罗斯境内。因此，中俄在黑龙江流域中既有界河沿岸国的"地缘权力对称"关系，还有上下游国家间的"地缘权力不对称"关系[1]。虽然从上下游角度来看，容易出现上游国家的单边行为。但是，从界河的角度来看，中俄两国中任何一个国家对黑龙江中共享水资源的使用行为对另一个国家和它本身都会产生影响，引起的伤害亦然。简言之，中俄两国对其境内黑龙江共享水资源的使用所产生的影响是双向可逆的。与流经上下游国家的跨国界河流相比，界河沿岸国

---

[1] Joanne Linnerooth-Bayer, "Negotiated River Basin Management", *The Management of International River Basin Conflicts*, George Washington University, 1986, pp. 4 – 5. Linnerooth-Bayer 认为，上游国家在洪水控制、水供给和水污染等方面具有明显的优势，即在上下游地缘政治中表现出"权力不对称"。

的特殊地缘位置减少了报复行为和相互作用发生的概率，不但降低了冲突发生的频率①，而且增加了合作的动力②。

（二）中俄对黑龙江水资源的依赖程度

流域国家对共享水资源的依赖程度越大，对共享水资源的竞争就越大。依赖程度取决于多个方面，包括国家境内部分流域面积占共享流域总面积的比例、人口密度、水资源稀缺程度等。黑龙江流域降水丰富，淡水资源充足。黑龙江流域在中俄两国境内的面积相当，仅差2.4%，但流域俄罗斯境内的水文网较发达③，水资源相对丰富，而中国境内河水径流量仅是流域总径流量的约1/3④。随着中俄两国在黑龙江流域各自境内部分的经济和社会生活的不断增加，双方对流域水资源的需求也相应提高。当前，从人口密度来看，整个黑龙江流域人口密度约35人/平方千米⑤，与世界平均人口密度相差不大，不属于人口密集地区；从水资源稀缺程度来看，流域中国境内一侧黑龙江省、吉林省和内蒙古自治区在全国属于轻度和中度缺水地区，黑龙江丰富的水资源有利于缓解这一地区用水紧张；俄罗斯境内一侧除了后贝加尔边疆区的水资源可利用量较低以外，阿穆尔州、犹太自治州、哈巴罗夫斯克边疆区和滨海边疆区的水资源可利用量都较高⑥，在全国都属于淡水资源丰富地区。但值得一提的

---

① S. Dinar, "Assessing Side-payments and Cost-sharing Patterns in International Water Agreements: TheGeographic and Economic Connection", *Political Geography*, 2006, No. 4, p. 429.

② G. Le Marquand David, *International Rivers, the Politics of Cooperation*, University of British Columbia Westwater Research Center, 1977, p. 9.

③ B. Voronov, *The Amur basin ecosystem: state and main possibilities of its stabilization*, Ministry of Natural Resources of the Russian Federation, Moscow, 2007.

④ М. В. Болгов, Демин А. П., Шаталова К. Ю., Российско-Китайское сотрудничество в области использования и охраны трансграничных водных объектов: опытипроблемы//Использование и охрана природных ресурсов в России, 2016, No. 2. C. 92. Voronov, B., *The Amur basin ecosystem: state and main possibilities of its stabilization*, Ministry of Natural Resources of the Russian Federation, Moscow, 2007.

⑤ http://wwf.panda.org/what_we_do/where_we_work/amur_heilong/threats_amur_heilong/.

⑥ Economic Instruments for Water Resources Management in the Russian Federation, OECD Publishing, p. 13.

是，俄哈巴罗夫斯克州人口70％的饮用水和家庭用水来自黑龙江[1]。

（三）中俄相对权力状况

各沿岸国家之间的相对权力主要是指抵御其他国家武力行为以保护水资源的能力或者通过武力行为来获取水资源的能力[2]。在中俄关系发展的不同时期，两者关于黑龙江水资源的相对权力发生过变化，这更多取决于两国的综合实力。从经济实力来看，中国是世界第二大经济体，2021年的GDP达到17.7万亿美元，占世界经济的比重超过了18％；俄罗斯2021年的GDP总量为1.78万亿美元，还不及中国的广东省或江苏省的GDP总量。因为中国一直奉行和平共处、互利共赢的原则，所以即便有经济实力的较大差距，中俄关系还是能够保持稳步提升。从军事实力来看，虽然中俄两国在不同领域有各自的相对优势，但都为世界核大国、常规武器大国，所以，在军事相对权力方面处于比较平衡的状态。不过近年来，俄罗斯在远东地区加大武器部署，增强在远东的军事力量。2016年，俄罗斯部署在俄阿穆尔州的"苏－35"战略轰炸机已经率先升级了空对空导弹[3]，在远东地区已经部署"堡垒"战略导弹[4]；2017年，俄罗斯远东部署S－400防空导弹，这是俄罗斯第四代最新型防空导弹系统；2020年，俄罗斯在远东楚科奇地区的阿纳德尔空军基地部署MiG-31高速截击机，等等。

（四）中俄对黑龙江的治理模式

中俄两国对黑龙江的合作正式启动于20世纪50年代，在航行、渔业、开发利用、边界管理、生态环境保护、跨界水体联合监测等方面签订了一系列条约，并成立了相应的联合委员会。这样的合作模式为中俄

---

[1] Natalia Pervushina, "Water Management and Use in the Amur-Heilong River Baisn: Challenges and Prospects", *Environmental Security in Watersheds: The Sea of Azov*, 2010, p. 230.

[2] 李昕蕾:《冲突抑或合作：跨国河流水治理的路径和机制》，载《外交评论》（外交学院学报）2016年第1期。

[3] Истребители Су-35 на Дальнем Востоке получили новые ракеты, https://lenta.Ru/news/2016/04/04/rakety/.

[4] В августе на Дальнем Востоке поставят на боевое дежурство ракетный комплекс "Бастион", http://www.arms-expo.ru/news/vooruzhenie_i_voennaya_tekhnika/v_avguste_na_dalnem_vostoke_postavyat_na_boevoe_dezhurstvo_raketnyy_kompleks_bastion_/.

两国更加合理、科学地治理黑龙江奠定了基础。双方在黑龙江问题上开展的积极合作，有效地弱化了黑龙江出现的跨界问题。缺乏共同治理的模式是我国东南部、南部地区跨界河流问题比黑龙江问题突出的重要因素[①]。

（五）中俄整体关系

流域国家间的整体关系状态并不能决定相关国家间的涉水关系，但却可以产生一定的影响。尤其是黑龙江牵涉领土主权问题，关乎国家安全和国家根本利益，容易导致零和博弈，引发中俄两国在黑龙江地区的纠纷。如果流域国家间的整体关系紧张，固有冲突严重，水资源问题则很容易成为流域国家间发生冲突的借口，流域国家也倾向于采取强硬的态度处理水资源纠纷；相反，如果国家间整体是和平的关系状态，则倾向于采取协商合作的方式解决水纠纷[②]。由黑龙江从中俄争议之边演变为合作之界的历史过程可知，中俄（苏）关系的确对双方围绕黑龙江的互动产生着影响。黑龙江是中俄关系的风向标：当双方关系动荡不稳时，黑龙江地区则是利益碰撞带，充当争议的前线阵地；当双方关系良好稳定时，黑龙江则为合作提供舞台。

由此可知，中俄在黑龙江地区的地缘位置、对共享水资源依赖程度、相对权力和双边整体关系促使两国涉水关系趋向于合作，而实践证明双方围绕黑龙江确实已经形成了一定水平的合作模式。然而，影响中俄两国涉水关系状态的因素并不是一成不变的，而是会不断变化，包括中俄两国对黑龙江共享水资源的依赖程度、中俄相对权力的状态以及中俄整体关系的走势。

二 两国合作存在的问题

（一）合作优先方向不同

中俄对黑龙江的需求不同，导致了双方在黑龙江合作优先方向上出现分歧。黑龙江中国一侧在全国属于水资源缺乏地区，中国近黑龙江地

[①] 李志斐：《中国跨国界河流问题影响因素分析》，载《国际政治科学》2015年第2期。
[②] 李志斐：《水与中国周边关系》，时事出版社2015年版，第17、37页。

区对用水需求较大,因此,对流域生态环境和水能开发利用同样关注,也往往容易被外界误认为中国首要关注界河水开发而忽略生态环保[①]。相反,俄罗斯近黑龙江地区不存在供水不足问题,又因黑龙江下游全部在俄罗斯境内,所以,俄罗斯特别关注水污染问题,认为当前面临的最主要问题是水质问题[②],在黑龙江合作上重生态环保而轻开发利用。这一点从俄罗斯发布的《2020年水战略》报告中就可以看出,保证人口和经济的充足优质水资源以及防治水污染是俄罗斯水战略的优先发展目标[③]。

(二) 不同合作领域发展参差不齐

中俄围绕黑龙江的合作基本涵盖了跨界河流合作的大部分领域,然而这些领域的合作状况却参差不齐。航行和渔业领域的合作起步早且进展稳定;边界谈判和跨界水体水能开发的合作起步早却进展曲折,其中边界谈判最终达成一致,而跨界水体利用合作前景不明朗;跨界生态环境保护领域的合作起步晚却进展最快。目前,中俄双方在航行、渔业、环境保护、跨界水体水质监测、突发环境事件通报和信息交换、防洪方面建立起了不同程度的合作机制。

(三) 合作法律机制不够完善

中俄已经达成了一系列涉及黑龙江的协定,为双方在该领域的合作提供了一定的法律基础,但却未签订专门针对黑龙江合作的协定。与目前在国际社会中获得广泛认可和影响力的国际多边涉水公约1966年的《赫尔辛基规则》、1992年的《跨界水道和国际湖泊保护与利用公约》和1997

[①] Natalia Pervushina, "Water Management and Use in the Amur-Heilong River Basin: Challenges and Prospects", *Environmental Security in Watersheds: The Sea of Azov. Springer*, 2010, p. 231; Воронов Б. А., Мандыч А. Ф., Махинов А. Н., Современность и вероятное будущее Амура и связанных с ним экосистем//Регионы нового освоения: ресурсный потенциал и инновационные пути его использования: сб. докл. конф. С междунар. Участием (Хабаровск, 19 – 22 сент. 2011г.): Хабаровск, 2011.

[②] Vladimir P. Karakin, "Transboundary water resources management on the Amur River: competition and cooperation", *Environmental Risks to Sino-Russian Transboundary Cooperation: from Brown Plans to a Green Strategy*, 2011, p. 86.

[③] Водная стратегия Российской Федерации на период до 2020 года.

年的《国际水道非航行使用法公约》[1]相比，中俄之间签订的黑龙江涉水协定就显得过于简单，表现为条款数目少，条款内容粗略，还存在内容缺失[2]。比如，2008年的《中华人民共和国政府和俄罗斯联邦政府关于合理利用和保护跨界水的协定》只规定"在考虑经济、社会、人口等因素的基础上公平合理利用和保护跨界水"，然而评判公平合理利用跨界水的标准并不明确，这就为日后的纠纷留下隐患，这对于两国在跨界水资源的合作方面甚至两国关系来说构成了隐患，前车之鉴就是中印之间的雅鲁藏布江跨界水资源纠纷[3]；俄罗斯前自然资源与生态部部长尤里·特鲁特涅夫（Юрий Трутнев）认为，虽然《中华人民共和国政府和俄罗斯联邦政府关于合理利用和保护跨界水的协定》倡导跨界水资源可持续管理和保护，但这个协定主要关注点却是跨界水体水质监测[4]。

（四）合作落实程度不足

中俄两国围绕黑龙江跨界水资源问题在战略层面签署了一系列协定并建立了相应合作机制。合作协定的内容需要相应合作机制中的各专门委员会进行具体落实和执行[5]。然而，中俄各专门委员会在对跨界水利用和保护上存在着认识和标准的差异，影响合作的落实效果。比如，2008年的

---

[1] 1966年的《赫尔辛基规则》、1992年的《跨界水道和国际湖泊保护与利用公约》和1997年的《国际水道非航行使用法公约》，为规范国际淡水资源利用和保护提供了依据和规范。中俄两国都没有加入这些国际多边涉水公约，但中俄黑龙江合作所遵循的原则与国际多边涉水公约的规则一致，比如"公平合理利用""不造成重大损害""合作""防止、控制和减少任何跨界影响""和平解决争端"等原则。比如，2006年的《中俄国界管理制度协定》提到了"预防和减少边界水的跨界影响"；2008年中俄签订的《中华人民共和国政府和俄罗斯联邦政府关于合理利用和保护跨界水的协定》明确写道："采取联合行动""公平合理利用跨界水""开展合作"。

[2] Chen Huiping, "The 1997 UNW Cand China's Treaty Practiceon Transboundary Waters", *Presented at the UNWC Global Symposiumin University of Dundee*, 10 – 14th June 2012, p. 22.

[3] Patricia Wouters, "China's Soft Path to Transboundary Water Cooperation Examinedin the Light of Two UN Global Water Conventions-Exploring the 'Chinese Way'", *The Journal of Water Law*, 2011, p. 240.

[4] Vladimir P. Karakin, "Transboundary water resources management on the Amur River: competition andcooperation", *Environmental Risks to Sino-Russian Transboundary Cooperation: from Brown Plans to a Green Strategy*, 2011, p. 87.

[5] 周海炜、郑莹、姜骞：《黑龙江流域跨境水污染防治的多层合作机制研究》，载《中国人口·资源与环境》2013年第9期。

《中华人民共和国政府和俄罗斯联邦政府关于合理利用和保护跨界水的协定》中合作内容部分第 12 条提到，共同开展科学研究，制定统一的跨界水水质标准、指标。然而，中国的生态环境部和俄罗斯的水资源署在水质标准上存在着明显的差异，俄罗斯的水质标准较中国更严格，这种差异阻碍了跨界水开发和利用项目的开展，也不利于对界河黑龙江水资源的保护[①]。到目前为止，中俄双方还并未制定统一的水质标准。

（五）中俄毗邻地区经济基础薄弱

中方积极主动推动双方合作开发利用和保护黑龙江，而俄方在这方面却表现出动力不足。其中一个重要原因是，俄罗斯远东地区本身存在经济发展落后和基础设施薄弱的问题。21 世纪之前，尽管俄罗斯（苏联）政府出台了关于远东地区发展的政策《1996—2005 年俄罗斯联邦远东及外贝加尔地区经济社会发展专项规划》，但并未得到有效落实。进入 21 世纪，俄罗斯增加了对远东地区的重视程度。俄罗斯联邦政府于 2007 年 11 月 21 日批准了在 1996 年规划基础上修改后的《远东及外贝加尔地区 2013 年以前经济社会发展联邦专项规划》，后于 2009 年又批准了《2025 年前远东和贝加尔地区经济社会发展战略》，将远东和贝加尔地区纳入国家的长期发展战略中。然而，预期的区域经济快速增长并没有出现[②]。我国东北也面临着经济发展迟缓的困境，近年来东北三省的 GDP 总量在全国 31 个省、自治区、直辖市的排名中逐步滑落，2021 年黑龙江省、吉林省和辽宁省的排名分别为第 25 名、第 26 名和第 17 名；东北三省的 GDP 增速在全国的排名也不尽理想，尤其是吉林省的排名多为倒数。

三　前景分析和展望

中俄围绕黑龙江的合作进展是中俄关系不断改善和提升的产物。那么，中俄黑龙江合作发展前景如何？应该说是积极乐观的。

[①] 卞锦宇、耿雷华、田英：《中俄水质标准的差异及其对我国跨界河流开发与保护的影响》，载《中国农村水利水电》2012 年第 5 期。

[②] 殷红：《建立东北地区对俄合作协调机制的必要性及可行性分析——基于俄罗斯远东国际合作地区协调机制的经验》，载《东北亚论坛》2012 年第 1 期。

（一）中俄战略协作伙伴关系进一步发展

近年来，国际形势的演变，尤其是美国对外战略的调整，在一定程度上影响着中俄关系的走向。从特朗普政府到拜登政府，美国一直视中国为竞争对手。特朗普政府发起对华贸易战，拜登政府在全球范围、多个领域同步组建反华联盟。美俄关系因为北约东扩不断恶化，俄罗斯被拜登政府视为最大的威胁，尤其是2022年2月俄罗斯采取特别军事行动之后，俄罗斯与美西方之间的对抗急剧升级。美国与其他西方国家形成大范围的空前"团结"，同时将中俄进行"捆绑"。可以说，国际形势作为外力，推动正处于历史最好时期的中俄关系继续深化发展。当前，世界经济增长依然疲弱，经济全球化遭遇逆流，大国博弈日趋激烈，单边主义、保护主义、霸权主义对世界和平与发展构成威胁，同时全球治理体系正在发生深刻转变，这都需要中俄两个大国密切战略协作，共同努力推动世界多极化，推动国际秩序和全球治理朝着更加公平合理的方向发展。这为双方在黑龙江的合作提供和谐的大环境。

（二）丝绸之路经济带与欧亚经济联盟对接

2013年习近平主席提出了"丝绸之路经济带"的倡议，其中包括建设中蒙俄经济走廊，加强铁路、公路等互联互通建设，推进运输便利化，开展旅游、媒体、环保、减灾救灾等领域务实合作[1]。对中国的"丝绸之路经济带"倡议，俄罗斯的态度从起初的不理解、怀疑甚至担忧逐渐发展到现在的认同、接受和支持。2015年中俄发表联合声明，表示"丝绸之路经济带"建设和俄罗斯主导的欧亚经济联盟建设进行对接合作。将中俄黑龙江合作与区域合作、地区发展相结合，以地区发展带动跨界水资源合作，有利于黑龙江流域相关基础设施的完善和节水环保技术的交流，反过来又以黑龙江合作为地区发展提供支持。中国通过亚投行和丝路基金来创造资金、设备等条件，带动中俄在跨界水资源领域的合作，互利共赢。当然，即便如此，俄罗斯对中国仍然存在担忧和疑虑。在黑龙江问题上，中俄毗邻地区的发展会增加对黑龙江水资源的需求，同时也会产生黑龙江的生态污染问题，所以需要处理好发展与水资源、环境保护之间的关

---

[1] 《习近平出席中俄蒙三国元首会晤》，新华网，2014年9月11日。

系，实现丝绸之路经济带与欧亚经济联盟建设的绿色对接。

(三) 中国振兴东北与俄罗斯开发远东战略对接

远东地区对沙俄帝国、苏联及今天的俄罗斯有着特殊意义，是总在开发，但又达不到发展理想水平的地区。苏联解体后，新独立的俄罗斯就制订多项远东地区开发规划，但由于种种原因，都成为一纸空文。今天的远东地区经济弱之又弱、衰之又衰，与俄欧洲地区形成"二元结构局面"、已经成为俄罗斯再次崛起的"软肋"。鉴于此，重视远东，开发远东，使远东经济并入国家经济发展轨道，是普京政府远东战略的重要出发点之一。相比之下，我国东北地区也面临此类困境。东北地区的经济在经历了近30年的兴盛期后，从20世纪80年代开始出现衰退。今日，东北经济逐渐成为我国进一步深入改革开放的"破题点"之一。在此背景下，中俄双方就东部毗邻地区共同发展达成了一致，共同签订了《中华人民共和国东北地区与俄罗斯联邦远东及东西伯利亚地区合作规划纲要 (2009—2018)》（以下称《合作规划纲要》），实现中国振兴东北和俄罗斯开发远东两大发展战略对接。《合作规划纲要》中多项内容涉及中俄围绕跨界水资源合作，包括进行保护跨境水体合作、落实界河流域环保方案和共同建立并维护界河流域自然保护区等[①]。与中国合作共同发展东部毗邻地区，是俄罗斯决心实质性大力发展远东地区的表现。俄罗斯将远东和贝加尔地区纳入国家长期发展战略中，2012年成立了具有开创意义的远东发展部[②]，2013年提出建设远东经济超前发展区，目前已设立9个。俄还设立远东发展

---

① 《中华人民共和国东北地区与俄罗斯联邦远东及东西伯利亚地区合作规划纲要 (2009—2018)》。其中，第8部分第1条规定，黑龙江省政府和阿穆尔州政府进行保护跨境水体合作，在双方法律框架内交换环保领域技术，环境监控技术方法，开展联合行动保护边境地区生态多样性。第8部分第3条规定，黑龙江省政府和外贝加尔边疆区政府的合作，落实《黑龙江/阿穆尔河流域综合治理》环保方案。第8部分第4条规定，黑龙江省政府和哈巴罗夫斯克边疆区政府合作，组织和进行水体表面和水体生态资源的联合监控，为保护跨境水系生态系统，建立并维护共同自然保护区的运作。第8部分第5条规定，黑龙江省政府和萨哈林州政府合作，在环保领域（水资源、大气）交换信息和交流工作经验。

② 俄远东发展部从经济发展部分出来，目的是围绕远东地区社会经济发展，协调跨部门、跨地区、跨行业工作。但是，其具体业务还未从经济发展部完全交割出来。也就是说，目前的经济发展部是"一套班子、两块牌子"。由此可见，俄远东开发的行政组织工作还有待完善。

部，举办东方经济论坛。俄罗斯对远东地区的优先发展，将有助于解决这一地区存在的投资吸引力小、基础设施薄弱和行政手续复杂等问题。这无疑将进一步加大中俄双方在东部毗邻地区的合作，也为双方加强围绕黑龙江跨界河流的合作提供了可能。

（四）中俄加强绿色发展合作

绿色发展是世界经济发展的长远之策，目的是实现经济社会发展和生态环境保护协调统一。中国作为发展中国家，在助力全球绿色转型方面主动担当作为，实施"双碳"战略，探索经济绿色转型方式，推动全球绿色治理体系改革。俄罗斯也重视绿色发展，提出了"双碳"目标，出台了《2050年前俄罗斯联邦温室气体低排放社会经济发展战略》，以期通过转变经济方式来提高国家实力。中俄两国在推动气候治理、推动能源低碳绿色转型方面已经开展了双边和多边合作，也商定了深化绿色发展领域的投资合作，所以，绿色发展将成为中俄新时代合作的底色，这为两国继续围绕黑龙江开展跨界水资源和生态保护合作奠定了基础，为两国突破传统合作提供着力点，也为两国加快中蒙俄经济走廊绿色低碳发展合作、打造绿色丝绸之路提供动能。

（五）中俄借助黑龙江打造互联互通

2014年，为了贯彻推行"丝绸之路经济带"建设，黑龙江省提出了构建黑龙江陆海丝绸之路经济带（"龙江丝路带"）的设想，后被正式纳入"一带一路中蒙俄经济走廊"。"黑龙江陆海丝绸之路经济带"是一条横跨亚欧、联结陆海的国际物流通道，向北、向西陆路可经俄罗斯通往欧洲抵达波罗的海沿岸，向东可通过俄方港口经海路抵达日本和韩国[①]。互联互通是推动"黑龙江陆海丝绸之路经济带"的重要基础，其中黑龙江扮演着重要的角色。一方面，修建跨黑龙江大桥来贯通中俄之间的南北向交通运输通道[②]。中俄已经建成并开通了跨黑龙江大桥的铁路和公路两座大桥。其中，同江—下列宁斯阔耶界河铁路大桥于2008年立项，2014年

---

① 张效廉：《贯彻"一带一路"战略推进"龙江丝路带"建设》，载《学习与探索》2015年第11期。

② 中俄在黑龙江地区的往来运输以船运为主。受气候影响，黑龙江干流冰封期较长，最长至每年6个月，因而船运受限。2007年起，黑龙江省通过搭建跨江浮箱固冰通道以破解冰封限制。

2月正式奠基，已于2023年4月正式开通；2015年，中俄签署协议合作修建黑河—布拉戈维申斯克黑龙江大桥，到2023年6月，这座筹划修建长达27年的大桥正式通车。除此之外，列在黑龙江界江大桥建设计划之内的还有洛古河大桥。另一方面，借助全部在俄罗斯境内的黑龙江下游打造江海联运，将黑龙江省腹地的货物通过俄罗斯境内黑龙江下游段运往我国沿海及日、韩等，实现江船与海船的对接联运，不仅可以打破黑龙江水系的封闭格局，还可以缓解铁路压力、降低运输成本、扩大贸易①。跨黑龙江大桥和中俄江海联运结合起来，将在中俄东部毗邻地区形成一条依托黑龙江、贯通南北、辐射东西的交通运输网和国际贸易通道，黑龙江南侧与中国东北地区连接，沿东三省交通网延至全国，北侧与俄罗斯远东地区连接，向西沿西伯利亚大铁路穿越俄罗斯西部进入欧洲，向东沿黑龙江或经陆地通向东方出海口。因此，"龙江丝路带"在一定程度上提升了中俄围绕黑龙江合作的必要性和重要性。

总的来说，当前的国际形势、中俄关系及共建"一带一路"与欧亚经济联盟对接，为双方深化围绕黑龙江的合作提供利好条件，同时合作的深化也能成为中俄关系进一步发展的助推力。未来中俄就黑龙江的合作将超越单纯的跨界水资源领域，而是将水资源问题与次区域发展问题结合起来。以黑龙江作为抓手，通过跨界水资源开发和利用合作，为中国东北地区和俄罗斯外贝加尔、远东地区共同发展提供"水动力"；以跨国界河流为依托，南北贯通中国和俄罗斯，将界河黑龙江打造成横跨亚欧的国际交通和贸易枢纽，促进整个东北亚地区的经济繁荣。共建"一带一路"又为这一结合提供了良好的政策和资金支持。如此一来，中俄之间的经贸合作加强则有助于改善当前"政热经冷""官热民冷"的局面，为中俄战略

---

① 朱晓峰：《黑龙江水系江海联运发展策略》，载《水运管理》2008年第2期。1992年的《关于在黑龙江和松花江利用中俄两国船舶组织外贸货物运输的协议》和2004年的《关于中国船舶经黑龙江俄罗斯河段从事中国沿海港口和内河港口之间货物运输的议定书》为黑龙江江海联运提供政策支撑。从1992年以来，江海联运已经得到了16年的实践，包括国际、国内两条航线，国际航线是：名山港—抚远港或尼古拉耶夫斯克港（换装）—日本酒田港，国内航线是：同江港—尼古拉耶夫斯克港（换装）—温州港。但目前江海联运运量较小，还未实现常态化，需要进一步发展。

协作伙伴关系的深化提供推动力。虽然跨界河流问题属于低级政治范畴，在国际政治中未必起到决定性的作用，但黑龙江合作为研究中俄关系提供了一个独特的新视角①。

黑龙江是我国与俄罗斯地缘关系最紧密的河流和省份。在推动黑龙江地区合作方面，我们应更加主动、智慧地开展水外交，实现黑龙江流域整体可持续发展，照顾俄罗斯方面合理关切和利益，寻求共同利益、相似利益以及利益的最大公约数，最大限度降低跨界水资源对深化中俄战略协作伙伴关系的负面影响。同时，加强中俄毗邻地区经济合作和人文合作，最大限度减少"中国威胁论"对跨界水合作的负面影响，让俄罗斯理解我国在黑龙江合作中所秉持和倡导的"互惠互利""共同发展"理念。黑龙江界河两边的中国东北与俄罗斯远东地区的对接合作，可以做成共建"一带一路"与欧亚经济联盟对接合作的特色部分，亮点部分，优先部分，同时共同构成崛起中的亚太经济圈的重要组成部分，命运与共，联动发展。界河是中俄两国关系的风向标和晴雨表。

我们相信，既然中俄关系可以成为大国关系的典范，黑瞎子岛平分模式也是国家间解决领土争端的典范，那么，黑龙江合作也可以成为中俄共同发展的一个助力点、中俄经济合作的一个增长点，也为中国与共建"一带一路"国家在跨界水资源领域的合作树立一个典范。"龙江丝路带"作为一条国际贸易的物流带，一条要素集聚的产业带，一条互利共赢的开放带，为黑龙江的发展和中俄边界地区合作打开了巨大的空间。

---

① 跨界河流水资源属于低级政治范畴，但却往往不能完全脱离于高级政治。马丁（Martin）、艾哈迈德（Ahmed Abukhater）等学者认为，跨界水资源属于低级政治，但是可能对高级政治领域产生影响，比如增加高级政治领域的协调、合作和妥协；阿伦（ArunP. Elhance）等学者认为，无法将跨界水资源纯粹归类于高级政治或低级政治问题，它同时存在于高级政治和低级政治领域，在一定条件下可能从低级政治问题转化成高级政治问题。在中俄关系中，黑龙江历史上与边界主权问题联系在一起，甚至引发了双方的军事冲突，但随着边界主权争端问题的解决，当前黑龙江似乎更多是一个低级政治问题。

第十一章　中俄共建"冰上丝绸之路"的地缘政治经济分析

"冰上丝绸之路"① 是中俄两国共同倡导、推动和建设的。两国力图抓住北极发展的历史机遇，发挥两国睦邻友好的地缘政治经济的优势，合作共建"冰上丝绸之路"，促进中俄两国经济发展，提升两国在北极和亚欧地区的影响力，为发展中俄关系开辟新的"增长点"。中俄共同倡议、共同建设的"冰上丝绸之路"，在北极东北航道利用、北极资源开发、北极基础设施建设、北极联合科考等领域展开卓有成效的合作，在国内外产生了深远的影响。本章力图从地缘政治经济学的视角，对中俄共建"冰上丝绸之路"的优势和障碍进行深入探究，并提出相应的政策建议。

第一节　国际关系研究中的地缘政治经济学视角

地缘政治经济学作为一门新理论，其与地缘政治学和地缘经济学的发展密切相关。从学术谱系来说，地缘政治学比地缘经济学发展早，地缘经

---

① 中方称其为"冰上丝绸之路"，是想纳入中国"一带一路"倡议总体规划。俄罗斯官方主动倡议、邀请中国共建"冰上丝绸之路"，截至目前，从未有过变化。但俄学术界则存有异议，特别是在对该建设工程的称谓和主体方面。其中有一种观点认为应称"北方航道"，以体现俄罗斯的主导性。在《中华人民共和国和俄罗斯联邦关于〈中俄睦邻友好合作条约〉签署20周年的联合声明》中使用的是"北方海航道"一词。

济学是在地缘政治学基础上发展起来的。1899 年，鲁道夫·契伦（Johan Rudolf Kjellén）首次提出"地缘政治学"的概念，之后海权论、陆权论、边缘地带论、战略区理论等相继出现，尽管第二次世界大战后有短暂的消沉，但 20 世纪 70 年代起重新有所发展。在冷战结束后，两极格局解体，经济全球化、一体化快速发展，世界经济治理问题逐渐凸显，地缘政治学理论无法对此进行深入解释。在此背景下，爱德华·卢特沃克（Edward N. Luttwak）、理查德·所罗门（Richard H. Solomn）等欧美学者提出了把经济利益、经济关系作为分析国际问题的主轴，强调经济因素对国家战略的影响，地缘经济学诞生。随着全球化的进一步加强，全球问题日益复杂，单一的地缘政治或经济视角很难对其进行全面深入的解释。1994 年乔治·德莫克（George J. Demko）和威廉·伍德（William B. Wood）进一步将地缘政治与经济发展进行结合，提出了地缘政治经济学的概念[①]。自地缘政治经济学提出以来，受到了国内外学者们的广泛关注。泰勒·彼得（Taylor Peter）指出地缘政治经济学旨在将政治和经济过程纳入权力的空间表达中[②]。格卢申科（Глущенко В. В.）认为，地缘政治经济学要结合地缘政治和全球经济的结构要素，从地缘政治与地缘经济活动紧密的、系统的联系角度来进行分析。[③] 我国一些学者已开始引入这一概念。例如，任洪生指出地缘政治经济学研究"在特定区域内，经济战略和政治权力之间的关系"[④]。渠立权、洪菊花等指出地缘政治经济学研究"在特定国际区域内，经济战略和政治权力相互作用及影响"[⑤]。

---

① George, J. Demko, William, B. Wood, *Reordering the World: Geopolitical Perspectiveson the Twenty-First Century*, Westview Press, 1994.

② Taylor, Peter, J. Bookreviews-Reordering the World: Geopolitical Perspectiveson the Twenty-First Century edited by George J. Demko and William B. Wood, *Economic Geography*, 1996（1）：87.

③ Глущенко В. В., *Метод и ческие аспекты развития геополитической экономики в условиях выхода из глобального кризиса*, Международный научно-исследовательский журнал, 2015（9）：24－31.

④ 任洪生：《论地缘政治经济学研究的核心概念———一个分析框架的提出》，《中国政法大学学报》2016 年第 6 期。

⑤ 高德步、刘文革、邵宇佳：《世界经济新格局与中国特色地缘政治经济学理论——第四届地缘政治经济学论坛综述》，《经济研究》2018 年第 10 期。

所谓地缘，是指在特定的地理空间范围内，用来表示国家间、地区间在政治、经济、文化等领域的相互关系，以及政策和地理背景间关系的特定概念，是地理缘故、地理缘由的总称。地缘政治经济学，则是将国际政治与地理、经济因素结合起来，研究政治关系中的地理、经济等因素，以及地理、经济因素在国际关系中的影响。

地缘政治经济学研究包括三个层面：一是从地理、生态关系的视角，地缘政治经济学强调自然资源、地理区位、基础设施等因素的重要性，认为地理因素是进行政治、经济分析的基础；二是从经济层面关系的视角，地缘政治经济学强调地缘经济关系、经济战略、经济利益对于国际政治、国际关系的影响；三是从政治层面关系的视角，地缘政治经济学强调地缘政治关系、政治权力、军事权力的重要性，探究其对地缘经济、国际关系走势的影响。

总体来说，经济是政治的基础，政治是经济的集中表现。地缘经济学是在地缘政治学的基础上发展起来的。地缘政治和地缘经济是同一个本质问题的两个方面，殊途同归。但既然是地缘政治经济，一般会涉及地理变量和技术变量。地理变量包括自然地理和人文地理，而技术变量包括物质技术和组织技术。随着"一带一路"倡议的提出，地缘政治经济学受到了国内越来越多学者的关注，相关研究逐渐增多，不断朝着理论化、体系化的方向发展，是分析"冰上丝绸之路"建设有用的视角和工具。

第二节 中俄共建"冰上丝绸之路"地缘政治经济优势

一 共建"冰上丝绸之路"的发端

随着北极地区地缘价值凸显，中俄两国政府高度重视北极地区的发展。俄罗斯政府早在2013年颁布了《2020年前俄罗斯联邦北极地区发展和国家安全保障战略》，首次系统阐述了北极战略，确定了北极发展的优先方向，指出要完善北方海航道的基础设施。2014年发布《2020年前俄罗斯联邦北极地区社会经济发展规划》，但由于2014—2016年间经济低迷，政府财政预算不足的原因，项目进展受到影响，2017年，俄罗斯对该规划进行了调整，将完成时间延长到了2025年[1]。在欧美经济制裁、中俄关系密切发展的背景下，俄罗斯希望加强和中国在北极地区的合作，促进北方海航道的开发，完善基础设施。2017年5月，俄罗斯总统普京在"一带一路"国际合作高峰论坛上明确表示，"希望中国能利用北极航道，把北极航道同'一带一路'连接起来"[2]，中方对此予以积极回应。同年6月份，中国政府发布了《"一带一路"建设海上合作设想》，阐明21世纪"海上丝绸之路"的三个重要方向，其中包括"积极推动共建经北冰洋连接欧洲的蓝色经济通道"[3]。2017年7月，中俄发表了《关于进一步深化全面战略协作伙伴关系的联合声明》[4]，指出要加强中俄在北方海航道开发建设、资源勘探、联合科考、环境保护、极地旅游等方面的合作。2017年12月，俄罗斯总统普京正式邀请中国参与建设"冰上丝绸之路"，打造北极的交通走廊。2018年《中国的北极政策》白皮书明确指出"中国愿依托北极航道的开发利用，与各方共建'冰上丝绸之路'"[5]。2019年6月，中俄发表《中华人民共和国和俄罗斯联邦关于发展新时代全面战略协作伙伴关系的联合声明》，再次强调"扩大北极航道开发利用以及北极地区基础设施、资源开发、旅游、生态环保等领域合作"。[6] 2021年6月，两国发表《中华人民共和国与俄罗斯联邦睦邻友好合作条约》签署20周年的联合声明，明确指出"在互利和尊重沿线国

---

[1] ВРФ утверждена новая ред акция программы по развитию Арктики, Regnum, (2017-09-07) 2019-11-15, https://regnum.ru/news/economy/2318642.html.

[2] 刘少华、吕安琪、蔡珍梦：《向北打造"冰上丝绸之路"》，人民日报海外版，http://paper.people.com.cn/rmrbhwb/html/2018-02/14/content_1836859.htm。

[3] 《"一带一路"建设海上合作设想》，中华人民共和国中央人民政府官网，http://www.gov.cn/xinwen/2017-06/20/content_5203985.htm。

[4] 《中华人民共和国与俄罗斯联邦关于进一步深化全面战略协作伙伴关系的联合声明》，中华人民共和国国防部官网，http://www.mod.gov.cn/topnews/2017-07/05/content_4784663.htm。

[5] 《中国的北极政策》白皮书（全文），中华人民共和国国务院新闻办公室官网，http://www.scio.gov.cn/ztk/dtzt/37868/37869/37871/Document/1618207/1618207.htm。

[6] 《中华人民共和国和俄罗斯联邦关于发展新时代全面战略协作伙伴关系的联合声明（全文）》，中国政府网，http://www.gov.cn/xinwen/2019-06/06/content_5397865.htm。

家利益基础上就利用北方海航道加强协作，推动北极可持续发展"。[①]

结合中俄官方文件和声明，"冰上丝绸之路"概念逐渐明晰。在本书中，"冰上丝绸之路"是指以北极东北航道的开发利用为依托，以中俄共建为特点，与沿岸国家进行航道开发、基础设施建设、资源开发、科学考察、生态环保等领域合作，共同建设从中国出发经北冰洋连接欧洲的蓝色经济通道。近年来，中俄在沿线基础设施建设、港口建设、以亚马尔为代表的项目建设、能源合作、旅游开发，以及北极科学研究方面取得了重要进展。2021年7月中国第12次北极科学考察队搭乘"雪龙2"号出征北极，旨在应对气候变化、保护北极生态环境，在北极公海区域开展海洋、海冰、大气以及微塑料、海洋酸化等监测，获取北极海洋水文、气象、生物等数据资料，同时聚焦国际科学前沿问题，进一步提高我国对北极自然环境的认知[②]。

二 共建"冰上丝绸之路"的地缘环境优势

北冰洋沿岸5个国家（俄罗斯、美国、加拿大、挪威、丹麦），北极地区8个国家（俄罗斯、美国、加拿大、挪威、冰岛、丹麦、芬兰、瑞典），如果以北极点为核心，就可以看出，环北冰洋其实是全球最发达的经济圈。而俄罗斯环北冰洋海岸线漫长，正处于发达的欧洲经济圈和北美经济圈之间。随着全球气候变暖、冰山融化，资源丰富而又几乎没有遭到开发的北极和北冰洋地区经济发展前景可期。

中俄山水相连，睦邻友好，两国同为亚欧巨型国家，海陆复合，幅员辽阔，共同的边境线漫长，相邻地区自然地理条件很多相似。随着北极冰川的融化，东北航道的窗口期逐渐延长，东北航道航行船舶增多，相比传统航线，航程数将明显缩短，地缘安全性更高。同时，东北航道及其沿线能源资源丰富，为"冰上丝绸之路"的航行运输提供了动力。

从航行角度来说，在窗口期从亚洲沿着东北航道到达欧洲，相比于传

[①] 《中华人民共和国和俄罗斯联邦关于〈中俄睦邻友好合作条约〉签署20周年的联合声明》，http://news.21cn.com/caiji/roll1/a/2021/0628/21/49400704.shtml。

[②] 《中国第12次北极科学考察队搭乘"雪龙2"号出征北极》，https://baijiahao.baidu.com/s?id=1705075615571862782&wfr=spider&for=pc。

统航线,航程数将会明显缩短。据专家统计,从中国上海以北的港口出发,沿着东北航道,到达俄罗斯摩尔曼斯克港要比经过苏伊士运河、印度洋、马六甲海峡的传统航线减少4000—7000海里航程,是传统航线航程数的45%—64%,到达冰岛、波罗底海则会减少1370—4600海里航程,到葡萄牙首都里斯本会节省400—1900海里。结合远洋运输过程中的燃油、人员薪酬、管理费用、轮船折旧费以及各项附加费等,按照北极航道全线通进行估算的话,北极航道节约的经济成本十分可观,预计会比传统航线降低11.6%—27.7%[1]。同"陆上丝绸之路"的铁路运输相比,以中欧班列为例,目前陆上货物运输时间约为16天,运输时间短,但成本较高,是传统海洋航线的两倍,运输成本明显高于北极航线[2]。与"海上丝绸之路"相比,利用马六甲海峡、印度洋和苏伊士运河的路线,中国与西欧距离12500海里,需要时间33昼夜。而利用北方"冰上丝绸之路",中国与西欧距离7300海里,时间只需要20昼夜。同时北极航道可以降低对马六甲海峡的过度依赖,北极航道沿线国家相对较少,环节相对简单,地缘安全性更高,能更好保障来往国家的能源供给和运输安全。

从资源角度来看,北极地区被称为"地球最后宝库""新中东",油气等能源十分丰富。根据2008年美国地质勘探局(United States Geological Survey)公布的北极油气资源的报告,北极地区已经探明的能源储量是:石油1599.27亿桶,天然气46.84万亿立方米。根据美国地质勘探局预计,北极地区未开发的天然气1669万亿立方英尺,未开发石油900亿桶。2017年联合国公开声明,北极地区石油、天然气的储量约占世界的22%。[3] 2009年已探明北极地区有454个油气田,其中俄罗斯有264个,占58.15%,挪威北部有40个油气田,占8.81%[4]。康托罗维奇(Kontorov-

---

[1] 张侠、屠景芳、郭培清、孙凯、凌晓良:《北极航线的海运经济潜力评估及其对我国经济发展的战略意义》,《中国软科学》2009年第S2期。

[2] 杜启文:《"丝绸之路经济带"下的中欧集装箱运输系统优化研究》,博士学位论文,北京交通大学,2018年,第35页。

[3] 许勤华、王思羽:《俄属北极地区油气资源与中俄油气合作》,《俄罗斯东欧中亚研究》2019年第4期。

[4] 李学杰:《北极区域地质资源与油气资源》,地质出版社2014年版,第95页。

ich）院士指出，俄罗斯北极地区预计有 2860 亿吨油气资源储量，包含 2058.5 亿立方米天然气，429 亿吨石油和凝析油[①]。2021 年 1 月，俄罗斯总统普京批准了《2035 年前俄罗斯联邦北极地区发展和国家安全保障战略》。根据该战略，2024 年俄罗斯北极地区的 LNG 产量将达到 4300 万吨/年，2030 年—6400 万吨/年，2035 年—9100 万吨/年。俄罗斯北极地区能源资源丰富，为"冰上丝绸之路"的推进提供了动力。

三 共建"冰上丝绸之路"的地缘政治优势

中俄共建"冰上丝绸之路"，符合中俄两国的地缘政治战略及定位。俄罗斯作为世界上面积最大的北极国家，中国作为近北极国家，两国国内都高度重视北极地区的发展，加大了对北极地区的投入。中俄两国都制定了相应的北极政策，具有广泛的共同利益。近年来，中俄关系密切发展，政治互信程度不断增强，进入全面战略协作伙伴关系新时代。作为两国之间最重要的法律文件，《中华人民共和国与俄罗斯联邦睦邻友好合作条约》签署期满 20 周年。2021 年 6 月，中俄两国元首正式宣布《中华人民共和国与俄罗斯联邦睦邻友好合作条约》有效期延长 5 年。这就为"冰上丝绸之路"建设的开展奠定了政治基石。

从地理区位来看，俄罗斯是北极国家，中国是"近北极国家"，两国政府国内都高度关注北极地区发展。俄罗斯是世界上面积最大的北极国家，北极地区面积约 300 万平方公里，其中陆地领土约 220 万平方公里，领水面积约 20 万平方公里[②]，此外，还有专属经济区和大陆架等区域。俄罗斯北极地区能源丰富，开采的天然气占全国总开采量的 80%，石油占全国总开采量的 60%。北极地区的 GDP 总量占俄罗斯的 15%，出口总量达到全国的 25%，对国家的经济发展至关重要。另外，中国是"近北极国家"，是积极的"参与者、建设者和贡献者"，是"北极利益攸关者"。北极的自然、生态等方面的变化会直接影响中国的气候系统，进而

---

① Конторович А. Э., Пути освоения ресурсов нефти и газа российского сектора Арктики, Вестник РАН, 2015, 5 (85): 420 – 430.

② 赵隆：《共建"冰上丝绸之路"的背景、制约因素与可行路径》，《俄罗斯东欧中亚研究》2018 年第 2 期。

影响农业、林业等经济效益。同时，中国作为世界能源进口大国、世界贸易大国，北极的航道开发、资源勘探等同样对中国航运事业、经济发展影响深远。

从北极战略、北极政策来看，中俄两国都制定了相应的北极战略和政策，而且存在广泛的共同利益。中俄两国都认可俄罗斯政府北极地理位置优越，重视北极地区的发展。2013年颁布《2020年前俄罗斯联邦北极地区发展和国家安全保障战略》，首次系统阐释北极战略，确定了北极发展的优先方向，指出要完善北方海航道的基础设施。2014年发布《2020年俄罗斯联邦北极地区社会经济发展》规划，在2014—2016年间因经济形势低迷，政府财政预算不足，项目进展受到影响，2017年则对该规划的时间进行了调整，延长到了2025年。自2014年乌克兰危机、在欧美对俄经济制裁的背景下，俄罗斯希望在北极地区加强和中国的合作。同时中国也积极参与北极事务，2013年中国成为北极理事会观察国，享有生态保护、科学考察等权益，承认北极国家按照国际海洋法在北极地区的领土主权。2018年《中国的北极政策》白皮书，指出依托北极航道的开发利用，与各方共建"冰上丝绸之路"[1]。中俄两国政府都重视北极地区的发展，都致力于推动北极航道的建设，目标存在一致性，有利于两国的北极合作。

从中俄两国关系来看，中俄两国近年来密切发展，互信程度不断增强，中俄两国的全面战略协作伙伴关系是共建"冰上丝绸之路"的政治基石。2013年中俄签署了《中华人民共和国和俄罗斯联邦关于合作共赢、深化全面战略协作伙伴关系的联合声明》，指出中俄要推动两国的高水平政治关系优势转化为经济、人文等领域的务实合作成果[2]。2014年乌克兰危机爆发后，欧美对俄罗斯进行经济制裁，俄罗斯实行"转向东方"，与中国在经济、政治等诸多领域的合作不断深化，战略协作程度不断增强。2015年，中俄签署了《中华人民共和国与俄罗斯联邦关于丝绸之路经济带建设

---

[1]《中国的北极政策》白皮书，中华人民共和国国务院新闻办公室官网，http://www.scio.gov.cn/ztk/dtzt/37868/37869/37871/Document/1618207/1618207.htm。

[2]《中华人民共和国和俄罗斯联邦关于合作共赢、深化全面战略协作伙伴关系的联合声明》，外交部官网，https://www.mfa.gov.cn/web/ziliao_674904/1179_674909/t1024243.shtml。

与欧亚经济联盟建设对接合作的联合声明》，中俄在经济合作领域的战略协作进一步增强。2019年中俄建交70周年之际，习近平主席和普京总统共同签署了《中华人民共和国和俄罗斯联邦关于发展新时代全面战略协作伙伴关系的联合声明》，中俄关系继续朝着守望相助、高度融通、开拓创新、普惠共赢的方向发展。中俄两国政治互信的不断增强，全面战略协作伙伴关系的不断深化，推动了"冰上丝绸之路"大型项目的顺利开展，促进了项目的落地和实施。中俄传统上同是陆权国家，围绕自己的周边沿海（主要是欧亚大陆的北端）建设"冰上丝绸之路"，风险相对较小，困难相对较少，可行性和操作性较强。共建"冰上丝绸之路"，是对"一带一盟"对接合作的创新，也是中俄关系新的增长点和出彩点[①]。

四　共建"冰上丝绸之路"的地缘经济优势

中俄在北极合作中存在很强的经济互补性。一方面，中俄在能源领域存在较强互补性，积极进行能源合作，满足了两国经济需要。中国是能源进口大国，俄罗斯是世界能源生产和出口大国，能源领域互补性强。俄罗斯各部门发展不平衡，经济发展对能源产业的依赖性强，能源出口是重要的国民收入。俄罗斯北极地区石油、天然气等能源资源丰富，开发前景广阔，但在欧洲国家可再生能源发展迅速，欧美经济制裁的背景下，俄罗斯需要开辟、扩大出口市场，保证出口收入。中国经济迅速发展，能源消耗量持续上升，国内石油、天然气持续供不应求，是世界上石油、天然气进口大国。中国为保障国内能源供应安全，也在积极拓宽天然气、石油等进口渠道，争取参与天然气勘探、加工等环节。中国资金充足，国内勘探技术成熟，市场广阔，能够满足俄罗斯在资源开发和出口等领域的需求。从地理位置来看，中俄两国是邻国，在进行能源合作中，海陆运输、管道运输方式快速、便捷，在一定程度上节省了运输的时间和成本，两国能源领域合作的优势明显。

另一方面，中俄两国在项目融资领域的合作，为"冰上丝绸之路"

---

① 李兴：《"冰上丝绸之路"与"一带一盟"："一带一路"合作的新亮点》，《贵州省党校学报》2018年第4期。

项目开展提供了资金。俄罗斯在北极开发中面临资金短缺的困境，中国外汇储备丰富，是世界上投资大国，中俄在金融投资领域互补性强。近年来，中国对外投资不断增多。2019年，中国是世界上第二大对外投资国，对外直接投资达到1369.1亿美元，略低于日本，居世界第二位。2019年，中国对外直接投资存量是2.19万亿美元[①]，仅低于美国、荷兰。克里米亚公投入俄后，俄罗斯遭受西方国家的金融、能源、技术等方面的制裁，国民经济下滑明显，金融机构融资困难，企业生产资金链紧张。同时由于欧美的合作伙伴纷纷撤资，很多北极项目陷入困境。俄罗斯北极项目的开展、北极航道的运营维护需要大量的资金，成本高昂，俄罗斯国内难以满足其资金缺口，资金需求量大，而中国经济平稳发展，资金充足，对外投资能力强，中国对俄罗斯直接投资存量自2015年以来超过100亿美元，2018达到142.08亿美元（见图11.1）。

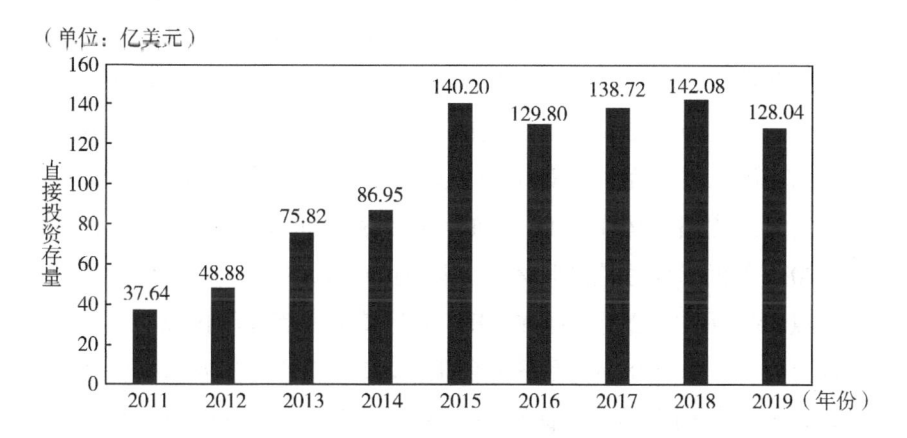

（单位：亿美元）

图11.1　2011—2019年中国对俄罗斯直接投资存量情况

数据来源：中华人民共和国商务部、国家统计局、国家外汇管理局：《中国对外直接投资统计公报》（2012—2020年），中国统计出版社2022年版。

总之，中俄在北极地区经济互补性强，中国为俄罗斯提供资金的支持，是俄罗斯重要的能源出口市场，同时，俄罗斯满足了中国对于能源、航运等方面的需求，拓展了中国能源进口渠道，中俄经济的互补性推动了

---

① 商务部等部门联合发布《2018年度中国对外直接投资统计公报》，商务部公共服务资源平台，http：//fec. mofcom. Gov. cn/article/tjsj/tjgb/201910/20191002907954. shtml。

"冰上丝绸之路"的深入发展。中俄共建"冰上丝绸之路",地理上还具有天然的便捷性,也有利于弥补中俄关系"政热经冷"的短板,促进"一带一盟"地缘经贸合作。

第三节 中俄共建"冰上丝绸之路"的地缘政治经济障碍

一 "冰上丝绸之路"建设的地缘环境障碍

在"冰上丝绸之路"的建设中,面临着北极冰情反复、生态系统脆弱等环境障碍,制约着"冰上丝绸之路"的开发进程。

一方面,在"冰上丝绸之路"的建设中,北极冰情对航道通航时间影响较大。如果北极海冰融化速度快,北极航道的通航预期就会提前,基础设施建设可能无法及时跟上,部分港口可能丧失先机;如果北极海冰融化较慢,北极航道的开发和基础设施建设提前,可能造成一定的港口和资源闲置。目前北极冰情反复,通航时间难以确定,影响着航道的开发建设。根据美国冰雪研究中心和中国极地研究中心的数据,2010—2020年间,北极海冰范围整体呈下降趋向,偶有暂时回升情况(见图11.2)。2010—2012年间,海冰范围整体呈下降趋势,2012年9月达到这十年内的最低点360万平方公里,但在2013年北极海冰范围不仅没有下降,反而大幅上升,9月份为540万平方公里。2013年之后北极海冰整体在减少,2020年9月的平均海冰面积为374万平方公里。整体来说,北极海冰范围深深影响着北极航道的通航预期、通航时间,海冰范围虽然整体呈下降的趋势,但其仍有很大的不确定性,在一定程度上增加了航线开发、基础设施建设的不确定性。

另一方面,北极生态系统脆弱,稳定性较差,气候寒冷,光合作用缓慢,污染物难以分解吸收,生态系统一旦破坏,很难短时间修护,会引发许多全球性的问题。在"冰上丝绸之路"的开发中,存在石油泄漏、噪声污染、尾气排放等潜在风险,可能会对北极生态环境造成破坏。首先,如果石油等化石能源在开发、运输环节意外泄漏,将会严重影响北极的生态环境。目前,随着气候变暖,北极地区的冻土逐渐消融,油气设施、建

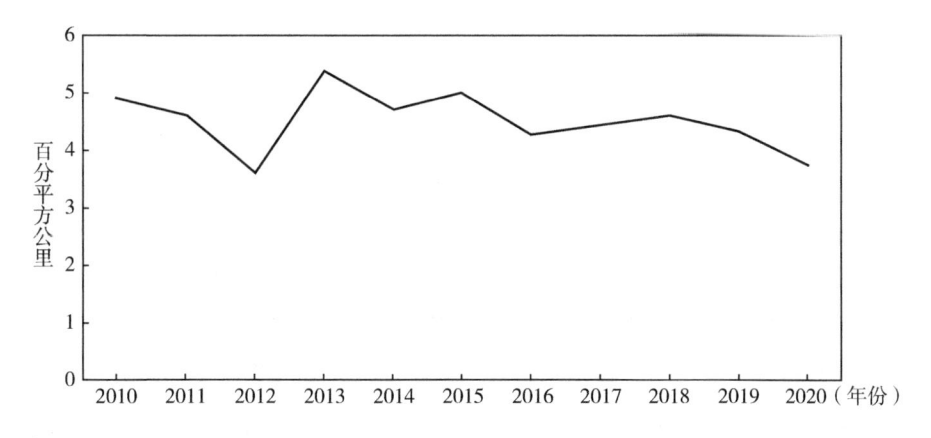

图 11.2　2010—2020 年北极海冰范围变化图（每年 9 月份平均值）

数据来源：美国冰雪研究中心，http://www.arcus.org/。

筑等存在泄漏的风险。而且，货轮在北极航道的航行过程中，会遇到海冰、冰山等障碍，航行风险较中低纬度的海域更高，货轮泄漏的风险也随之增高。一旦石油泄漏，北极地区很难自行分解吸收，原有的防泄漏技术在北极寒冷的环境中难以真正生效，会对这里脆弱的生态环境、生物造成严重影响。其次，在船舶航行过程中，会产生噪声污染，一些大型船舶运行中产生的低频声音和许多海洋生物的听力敏感区接近，会干扰他们通过发出声波进行的海洋生物间交流、导航等活动。而且，船舶在北极航道行驶过程中，会有尾气排放，产生了二氧化碳、甲烷、碳氧化物等气体，使得空气中的含氧量降低，尘埃增多，进而会破坏北极地区的臭氧层，加快气候变暖进程。生态环境脆弱，环保方面要更加严格，对于技术水平提出了更高的要求。再加上基础设施软硬条件原来就差，以及百年未遇的新冠大疫情在一定程度上增加了北极开发的困难。这些难免在某种程度上影响"冰上丝绸之路"的建设进程，在一定程度上加大了北极开发的难度。

二　共建"冰上丝绸之路"框架下的内部分歧

"冰上丝绸之路"建设中，中俄两国也并非完全一致，也存在内部分歧。

首先，在"冰上丝绸之路"建设中，俄罗斯国内仍旧对中国存在一定的质疑，担心中国借此攫取北极权益。随着北极冰川融化所带来的经济财富，俄罗斯将北极视为国家复兴的重要依托，对其他参与北极事务的国家怀有一定的戒心。在和中国合作中，一方面，俄罗斯需要利用中国的资金、技术和市场；另一方面，对于中国的崛起，部分俄罗斯人对此始终怀有疑虑，存在"中国威胁论"。部分俄罗斯学者担心俄罗斯的大量能源资源会投到中国，成为中国重要的能源基地，发展壮大了中国的工业、产业，成为中国对抗美国的工具，俄罗斯则为中国的经济发展需求服务，而且俄罗斯会对中国资金、技术和市场的依赖加强，会成为"中国的附庸"①。俄罗斯为了避免此种情况发生，利用自身在北极事务方面的主导地位，将大多数利润较高的离岸项目区块交由俄罗斯的国有企业承担，外资企业进入门槛较高，即使在对外国企业和资本开放的项目中，俄罗斯往往会采取多方招商引资等方式，影响了中俄的深度合作。

其次，中俄关于"冰上丝绸之路"的合作理念、产业布局、战略目标存在差异，在一定程度上阻碍了合作的深入开展。合作理念方面，俄罗斯在北极事务合作中地理位置优越，利益诉求更为现实，更加倾向于和其他国家开展双边合作。中国遵循"一带一路"的共商共建共享的理念，更加倾向于多边合作。在"冰上丝绸之路"布局方面，俄罗斯倾向于为国内航道和基础设施服务，将北方海航道视为内海航道，希望在中国的合作共建下，实现北方海航道和沿线地区的发展，完善基础设施，促进俄罗斯远东和西伯利亚沿海地区的发展，所以更加倾向于打造南北走向的陆、海、空交通系统。中国建设"冰上丝绸之路"，主要是为了要开拓东北亚经北极地区到达欧洲的航行路线，为"一带一路"开辟新航线，促进欧亚大陆的互联互通。而俄罗斯希望借助于中国的力量弥补自身力量的不足，加强对美欧的博弈，摆脱俄在北极国家和北极事务中的孤立处境。

再次，一些基本理念、治理规则和具体利益方面的不一致。例如，中国倾向于俄罗斯北冰洋沿岸海域为"公海"，而俄坚决主张为"内海"。

---

① Рустем Фаляхов. Семь сценариев для России, https：//www.gazeta.ru/business/2017/02/25/10543481.shtml.

在对外国来往船只的监管方面，俄罗斯倾向于国家安全视角，从严管理。而中国倾向于从宽、民用管理。共建"冰上丝绸之路"，中俄两国的战略利益、长远利益、区域利益大体是一致的，但在短期利益、具体利益，包括主体地位等方面并非总能达成一致。比如，从缩短地理距离出发，中国有学者倾向于探讨从中国新疆额尔齐斯河流经哈萨克斯坦，再转向俄罗斯鄂毕河，向北直入北冰洋的"亚欧大运河"构想，但俄方出于水源、生态保护等原因，不愿回应。俄方拟建第三条西伯利亚大铁路，通往太平洋，并且普京总统要求必须将亚马尔涅涅茨自治区（Yamalo-Nenetskiy Avtonomnyy Okrug）在建的"北纬通道"（Северный Широтный Ход）铁路投入使用，以推动俄北极宝藏的开发。这对于中国推动的"冰上丝绸之路"建设是利大还是弊多也难以定论。可以说，围绕着"冰上丝绸之路"建设问题，俄方较高利益期望与中方有限满足能力、中方较高利益诉求与俄方有限合作立场之间时而出现矛盾的情况[①]。

三 共建"冰上丝绸之路"的外部障碍

从国际环境来看，北极地区地缘政治经济情况复杂，中俄共建"冰上丝绸之路"面临着外部的重重挑战，北极地区的领土争端、美国的地缘遏制、俄美在北极的激烈竞争等阻碍了"冰上丝绸之路"建设。

首先，北极地区航道、大陆架等存在主权争端，北极治理"碎片化"，缺乏专门有效的法律文件和平台来妥善解决北极问题，影响了"冰上丝绸之路"的推进。对于北极航道的性质，各国对其存在认识和实践差异。俄罗斯将北方海航道视为"内海"，要求过往船舶接受检查；其他大多数国家认为，北极航道是国际航道，其他国家可以自由航行，反对俄罗斯对北方海航道的主权要求。而且，北极国家存在对陆地、海洋划界、大陆架归属的争端，尤其是在俄罗斯、美国、加拿大、挪威、丹麦这北极五国间，如美加的大陆架划分的问题、罗蒙诺索夫海岭归属之争。根据《联合国海洋法公约》关于200海里外大陆架划界的规定，北极国家为了

---

① 岳鹏：《共建"冰上丝绸之路"中的俄方诉求及内在挑战分析》，《东北亚论坛》2020年第2期。

延伸专属经济区，获取更多的北极资源，俄罗斯、丹麦等纷纷提出拓展北极大陆架边界的申请，申请的领域存在重合，加大了北极国家的争夺程度。但目前北极地区治理机制不完善，还没有形成专门有效的法律框架或者平台，难以解决北极资源开发、大陆架划界等纠纷，不利于"冰上丝绸之路"的开展。

其次，从域外国家来看，美国担心"冰上丝绸之路"会导致北极地缘战略中心向俄罗斯方向倾斜，对"冰上丝绸之路"充满警惕。美国为了增强和中俄在"冰上丝绸之路"的竞争力，一方面，美国积极提升阿拉斯加的实力，以此来增强美国在北极的影响力，扩大美国在北极的主权诉求。特朗普上台后，调整了奥巴马时期的北极政策，从维护美国国家利益出发，加强了北极资源开发和利用，并且进一步完善阿拉斯加的基础设施。另一方面，美国联合其他北极国家、近北极国家，构建以"西北航线"为基线的北美经济圈，试图构建美加日韩的北极战略格局。美国前国务卿蓬佩奥说："如果北极地区要发展，我们必须首先关注中俄两国的威胁。中国想成为一个'近北极国家'是幻想，中国远在北极 900 英里之外。"[1] 特朗普曾经提出要购买格陵兰岛，其意在北极不言自明。而格陵兰岛正在从自治走向独立。美俄欧"北溪 2 号"能源管线项目复杂的博弈也清楚地表明美打压俄能源经济、破坏俄欧关系的动机。2021 年 4 月五角大楼发言人说："美国密切关注俄罗斯在北极活动"。[2] 美国有政客提出要"打击俄罗斯和中国在北极地区的活动"。同时，美国把"印太战略"扩张到北冰洋，构建印度洋—太平洋—北冰洋海洋联盟体系，以此来阻碍中俄"冰上丝绸之路"的发展。俄罗斯积极应对，加强北极研究，建设基础设施，建立北极部队，2021 年 3 月底，利用核潜艇突破北极冰层，展示了俄在这一地区的存在。俄外交部北极国际合作事务的巡回大使尼古拉·科尔丘诺夫坦言，中国在北极地区并没有军事活动，中国的做法不仅有助于维持该地区较低的紧张态势，更是营造了北极地区建设性的合

---

[1] 张晓雅：《"伸手"北极地区，蓬佩奥又拿中俄当说辞》，https：//baijiahao.baidu.com/s？id=1687936900542426754&wfr=spider&for=pc。

[2] 《五角大楼发言人：美国密切关注俄罗斯在北极活动》，https：//m.gmw.cn/baijia/1302214467.html。

作氛围①。中国外交部发言人华春莹对美方的无端指责驳斥。总之，大国之间激烈的博弈也为"冰上丝绸之路"的建设增添了一些不确定性。

第四节　中俄共建"冰上丝绸之路"的对策思考

一　发挥中俄山水相连、近邻、睦邻的地缘优势和互补优势，加强基础设施建设，促进陆海联运

中俄是"冰上丝绸之路"建设的关键国家。中俄两国要明确双方在"冰上丝绸之路"的战略定位和利益诉求，在此基础上进一步深化中俄合作机制②。俄罗斯更倾向于通过"冰上丝绸之路"建设，带动其国内远东和西伯利亚经济发展，进而增强对北极地区的开发和控制；中国则更倾向于开辟从东亚到欧洲的北极新航线，促进能源合作。在中俄合作过程中，要尊重双方合理的利益诉求，实现共同利益，以航道开发和能源合作为重点，避免对争议地区和领域的过多触及，深化中俄地缘经济合作的互信程度。为了增强双方战略互信，推动深度合作，中俄应加强沟通对话，完善北极合作机制。中俄应定期举行北极高层会议、论坛等，深化战略互信，推动项目的顺利开展。中俄还应成立专门的"冰上丝绸之路"经济合作开发建设委员会，委员会下设自然生态、科学技术、能源安全等各个部门的分委会，针对中俄合作中出现的问题和障碍进行集中讨论，共同克服。

中俄共建"冰上丝绸之路"，还要进一步完善基础设施建设，加强海洋和陆地基础设施建设，促进陆海联运。一是要加强海洋基础设施建设，完善俄罗斯北极地区的支点港口建设，促进中国东北地区的出海通道建设。俄罗斯北极地区虽然港口较多，但大多数是苏联时期建设，基础设施老旧，要不断完善重要支点港口的建设，从而更好地为来往船舶提供服务。中国东北地区和俄罗斯远东地区接壤，位于"冰上丝绸之路"的枢

---

① 《俄罗斯：中国在北极的活动给世界树立了榜样》，https://www.sohu.com/a/457986180_120967333。

② Дмитрий Тренин, Россия и Китай в Арктике: сотрудничество, соперничество и последствия для евразийской безопасности. 31 Марта 2020, https://carnegie.ru/commentary/81384.

纽位置，是陆海联运的关键节点，但黑龙江、吉林省缺少通向日本海的直接出海港口，应通过利用图们江出海，或者"借港出海"等方式，打通出海通道。二要加强陆上铁路、高速公路建设，打通陆海联运通道。目前在陆上交通方面，俄罗斯远东、西伯利亚地区铁路等基础设施尚未完善，老化和损耗问题严重，阻碍了陆上通道的发展。要继续加强基础设施建设合作，完善俄罗斯沿线的铁路、公路等交通路线，加强经贸合作，增强货物运输量，通过构建完善"滨海1号""滨海2号"等国际交通运输走廊，联通北极东北航道的沿线港口，推动陆海联运。通过对中俄基础设施建设的完善，海陆交通的整合发展，带动沿线经济发展，推动"冰上丝绸之路"建设的深入发展。

二　加强中俄合作机制和人心工程建设，把中俄"全面战略协作伙伴关系"与市场经济原则、国际法规则有机地、灵活地结合起来

不断加强和巩固中俄战略互信和相互认同，民心相通，亲诚惠容，巩固和加深互利共赢、共同发展的理念，增信释疑，夯实中俄友好的社会和民意基础，共同建构亚欧一体化话语体系，同时把中俄"战略协作伙伴关系"与市场经济原则、"利益补偿"机制灵活地结合起来，增加互利双赢、多赢、共赢的积极合作，减少只有单赢、己赢的消极合作，消除两败俱伤、互损双输的不合作、逆合作，并逐渐形成稳固、成熟的中俄合作机制，遵行市场机制和国际法规则。既然中俄关系定位为新时代全面战略协作伙伴关系，那么中俄双边经济和贸易关系也要适应这一水平。只有这样，才能体现中俄关系的"特殊性"，才能具有可持续性。"冰上丝绸之路"就是践行中的具有示范意义的具体案例。

三　合作共赢，推动沿线利益攸关方参与"冰上丝绸之路"建设

"冰上丝绸之路"的顺利开展，也离不开沿线国家的支持和合作。尽管和部分沿线攸关国家在某些领域存在地缘竞争，但不可否认也存在共同利益，应该通过加强交流和合作，以共同利益为基础，促使双方朝着合作共赢的方向发展，避免零和博弈。中俄要加强"冰上丝绸之路"的对外宣传，传递"冰上丝绸之路"建设的积极意义，构建多方合作机制，

加强和其他国家的对话交流，推动沿线攸关国家参与"冰上丝绸之路"建设。

一是要加强同北欧国家的对话交流，推动沿线国家参与建设"冰上丝绸之路"。北极东北航道分为欧洲段和俄罗斯段，欧洲段沿线国家和地区经济较为发达，并且借助当地的海陆交通可连接到波罗的海，从而到达欧洲经济腹地，对于"冰上丝绸之路"的发展具有重要影响。首先，要加强同沿线欧洲国家的基础设施领域合作，促进物流和交通网络建设。其次，要充分借助现有的双边、多边合作平台，扩大在北极地区的交流合作。要继续推进"中—俄—芬"国际铁路建设，促进"北极走廊"和"冰上丝绸之路"对接合作，促进东北航道东、西段的联通。最后，要加强巴伦支海的能源开发合作。巴伦支海是"北方海航道"和欧洲大陆连接的枢纽地带，以此为支点，来促进中俄欧的北极合作。通过推动欧洲国家参与"冰上丝绸之路"，有利于提升北极航线的货运量，解决困扰俄罗斯货运量不足的问题，也有利于降低中欧贸易运输成本，推动中俄欧的经济发展。

二是要推动韩国、日本等国参与"冰上丝绸之路"建设。日韩两国属于沿线国家，也是北极理事会正式观察员，重视北极航道和北极资源开发。首先，应构建科研交流平台，加强和韩国、日本在北极科研领域的合作。日本、韩国重视北极科考，投入了大量的资金、人力、物力，在北冰洋海冰情况监测、空间情报等领域取得进展。"冰上丝绸之路"应构建多边科研交流合作平台，在北冰洋冰情、气候变化、极地洋流、生物多样性等方面加强同日韩等国家的合作。其次，要推动韩国"新北方政策"和"冰上丝绸之路"的对接。"新北方政策"重视北方海航道的开发利用，重视沿线基础设施建设，这也符合"冰上丝绸之路"的目标和计划，是对接合作的基础。

三是要加强和美国、加拿大的对话交流，推动在北极地区的运输、渔业治理、科学研究等领域的合作。首先促进同阿拉斯加的运输航线合作。美国阿拉斯加的液化天然气在运输时，可以考虑利用"冰上丝绸之路"在太平洋段的天然气运输航线。阿拉斯加州政府一直希望开辟向中国等东亚国家运输的航线，可以在运输航线领域加强合作。其次，可以加强在北极渔业治理领域的合作。自 2010 年起，北极国家就围绕北极公海渔业资源捕捞召开会议，2018 年，中美俄等国家正式签署《预防中北冰洋不管制公海渔业协定》。中美俄可在渔业治理领域加强合作，促进北极鱼类资源的可持续发展，保护生态系统的平衡。再次，在北极治理规则、科学研究、可持续发展等科学研究领域方面，加强和深化同美加的合作。

四 纳入"一带一盟"对接合作战略性框架，重塑亚欧大陆地缘经济格局，使其更加平衡和完善[①]

中俄共建"冰上丝绸之路"，要纳入"丝绸之路经济带"与欧亚经济联盟对接合作、"一带一路"倡议与"大欧亚伙伴关系"协调发展的国家机制，深化交通和基础设施、资金、技术、知识等领域的对接合作，以推动海陆交通系统的完善，重塑欧亚大陆的地缘经济格局。

首先是交通线路、基础设施方面的对接。"冰上丝绸之路"要加强在航道沿线地区的基础设施建设，促进港口的配套设施建设，建立北冰洋沿岸联结欧亚大陆的海上中转港口，为航行船舶提供补给、信息和技术支持，最终构建起联结北冰洋的航行运输系统。"一带一路""欧亚经济联盟"注重沿线国家的经济交往，推动欧亚地区一体化发展，注重海陆交通线路的建设，不断加强泛亚铁路网、亚洲公路网建设，加强海洋航线建设，"冰上丝绸之路"的航线、铁路线发展应该和"一带一盟"进行对接，促进欧亚大陆的互联互通。

其次是资金方面的对接。"冰上丝绸之路"是一项长期复杂的系统工作，开展的能源合作项目、基础设施建设项目往往需要投入大量的资金，周期较长，对于外部资金的需求量大，融资问题是影响项目是否顺利开展的一个关键问题。目前"冰上丝绸之路"项目中，尽管丝绸之路基金会参与了亚马尔液化天然气项目，但整体来看，参与的北极项目较少，"一带一路"的亚投行等金融机构应增强对"冰上丝绸之路"的金融支持，促进北极的能源开发、基础设施项目顺利开展。

[①] Ли Син, Д. А. Савкин, Е. Б. Завьялова, Китай и Россия: Новое Евразийское Экономическое парнерство? Издательство «Нестор——История», Москва, 2018, Стр. 205 – 218.

再次是技术、知识层面的对接。北极航道纬度高，自然条件恶劣，技术方面要求较高。俄罗斯在北极航行、科学考察、北方海航道开发等方面，相比于中国，历史更加悠久，经验更加丰富，部分技术也更加成熟。而中国在基础设施建设方面发展速度较快，在核心模块技术方面逐渐成熟。中俄应加强技术、知识方面的对接，定期开展联合科考等活动，加强中俄北极专业人才的联合培养，推动科研机构加强成果交流，促进项目的顺利开展，包括无人机中短程交通技术等。

第五节 小结

同为金砖国家集团和上海合作组织核心成员国，并且同为亚欧国家，中俄山水相连，唇齿相依。两国共同倡导、共同推进、共同建设"冰上丝绸之路"，是基于睦邻友好的地缘政治经济优势，也符合两国的地缘政治经济利益。如果说"一带一路"倡议是中国主动提出，俄方合作参与，那么，"冰上丝绸之路"是中俄双方共同倡议，共同推进，是"丝绸之路经济带"建设和欧亚经济联盟建设战略对接、共同发展的继承和创新，也是中俄全面战略协作伙伴关系新的增长点和出彩点。俄罗斯邀请中国参与北方海航道的开发，是其综合考虑地缘、政治、经济等诸多因素后的抉择：一是作为俄罗斯的全面战略协作伙伴，中国在2013年成为了北极理事会观察国，俄罗斯进一步降低了关于中国参与北极开发的顾虑；二是中国资金充足，市场广阔，基础设施建设经验丰富，技术先进，能够极大缓解俄罗斯北极开发面临的资金困境，也可以成为俄罗斯能源出口的重要市场；三是中国提出了"一带一路"倡议，俄罗斯也希望将"冰上丝绸之路"与"海上丝绸之路"对接，增强俄罗斯的影响力，打破美国在欧亚大陆东部和北部边缘地带的挤压。从中国的角度来看，和俄罗斯共同建设"冰上丝绸之路"符合我国利益，有利于推动"一带一盟"对接合作，形成中俄关系新的"增长点"。作为一个地理上的非北极国家，在现有制度和框架下，中国很难独立对北极进行深入开发。俄罗斯是北极大国，控制着北方海航道，拥有北冰洋沿岸最长的海岸线，北极地区资源能源丰富，和俄罗斯进行合作有利于增强中国在北极地区的存在和影响力,参与北极地区经济、交通和科学研究等活动,并形成示范效应。

从国际环境来看,中俄共建"冰上丝绸之路",强调经济合作,主张多方共建,有利于推动北极地区经济开发朝着多边共进、合作共赢的方向发展。目前北欧国家和中国进行北极合作的意愿明显,挪威、芬兰、瑞典等国家打通北极航道的诉求强烈,韩国、日本和中国在北极地区的战略目标、利益诉求十分接近,合作前景广阔。随着全球气候变暖、北极冰川融化和航海技术的进步,"冰上丝绸之路"未来可能成为新的国际重要航线,进而促进"环北极经济圈"的形成。

但"冰上丝绸之路"建设也面临主客观、国内外的各种障碍。从客观环境来看,北极地区由于冰情反复,生态环境脆弱,基础设施不完善,在一定程度上制约了"冰上丝绸之路"的进程。中俄在北极事务上并非完全一致,"中国威胁论"在俄罗斯国内始终存在一定的市场,中俄在产业布局、发展思路方面也存在分歧。从国际环境来看,北极地区地缘政治经济情况复杂,北极地区航道、大陆架等存在主权争端,北极治理"碎片化",缺乏专门有效的法律文件和平台来妥善解决北极问题。美国担心"冰上丝绸之路"会导致北极地缘战略中心向中俄方向倾斜,通过构建西北航道经济圈、发展以美国为中心的海洋联盟体系包括以先军后政为特点的"印太战略"等,来阻遏"冰上丝绸之路"的发展。这些因素都会阻碍"冰上丝绸之路"建设的推进。

总之,从地缘政治经济视角来看,中俄共建"冰上丝绸之路"理由充分,互补性强,基础良好,具有可操作性,可持续性。但由于障碍因素不少,因而也注定其未来发展具有某种不确定性,不稳定性,甚至反复性,因此任重而道远,需要中俄两国继续深化合作,加强顶层设计,战略引领,推动多方多边参与,"带盟"对接,践行开放式、包容性合作,共商共建共享,求同存异,互利共赢,共同发展,努力打造利益共同体、责任共同体和命运共同体,以促进欧亚东部和北部的互联互通,重塑并完善亚欧大陆的地缘经济政治格局。

第十二章 "一带一盟"视角下中俄关系中的中亚因素分析

2013年9月，中国国家主席习近平审时度势，提出了建设"丝绸之路经济带"的倡议，突出了俄罗斯与中亚在中国外交中的地位。2015年，中俄签订了《中华人民共和国和俄罗斯联邦关于深化全面战略协作伙伴关系、倡导合作共赢的联合声明》和《中华人民共和国和俄罗斯联邦关于丝绸之路经济带建设与欧亚经济联盟建设对接合作的联合声明》，深化了两国战略协作伙伴关系，促进了两国在经济领域的合作。需要注意的是，在欧亚经济联盟建设中，中亚也是重点建设区域，中国与俄罗斯"一带一盟"对接在中亚地区存在着利益重叠，并且中亚也是俄罗斯的传统"势力范围"，因此，中亚是中俄关系中的一个重要影响因素，也可以说，是中俄共建"丝绸之路经济带"过程中的第三方因素。很显然，中国、俄罗斯和中亚三者之间存在着相互联系、相互影响、相互作用的特点。作为中俄关系中的第三方因素，中俄关系、俄亚关系很显然能影响到中亚关系，反过来，中国与中亚国家的关系又对中俄关系会产生影响。三者之间的关系密切、复杂而微妙。中国在与俄罗斯、中亚合作时，必须平衡好中—俄—中亚三者间的相互关系。

第一节 中俄与共同的邻居——中亚

中国、俄罗斯和中亚山水相连，毗邻而居。谈及中俄关系绕不开中亚因素，而中国与中亚的关系又躲不开俄罗斯因素，三者间相互影响。近年来，三者关系发展迅速，在政治、经济、安全、军事等领域都加强了合作，特别是"丝绸之路经济带"的提出以及"丝绸之路经济带"与欧亚经济联盟的对接，都加深了中国与俄罗斯和中亚的伙伴关系，促进了国家间在战略方面的合作。除此之外，中俄与中亚也是上海合作组织的成员，俄罗斯与中亚五国是独联体成员国，并且俄罗斯与部分中亚国家也是集体安全条约组织的成员国，再往前说，俄罗斯与中亚五国都是苏联的一部分。从这三方中，任何两者间都存在着千丝万缕的联系。

一　俄罗斯是影响中国与中亚关系的关键因素

中俄关系好，中国与中亚的关系才会好，也就是说，俄罗斯在中国与中亚关系中起着至关重要的作用。俄罗斯能够左右中亚事务是由俄罗斯与中亚的"特殊关系"决定的，有着历史和现实的原因。

在沙俄和苏联时期，俄罗斯就与中亚五国有着上百年的共同历史。苏联解体后，中亚五国虽然成为独立的国家，但是，所选择的政治体制与俄罗斯也较为相近，通过独联体、独联体集体安全条约组织以及欧亚经济联盟，俄罗斯与中亚五国仍然保持着较为密切的联系。苏联解体后，俄罗斯继承了苏联时期大部分遗产，铁路、公路、电信以及油气管道，大部分都归为了俄罗斯，由于这些原因，中亚地区的相关经济领域也受制于俄罗斯，俄罗斯仍然控制着中亚国家的部分油气管道。在军事领域，苏联时期的军事力量基本过渡给了俄罗斯，俄罗斯仍是世界第二大军事大国，出于安全考虑，中亚国家也在这方面依赖俄罗斯为其提供的"核保护伞"，除此之外，中亚的军官培养以及军事武器也大多来自俄罗斯。在文化方面，俄语是中亚国家的通用语言，俄罗斯族在中亚五国中均有分布，在教育、传媒方面，俄罗斯仍有巨大影响。加之，普京上台执政后强调中亚的战略意义，中亚的内政外交都要受到俄罗斯的影响。

欧亚经济联盟是俄罗斯主导的，包括哈萨克斯坦、吉尔吉斯斯坦、塔吉克斯坦等中亚国家。中亚国家很关注中俄两国关系的发展会给它们带来什么影响，因为俄罗斯的一些外交决定会影响到中亚国家的国家利益。中俄关系良好，最有可能的结果之一就是，莫斯科对中国与中亚之间有争议的问题不表态。例如，在中哈跨界河流额尔齐斯河分水以及治理问题上，如果俄罗斯不同中国争吵，哈萨克斯坦显然就无法捍卫自己的利益。① 与美国和欧盟在中亚的利益诉求不同，中国在中亚的利益需求主要是维护国家的西部安全和发展国家的经济利益。由于中国商品物美价廉，在中亚占有广大的消费市场，而且中国也是中亚最大的商品出口地，这就对俄罗斯在中亚的经济利益产生冲击，为弥补俄在中亚的经济短板，"俄罗斯因素"的影响可能就会出现。

二　中亚是影响中俄关系的潜在因素

虽然中亚国家属于俄罗斯的传统"势力范围"，但是，中亚国家也在通过自己的外交途径来平衡大国间在中亚的影响，它的一些有意识和无意识举措都会影响到中俄关系。例如，中亚国家所推行的"去俄罗斯化"政策以及在某些方面对中国表现得"过分"热情，都会影响到俄罗斯的感受，难免不对中俄关系产生间接的影响。② 同时，受西方国家影响，中亚国家中也会存在一些对华不友好的声音，如果与俄罗斯国内少数反华势力结合，同样也会对中俄关系产生不利影响。

自苏联解体后，中亚五国在施行对外政策时，对俄大多奉行"分离主义"，加强外交的独立性。但是，由于中亚所处区域的敏感性，自独立之后，中亚国家全部或大部适时加入了联合国、独联体、欧亚经济共同体、欧洲安全与合作组织、集体安全条约组织、亚信会议以及上海合作组织、欧亚经济联盟等国际组织或机制。这样，不仅能增强外交的独立性，而且也会发挥国家的作用，并且通过建立多边关系来制衡大国在该地区的影响，从而维护国家的安全利益。中亚国家在与俄罗斯等国发展关系时，普遍坚持以下基本原则：独立自主地发展双边与多边关系；在互利合作的基础上建立平等的伙伴关系，反对俄罗斯对中亚地区的控制和不合理的要求；警惕苏联的复苏，反对建立超国家机构，不赞成独联体成为国际法的主体；优先考虑本国自身发展的需求，自行决定本国所承担的国际义务，

---

① 《中国加强与俄罗斯的关系及中亚的影响以抗衡美国》，中国网，http://www.china.com.cn/chinese/VOL/134503.htm。

② 赵常庆：《论影响中国与中亚关系的"俄罗斯因素"及中俄关系的"中亚因素"》，载于《新疆师范大学学报》（哲学社会科学版）2011年第4期。

共同维护地区和平与稳定。①

俄罗斯与中亚的关系看似是中俄与中亚关系中最为基础和稳定的关系，其实也是存在变数的一组关系。俄罗斯与中亚的实力都与往日不同，尽管俄罗斯在中亚仍是有着最大影响力的国家，但是，俄罗斯影响力比重也逐渐在部分让位给其他国家，目前在中亚出现的各种合作机制也给中亚国家有了更多的外交选择余地，给了它们与其他国家接触的机会。两者也是一组动态互动关系，随着双方国家实力与国情的变化，俄罗斯与中亚也会相应地做出调整，使两者关系朝着更为健康和可持续方向发展。

第二节 "一带一盟"对接与中亚因素

一 中亚对中俄具有重要的地缘战略意义

中亚从地理上夹在中俄两个大国之间，是俄罗斯的战略缓冲区。俄罗斯国土面积东西长，由于北部和东部临海，南部和西部与中国、中亚以及东欧等国相邻，所以，对于俄罗斯来说，南部和西部的邻国是它免于直接受到外来势力进攻的缓冲地带，失去这些周边国家，俄罗斯容易遭受"唇亡齿寒"的境遇。早在苏联解体最初的几年，有俄罗斯专家就针对恢复俄罗斯的"势力范围"提出了"近邻外国"主张，即强调重点在原苏联控制的战略区域内，重新建立一个以俄罗斯为中心的"势力范围"。②2001年4月，普京总统在发表的国情咨文中表示，将把独联体国家视为俄罗斯外交的"重中之重"，进而推动独联体的一体化进程。但是，独联体成员国向心力不足，一体化进程分不同水平进行，并且其中有些成员国还针对俄罗斯专门成立了古阿姆组织。其中，俄罗斯与白俄罗斯的一体化水平可谓是最高，但合作空间有限；而所有独联体成员参与的话则效率太低，不利于一些机制的运作；相比较之下，俄罗斯与中亚某些国家的合作

---

① 蒋新卫:《冷战后中亚地缘政治格局变迁与新疆安全和发展》，社会科学文献出版社2009年版，第62页。

② [美]美兹比格纽·布热津斯基:《大棋局：美国的首要地位及其地缘战略》，中国译者研究所译，上海世纪出版社2007年版，第86页。

则效率高得多。中亚可以算是俄罗斯比较完整的一块战略后方：中亚五国中，哈萨克斯坦、吉尔吉斯斯坦和塔吉克斯坦三国自独立后就与俄关系比较亲近，乌兹别克斯坦虽与西方国家联系频繁，但自安集延事件后与俄走近，而土库曼斯坦自1995年成为中立国后就开展自己特色的外交，与俄保持友好关系。可以这么说，总体上看，中亚对俄罗斯还是更为紧密，并且中亚对于俄罗斯的国家安全有着极为重要的战略地位。

中亚是中国新疆的战略前沿区。新疆地处欧亚大陆腹地，是我国西部地区经济增长的重要支点，也是我国向西开放的重要门户，除此之外，还是我国战略资源的重要来源地，是我国西北边陲的战略屏障。[1] 中国虽然是海陆兼备的国家，但是自古以来，中国就重陆权而轻海权，陆权对于中国的国家安全来说是最为基础的，而维护新疆地区的和平、稳定与发展就成为中国维护西部安全的重中之重。新疆虽是我国西部边陲，但是，放眼世界，它与中亚紧邻，也属于欧亚"大陆心脏地带"的一分子，仍是欧亚大陆的重要"桥头堡"，向西开放的前沿。新疆地区的人口多是穆斯林，而且近几年新疆分裂势力蠢蠢欲动，不断制造暴恐事件，并且周边邻国政治的不稳定也会造成"政治多米诺骨牌效应"，影响到新疆安全。[2] 根据亨廷顿的"文明冲突论"，新疆同样处于敏感的文明断裂带上，伊斯兰文明、东正教文明、印度文明和儒家文明在此交会，这更加突出了新疆地区在我国安全领域中的重要地位。

俄罗斯学者认为，中国的"丝绸之路经济带"有着两大战略目标，一是为中国提供新的进出口市场和能源供应的替代路线，减少对东南亚航线的战略依赖；二是在中国西部边界两侧建立一个稳定的区域。俄罗斯的欧亚经济联盟则是通过增加联盟区以外的国家进口的关税，试图确保俄罗斯的影响力并使其合法化。[3] 然而，地缘政治现实迫使两个倡议合作，俄

---

[1] 蒋新卫：《冷战后中亚地缘政治格局变迁与新疆安全和发展》，社会科学文献出版社2009年版，第1—2页。

[2] Camille Brugier, "China'sway: the new Silk Road", *European Union Institute for Security Studies*, Vol. 14, 2014, p. 3.

[3] «О влиянии РФ и Китая на Центральную Азию», KazakhSTAN2.0, http：//kz. expert/archives/5815.

罗斯需要与中国保持良好关系，以平衡其与西方的问题，而中国也需承认和尊重俄罗斯在该地区的历史作用。两国都反对西方，特别是美国广泛地参与欧亚事务。两国互为邻国，世界观和意识形态也相交，在打击恐怖主义和维护稳定方面也有类似的目标。

二 "一带一盟"优先加强在中亚的基础设施建设和能源合作

中亚基础设施建设较为落后，欢迎关于基础设施建设方面的投资，但是西方国家的投资多与人权相挂钩，而中亚国家多是威权或半专制政府，所以中亚更欢迎中国的不带附加条件的基础设施投资建设。① 俄罗斯与中亚国家建交25周年以来，在中亚各国的投资约为200亿美元，在中亚有超过7500个正在运作的俄罗斯合资企业；过去十年，俄罗斯向中亚提供的经济援助总额达60多亿美元。②

铁路运输对于中亚国家来说有着十分重要的意义，中亚地处古代丝绸之路的中心地带，是连接东西方国家实现中亚区域经济一体化的桥梁。对于中亚区域经济合作国家之间贸易的发展来说，进行货物无阻运输具有重要的战略意义，因为大多数中亚区域经济合作国家都是内陆国。因此，通过中亚区域经济合作地区与其庞大而迅速发展的邻国之间更密切的联系，有可能扩大贸易，从而改善经济发展。③

"要想富，先修路"。"丝绸之路经济带"就十分看重中亚的交通运输建设，在中亚与欧亚经济联盟成员等国家进行合作。"新亚欧大陆桥"虽然基于现有的铁路和公路通过哈萨克斯坦和俄罗斯连接中国与欧洲，但也不排除通过新的方式来连接，例如，在俄罗斯建设高速铁路，将会使从莫斯科至喀山的旅程时间从12个小时缩短到三个半

---

① Igor Abramov, «Китай и Россия в Центральной Азии: соперничество или сотрудничество?», Mixed News, http://mixednews.ru/archives/122021.

② Maxim Blinov, «Лавров отметил важность ЕАЭС для России и стран Центральной Азии», Евразийский коммуникационный центр, http://eurasiancenter.ru/news/20171004/1004452604.html.

③ Савия Хасанова, «Развитие торговли в регионе ЦАРЭС: потенциал железных дорог Центральной Азии», Международный научно-общественный журнал, http://mirperemen.net/2017/05/razvitie-torgovli-v-regione-cares-potencial-zheleznyx-dorog-centralnoj-azii/.

小时，①目前俄罗斯就该项目与中国进行着谈判，以吸引中国的投资，中国也表示愿意为这个项目提供约1000亿卢布的股份制融资，这相当于4000亿卢布的债务融资。②同时，中国也想绕过俄罗斯发展中亚—中国—东亚线路：作为这条路线的一部分，北部方向是最发达的，从中哈边境的霍尔果斯码头建设连通哈萨克斯坦里海沿岸的阿克套港口的铁路；再从阿克套转运，渡里海到阿塞拜疆；然后再建设巴库—第比利斯—卡尔斯铁路连接到格鲁吉亚和土耳其，最终到达欧洲。

2016年6月，哈萨克斯坦与乌兹别克斯坦之间新建了价值16亿美元的铁路，其中包括由中国中铁隧道集团负责的全长19.2公里的卡姆敕克（Kamchik）隧道。这条路线是计划中连接吉尔吉斯斯坦南部与中国西部的铁路线的一部分，目前仍处于谈判阶段。中国已经恢复了中国西部与吉尔吉斯斯坦南部之间的公路联系，目前卡车能够运送到塔吉克斯坦和阿富汗。据吉尔吉斯斯坦总统扎帕罗夫2022年5月30日接受采访时称，在他向俄罗斯总统普京解释吉尔吉斯斯坦需要中吉乌铁路就像需要"空气和水"之后，普京表示不再反对该项目。③2022年8月18日，据国家发展和改革委员会发布的消息，其中提到，我国目前正在加快中欧班列境外南通道的培育发展，该通道包括中吉乌公铁联运在内④。当然，涉及阿富汗的路线是最复杂的，而且连接塔吉克斯坦—阿富汗—土库曼斯坦的铁路项目（TAT）面临着许多政治和安全方面的挑战，"丝绸之路经济带"的成功发展所必需的跨境运输线的创建远非易事。

交通运输建设的同时，中国也与中亚国家进行能源方面的合作。中国的石油和天然气长期依赖于中东，但是，由于近几年中东地区的安全形势

---

① «О влиянии РФ и Китая на Центральную Азию», KazakhSTAN2.0, http：//kz. expert/archives/5815.

② «Перегнать за 60 часов Будетли востребована скоростная железная дорога из Китая в ЕС», LENTA. RU, https：//lenta. ru/articles/2017/10/30/vsmevrazia/.

③ «Construction Of China-Kyrgyzstan-Uzbekistan Railroad To Be Started Next Year, Kyrgyz President», Kazakhstan News Gazette, https：//kazakhstannewsgazette. com/construction-of-china-kyrgyzstan-uzbekistan-railroad-to-be-started-next-year-kyrgyz-president/.

④ 参见国家发展和改革委员会关于《中欧班列发展报告（2021）》情况的新闻发布会，http：//www. nrdc. gov. cn/xwdt/xwfb/202208/t20220818_1333176_ext. html.

不容乐观，并且中国在马六甲海峡的航行安全也受到威胁，因此，中国为了减少对中东能源的依赖和实现能源进口通道的多元化，中国与俄罗斯和中亚加强了在能源领域的合作。① 合作方式主要有以下几种：发放有针对性的或长期性的优惠贷款，或者利用出口货物来偿还所购买的能源；通过大型国有企业（中石油、中石化、中海洋）缔结长期合同；购买中亚国家重点能源公司的股份（实际上是中国控制一个国家的能源部门）；获得发展油气田的权利。② 中国与中亚五国均有能源合作，其中哈萨克斯坦、土库曼斯坦以及乌兹别克斯坦重点是在油气资源方面的合作，而吉尔吉斯斯坦与塔吉克斯坦则是在电力方面进行合作。

哈萨克斯坦是中亚地区中国最大的油气合作伙伴，也是中国在独联体国家中投资最多的国家之一。这是因为，在所有中亚国家中，哈萨克斯坦经济潜力最大，国内政局最为稳定，并且，两国邻国，减少了通过第三国中转能源的相关风险。1997年两国签订了连接中国新疆与哈萨克斯坦里海沿岸的长达3万公里的石油管道建设项目，总费用为95亿美元；同年，两国签订了建设阿塔苏—阿拉山口石油管道项目，到了2015年年底的时候，通过该管道的石油运输量达到1180万吨。③ 2007年，哈萨克斯坦签订了建设从中亚天然气管道向中国输送天然气的哈萨克斯坦分支的项目，并于2010年竣工，目前哈萨克斯坦通过该管道向中国输送约为100亿立方米的天然气。④ 同时，中国也在哈萨克斯坦参与一些油气田的开发，例如乌兹根油田和北布扎奇油气田。中国在哈的一些大型石油公司也占有很大的股份，例如，中石油完全控制了哈萨克斯坦石油生产排名第二的阿克纠宾油气股份公司。中国也在电力和核能领域与哈萨克斯坦积极地开展合作：中国广东核电集团参与

---

① К. Т. Габдуллин, "Центральная Азия и Россия в энергетической политике Китая", Вестник КазНУ. -Серия востоковедения, Vol. 56, Number 3, 2011, p. 17.

② Поштич Мина, "Сравнительный Анализ Энергетической Стратегии КНР В Отношении Стран Центральной Азии", Сравнительная политика, Vol. 20, Number 3, 2015, p. 89.

③ «Нефтепровод Казахстан-Китай», Каз Мунай Газ, http://old.kmg.kz/manufacturing/oil/kazakhstan_china/.

④ Поштич Мина, "Сравнительный Анализ Энергетической Стратегии КНР В Отношении Стран Центральной Азии", Сравнительная политика, Vol. 20, Number 3, 2015, p. 91.

哈萨克斯坦伊尔库尔、斯密兹迈（Semizbay-U）和扎尔帕克三个铀矿的开发，2015 年，中广核矿业公司收购了斯密兹迈（Semizbai-U）49%的股权。[①]

土库曼斯坦是中国在中亚的第二大能源合作伙伴，并且中国也是土库曼斯坦天然气的最大买主，从土库曼斯坦进口的天然气占中国天然气进口总量的 4.3%。中国和土库曼斯坦在能源领域最重要的合作项目就是中亚—中国天然气管道建设。该管道建设原本计划为中国和土库曼斯坦的双边项目，但由于连接范围广，已经发展成乌兹别克斯坦和哈萨克斯坦也参与建设。该项目于 2006 年签订协议，2007 年开工建设，2009 年第一个分支建成运行。在该项目中，中方向土库曼斯坦提供数十亿美元的贷款，土方可以用等价的天然气来支付这些贷款。

中国与乌兹别克斯坦的能源合作，主要是在联合开发矿床方面。一方面，两国在费尔干纳、纳曼干和安集延地区联合开发一些小的"老油田"。另一方面，两国共同开发地质条件复杂的矿床，并且乌兹别克斯坦的油气公司在开发布哈拉—希瓦地区的油田时采用了中国企业的技术、设备和经验。此外，中国的公司正在努力开发乌兹别克斯坦西北部的咸海大陆架上的油气田。除联合开发油气田外，中乌也积极建设一条贯穿乌兹别克斯坦境内的中亚天然气管道，以向中国输送天然气。

吉尔吉斯斯坦的油气资源储量小，但是水能资源丰富，中吉两国加强在电力生产和运输方面的合作。中国经济的快速发展不仅面临着能源短缺的问题，而且也面临着电力供应不足的问题，特别是不利于中国西部工业的发展。为了解决这个问题，中国非常重视从包括吉尔吉斯斯坦在内的邻国进口电力。自 2004 年以来，吉尔吉斯斯坦一直通过托茹岗特（Torugart）和伊克石坦姆（Irkeshtam）口岸的电力线向中国出口电力，电力供应量约为每年 100 万千瓦/小时。另外，中吉也在合建新电厂。目前，中国与吉尔吉斯斯坦也在开展油气方面的合作，2014 年，吉尔吉斯斯坦和中国同意启动一条天然气管道，通过该天然气管道，土库曼斯坦从 2016

[①] 《Uranium and Nuclear Powerin Kazakhstan》, World Nuclear Association, http://www.world-nuclear.org/information-library/country-profiles/countries-g-n/kazakhstan.aspx）.

年开始向中国供应天然气。①

中国与塔吉克斯坦在电力合作方面具有重要的前景。中国现阶段已经参与了塔方多个水电项目的实施，例如，中国水利水电建设股份有限公司参与了扎拉夫河水电站的建设。

三 中亚影响"一带一盟"对接合作的不利因素

第一，西方国家在中亚地区的渗透威胁着中亚地区的安全与稳定。

"9·11"事件之后，基于打击恐怖势力的需要，中亚成为美国全球反恐的前沿地区。阿富汗是内陆国家，并与中亚接壤，美国的反恐力量如果想要进入该地区就得需要得到阿富汗周边国家的帮助。中亚本身也是伊斯兰文明地区，经济发展较为落后，社会矛盾突出，容易成为恐怖组织和恐怖分子选择撤退的地区。这些因素无疑使得中亚成为美国反恐的首选。目前，在军事方面，美国在中亚吉尔吉斯斯坦和塔吉克斯坦均租有军事基地，并且当出现燃油不足以及技术问题时，美军战机可以在哈萨克斯坦的阿拉木图国际机场降落。除了反恐需要，美国在中亚地区也有着能源和向外输出美国价值观的需要，但是，在俄罗斯看来，美国在中亚地区支持民主运动以及非政府运动的行为，是对俄罗斯和中亚国家的内政干涉。②

欧盟对中亚的影响主要是通过经济援助的形式来施加影响，对中亚进行民主化改造也是欧盟对中亚的一个重要战略目标。欧盟一直都在加强对中亚的研究，通过援助和在各领域加强合作等途径对中亚国家内部事务进行干涉，并且程度较深，同时也一直在利用欧安组织推动中亚国家民主化进程以及公民社会的建立，欧盟积极参与、观察、监督中亚国家举行的各种选举和公投并向其提供技术支持。③ 除此之外，能源因素也是欧盟寻求在中亚影响的另一重要原因。长期以来，欧盟的天然气供应严重依赖俄罗

---

① Geng Zhe, "Сотрудничество между Китаем и странами Центральной Азии в нефтегазовой области", Региональная экономика и управление: электронный научный журнал, Vol. 51, Number 3, 2017, p. 6.

② B. Rumer Eugene, "China, Russia and the Balance of Powerin Central Asia", Strategic Forum, Number 223, 2006, p. 6.

③ 吴宏伟：《俄美欧中亚政策及其演变》，载于《俄罗斯学刊》2017年第2期。

斯,但是,俄欧关系经常会影响到俄罗斯对欧盟的天然气输送,并且乌克兰与俄罗斯的矛盾也会引发俄罗斯停止向欧盟输送油气的情况。这些都严重影响到了欧盟的能源安全。与中亚进行能源合作,可以打破俄罗斯对里海油气输出线的控制,减少对俄罗斯的能源依赖。同时欧盟的这些举措也加大了对该区域的能源争夺。

第二,中亚的宗教、民族问题以及政权更替影响着中亚以及中国新疆的稳定。

中亚与中国新疆在民族和宗教方面有着相似性,伊斯兰文明在新疆有着深厚的影响。宗教与文化的相似性,一方面有利于新疆与周边中亚国家的交往,有利于新疆的对外开放,促进新疆的经济、文化发展;另一方面也使得新疆不得不面对"民族分裂主义、宗教极端主义和国际恐怖主义"的威胁。与此同时,西方国家也在该地区进行"西化"和文化渗透,对我国的西部安全造成很大的干扰,特别是以美国为首的西方势力公然支持新疆的民族分裂活动。

在俄罗斯帝国和苏联时期,中亚的政治实体经历了民族整合的过程而没有经历国家建立的过程,这也是现代中亚国家还没有完成国家巩固的原因。地域纷争与民族纷争在政治发展中仍然发挥着重要影响;同时,这也把国际关系中的民族认同复杂化了。也基于此,外部力量对中亚国家国内政治纷争的参与非但不会解决问题,还会加深已有的分化(如吉尔吉斯斯坦的"郁金香革命")。同样,这些不稳定因素严重威胁到我国西部的国家安全。

目前,中亚国家进入"老人执政时期",总统威权体制的弊端也不断显现。除土库曼斯坦外,中亚国家的领导人执政均已超过20年,政治权力体系中的矛盾也日益显示出来,各派政治势力也各争私利,希望通过政府的更替来获得最大利益。这些因素也极大地影响到中亚政治的不稳定,很有可能在政权更替时的权力真空时期,一些社会弊端问题会暴露出来,借此时机引发社会动荡,如2022年1月哈萨克斯坦发生严重骚乱。

第三,中亚五国对俄外交的差异性不利于欧亚经济联盟的建设。

现今,虽然中亚五国与俄罗斯仍保持着密切的联系,但各国的外交独立性越来越强,与俄罗斯的关系也呈现着一种复杂矛盾的心理。一方面想脱离俄罗斯的控制，增强国家外交的自主性；但另一方面，实力跟现实又不相符，中亚五国不得不在经济、军事、安全等方面依靠俄罗斯。

当今，欧亚经济联盟可谓是俄罗斯自乌克兰危机之后重振经济的一大重要举措，但是，中亚五国对欧亚经济联盟的回应却是各有各的"小算盘"。哈萨克斯坦的反应是"可以，但是"，哈认为，欧亚经济联盟更有利于俄罗斯；① 吉尔吉斯斯坦是中亚五国中经济最为落后的国家，虽想通过加入欧亚经济联盟来缓解本国经济困难的现状，但事实是，由于进口关税的增加，很可能会加重贫困情况，欧亚经济联盟并不是其"救世主"；② 在俄的劳动移民汇款收入是塔吉克斯坦的经济基础，而加入欧亚经济联盟，不仅使得塔方在外劳动力汇款减少，而且俄罗斯的经济衰退也影响到了塔；③ 对于乌兹别克斯坦而言，卡里莫夫去世前，对加入欧亚经济联盟持有积极的态度，但是，对于现在乌的领导人来说，态度不明确；④ 而土库曼斯坦作为一个中立国，对欧亚经济联盟实行政策隔离，重点发展双边关系，表示不加入。

第三节　中—俄—中亚三方合作的对策思考

在"一带一盟"对接框架下，中国与俄罗斯和中亚国家的往来要突出重点。中亚历来是俄罗斯的传统"势力范围"，而中亚也在为增强国家外交的自主性不断努力，中国如果在政治领域过于涉足中亚，定会引起俄罗斯的猜忌。经济方面的合作是维护国家间政治往来稳定的"镇定剂"，而中国提出"丝绸之路经济带"不仅可以发挥中国在欧亚区域的地缘优

---

① Marlene Laruelle, "Kazakhstan's Postureinthe Eurasian Union: In Search of Serene Sovereignty", *Russian Analytical Digest*, Number 165, 2015, p. 7.

② Sebastien Peyrouse, "Kyrgyzstan's Membership in the Eurasian Economic Union: A Marriage of Convenience?", *Russian Analytical Digest*, Number 165, 2015, p. 10.

③ Saodat Olimova, "Tajikistan's Prospects of Joining the Eurasian Economic Union", *Russian Analytical Digest*, Number 165, 2015, p. 15.

④ Casey Michel, Uzbekistan and the Eurasian Economic Union, The Diplomat, https://thediplomat.com/2016/09/uzbekistan-and-the-eurasian-economic-union/.

势，而且也可以发挥经济互补优势与俄罗斯和中亚国家进行合作，互利共赢，共同发展。在软实力方面，中国可以加强在人文方面的交流与合作，增进互相间了解。

第一，利用经济互补优势，重点在经济领域加强合作。针对2014年乌克兰危机，西方国家对俄进行经济制裁，不仅俄罗斯的经济遭受重创，而且中亚国家的经济也受到严重影响：损害了依靠石油和天然气出口的哈萨克斯坦和土库曼斯坦的经济；与卢布相挂钩的货币，兑换美元贬值，这损害了国内购买能力，并且也会拖欠美元计价债务，但兑换卢布升值，对俄罗斯的出口又不利；由于卢布贬值，俄罗斯劳务移民的汇款收入也已经缩水，购买力大大下降；俄罗斯的投资以及签订的合同，特别是与一些重要的基础设施建设有关的，或面临冻结或被停止。[①] "丝绸之路经济带"建设以及与欧亚经济联盟的对接，可以在经济领域实现中国、俄罗斯与中亚的优势互补。对于中国来说，有着较为先进的技术，生产多样化，基础设施建设较为完善，拥有广阔的消费市场，外资实力雄厚，但是，消费水平占GDP比例小，资源以及环境问题开始出现，面临产业升级等问题；对于俄罗斯来说，军事实力雄厚，有着丰富的自然资源，可以说，能源是俄罗斯崛起的基础；[②] 对于中亚国家来说，它们之间拥有共通的语言，劳动力与自然资源丰富，农业发展仍有潜力，与俄罗斯之间存在一些双边或者多边的经济协议，但是生产较为单一，商品附加值小，经济多依赖能源出口，基础设施建设薄弱。[③] 本国的优势可以弥补别国的短板，而本国的短板可以利用别国的优势来补缺，中国与俄罗斯以及中亚可以在外资、基础设施建设以及能源方面开展合作，增进国家间互动。

第二，利用文化互补优势，在人文领域增进合作。在中亚地区，软实

---

① Nate Schenkkan, "Impact of the Economic Crisis in Russia on Central Asia", *Russian Analytical Digest*, Number 165, 2015, p. 3.

② Александр О. Петерсен, Россия, Китай и энергетическая геополитика в Центральной Азии, Центр Европейских реформ, 2012, p. 83.

③ Vasily Erokhin, Problems and Perspectives of Collaboration between Russia and China in the Region of Central Asia, researchgate, https://www.researchgate.net/publication/315700633_Problems_and_Perspectives_of_Collaboration_between_Russia_and_China_in_the_Region_of_Central_Asia.

力影响可以说是中国一直以来的外交短板，但是，经过建交 25 年来的不断努力，中国与中亚五国的人文交流取得了丰硕的成果，合作范围也不断拓展，这离不开中国实力的增强对中亚五国的吸引。政治、经济、人文是促进国家间关系稳步前进的三驾马车，不仅上海合作组织、金砖国家需要，"丝绸之路经济带"与欧亚经济联盟的对接也需要。中国与中亚互设"文化日"或"文化周"，定期举办活动；在教育领域，双方互派的留学生人数日益增长，孔子学院促进了中国文化的传播，也增进了中亚国家对中国的了解，"汉语热"也在中亚国家不断持续；在旅游、媒体以及医疗合作方面也有不断的进展。[①] 但是，"中国威胁论"在俄罗斯以及中亚地区仍有市场，它们对中国的了解更多是停留在古代中国，但真正能让人信服的，还是现代中国的科技以及知识。宣传现代中国比宣传古代文明更有说服力。而且，中国的儒家文明与俄罗斯的东正教文明以及中亚的伊斯兰文明毕竟不同，中国不能向俄罗斯和中亚只宣传本国文化的特殊性和吸引力，而是应多从共同价值观入手，增进双方的了解。

第三，以上海合作组织为合作平台，借助"一带一盟"，帮助解决中亚国家的困难。上海合作组织包括中俄和中亚哈、吉、塔、乌四国，是现成的、成熟的合作机制，可以作为"一带一盟"对接合作的重要平台，寻求共同利益、近似利益和相近利益和最大利益公约数，帮助解决中亚国家的困难，包括资金、出海口、基础设施建设、反对三股恶势力等问题。尊重中亚国家提议的"亚信"（亚洲相互协作与信任措施会议）等机制。中国也注重与中亚的双边合作，2022 年 6 月，"中国 + 中亚五国"元首会晤机制建立。2023 年 5 月，"中国 + 中亚五国元首"峰会在中国西安市举行，达成一系列共识和协议，必将有利于促进"丝绸之路经济带"的建设。

第四节　小结

目前，作为亚欧中心的邻居，通过上海合作组织和以邻为伴、与邻为

[①] 李自国：《建交 25 年来中国与中亚国家的人文合作》，《中亚黄皮书：中亚国家发展报告（2017）》，第 62—65 页。

善的政策，中国与俄罗斯、中亚国家的安邻、睦邻友好关系得到了发展，边界和安全问题得到了比较妥善的解决，亲诚惠容，相互信任。通过"一带一盟"对接合作，互利共赢，共同发展，共同繁荣，三边关系也将会得到进一步的巩固、升级，并使"一带一盟"对接合作的主要平台——上海合作组织得到进一步的发展，影响得以扩大，从而有利于形成亚欧发展共同体、亚欧命运共同体和新型亚欧关系[①]。

中国与俄罗斯共同致力于中亚地区的全面发展，"一带一路"与欧亚经济联盟的对接将会使中亚从中受益。中俄双方既要增进相互间的了解，彼此关照在中亚的核心利益和舒适度，又要促进双方间的谅解，加强外交政策上的沟通。提高中亚国家的经济水平，有利于中俄与中亚国家间的全方位合作，促进大欧亚经济伙伴关系的发展。

中亚国家作为中小国家比较集中的、一个比较独特的地缘经济和地缘政治单元，地理位置上处于亚欧大陆的中心，同时也在中国西向和俄罗斯南下的交汇地带，夹在中俄之间，并不是被动的、毫无主观能动性的国际行为体。其独特的中小国家外交也会影响到中俄的发展战略及其对接合作的水平。中亚国家经济实力的提高也会为中俄的合作与发展提供便利，反过来中俄在中亚的进一步合作又会促进中亚各国发展。

如果良性循环，中俄及中亚国家将会共同发展，全面提高，促进亚欧一体化的发展。可以这么说，共同或近似利益加速了中国、俄罗斯和中亚国家之间更加密切、广泛的合作。2022年1月，哈萨克斯坦发生了骚乱，中俄进行了紧密而有效的协调与合作，帮助哈萨克斯坦稳住局势，保证了"丝绸之路经济带"建设的稳定推进。"一带一路"的建设是全方位、多层次的建设，也是向世界开放、互惠共赢的建设。从区域和国别来讲，不论是在"一带一路"建设中还是"一带一盟"对接过程中，俄罗斯与中亚始终占据核心地位。增强互信、相互支持、互利共赢，不断携手前进，是三方的共同使命。不仅是中国相互尊重、平等互利、亲诚惠容的外交政策赢得了俄罗斯与中亚，也是俄罗斯与中亚选择了和平、发展、合作、共

---

① 李兴：《论"一带一路"框架下互联互通与实现亚欧发展共同体建设》，《东北亚论坛》2017年第4期。

赢的中国。三者携手共同把"一带一路"打造成和平之路、开放之路、发展之路，构建亚欧利益共同体，发展共同体，命运共同体。从策略上讲是中国式"三合一"外交（周边外交、大国外交、金砖外交）创新，从理论上说是对历史上西方传统"以邻为壑"模式的超越，形成睦邻命运共同体和新型国际关系，是对当代国际政治文明的重大贡献，也是中国践行睦邻外交和"人类命运共同体"理念在亚欧地区的先行实验。新欧亚大陆桥也即第二欧亚大陆桥，通过中亚把中国和俄罗斯紧密地联系在一起，构成了丝绸之路经济带面向亚欧大陆的重要经济走廊。

第三编
问题与对策

第十三章 论"一带一路"主场外交视域下的中美俄三角关系

第一节 主场外交是中国特色大国外交的重要体现

所谓主场外交,就是以东道主的身份展开的外交外事活动。近年来,一些大型外交外事活动在中国举办得比较多。APEC 峰会、G20 峰会、金砖国家峰会、上海合作组织峰会,第二次世界大战胜利暨抗日战争胜利70 周年庆典,世界进口博览会,以及一些大型国际体育赛事,等等,充分凸显了中国作为新兴经济体、发展中大国外交的重要变化和重大成就,展示了国家的实力和形象,中国在国际舞台上也赢得了越来越多的关注度和美誉度。具体看这些重要外事活动,有的来自国际合作组织和机制,中国发挥了轮值承办者的角色,如 APEC 峰会,G20 峰会;有的发端于中国主动发起的国际合作新组织、新平台和新机制,如上海合作组织峰会,金砖峰会,"一带一路"国际合作高峰论坛。这些活动的定位不同,侧重点不一,针对的合作领域和对象伙伴也有所差异,呈现出立体多元的特色,反映了当今世界国际交往,以及新兴大国外交的丰富性和复杂性。尤其是"一带一路"国际合作高峰论坛,是中国自己创办的,最具活力和影响力的全球经济合作和一体化倡议,体现了中国智慧和中国担当。继 2019 年4 月在北京举办的第二届"一带一路"国际合作高峰论坛后,2023 年 10月在北京举办了第三届"一带一路"国际合作高峰论坛,是 2023 年中国最重要的主场外交,也是又一次全球瞩目的国际盛会。习近平主席出席高峰论坛开幕式并发表主旨演讲，并且全程主持领导人峰会。第三届"一带一路"国际合作高峰论坛具有三个鲜明特点：一是规格更高；二是规模更大；三是活动更丰富。主场外交往往与元首外交、大国外交紧密地联系在一起。

"一带一路"不仅是务实的项目合作与战略对接，而且其合作共赢、共同发展的理念，是对中国国家形象和国际话语权的展示，是对区域与全球治理、新型国际关系、人类命运共同体理念的有力支撑，是对单边主义、保护主义、逆全球化的否定。一叶知秋，见微知著；事必有因，因必有果。凡事看似突然，其实并不偶然。主场外交体现了中国的大国外交，也折射出了中美俄三角关系。

所谓三角关系，即三个国际行为体之间，三个双边关系相互联系、相互影响、相互作用。不是任何三边关系都能构成三角关系。三角关系是高级的三边关系，三边关系是低级的三角关系。中美俄三角关系中，美国是唯一超强，无论是综合国力还是单项的经济实力都是全球第一，但面临的问题也不少，包括相对衰落和过于焦虑。人口最多的中国是世界第二大经济体，市场潜力及发展前景广大。面积最大的俄罗斯经济最弱，但也并非人们想象的那样，且在能源经济方面具有优势。无论是中俄关系，还是中美关系，都既有合作，也有竞争。不同的是，中俄战略协作伙伴关系是以合作为主，中美战略互动关系中竞争的一面在快速上升。反映到中国主办的主场外交中来，明显可以看出，在上海合作组织峰会、金砖峰会、"一带一路"国际合作高峰论坛这些中国主办的主场外交活动中，很少能见到美国著名人士、美国高级官员的影子，美国总统从不与席。而与此形成鲜明对照的是，俄罗斯总统每次都参加，中俄元首良性互动。包括中国举办的纪念第二次世界大战暨抗日战争胜利 70 周年庆典活动中，同为反法西斯盟国的美国总统缺席，俄罗斯总统则作为贵宾出席。而在中国主场的 G20 峰会、APEC 峰会，中美俄三位国家元首一般都能参加、同场出席。世界经济政治中心在向亚洲太平洋地区转移，同时包括世界发达经济方和发展中经济方的 G20 组织，事实上，已经取代传统的由单纯发达经济体组成的 G7 成为全球经济最权威的政府间国际论坛，自然 APEC 峰会和 G20 峰会地位和影响不容小觑。这些主场活动说明中俄关系与中美关系的不同，以及三角之间既有合作又有竞争的性质和态势。作为当今世界的最三强，美国既是全球超级大国，也是亚太大国；中俄既是世界级大国，更是亚欧大国。

第二节　中国的主场外交：中俄美三角关系的试金石

在冷战时期，以美苏两个超级大国为首的两大阵营全面对抗，经济方面在全球范围内形成了两个完全不同的平行市场，即美国主导的"马歇尔计划"和有紧密联系的欧洲经济共同体，苏联为首的经济互助合作委员会。中国当时无论是综合实力还是经济实力都非常弱小，只能依据中国智慧和外交技巧在两个超强之间左右逢源。冷战后，欧洲经济共同体扩大为欧洲联盟，经互会解散，多年后在原苏联地区部分国家范围内形成新的欧亚经济联盟，而此时中国已然崛起为世界第二大经济体，并进而提出了"丝绸之路经济带"和"二十一世纪海上丝绸之路"的倡议。"丝绸之路经济带"、欧亚经济联盟和"新丝绸之路计划"，是冷战后亚欧中心地区最具影响力的一体化体制机制，主导者分别是中国、俄罗斯和美国三家，集中体现了中俄美三大国的亚欧大战略，是大三角关系在区域经济、地缘政治和人文地理领域一个比较集中、比较具体和比较突出的表现。

"一带一路"致力于内外联动，亚欧联通，东西平衡，南北并重，义利兼顾，经济优先，文化辅助，共商，共建，共享。"一带一路"倡议是中国提供的全球公共产品，从全球和区域层面，关系到中国的话语权与影响力，并且帮助协调中俄在亚欧区域的战略关系：对接而非冲销，合作而非冲突，具体表现为"丝绸之路经济带"与欧亚经济联盟的对接合作。"一带一路"对美国主导的国际经济金融、政治外交关系格局形成一定的冲击。特朗普整合了奥巴马实行的"亚太再平衡"战略和希拉里提出的"新丝绸之路计划"，提出自己的"印太战略"，其特点是先军后经，以军带政。"印太战略"有从南边包抄和围堵、牵制"一带一路"和欧亚经济联盟的嫌疑。拜登在此基础上力图发展、做实美日澳印"四国安全对话"（Quad）。中国倡议的、建立在相互尊重、平等、不冲突、不对抗基础上的新型国际关系没有被美国主流社会所认可和接受。作为一个全球公共产品，"一带一路"建设是一个国际话题。作为一个主场外交活动，"一带一路"国际合作高峰论坛是一个强有力的国际信息源和新闻传播源，与全球市场、世界政治和国内公民权利紧密相关。对中国主场的大型外交外事活动，特别是"一带一路"国际合作高峰论坛的态度，某种意义上是中美俄三角真实关系的试金石。

第三节 "一带一路"主场外交：俄美态度的比较

"一带一路"是中国的亚欧战略和周边战略，是习近平新时代中国特色的大国外交的基石和关键，关系到通过建设利益共同体、责任共同体和命运共同体，建立和维护国际经济、金融公正合理的新秩序，实现中华民族的伟大复兴，进而实现人类命运共同体。

中俄全面战略协作伙伴关系高水平运行。"一带一路"建设绕不过俄罗斯。对于"丝绸之路经济带"与欧亚经济联盟即"一带一盟"的关系，是对接合作，还是相互竞争，俄罗斯经历了一个复杂的演变过程，从最初的失落，不解，疑虑，担忧，历经彷徨的观望，反复的算计，矛盾的煎熬，纠结的徘徊，到逐渐有所理解，有所兴趣，有所热情，对"一带一路"倡议的正面评价占了主流。从并非甘心地无奈接受，到比较积极地寻求对接合作，有所作为。"一带一盟"数年实践，俄方有所配合，有所努力，有所保留，有所失望，更有的是期望和希望。随着俄国内外形势的发展和理性选择的支配，和平共处，并行不悖，对接合作、积极合作成为"一带一盟"关系的主流。上海合作组织峰会、金砖峰会、"一带一路"国际合作高峰论坛等独特的主场外交和频繁的良性互动，说明元首外交引领下的两国关系的战略性、特殊性。当然，战略协作同时也存在善意竞争。俄方提出的大欧亚伙伴关系是对"一带一路"倡议的互补和对冲。"一带一盟"两者互补相辅，互利双赢。

当然，中俄关系绝不完美，同样也有弱点，有短板，更不意味着以后不会出现新的问题。俄罗斯也出现了对中国实力增长，参与开发俄远东等问题的疑虑，但并未形成主流。对于中国倡议的"一带一路"，俄罗斯认知上经历了一个复杂、纠结的过程，中俄最终就"一带一盟"对接合作达成战略共识。普京总统三次以贵宾身份出席"一带一路"国际合作高峰论坛。习近平主席2018年9月出席东方经济论坛，2019年6月出席了俄罗斯圣彼得堡经济论坛。2018年中俄双边贸易额历史性地突破了1000亿美元。由于中美贸易战的爆发，中国加大了从俄进口大豆和天然气。2019年两国经贸量继续增长。普京总统在2019年的国情咨文中再次肯定了"一带一盟"对接合作，高度评价中俄平等互利关系是国际事务和大欧亚伙伴关系顺利发展的重要因素。"丝绸之路经济带"与欧亚经济联盟对接合作，在政策沟通、设施联通、贸易畅通、资金融通、民心相通和产能合作等方面取得重要进展，并共同推动建设"冰上丝绸之路"，展开了地方合作、青年交流和高科技合作，扩大了能源合作、旅游合作和教育合作。这些都说明中俄关系还有很多很大发展潜力和可持续性，有待于两国进一步深入合作，不断完善。从历史来看，中俄关系本身就是在不断解决各种问题中发展的，只要中俄保持和加强现有的政治互信，遵循中俄已经达成的各方面共识，未来中俄关系前景可期，同时也不可不切实际。

由于2014年乌克兰危机和克里米亚事件，美国为首的七国集团对俄实施多轮经济制裁，给俄经济发展制造了很大的困难。美国认为，俄罗斯搞欧亚经济联盟是企图"恢复苏联"，欧亚经济联盟是俄罗斯主导的，是俄罗斯大国崛起的跳板[①]。中俄"一带一盟"对接合作是传统地缘政治竞逐，挑战美国的全球霸主地位，美国很不以为然。俄罗斯一方面努力经营欧亚经济联盟作为大国地位的支撑，尽管欧亚经济联盟的发展谈不上风生水起，但并没有烟消云散，也没有停下自己的脚步。另一方面，俄罗斯加紧了"向东看""转向东方"的步伐，争取搭乘中国经济的快车，加强与中国全方位的合作关系。"一带一盟"的对接与合作在这种背景和框架下去解读更为可信和接地气。2022年爆发的俄乌冲突、西方对俄史无前例的经济制裁和"金融核弹"，客观上迫使俄罗斯更快更大地"转向东方"，

---

① 参见王晨星《美国对欧亚经济联盟的认知与对策分析——兼对俄美关系的若干思考》，《北京教育学院学报》2018年第1期。

俄经济发展与"丝绸之路经济带"的对接合作，从而加强了俄罗斯的东方性。应该说，以美国为首的西方集团的经济制裁没有使俄罗斯屈服，俄在中国一定程度的帮助下大致已经度过了最困难的时期。2023年俄罗斯经济实现了正增长。"一带一盟"对接合作当然有内在的刚需，但从某种意义上说，也是美国傲慢而又冒失的双拳出击和左右开弓使中俄走得更近。2017年、2019年和2023年，普京总统连续三次亲自出席中国主办的"一带一路"国际合作高峰论坛。

对于中国倡议的"一带一路"，美国更多地视为中国的地缘经济、地缘政治战略和竞争。美国官方基本上是冷眼旁观，负面看法为主，认为"一带一路""一带一盟"对接合作会削弱美国在亚欧、亚太区域和全球的影响力甚至霸主地位，也会冲击第二次世界大战后美国主导创立的国际经济、金融制度。美国总统没有出席北京举行的第一届、第二届和第三届"一带一路"国际合作高峰论坛。相反，"丝绸之路经济带"向西发展与奥巴马政府的"重返亚太"可能不无干系，中国北向与俄共建"冰上丝绸之路"也与特朗普政府提出的"印太战略"① 并非完全无关。美国甚至公开反对和威胁其盟国和第三世界国家与中国合作，诋毁中国"不透明"，搞"新殖民主义""债务陷阱"。对中国发展制造业和高科技的努力不断地制造障碍，对"一带一路"建设冷眼旁观，不时冷嘲热讽。当然，美国以商立国，巨商总统特朗普集商人的务实和政客的精明于一身，虽然美方对"一带一路"持不信任态度，双方贸易摩擦频发，但也不排除在

---

① 特朗普政府提出的美国针对印度洋—西太平洋地区的外交战略。2017年11月，美国总统特朗普访问日本时第一次完整地介绍了他的"印太战略"，即综合运用军事、政治、经济、外交等多种手段，团结美国在该地区的大小盟友，以美国为首，核心国家是美国、日本、澳大利亚和印度，地理上从印度洋到西太平洋，呈一个包围中国和亚欧大陆南部的封闭弧形。"印太战略"的目的是加强美国与该地区盟国间的联系和美国在该地区的主导地位，削弱其"主要竞争对手"中国、俄罗斯的影响力。"印太战略"的特点是先军后政，以政带经。笔者认为，虽然从概念用词来说，"印太战略"与奥巴马时期的"亚太再平衡"、希拉里倡议的"新丝绸之路计划"不同，但一定程度上还是囊括了后两者的框架，并意欲进一步整合、扩大和加深。日本可能是"印太战略"最积极的帮手，但也未必愿意与中国直接对抗。印度的地位虽然得到提升，但也未必甘愿卷入地缘政治之争，为美国所利用。截至目前，"印太战略"的顶层设计还不是很成熟，主要内容还不是很具体，机制远未完善，效果和前景尚不明朗，有待继续观察。

某些具体领域的合作互利。

第四节 结论与思考

"一带一路"倡议、"一带一路"建设、"一带一路"国际合作高峰论坛,三位一体。支持、冷待还是反对"一带一路"倡议,赞成、消极还是抵制"一带一盟"对接合作,是分析和判断中美俄三角相互关系的全新视角、有效框架和重要指标。对中国倡议的"一带一路"建设、对中国主场的"一带一路"国际合作高峰论坛的态度,是中美俄三角真实关系的试金石。

"丝绸之路经济带"、欧亚经济联盟和"新丝绸之路计划"是冷战后亚欧中心地区最具影响力的一体化体制机制。中国"丝绸之路经济带"与俄罗斯主导的欧亚经济联盟尽管有很多不同,但两者不仅客观上存在对接合作的必要性和可能性,主观上两国最高层达成了战略共识,实践中取得了实实在在的早期收获,并在努力继续推进。美国"新丝绸之路计划"尽管名称与"丝绸之路经济带"相似,但两者历史背景、包含区域、具体内容,地缘目标等都很不相同。"丝绸之路经济带"的空间范围、包容性和吸引力都大于"新丝绸之路计划"。由于三者都在中亚交集,且经济和互联互通是其重要内容,原则上"新丝绸之路计划"与"丝绸之路经济带"、欧亚经济联盟存在合作的空间,但由于"新丝绸之路计划"的政治性、排他性、针对性和投机性,互信不足,平行、竞争的一面倒是较明显。由于共和党候选人特朗普出人意料地当选为美国的总统,采取美国利益第一、全球收缩的政策取向。而拜登当选后也由于美国国内外形势的变化,希拉里当初倡议的"新丝绸之路计划"恐怕是前景堪忧[①]。

当然,我们也要防止陷入抽象、务虚的概念之争,理念之辩,框架、范式之论。主场活动不仅要重在数量,而且要看质量,不仅重在规模,而

---

① 参见李兴《亚欧中心跨区域合作体制机制比较分析:"丝绸之路经济带"、欧亚经济联盟和"新丝绸之路"》,《人文杂志》2018年第9期。

且要看效益，不仅要展示中国力量和中国风格，更要展示中国文化和中国道义，不仅要展示中国硬实力和阳刚之气，更要展示中国的软实力和阴柔之美。中国的主场外交，不是拉帮结派、钩心斗角的戏台，而是合作共赢、美美与共的舞台。心动不如行动，事实胜于雄辩。正如习近平主席所说，"一带一路"建设是世界的百花园，不是中国的后花园。"一带一路"源于中国，属于世界。中俄结伴而不结盟，中美对话而不对抗。我们希望，中美俄良性互动，善意竞合，各美其美，美美与共，共同推进新型国际关系和人类命运共同体建设。

第十四章　加强"丝绸之路经济带"框架下的中俄政党合作

党的对外工作是国家总体外交的重要组成部分,党的十八大以来,党积极推进政党之间的交流互鉴,加强与国际政党的合作,通过政党之间的协作促进国家之间的合作,深化国家间的关系,实现双方的互利共赢。中俄政党合作在促进中俄关系、推动双方的战略协作上发挥了重要作用。2021年,中国共产党成立100周年之际,统一俄罗斯党(简称统俄党)党主席梅德韦杰夫表示,政党之间的对话,是俄中合作的重要组成部分,统俄党和中共之间的关系已经有20年的历史,双方发展循序渐进,并具有活力。[①] 中俄政党之间合作基础坚实,自"一带一路"倡议提出以来,双方合作进一步深化,政党在其中扮演了重要的角色。

第一节　"丝绸之路经济带"倡议下中俄政党合作的基础

一　一致的目标追求是中俄政党合作的前提条件

中国共产党是中华人民共和国的执政党,通过执掌、控制与运用国家政权,实现党对国家社会事务领导,这一政治过程包含着党的领导与执政。统一俄罗斯党是俄罗斯联邦的第一大党,在国家杜马内,联合其他党派,形成支持总统的稳定多数,为总统政策实施提供重要保障,是俄罗斯

[①] 俄罗斯卫星通讯社,https://sputniknews.cn/20210707/1034027793.html。

的政权党。两个国家虽然属于不同的政党体制，但是，从两个政党的纲领目标来看，中国共产党和统一俄罗斯党具有现实的合作基础。

在思想基础上，两国政党都把解决人民现实问题作为自身使命。中共党章总纲部分规定，"中国共产党以马克思列宁主义、毛泽东思想、邓小平理论、"三个代表"重要思想、科学发展观、习近平新时代中国特色社会主义思想作为自己的行动指南"。① 以上思想理论的根本都是为了解决广大人民群众的根本问题，强调"人民幸福"，因此，实现全国人民追求美好、富足、幸福生活的共同愿望是中国共产党的历史使命。统一俄罗斯党的思想基础是"政治中派主义"，它强调该党是公民和谐的党，党的思想体系是全民族胜利的思想体系，党负有联合社会上所有建设性力量进行实际工作的使命，在采取行动时要从人民利益出发，解决所有人都关心的问题，让每个人都确信自己的未来和自己孩子的未来。② 由此可见，两国政党都将人民的幸福当作自身的历史使命，两党的奋斗目标具有一致性。"一带一路"是惠及两国人民的构想，是为了两国乃至全世界人民谋福祉的伟大倡议，两党合作参与建设"一带一路"带来的经济效应既能满足两党为人民谋利益的目标，提高两国人民群众的满意度，又能增强中国共产党执政的合法性，稳固统俄党政权党的地位。

在社会基础上，两国政党都以人民利益为存在根基。习近平总书记曾指出，人心向背关系党的生死存亡，中国共产党始终将维护人民利益贯穿于党的宗旨之中，③ 中国共产党的宗旨是全心全意为人民服务，把人民群众的利益作为一切工作的出发点和归宿，密切联系群众，紧扣群众最关心的民生问题。统一俄罗斯党章程总则第一条宣布："全俄'统一俄罗斯'党目的是通过形成和表达俄罗斯联邦公民的政治意志，参加社会和政治行动、选举和全民公决，从而使他们参与社会政治生活，并在国家政权机关和地方自治机关中代表公民的利益。"④ 统俄党自称是人民党，是代表俄国全民族利益的政党，它强调俄罗斯联邦的全体公民是党的社会基础，它

---

① 共产党员网，http：//www.12371.cn/special/zggcdzc/zggcdzcqw/。
② 统一俄罗斯党官方网站，Манифест Партии "Единая Россия"，http：//www.er.ru。
③ 中国青年网，http：//news.youth.cn/gn/201306/t20130618_3384848.htm。
④ ［俄］"统一俄罗斯"党网站（www.edinros.ru），2002年5月23日。

为本国所有地区、所有社会群体和所有公民的利益而工作。无论是共产党还是统俄党都将人民作为本党生存的根本，唯有以人民群众为出发点才能获得人民的支持，人民是两党强大的社会根基。"一带一路"建设的成果最终能够惠及沿线人民，提高沿线人民的生活水平。呼应了两党为人民服务的出发点，巩固了两党的社会基础。

二 独特的政治地位是中俄政党合作的必要条件

中共和统俄党在两国各自的政治体系中具有举足轻重的地位，拥有绝对优势，具有强大的影响力，建设"一带一路"离不开两个政党的合作。从两个政党在国家中的地位来看，两党参与到"一带一路"的建设中必不可少。中国共产党是中国政党制度的核心，中国的基本国情和最大优势就是中国共产党的领导。这种政党制度反映了人民当家作主的本质，体现了中国特色社会主义民主。俄罗斯政党制度是一种总统高度集权下的稳定多党制，该制度以总统为核心，政权党通过议会表决使总统的决议合法化，贯彻执行决议，支持政府的方针政策，来换取政府和当权者的支持和帮助。在这种政党体系中，统俄党拥有绝对优势，形成了独特的"一党独大，多党并存"的无执政党的多党政治。

两个政党独特的政治地位使他们在促进政策实施、实现民心相通、消除舆论疑虑方面发挥着独特的引领作用，承担着共同的使命责任。首先，中俄两国社会制度、发展理念、道路模式等都有差异，"一带一路"建设过程中涉及的跨国基础设施、投资贸易政策等方面都需要中国共产党和统俄党这样掌握国家政权的政党在其中主导，积极协调磋商，才能实现战略机制的有效接轨。除中国共产党和统俄党发挥带头作用以外，各党派之间的党际交流也可以提供政府之外的政党间的沟通和信息渠道，解决两国政府之间不便介入的问题，深化理念合作，促进政策沟通。

其次，中俄共建"一带一路"，需要充分调动国内积极力量，政党作为政府和民众连接的纽带，可以就两国民众都关心的相关议题自由讨论，增信释疑，调动广泛的社会力量，增加民众参与建设的热情，同时，俄罗斯国内不同党派代表着不同的利益群体和阶层，中国共产党则是代表着最广大人民群众的利益，与俄不同党派之间的交流合作其实就是与俄罗斯国内不同利益群体之间间接对话，既能有针对性地解决两国之间合作的阻碍，更能与俄罗斯国内各政党共同承担起建设"一带一路"的责任。

再次，俄罗斯国内还有一些对"一带一路"质疑的声音，甚至国际上一些国家也将美好倡议不怀好意地视为"新殖民主义"，这些误解给"一带一路"的顺利开展带来了阻碍，这亟须两国政党在国际利益面前达成共识，着眼于大局，消除不和谐的声音。政党之间的合作交流有利于传递出两国政府真实的声音，塑造各自的政党形象，使世界充分了解两国以合作促发展的愿望，获得国际舆论支持，增强沿线国家参与的信心。

三 国内外环境压力是中俄政党合作的现实条件

如今，世界正处于百年未有之大变局中，国际形势复杂变化，中俄都面临着国内发展压力和外部形势严峻的双重挑战。

一方面，中俄两国都面临着国内经济发展的压力，而"一带一路"倡议为解决两国面临的现实问题提供了发展机遇。俄罗斯在乌克兰危机后受到以美国为首的西方主要国家的经济制裁，经济下滑，急需找到新的经济增长点，改变传统经济结构。中国面对国外市场经济竞争力的增强，国内产能过剩，就业压力增大，需要通过对外投资、技术转让等方式深化对外合作，带动就业。中俄都需要以"一带一路"为平台深入发展合作，为两国的经济发展提供新的动力。"一带一路"倡议提出后，两国友好合作不断深化，特别是"一带一盟"的对接使中俄合作进一步升级。

中国自 2010 年起一直是俄罗斯最大贸易伙伴国，第一大出口市场和第一大进口来源地。俄罗斯是中国第 11 大贸易伙伴国。2021 年，中俄双边贸易额大幅增长，首次突破 1400 亿美元，同比增长 35.8%。2019 年，亚洲地区已经成为中国对外直接投资的主要市场。俄罗斯是亚欧大陆最大的国家，中国在"一带一路"沿线国家的投资绕不开俄罗斯。俄罗斯一些专家也表示俄罗斯应更积极参与"一带一路"，更多地与中国共进退。[①]随着中国"一带一路"和"走出去"政策的发展，双方在亚欧大陆存在

---

① AIJun, One Belt, One Road can bring China and Russia closer, http://www.globaltimes.cn/content/1032278.shtml, 2017-02-09.

利益契合点，能够在资源互补的基础上，通过战略对接，扩大合作领域。在传统的国际环境中，零和思维经常导致国与国之间的冲突，大国竞争限制了国际合作和全球治理模式的发展。而中国提出的"一带一路"倡议不同于以往的合作模式，而是意在加强双边、多边合作机制的基础上，探索新的合作模式，从而使双方的发展空间更加广阔。

另一方面，中俄合作有利于缓解两国来自外部环境的压力。随着"一带一路"倡议的提出，两国合作程度逐渐深化，高层互访频繁，这让美国和一些西方国家感到担忧，认为中俄在"一带一路"上的合作是为了扰乱美国在亚欧地区的战略布局。中国的迅速崛起，新任领导人在国际事务中更加积极主动，如提出"一带一路"倡议，让美国地缘政治危机感上升，被认为是在挑战美国在全球霸权，冲击以美国为首的西方世界在全球的领导地位。特别是特朗普上台以后，将中国定义为"战略竞争对手"，标志着中美关系已经发生了质变。美国发动多轮对华贸易战，更是破坏了双方利益共赢的贸易关系。拜登政府也延续了特朗普时期的对华政策，美国一直采取对华遏制的政策基调。

俄罗斯同样面对着来自外部的压力，自 2014 年乌克兰危机以后，美俄关系一直呈现对抗态势，西方国家对俄罗斯的经济制裁对俄经济产生负面影响。俄和北约的紧张对峙使俄在 2022 年初对乌克兰采取了"特别军事行动"，双方关系降至冰点。美国对中俄采取的"双遏制"政策使俄中感到战略安全受到威胁，这加强了双方的战略互动，同时也影响了现行的全球战略平衡和稳定的安全体系。长久以来，西方世界主导下的国际体系带来了不合理不公正的政治经济秩序，广大发展中国家需要谋求更合理的国际环境谋求自身的发展，"在日益复杂的国际环境下，抱团取暖的成本最低"，[1] 要谋求新的国际秩序，就需要互相合作。"一带一路"倡议按照"共商、共建、共享"的原则，强调的是"共同富裕"，其根本前提是主权国家平等，因此比较容易获得其他国家的认可和支持。[2] 面对来自美国和西方世界的压力，中俄双方积极推动战略协作，有利于为双方提供广阔

---

[1] 李自国：《大欧亚伙伴关系：重塑欧亚新秩序?》，《国际问题研究》2017 年第 1 期。

[2] 李兴、耿捷、成志杰：《"一带一路"框架下的金砖合作机制与中俄关系》，载《国外理论动态》2019 年第 4 期。

的发展空间，交流对话，共同建设和发展多边体系，用多边合作解决重大国际问题，推动国际秩序的变革。

第二节 政党外交是推动"丝绸之路经济带"建设的重要力量

2015年3月，国务院发布了《推动共建丝绸之路经济带和21世纪海上丝绸之路的愿景与行动》，其中明确提出，要充分发挥政党、议会交往的桥梁作用，加强沿线国家之间立法机构、主要党派和政治组织的友好往来。[①] 为中国共产党的政党外交提供了新的发展机遇。中俄两国作为沿线的关键大国，相关建设离不开两国全方位、各领域、多层次的合作，虽然政府间的官方外交引领了"一带一路"倡议的总体方向，是"一带一路"建设的主要力量，但不足的是，政府间沟通方式难免不够灵活，因此作为国家外交方式之一的政党外交能够弥补政府外交的不足，把握复杂多变的国际形势，使双方的沟通更加有效，充分凸显两国政党合作的战略价值。

一 新冠疫情彰显中国政党外交能力

2020年，一场突如其来的新冠疫情席卷中国，在疫情防控工作中，中国共产党坚持集中统一领导，精准掌握疫情动态，及时应对突发事件，显示出强大的领导力。中国共产党的政治优势、组织优势、资源优势所呈现的权威和势能，与社会主义集中力量办大事的制度优势有机结合，使得党具备强大的政治领导力、组织动员力和资源统筹力。[②] 突发性的公共卫生事件成为考验中国共产党执政能力，国家治理能力和治理体系现代化的重要参照，中国共产党面对新冠肺炎疫情彰显了强大的领导力、行动力和组织力，这种能力在对外工作中也得到了充分彰显。

新冠疫情席卷全球，使中国共产党的对外交往受到了限制，但中国共

[①] 《推动共建丝绸之路经济带和21世纪海上丝绸之路的愿景与行动》，《人民日报》2015年3月29日。

[②] 唐皇凤、黄小珊：《新冠肺炎疫情防控彰显政党能力》，《探索与争鸣》2020年第4期。

产党的外交工作并没有停止，反而更加活跃，中共中央对外联络部（以下简称"中联部"）创新了外交工作的形式，以防控疫情为内容与各国政党开展交往。中国作为最早控制住疫情蔓延的国家，与其他各国应对疫情的措施相比，对新冠疫情的防控治理更有经验，2020年3月11日，中联部分别致信60多个国家的110多个政党领导人，介绍中国防控新冠肺炎疫情有关经验和做法。[①] 中联部最先创新"致信外交"，也是自疫情发生以来，中国首次通过政党外交的方式向世界其他国家介绍中国在新冠疫情中的经验和做法，是中国共产党和世界各国政党建立求同存异、相互尊重、互学互鉴的新型党际关系的重要举措，创新了新形势下党的对外工作，体现了中国特色的政党外交。

疫情发生后中共在与俄交往时也展现了强大的外交能力。中联部先后与俄罗斯统俄党、俄共等多个政党视频连线，分享中国的战"疫"经验，线上开会"云交往"成为中俄政党交往的重要方式。2020年3月25日，中共中央对外联络部副部长钱洪山应约与俄罗斯统一俄罗斯党总委员会副书记克利莫夫视频连线，交流抗击新冠疫情的经验；2020年4月24日，由中共中央对外联络部发起成立的"一带一路"智库合作联盟以"携手应对公共卫生安全挑战，共同建设健康丝绸之路"为主题举办云端专题论坛，并召开"一带一路"智库合作联盟国际顾问委员会会议等，俄方积极参与。除线上交往外，疫情发生以来，俄方对涉华舆论一直以正面为主，俄方多个政党高层人士在国际舞台上声援中国，认为西方媒体对中国的指责是政治化反华操作，俄方企业、学生以及主流媒体等也纷纷发视频声援中国。

网络共享、线上交流为中国共产党的外交工作开创了新途径，使中国共产党和俄罗斯各个政党的关系更加紧密，增强了政治互信。中俄之间的贸易关系在疫情中也经受住了考验，根据新华财经2020年9月发布的《中俄经贸指数报告（2020）》显示，2019年，中俄贸易呈上升趋势，新冠疫情发生以后，中俄进出口呈明显下降趋势，但是，随着疫情的稳定，在中俄的互相支持下，双方进出口总额稳定上升。中俄双方的政治经济合

[①] 中共中央对外联络部网站，https://www.idcpc.org.cn/bzhd/smwz/202003/t20200313_137707.html。

作充分体现了中国共产党一贯秉持人类共同体精神，中联部通过政党外交凝聚了中俄两国合作抗疫的共识，也彰显了中国和俄罗斯推进"一带一路"合作，构建人类命运共同体的重要性。

二 "一带一路"框架下中俄政党外交的现状

党的十九大指出：经过长期努力，中国特色社会主义进入了新时代，这是我国发展新的历史方位。① 这不仅意味着中国的发展进入了新的发展阶段，也意味着中国的外交工作也进入了一个新时期。2017年12月，在中国共产党与世界政党高层对话开幕式上，习近平总书记发表了题为《携手建设更加美好的世界》的重要主旨讲话，提出不同国家的政党应该增进互信、加强沟通、密切协作，要在探索新型国际关系的基础上建立求同存异、相互尊重、互学互鉴的新型政党关系。② 这一倡议得到了会场政党代表的积极响应，为新时期中国共产党对俄外交指明了方向。

俄罗斯是中国最大的邻国，也是"一带一路"倡议能否顺利推进的关键因素。中俄双方拥有广泛的共同利益，统俄党作为俄罗斯国家杜马第一大党和中国共产党交流频繁，政党交流为双方提供了互相理解，提高了政治互信。中国共产党对俄外交在新时期也展现出新的特点。

首先，两国元首引领双边关系，推动中俄政党关系升级。作为党和国家最高领导人，习近平总书记指出，中俄关系是世界上最重要的双边关系，也是最重要的大国关系。俄罗斯集世界大国、周边邻国、转型发展中国家三种身份于一身，对俄外交是中国"三合一统筹外交"的集中和典型案例，体现了习式外交的中国智慧和创新。③ 习近平自2013年就任国家主席以来出访俄罗斯，双方高频互动，进行了高达50多次的会晤（见表14.1），在两国元首高度的战略引领下，中俄促成了"一带一盟"的对接，双方务实合作取得巨大进展。俄罗斯是"一带一路"建设最重要的

---

① 习近平：《决胜全面建成小康社会 夺取新时代中国特色社会主义伟大胜利——在中国共产党第十九次全国代表大会上的报告》，http：//www.gov.cn/zhuanti/2017-10/27/content_5234876.htm。
② 人民网，http：//cpc.people.com.cn/GB/67481/415498/。
③ 李兴：《首脑外交视域下习近平对俄外交战略思想析议》，《国外理论动态》2017年第12期。

合作伙伴，两国领导人保持高频稳定的会见、通话等，使中俄两国的关系达到了历史以来的最好时期。2018年和2019年，两国领导人的会晤次数明显增加，这些会晤使双方在双边关系、友好合作等议题方面进行了有效沟通，达成了高度共识。两国元首见面、沟通、交流的频率和有效性，不仅在中俄两国各自的外交史上，就是在世界外交史和现实中也极为罕见。[1] 充分说明在政党外交工作中，元首的引领作用是至关重要的，在国家整体外交工作中居于宏观指导作用。

表14.1　　　　中俄两国最高领导人2013—2021年会晤次数

时间	2013	2014	2015	2016	2017	2018	2019	2020	2021
会见次数	5	5	5	4	5	8	9	3	9

数据来源：根据"中国一带一路网"高层动态和"人民网"相关报道数据整理绘制（主要包含两国最高领导人在双边、多边场合的会晤数据，2020年以后由于疫情原因双方会晤以线上为主。截至2022年7月，中俄两国元首线下会晤1次，视频会晤1次，通电话2次。

其次，中俄两国政党外交日益活跃，推动双方跨国政党交流。2009年两党正式启动中俄执政党对话机制，至今已经举行了八次政党会议，就两国关系和执政党建设进行交流，为两国政党交流提供了有效机制。2020年7月23日，中俄执政党对话机制第八次会议通过视频方式举行，习近平总书记强调："执政党机制化交流合作，是中俄战略沟通协调的重要平台和渠道。希望两党代表围绕会议主题充分交流、深入沟通，为深化中俄新时代全面战略协作贡献智慧和力量。"[2] 近些年来，中俄政党党际交流频繁，已经成为中俄两国人民了解两国政党工作的重要窗口。

就总体而言，由表14.2可以看出，中国共产党与俄罗斯的党际交流以俄罗斯来访为主，来访多于出访，来访每年数量较多且保持稳定趋势。随着中国的飞速发展，中国共产党的执政能力逐渐得到包括俄罗斯在内世界多数国家政党的认可。"一带一盟"对接合作以后，中俄新时代全面战略协作伙伴关系发展到一个新的高度，如何避免中俄双方在"一带一盟"重合区域的利益分歧，合作求共赢，不仅需要政府外交的主场作用，更需

---

[1]　李兴：《首脑外交视域下习近平对俄外交战略思想析议》，《国外理论动态》2017年第12期。
[2]　中国一带一路网，https://www.yidaiyilu.gov.cn/xwzx/xgcdt/139231.htm。

要政党外交凭借其灵活的思想沟通优势和政府外交互补,有学者指出,政党外交是彼此处于平等地位的政党之间的双向交流过程,其将展现中国文明观中的"文明交流互鉴"理念,彰显"一带一路"倡议的共享性,有利于打破各国的樊篱和猜疑。① 中俄两党在"一带一路"的背景下,通过双边全方位、多层次、宽领域的合作,有利于打破各种因素导致的信任藩篱,达成彼此在政治上的共识。

表 14.2　中国共产党政党外交 2016—2021 年来访和出访数量
（以中国共产党对俄罗斯政党外交为统计标准）

	年份	访问量
出访	2016	3
	2017	3
	2018	3
	2019	1
	合计	10
来访	2016	6
	2017	10
	2018	5
	2019	7
	合计	28
视频通话	2020	9
	2021	8

数据来源：以中共中央对外联络部党际交往动态为主,结合《当代世界》杂志中国共产党对外交往简讯中国共产党历年对外交往活动绘制,文中数据统计皆为 2016—2021 年公开报道且官方可查的中国共产党对外交往活动,涵盖中国共产党绝大部分重要对外交往活动。

三　"一带一路"为中俄政党合作搭建平台

在经济全球化的时代,各国的政治经济繁荣都离不开国与国之间日益密切的联系,任何国家想要发展都不能依靠自身的"独舞",需要世界各国联合在一起互帮互助,共同发展。而"一带一路"倡议正是提供了这

---

① 陈心香、林怀艺:《政党外交在"一带一路"战略中的作用及其实现》,《学习与探索》2016 年第 9 期。

样的舞台,从"一带一路"提出至今,中国和俄罗斯已经合作建设了4个境外经贸合作区,数量上远超中国在其他国家的境外经贸合作区,中国与"一带一路"沿线国家的贸易和投资明显增长,与俄罗斯的经贸合作自2013年以来呈飞速稳定增长,并且中国已连续11年成为俄罗斯第一大贸易伙伴国,俄罗斯是中国第十大贸易伙伴国,为未来的合作奠定了坚实的基础。有学者指出"中俄高效密切的战略协作是全球与地区和平稳定的压舱石"。① "一带一路"沿线涉及60多个国家的分工合作,如果缺乏有效的沟通机制,各成员国难免会出现消极与怀疑态度,不利于该进程的推进。且"丝绸之路经济带"经过的中亚地区长期受三股势力影响,威胁该地区的安全与稳定,有俄罗斯学者认为:在实施"一带一路"倡议框架内,俄罗斯与中国的合作为中亚国家的发展做出实质性贡献。② 中俄在"一带一路"框架下的政党合作难免会涉及相关议题,双方协作对稳定该地区局势有着重要作用,进而有利于全球安全治理。

推动与俄罗斯的政党交流是"一带一路"的重要实现机制。近几年来,俄罗斯提出"大欧亚伙伴关系"应对与西方日益恶化的关系,同时以此为基础构建地区一体化。随着中国的"丝绸之路经济带"做出了越来越多的实际行动,得到越来越多国家的理解与认同,俄罗斯逐渐意识到可以与"一带一路"携手共建欧亚地区新秩序。2015年9月27日,纳扎尔巴耶夫在联合国可持续发展大会上提出,"应聚焦'大欧亚',它能够将欧亚经济联盟、丝绸之路经济带和欧盟整合在一起"。③ 2017年,普京总统参加"一带一路"国际合作高峰论坛时还表示了对中国"一带一路"倡议的强烈支持:"俄罗斯不仅支持'一带一路'倡议,而且将与中国的伙伴们乃至世界上所有关注该倡议的国家共同积极参与其落实。"④

---

① 李勇慧:《2018年中国对俄外交:特点、问题及前景》,《东北亚学刊》2019年第4期。

② Тимофей Бордачев, Новый этап отношений России и Китая, CninaInvecment, 2019.

③ Участиев Саммите ООН по принятию Повестки дил в области развития напериод после 2015 года. Нью-Йорк, США. 27 Сентября 2015, http://www.akorda.kz/ru/events/international_community/foreign_visits/uchastie-v-sammite-oon-po-prinyatiyu-povestki-dnya-voblasti-razvitiya-na-period-posle-2015-goda#1.

④ Заседание круглого стола лидеров форума «одинпояс, один путь», 15.05.2017, http://www.kremlin.ru/events/president/news/54496.

中俄合作建设"一带一路"增加了双方的贸易往来，2015年中国对俄罗斯直接投资的存量直线增长，增幅达61.2%，中国对俄投资规模大幅增长，已经成为中国对外直接投资的重点国家（见图14.1）。中俄双边贸易额也呈稳定增长趋势，2007年中俄双边贸易额仅为482亿美元，2021年双边贸易额已突破1400亿美元。两国经济合作虽然取得了成就，但是中俄两国背景、文化、社会环境、历史传统等方面都存在差异，因而对该倡议下的合作利益点难免会存在不同的理解，在这种情况下的中俄政党合作凸显出重要性。中俄两党可以通过政党之间的交往协商，了解彼此的想法，讨论彼此的分歧，发现双方之间广泛的共同利益，并积极整合双方国内的有效资源，优势互补，推动政府乃至社会各界的交流互动，达到上通下达。

图14.1 2012—2020年中国对俄直接投资情况

数据来源：笔者根据商务部相关年份《中国对外直接投资统计公报》数据整理。

第三节 问题与相关对策建议

中俄政党合作树立了大国政党合作的典范，两国的政党合作为造福两国人民做出了巨大贡献，但是两国的政党合作仍然面临着一些挑战。目前中俄政党交流互信度仍然有待提高、政党合作机制化建设不完善、政党合作缺乏实质性的具体内容、合作主体没有下沉等问题。

一 中俄政党交流互信度有待提高

虽然在两国元首的引领下，两国的高层互信程度很高，两国政党交流合作取得了不少成绩，合作成果斐然。但是，由于俄最具影响力的政党统俄党建立的时间并不算长，中俄两国政党交流的经验也不丰富，虽然有苏联时期中共和苏共政党交流的经验可借鉴，但是，中俄两国的政党在意识形态上存在差异，两国的国情、社会制度、文化等有较大区别，因此两党的政党交流受到多方面因素的影响，对彼此的认知仍存在差异，这直接影响到两党开展政党合作。

对于俄罗斯来说，中国综合实力的快速上升对中俄关系产生了复杂而微妙的影响，"两国之间国际地位的'位移'使俄罗斯有一种特别的不安全感"。[1] 中国提出的"一带一路"倡议虽然逐渐取得了俄罗斯的认同，两国的对接合作也取得了一定进展。但是，俄国内仍有一些声音质疑中国的理念，"'一带一路'倡议、'人类命运共同体'被理解为企图扩张和宣扬霸权"。[2] 尽管"一带一路"倡议强调合作共建，也使俄心存疑虑。俄在2016年提出"大欧亚伙伴关系"一定程度上就是对"一带一路"的对冲。莫斯科卡内基中心主任德米特里·特列宁认为，"疫情的走势会导致中国及东亚模式的优势进一步强化，俄罗斯不能接受被纳入中国主导的阵营"。[3] 对于中俄来说，双方都统一的基调是，都将对方视为彼此的发展机遇而不是威胁，这是双方能够一直保持良好关系的出发点，也是中俄交流合作的认知基础。但是，俄罗斯对中国的支持，对"一带一路"的关切都是处于自身发展的需要，同时中国在中亚地区的影响力、"一带一路"对俄罗斯构建欧亚经济联盟的影响等因素也是俄不得不考虑的问题，

---

[1] 刘德斌：《中俄关系与欧亚变局》，《东北亚论坛》2017年第2期。

[2] 张严峻：《如何对俄讲好中国共产党的故事——以十九大在俄罗斯的传播与讨论为例》，《对外传播》2017年第12期。

[3] Тренин Д. Как России удержать равновесие в посткризисном биполярном мире, 2020 - 04 - 15, https://carnegie.ru/commentary/81541.

这种疑虑或担心是俄罗斯长期存在的,"俄国内对中国及'一带一路'倡议将长期存在欢迎与担心交织的一种微妙心态"。[①] 因此,一旦双方对彼此的认知出现误差,在交流合作的过程中一定会存在戒心,这将直接影响到双方政党合作的成效。

二 中俄政党合作机制化建设并不完善

政党交往是中俄两国政治关系的重要组成部分,目前中俄政党交往的机制化平台主要有两个:中俄执政党对话机制和中俄政党论坛。中俄执政党对话机制是两党就共同关心的战略性问题而设置的高级别对话平台,目前为推动两国政党关系和国家关系发挥了重要作用。中俄政党论坛是两国政党沟通合作的重要渠道,俄罗斯各政党通过这一平台对中国有了更加全面的了解。"一带一路"建设涉及领域广、环节复杂,双方需要更多的沟通合作推进符合共同利益、互利共赢的项目,需要更多机制化合作平台为其注入新活力,需要"制度化、程序化、规范化的安排集中各种意见和建议,推动决策科学化民主化"。[②] 但是,目前双方合作主要依托于双方的机制化交流平台,双方合作机制化的建设并不完善,可以预见的是,中俄在严峻的国际形势下,双方抱团取暖的趋向越来越明显,双方合作的深度和广度在不断增加,未来中俄政党在"一带一路"框架下参与的领域也将越来越多,仅依靠单一的交流平台将不能满足双方的合作需求,这意味着需要更加专业、完善的合作平台深入中俄政党合作。未来中俄要在加强双边合作的基础上,探索新的政党合作机制,将高水平的政治关系转化为务实的合作成果。

三 政党合作还需增加实质性内容,并更接地气

中俄政党合作依托于两国的政党交流,政党交流开展以来,政党关系始终与两国的国家关系同向发力,政党合作以机制化交往平台为依托,使两党政党交往的成效和影响不断扩大,为密切两国关系、推动两国经贸往

---

① 高艺:《"一带一路"背景下中俄人文交流转型发展的挑战与思考》,《对外传播》2017年第7期。

② 钟准:《把政党找回来——政党与对外政策》,《世界经济与政治》2019年第2期。

来发挥了重要作用。两党的政党交流聚焦于两国的治国治党经验、两国重大项目对接、两国地方企业务实合作，成为推进两国全方位合作的重要动力。但是，应该看到的是，两党的政党交流虽然在合作上达成了共识，确定了两党合作的方向，但是，在实际行动的落实方面，中俄两党的合作还需增加实质性内容。双方政党合作的虽然很多，但是，有些项目处于初始磋商阶段，实际落地的比较少，原本计划中要开展的项目因为资金原因并没有完全达到预期效果，有些合作项目甚至还没有启动。在具体的项目开展环节中，合作主体始终没有下沉，合作的单位、人员、项目、内容没有彻底在基层落地生根，这严重影响了中俄政党合作的成效。除此之外，中俄交流机制体系中最重要的中俄执政党对话机制，自"一带一路"建设以来，双方的议题主要集中在党的建设和国家治理等有关方面，对于"一带一路"合作建设过程中政党理应承担的角色和作用涉及较少等，这些问题都将会成为未来中俄政党合作的阻碍。

根据中俄政党合作存在的问题，建议今后双方应在以下几个方面有所作为。

（一）发挥元首战略引领作用，加强对话机制提高战略互信

元首是一个国家最高领导人，代表国家从事政治经济等外交活动，国际事务中一般以元首的行为为导向，同时对国内政治活动发挥战略引领作用。两国元首习近平总书记和普京总统，都对中俄关系高度重视，一致认为当前中俄关系处于历史上最好的时期，他们从国家利益和高度的战略布局出发，重视双边的关系，首脑外交越来越活跃，并使两国政党关系在两国领导人的密切交流中达到了新的高潮。因此，在"一带一路"的框架内，两国领导人要持续保持频繁互动，就重大的地区和国际问题交换看法，既能积极促进"一带一路"框架内的相关项目的合作，扩大合作领域，互利共赢，又能吸引更多国家参与"一带一路"的相关建设，推动构建多边合作机制，增强双方国际影响力，以应对日益复杂的国际环境。

在"丝绸之路经济带"框架内，元首外交发挥战略引领作用，"要把元首外交放在新时代中国特色大国外交的核心位置，精心谋划，全力推进。要通过元首外交引领外交全局，结合形势最新变化，推进外交工作改

革创新，加强外交工作的策划设计"①。两国政党也要加强高层对话机制，保持机制化交往，丰富政党交往的内涵。中国共产党和统一俄罗斯党一直保持着定期的制度化往来，中俄执政党对话机制会议和中俄政党论坛是中国共产党与统俄党机制化交往的重要内容，中俄执政党对话机制会议是两国执政党就两党两国关系、执政党自身建设和国际地区形势等重大问题进行深入交流的平台。当前中共和统俄两党的政党交流应着重于如何建设"一带一路"，完善两国政党沟通机制，创新两党交往的形式，力求以党际合作推动"一带一盟"的对接以及相关项目的开展。政党是沟通民心的桥梁，两党的合作不仅要在国际舞台上，同时要注意及时向国内的广大人民群众宣传国家的大政方针，获得人民的支持，调动各方面的积极性，形成中央与地方共促，政府与企业联动的格局。

（二）构建多边政党合作机制，开创政党合作新局面

当今世界，各种类型的政党活跃在国际政治舞台上，任何一个政党都不能仅局限于国内舞台，要将眼光着眼于国际社会，因此，首先要构建多边政党合作机制。多边政党合作机制有利于"一带一路"倡议的实施，中俄双方要通过双方政党对话机制，鼓励亚洲各国的政党都参与进来，进而形成多边政党对话合作机制。借助这一机制，对各国政党、智库媒体、工商企业、民间组织等主体积极宣传"一带一路"建设的前景，讨论涉及政治、经济、文化等议题，增强合作共识，凝聚共同行动力量，推动"一带一路"的顺利开展。其次，两国在开展政党外交的同时，要注意发挥除中国共产党和统一俄罗斯党以外其他党派的作用，中国有 8 个民主党派，在中国共产党的领导下参与国家政权建设和国家事务管理，俄罗斯除统一俄罗斯党外，还有俄罗斯共产党、公正俄罗斯党、俄罗斯自由民主党等其他党派，他们是由各个领域的精英分子聚集而成，拥有广泛的资源，他们应以其区别于中共、统俄的身份互相开展沟通交流，以各种方式参与建设"一带一路"，他们具有丰富的对外联络经验、政治经济资源，应积极参与国家的外交活动，与中共、俄统两党形成外交合力，搭建外交合作

---

① 中共中央宣传部、中华人民共和国外交部：《习近平外交思想学习纲要》，人民出版社、学习出版社 2021 年版，第 26 页。

和交流平台，对于"一带一路"建设中遇到的阻碍和质疑，应积极沟通，通过各种途径增进了解、消除分歧，超越意识形态的藩篱、扩大共识，增信释疑；同时要整合多方资源，吸纳各种民间力量也参与建设，组织动员企业这一推动实现设施联通、贸易畅通和资金融通，不仅能使倡议的精神内容更具说服力，也能使企业更好地融入沿线各国的环境之中。

（三）深化中俄政党务实合作，推动双方合作主体下沉

当前中俄两党的政党交流应着重于如何深化两国的务实合作，真真正正使两党达成的共识在实践中落地生根。要实现这个目标，离不开"一带一盟"的对接合作。习近平主席一直提倡构建"人类命运共同体"的理念，践行人类命运共同体理念，能够使两国的利益高度融合，坚持"一带一路"与欧亚经济联盟的对接，就是在以实际行动构建人类命运共同体，是深化两国务实合作的必经之路。

目前，"一带一路"和欧亚经济联盟的对接已经从最开始的"相互了解、彼此研判的阶段进入到务实对接、密切合作阶段"，[1]对繁荣两国经济有着重要的推动作用。对接"一带一盟"的具体规划需要双方不断探索，密切沟通。双方政党可率先在一些领域取得突破性进展，以实践成果增强彼此互信。例如可通过组织智库论坛、行业专题会、代表座谈会等方式，细化对接工作的具体步骤，探索可行的方案，为政府决策提供有效的帮助，引导社会舆论，引领社会发展方向。在新时代的背景下，中国的政党外交理念更加丰富，习近平主席指出："共建'一带一路'，要坚持开放、绿色、廉洁理念，努力实现高标准、惠民生、可持续目标"，[2]中国共产党应在中俄政党合作中做积极的一方，为两国合作做出更多的担当，要进一步密切双方的政党交流，继续利用政党交流渠道宣讲这些理念和目标，推动中俄合作的具体项目在实践中落地生根，讲好中国共产党的故事。

要进一步落实中俄政党合作，还需要深入推动双方合作主体下沉，合作主体下沉就是指合作的单位、合作的人员、合作的项目、合作的内容基

---

[1] 董博雯：《中俄经贸合作发展形势分析与展望》，《对外经贸》2021年第12期。
[2] 习近平在"第二届一带一路"国际合作高峰论坛开幕式上的主旨演讲，中国政府网，2019年4月26日，http://www.gov.cn/xinwen/2019-04/26/content_5386544.htm。

层化、具体化、务实化、细致化，责任落实到基层的单位，具体的人员，使合作更实在、更接地气，使中俄政党合作既能在战略共识的基础上相向而行，也能在目标一致的基础上执行具体、务实的策略和操作。在具体的操作层面，双方要注意重点推进具有战略性、代表性的重大合作项目，让这些项目能够起到示范性、率先性和标志性的作用，做到合作虚实结合，相辅相成。真正使双方充分发挥各自优势，铸就共识。实现合作共赢，开创政党合作新局面。

第四节 小结

当今世界正处于百年未有之大变局之中，国际形势复杂多变，作为两个世界大国，中俄政党合作是双方互利共赢的必然选择。"一带一路"倡议的提出和建设，为中俄两国摆脱发展困境提供了重要途径，双方的合作领域也更加宽泛。中俄政党合作是实现"一带一路"建设不可缺少的一环。中国共产党是中国的执政党，统一俄罗斯党是俄罗斯的政权党。两党在各自国家拥有巨大的政治资源和崇高的政治地位。两个政党领袖——习近平主席和普京总统都是享有世界声望的大国领导人和战略家。面向未来，双方要抓住这个新的历史发展机遇，以落实两国元首共识为使命，要在平等信任的基础上，遵循党际关系"四项原则"，以互利共赢为目标，求同存异，共同发展。中俄政党合作具有坚实的基础，政党交流合作取得了显著成就，政党外交机制逐渐完善，党际交往表现出了强大的韧性和创造性，党际交往成果更加务实、显著。在两国元首的引领下，两国利益逐渐交集、交融，面对新形势、新挑战，逐步克服困难和障碍，将中俄政党合作的内容做实做深，在"一带一路"框架下追求两国共同利益最大化，进而推动中俄新时代全面战略协作伙伴关系的高水平发展。

第十五章 "丝绸之路经济带"框架下中俄能源合作：成就、问题与对策

俄罗斯拥有丰富的能源资源，在全球石油天然气的储备、生产和出口中均占据重要地位，而中国是一个能源进口大国，因此，中俄两国在能源供需问题上互补，并且由于是邻国，存在着得天独厚的优势条件。尤其是 2013 年"一带一路"倡议提出以来，在"一带一路"的框架下，中俄之间在能源领域的合作更是取得了长足的进步。当然，在两国能源合作的实际发展历程中，也受到一定主客观条件的制约，从而影响到双方在能源领域进一步的合作。如何应对国际环境、经济矛盾、自然条件等一系列限制性因素，深化两国间能源合作，保障中国的能源安全，是当下亟待解决的一项重要课题。

第一节 关于中俄能源合作研究的简要综述

俄罗斯科学院通讯院士 B. A. 克留科夫和 A. H. 塔卡列夫研究员认为，目前东西伯利亚是俄罗斯石油和天然气产量增长最快的地区，根据 2035 年前俄罗斯联邦能源战略规划①，预计东西伯利亚和远东联邦区石油产量合计将超过 1 亿吨，占全俄罗斯总产量的 20% 以上，而东部地区的

---

① Проект ЭНЕРГЕТИЧЕСКОЙ СТРАТЕГИИ Российской Федерации на период до 2035 года, 俄罗斯能源部，https://minenergo.gov.ru/node/1026。

天然气产量到 2035 年则将超过 1800 亿立方米。俄罗斯东部油气快速开发的蓬勃趋势得益于其与亚太国家的合作，特别是与中国在油气领域的广泛合作，俄罗斯对与中国在石油天然气所有领域的合作都感兴趣，包括向中国市场供应石油天然气、实施油气开采和加工合作项目等①。

中国社会科学院王晓泉教授在与莫斯科国立国际关系学院（大学）E. Б. 扎维雅洛娃教授共同主持编著的《中俄能源行业发展与务实合作研究》一书指出，在 1996 年中俄两国政府签署《关于共同开展能源领域合作的协定》后，中俄油气合作步伐逐步加快，合作领域逐渐拓展，合作成果日益显现，合作范围从原油贸易逐步拓展到天然气贸易、勘探开发、油气管道、炼油化工、工程技术、技术研发、装备进出口等全产业链合作②，综合各项因素可以预见，中俄将创建油气一体化合作新模式，实现政治经济良性互动、上中下游一体化和全链条多业一体化等③。

俄罗斯科学院 B. A. 马特维耶夫研究员认为，中国国家能源局在"十三五"规划（2016—2020）期内，计划在能源平衡中把天然气和可再生能源的比重增加，在自身天然气供给不足的情况下，来自俄罗斯的进口天然气将成为能源缺口的重要补充部分，中国将加大对进口天然气的输送基础设施和再气化能力的建设④。

复旦大学冯玉军教授认为，当前国际能源战略格局加速盘整，国际油气市场逐步由卖方市场向买方市场转变，中国应该瞄准世界能源发展大趋势，结合自身国情制定中长期能源发展战略，利用好我们庞大能源消费市场和能力这一优势，提高中国在能源市场的结构性权力和议价能力，积极参与地区和全球多边能源治理，把握好中俄能源合作的力度和节奏，充分考虑风险，不操之过急，同时推进上海合作组织能源俱乐部的建设，保障

---

① ［俄］B. A. 克留科夫、［俄］A. H. 托卡列夫、邹秀婷：《西伯利亚地区在发展俄中石油天然气合作中的作用》，《西伯利亚研究》2020 年第 2 期。

② 王晓泉、［俄］E. Б. 扎维雅洛娃：《中俄能源行业发展与务实合作研究》，中国社会科学出版社 2020 年版，第 96 页。

③ 王晓泉：《试析中俄上中下游全链条多业一体化油气合作模式》，《欧亚经济》2020 年第 4 期。

④ ［俄］B. A. 马特维耶夫、邹秀婷：《俄罗斯与中国东部毗邻地区天然气合作分析与预测》，《西伯利亚研究》2019 年第 1 期。

能源的生产、运输、消费平衡，助力该地区经济增长和地区安全稳固①。

中国社会科学院大学黄晓勇教授认为，中俄油气贸易量的迅速增长是一个"互惠互利"的过程，一方面有助于俄罗斯扩大全球油气市场份额，推动油气出口市场的多元化，降低对欧洲的依赖；另一方面也有助于增强中国的油气供给能力，保障能源供给安全，降低中国油气进口的"亚洲溢价"问题。两国间能源贸易的提速将进一步夯实两国政经关系，成为中俄经贸合作的重要基石②。

中国人民大学陈小沁教授认为，能源外交作为国家对外政治、对外经济的重要组成部分，将体现该国对外能源政策的目标和宗旨。与石油天然气工业一样，核能领域因其特殊性和垄断性也具备明显的地缘政治属性，一国的核能利用状况对国家实力有着显著影响，很大程度上决定了国家在当代国际关系中的作用和影响力。在俄罗斯的地缘政治思维中，核能发挥着独特作用，其与中国在核能领域的合作，是其能源外交的重要实践举措，有助于加强其在核能领域的影响力，也能继续助力其巩固在世界上享有核大国这一特殊地缘战略地位③。

上述国内外学者的研究虽然各有视角和观点，有的还较深入，但对中俄能源合作的成就、问题与对策，总体说来，还缺乏综合性、系统性的专题研究。

第二节 近年来中俄能源合作的成就

一 中俄油气贸易总量和金额实现稳步双增长

根据中国海关总署相关数据，近年来中国进口俄罗斯原油总量稳步上

---

① 冯玉军、庞昌伟、许勤华、[俄] B. A. 马特维耶夫、农雪梅、孙永祥、王永中、刘旭、周延丽、[俄] A. M. 别洛戈里耶夫、高晓慧、徐洪峰、富景筠、徐斌、刘乾、王晓光：《俄罗斯在国际能源战略格局变化中的地位及中俄能源合作》，《欧亚经济》2018年第3期。

② 黄晓勇：《能源经济论集》，社会科学文献出版社2020年版，第149—151页。

③ 陈小沁：《核能外交的理论与实践——兼评俄罗斯的国际核能合作》，《欧亚经济》2020年第6期。

升（见图 15.1），俄罗斯已连续多年成为中国最大也是最重要的能源供应国之一，而自 2015 年起中国也取代了此前的德国，成为俄罗斯最大的石油进口国。2021 年，中国原油进口总量为 5.13 亿吨，同比下降 5.4%，为 2001 年以来首次下降，但俄罗斯对中国年原油出口量仍然达到 7964 万吨，占原油进口总量的 15.5%。

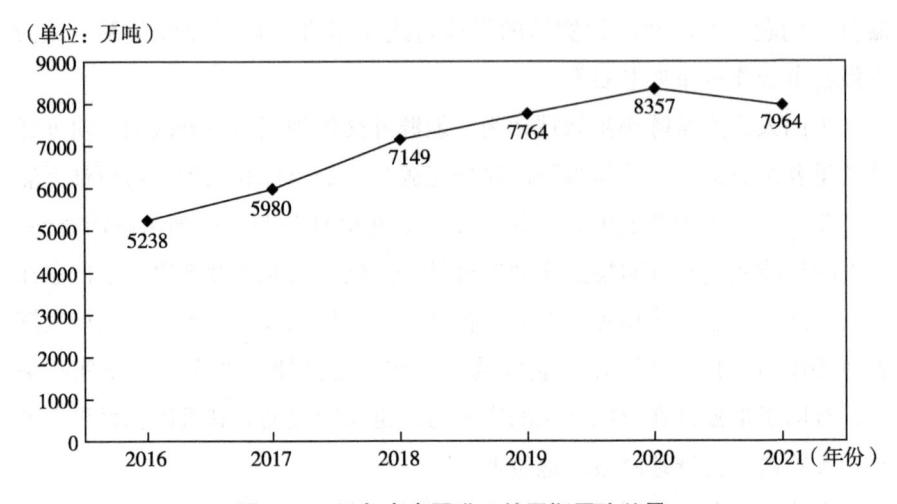

(单位：万吨)

年份	2016	2017	2018	2019	2020	2021
万吨	5238	5980	7149	7764	8357	7964

图 15.1　近年来中国进口俄罗斯原油总量

数据来源：中国海关总署。

中国海关总署的统计数据[①]还显示，近五年来，中俄两国之间在"矿物燃料、矿物油及其产品、沥青等"能源类商品一项上的贸易金额也得到了显著增长（见图 15.2），其中 2018 年较 2017 年中国自俄罗斯进口该项商品总额增长了 55.09%，达到 272.67 亿美元；到 2019 年，则该金额突破了 400 亿美元大关，达到 422.90 亿美元；2020 年，因受新冠疫情全球蔓延和国际市场油气价格暴跌的双重因素影响，在中俄两国能源类商品交易总量上升的情况下，双边交易金额反而有所下降，为 333.85 亿美元；2021 年，中国自俄罗斯进口能源类商品金额首次突破了 500 亿美元，达到了 535.41 亿美元，开创历史新高。2022 年，尽管俄乌局势动荡不安，

---

① 海关统计月报，中华人民共和国海关总署，http://www.customs.gov.cn/customs/302249/zfxxgk/2799825/302274/302277/3512606/index.html。

1—4月份，中国自俄罗斯该项进口金额却高达230.69亿美元，其中4月份较3月份猛增75.69%，达到66.6亿美元。

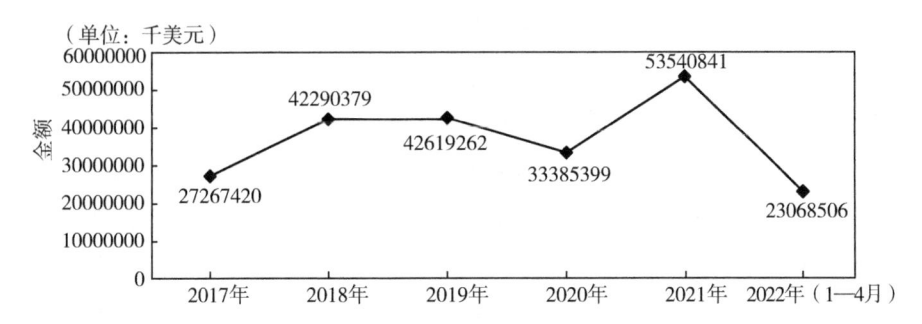

（单位：千美元）

年份	金额
2017年	27267420
2018年	42290379
2019年	42619262
2020年	33385399
2021年	53540841
2022年（1—4月）	23068506

图15.2 近年来中国自俄罗斯进口能源类商品金额

数据来源：中国海关总署。

二 中俄油气资源运输通道建设快速发展

原油管道建设：早在20世纪90年代中俄两国就开始论证俄罗斯远东至中国东北的原油管道建设工程项目。期间颇多周折，管道于2011年1月1日投产，全长999.04公里，其中中国境内为927.04公里，设计年输油量为1500万吨，最大年输油量为3000万吨，双方签订的供油合同期限为20年[1]。但这个容量仍然无法满足两国日益扩大的原油贸易需求。因此，2016年8月13日，中俄原油管道扩能工程（二线）项目正式投入建设，该管线全长941.8公里，与中俄原油管道漠大线并行敷设，途经黑龙江、内蒙古两省区，并于2018年1月1日正式开通运营[2]，将中俄间年输油管道运送能力由1500万吨提升至3000万吨，填补了我国石油资源的供应缺口，优化了国内油品供输格局，进一步保障了国家能源供应安全。

天然气运输通道建设：2014年5月21日，中俄两国政府在上海签署

---

[1] 《中俄原油管道改变了什么》，国家能源局，http：//www.nea.gov.cn/2012-01/04/c_131341809.htm。

[2] 《中俄原油管道二线工程正式投入商业运营》，国家能源局，http：//www.nea.gov.cn/2018-01/02/c_136866770.htm。

《东线天然气合作项目备忘录》，中国石油集团则与俄罗斯天然气工业股份公司（Газпром）签署了《中俄东线供气购销合同》①，双方商定远期年供气量为 380 亿立方米，期限长达 30 年，期间俄方将向中国提供 1 万多亿立方米的天然气②。为此，中俄修建了世界上最长的天然气管线——中俄东线天然气管道，该管线是继中亚管道、中缅管道之后，中国第三条接受境外供气的跨国境天然气长输管道。管线西起俄罗斯东西伯利亚，由布拉戈维申斯克进入中国黑龙江省黑河市，其总长 8000 多公里，其中俄罗斯境内段被称为"西伯利亚力量"，长 3000 多公里，西起伊尔库茨克州科维克金气田直至中俄边境的阿穆尔天然气加工厂；中国境内段新建管道 3371 公里，利用已建管道 1740 公里，分为北段（黑河—长岭）、中段（长岭—永清）和南段（永清—上海）三段建设，其中北段、中段已分别于 2019 年、2020 年建成通气，南段则于 2021 年 1 月 6 日全面开工，计划于 2025 年全线贯通，届时俄罗斯天然气将实现"北气南下"，直达上海③。

俄罗斯天然气工业股份公司（Газпром）总裁 A. 米勒指出，中国的天然气消费在亚太地区是增长最快的④，在中国蓬勃增长的天然气消费驱动下，2021 年俄气公司通过"西伯利亚力量"管道向中国输送天然气达 103.9 亿立方米，这一数据是 2020 年供应量（41 亿立方米）的 2.5 倍，且从 2021 年 11 月起，通过"西伯利亚力量"管道输入中国的日供气量超过合同义务的三分之一⑤。

此外，中俄双方在液化天然气合作领域也取得了众多突出进展，这些液化天然气通常会选用 LNG 船进行长距离运输。

---

① 《俄罗斯天然气通过中俄东线天然气管道正式进入中国》，国家能源局，http：//www. nea. gov. cn/2019 - 12/04/c_ 138605276. htm。

② 《中俄天然气管道将向中国 3 个省份供应天然气》，中国石油网，http：//www. cnpc. com. cn/cnpc/mtjj/201911/09931d3ffe27405ca76763d5893ce59a. shtml。

③ 《中俄东线天然气管道南段全面开工》，中华人民共和国中央人民政府网，http：//www. gov. cn/xinwen/2021 - 01/06/content_ 5577514. htm。

④ Миллерна звало шеломляющими темпы потребления газа Китаем, 2021 - 09 - 17, Коммерсантъ, https：// www. kommersant. ru/doc/4994554。

⑤ "Газпром" в 2021 году увеличил поставки газа в Китай по "Силе Сибири", до 10, 4 млрд куб. м, 2022 - 06 - 09, ТАСС, https：//tass. ru/ekonomika/14860735。

以俄罗斯诺瓦泰克股份公司（НОВАТЭК）为例，该公司董事长兼首席执行官列昂尼德·米赫尔森（Леонид Михельсон）曾表示："中国市场是我们液化天然气营销战略的关键市场之一，我们计划进一步增加对该国的液化天然气供应。"① 近两年该公司先后就北极液化天然气－2（Арктик СПГ-2）项目与多家中国能源集团公司签订购销合同或备忘录（见表15.1）。

表15.1　2021—2022年诺瓦泰克与中国能源企业签订的协议或备忘录

签约时间	签约方	协议/备忘录内容
2021年2月25日	申能集团	双方签署《液化天然气购销协议》，协议总供应量超过300万吨，合同期限为15年②
2021年6月2日	浙能集团	双方在圣彼得堡国际经济论坛上签署了《液化天然气购销框架协议》（HOA），协议约定每年向中国最多供应100万吨液化天然气，期限为15年③。
2022年1月11日	浙能集团	双方追加签署了一笔多达160万吨（约22亿立方米）液化天然气的长期买卖协议④。
2022年1月25日	河南投资集团	双方通过视频方式签署合作备忘录，计划双方天然气长协合作将从2025年开始供气⑤。

为实现北极液化天然气－2项目的对外运输，诺瓦泰克公司与俄罗斯Совкомфлот船运公司、日本商船三井株式会社就六艘Arc7冰级液化天然气油轮签订了长期租赁协议，还在韩国大宇造船（DSME）订购多艘同级油轮。

---

①　«НОВАТЭК» заключил с Shenergy Group долгосрочный договор на поставку СПГ с проекта «Арктик СПГ 2»，2021 - 02 - 25，ПАО «НОВАТЭК»，https：//www.novatek.ru/ru/press/releases/index.php？ id_ 4 = 4287.

②　«НОВАТЭК» заключил с Shenergy Group долгосрочный договор на поставку СПГ с проекта «Арктик СПГ 2»，2021 - 02 - 25，ПАО «НОВАТЭК»，https：//www.novatek.ru/ru/press/releases/index.php？ id_ 4 = 4287.

③　«НОВАТЭК» и Zhejiang Energy подписали базовые условия соглашения по поставкам СПГ，2021 - 06 - 02，ПАО «НОВАТЭК»，https：//www.novatek.ru/ru/investors/events/？ id_ 4 = 4493.

④　«НОВАТЭК» и Zhejiang Energy подписали долгосрочный договор на поставку СПГ，2021 - 11 - 01，ПАО «НОВАТЭК»，https：//www.novatek.ru/ru/investors/events/？ id_ 4 = 4825.

⑤　《河南投资集团有限公司与俄罗斯诺瓦泰克公司签署合作备忘录》，河南省发展和改革委员会，https：//fgw.henan.gov.cn/2022/01 - 27/2389230.html。

三 其他能源领域的合作

煤炭领域合作：根据国家统计局公布的《中华人民共和国2021年国民经济和社会发展统计公报》①，2021年，全国原煤产量为41.3亿吨，同比增长5.7%，产量居全球第一，然而相对于更加庞大、在全年能源消费总量占据56.0%的煤炭消费量，仍然显得捉襟见肘。海关总署数据显示，2021年，中国进口煤炭合计3.23亿吨②，较上年（3.03亿吨）增加了1990.5万吨。

2021年3月5日，李克强总理代表国务院在十三届全国人大四次会议上作《政府工作报告》时，首次将"碳达峰""碳中和"作为下一阶段政府工作的重要目标，报告指出，中国将进一步优化产业结构和能源结构，推动煤炭清洁高效利用，大力发展新能源，在确保安全的前提下积极有序发展核电。2021年4月30日，中共中央政治局第二十九次集体学习时，习近平总书记指出，实现2030年前碳达峰、2060年前碳中和是我国向世界作出的庄严承诺，也是一场广泛而深刻的经济社会变革。

煤炭的清洁高效利用，一方面需要进行行业技术升级，另一方面也对煤炭品质提出更高要求。在此情况下，从印度尼西亚购买的低品位煤炭正被逐步淘汰，另一个中国煤炭进口大国澳大利亚出口量则因为政治因素下降，取而代之的是来自俄罗斯的优质煤。俄罗斯各等级煤炭，如А（无烟煤）、Т（贫煤）、СС（弱黏煤）、Д（长焰煤）、Г（气煤）等品种均在中国市场受到追捧。根据俄罗斯媒体 Коммерсантъ 报道，2021年，俄罗斯共出口煤炭2.14亿吨，有1.29亿吨被出口到亚太地区，其中最重要的买家是中国，全年进口俄煤共计5300万吨，同比增长38%③。俄罗斯能源部数据④显示，2021年上半年，俄罗斯煤炭出口1.05亿吨（见图15.3），

---

① 《中华人民共和国2021年国民经济和社会发展统计公报》，国家统计局，http://www.stats.gov.cn/tjsj/zxfb/202202/t20220227_1827960.html。

② 2021年1—12月部分进口商品主要贸易方式量值表（美元值），海关总署，http://www.customs.gov.cn/customs/302249/zfxxgk/2799825/302274/302277/302276/4127331/index.html。

③ Российско-китайская пятилетка, 2022-02-20, Коммерсантъ, https://www.kommersant.ru/doc/5227715.

④ Статистика, Министерство Энергетики Российской Федерации, https://minenergo.gov.ru/activity/statistic.

第十五章 "丝绸之路经济带"框架下中俄能源合作：成就、问题与对策　329

其中出口到中国的有 2415 万吨，尽管仍然受到新冠疫情防控和铁路、货轮运力短缺的影响，这一数据还是达到了去年同期的 1.5 倍。

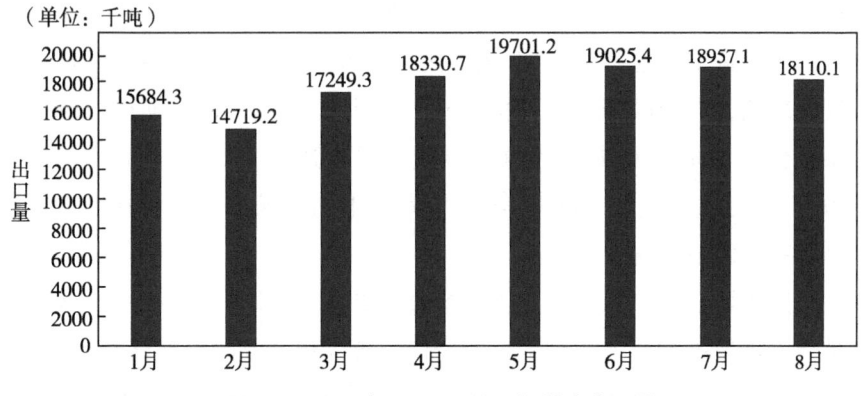

（单位：千吨）

月份	出口量
1月	15684.3
2月	14719.2
3月	17249.3
4月	18330.7
5月	19701.2
6月	19025.4
7月	18957.1
8月	18110.1

图 15.3　2021 年 1—8 月俄罗斯煤炭出口量

数据来源：俄罗斯联邦能源部。

中国巨大的优质煤炭缺口还促成两国企业在煤炭领域开展大量合作。以俄罗斯 A-Property 公司旗下的埃尔加煤矿为例，该矿为世界上最大的炼焦煤储煤区之一，已探明储量约为 22 亿吨。2020 年 12 月，该矿与中国福建国航远洋运输（集团）股份有限公司签署关于建立合资企业的协议，旨在保障将该矿生产的炼焦煤出口至中国市场，该协议达成后，自 2023 年起，该矿对华煤炭供应量将提升至 3000 万吨，几乎达到 2019 年中国进口俄罗斯煤炭的总量，后续更将增至每年 5000 万吨[1]。

电力领域合作：1997 年成立的俄罗斯国际统一电力系统公司（OAO «ИНТЕР РАО ЕЭС»）是俄罗斯唯一的电力进出口运营商，一直与中国国家电网公司保持着密切合作。2012 年，其子公司东方能源公司（OAO«ВЭК»）与中国国家电网签署了一项为期 25 年的长期电力供应合同，计划通过 110 千伏输电线和 220 千伏输电线以及新的"阿穆尔—黑河"500 千伏输电线实现对华电力出口，预计 25 年内对华供电规模大约可达 1000 亿千瓦时[2]。根

---

[1] 《中俄签署关于建立煤炭领域合资企业的协议》，中国驻俄罗斯联邦大使馆经济商务处，http：//ru.mofcom.gov.cn/article/jmxw/202012/20201203024105.shtml。

[2] *Восточная энергетическая компания заключила 25-летний контрактна по ставке электроэнергиив Китай*，2012 - 02 - 29，Интер РАО ЕЭС，https：//www.interrao.ru/press-center/news/detail.php?ID = 1748&sphrase_ id = 361473.

据当时合同定价,俄罗斯向中国出售的电力价格仅为每度 0.042 美元,折合人民币 0.26 元[①],相对于中国东北、华北电价(北京 2021 年居民用电 0.48—0.77 元)是非常廉价的。根据俄罗斯媒体报道,2018—2020 年,俄对华供电量维持在每年约 31 亿千瓦时。2021 年,为应对中国国内电荒频发的现象,应中国国家电网的请求,10 月 1 日起,俄罗斯国际统一电力系统公司增加了对中国的电力供应,增幅达原定计划的 90%,超过 2020 年 10 月供电量近一倍[②]。与俄罗斯在电力领域的合作将在很大程度上缓解我国的缺电现状。

核能领域合作:双方在核能领域的合作由来已久,其中最具代表性的便是被习近平主席誉为"中俄核能合作的典范项目"的田湾核电站。

田湾核电站于 1999 年 10 月 20 日开始建设,一期工程采用的是两台俄罗斯 AES-91 型压水堆核电机组,为中国核能电力股份有限公司(以下简称"中国核电")全资子公司中核苏能核电有限公司(以下简称"中核苏能")与俄罗斯国家原子能集团公司(Росатом)下属的俄罗斯原子能建设出口股份有限公司(JSCASE)共同建设,JSCASE 公司在设计和建造压水堆核电站方面拥有丰富的经验[③]、3、4 号机组也是由该公司建设完成。

2019 年 1 月,中核苏能与 JSCASE 再次签订合同[④],合作建设田湾核电站 7、8 号机组,采用俄罗斯设计的 VVER-1200/V491 型反应堆装置,拟配备国产汽轮发电机组,核岛额定热功率 3212MW,电站设计运行寿命 60 年,该合同金额为 17.02 亿美元。2021 年 5 月 19 日,正值《中华人民

---

① 去年黑龙江从俄罗斯购电 12.27 亿度,每度两毛六,2012 年 1 月 16 日,北极星电力新闻网,https://news.bjx.com.cn/html/20120116/337118.shtml。

② 俄 InterRAO 公司今日起将对华供电量提高到 2020 年 10 月水平的两倍,2021 年 10 月 1 日,俄罗斯卫星通讯社,https://sputniknews.cn/economics/202110011034575045/。

③ 中国核电关于公司全资子公司与俄罗斯原子能建设出口股份有限公司签署重大项目合同的公告,2019 年 1 月 31 日,中国核能电力股份有限公司,https://www.cnnp.com.cn/cnnp/tzzgx80/ggyth/915256/index.html。

④ 中国核电关于公司全资子公司与俄罗斯原子能建设出口股份有限公司签署重大项目合同的公告,2019 年 1 月 31 日,中国核能电力股份有限公司,https://www.cnnp.com.cn/cnnp/tzzgx80/ggyth/915256/index.html。

共和国与俄罗斯联邦睦邻友好合作条约》签署20周年，在两国元首的共同见证下，田湾核电站7、8号机组和辽宁徐大堡核电站3、4号机组正式开工，这也是目前为止中俄两国最大的核能合作项目，建成投产后年发电量将达到376亿千瓦时，相当于每年减少二氧化碳排放3068万吨[①]。

第三节　中俄能源合作中存在的问题

一　政治引导经济合作模式与其负面意义

中俄能源领域在合作模式上有个较为突出的特征，即政治主导经济合作，中俄之间能源合作在很大程度上是由地缘政治、能源安全、外交战略等多重因素主导而非市场驱动的，中国需要保障自己的能源安全，保证能源进口稳定，防止被外国在能源领域卡脖子，从而实现社会经济的稳健增长。而俄罗斯则需要中国作为其广阔的能源消费市场，来弥补近年来因制裁等因素导致的欧洲市场萎缩，同时促进其国内经济结构转型，增加国家财政收入，保障国内居民民生。因此，两国在能源领域的合作具备深厚的政治基础，同时在战略安全上也是互利共赢、优势互补的。

然而，这种政治挂帅的合作模式并非完美，伴生而来的是市场地位的缺失和市场风险的丛生。首先，中俄能源合作的好坏取决于两国外交关系的稳定发展，如果中国的能源安全过分依赖从俄罗斯进口的油气资源，那么势必会削弱中国在国际油气市场上的议价权力和面对国际形势变局的应对能力。因此，中国极有必要实现能源进口渠道的多元化，避免将本国的能源安全过度捆绑在某一特定国家身上。其次，中俄能源企业间合作受政治影响较大，缺乏市场机制在其中发挥调节作用，一方面这是国家安全利益必需的宏观调控，是保障能源安全的必要举措；但另一方面这种政府引导下的合作通常基于当时对国际能源形势的预判，虽具备一定前瞻性，然

---

① 习近平主席同俄罗斯总统普京共同见证中俄核能合作项目开工仪式，http://www.gov.cn/xinwen/2021-05/19/content_5608921.htm; *Путин и Си Цзиньпин дали старт строительству новых атомных блоков в Китае*, 2021-05-19, РИА Новости, https://ria.ru/20210519/start-1732934480.html。

而也容易造成既定目标与市场实际状况的脱节或滞后，企业不易对市场做出快速反应，成为影响经济效益的一大因素。

二　国际政治格局变动可能带来的负面影响

国际政治格局的变动在很大程度上会给中俄能源合作带来巨大影响，尤其是在2014年乌克兰危机和2022年俄乌冲突爆发后，西方国家纷纷将矛头指向俄罗斯，指责俄罗斯干涉乌克兰内政、侵占他国领土，以美国为首的西方国家与俄罗斯关系急剧恶化，并加大了针对俄罗斯包括能源领域在内的多重经济制裁。俄罗斯众多能源业巨头都曾名列各国制裁名单。美国多次出手阻挠以"北溪-2"号为代表的俄罗斯境外能源合作项目，意图挤压俄罗斯在世界能源市场上的份额，甚至不惜频繁制造事端，比如2021年9月24日以隐瞒资产、偷税漏税为由逮捕过俄罗斯诺瓦泰克股份公司（НОВАТЭК）的首席财务官马克·杰特沃伊（Марк Джетвей）[1]。美欧等西方国家的制裁举动加速了中俄两国在能源领域的靠拢，迫使俄罗斯成为中国开展能源合作的重要伙伴。

然而，西方制裁也给中俄能源贸易制造了不小麻烦，由于中俄跨境结算支付体系高度受制于美国，双边跨境结算支付对美国环球银行金融电信协会系统（SWIFT）依赖程度很高，因此，中俄跨境美元结算业务流程几乎完全处于美国的金融监管之下，加之卢布与人民币之间属于套汇汇率，仍然需要美元作为中间货币开展联系[2]，中俄两国金融机构为防止被美国列入金融制裁清单，会尽力避免与被美国制裁的企业发生业务往来，这给中俄能源企业合作制造了外汇困难。因此，中俄两国在双边贸易，特别是天然气、石油等大宗商品交易中，已尽量采用本币结算，用以规避来自美国"长臂管辖"的风险。

但在中俄本币交易过程仍然存在众多问题，首先是俄罗斯卢布采用自

---

[1] Песков прокомментировал ситуацию сарестомв США топ-менеджера "НОВАТЭКа", 2021-09-24, РоссийскаяГазета, https://rg.ru/2021/09/24/peskov-prokommentiroval-situaciiu-s-arestom-v-ssha-top-menedzhera-novateka.html.

[2] 王晓泉：《中俄结算支付体系"去美元化"背景与人民币结算前景分析》，《俄罗斯东欧中亚研究》2021年第2期。

由浮动汇率，而人民币则是有弹性的双向浮动，两种货币之间的汇率在较长时段内会存在大幅波动，企业如不注重汇率风险管理就极容易造成巨额汇率损失[1]；其次，中俄贸易存在季节性特征，季节性用汇对目前双方尚不完备的本币互换和调运机制提出了巨大挑战，制约本币结算技术层面的问题仍然存在[2]。

三 中俄能源贸易长约合同带来的弊端

由于能源类产品的特殊性，交易双方往往倾向于签订长期合同，中俄两国在原油、天然气和电力等各大能源领域均签订了长期供应合同，比如中俄原油管道的 20 年供油合同、天然气东线管道的 30 年供气合同、中俄输电线路的 25 年供电合同等。

这些动辄历时数十年且金额巨大的合同属于"Take or Pay（照付不议）"的长约合同，特别是油气方面的长约合同大多签订于 2014 年前的高油价背景下，加之中国当时亟须来自其他地区的原油来均衡中东份额，因此当时中俄双方约定的油气价格实际偏高[3]。长约合同虽有利于保障中国能源安全，却也并非没有明显的缺陷。随着近几年中国经济发展速度放缓，国内对能源需求结构的变化，以及国际油气市场价格的巨大波动，长约合同带来的弊端也有所展露，经济被大量能源长约合同绑定意味着中国很可能会面临巨大的履约风险。

四 当前能源生产、消费、运力的限制及抗风险能力的缺失

近年来，中俄间能源合作在运输领域改善颇多，包括原油管道、天然气管道、输电线路的大规模建设和大型油轮、LNG 船的购置使得运输条件取得了长足进步，但诸如新冠疫情暴发等突发事件还是凸显出中俄能源生产、消费和运输领域在抗风险方面尚还略显不足。

---

[1] 王莹丽：《中俄贸易结算与汇率风险防范研究》，《中国外汇》2021 年第 10 期。
[2] 王晓泉：《中俄结算支付体系"去美元化"背景与人民币结算前景分析》，《俄罗斯东欧中亚研究》2021 年第 2 期。
[3] 徐洪峰、李扬：《国际油价综合分析：影响因素、均衡点与中俄能源合作》，《俄罗斯东欧中亚研究》2021 年第 2 期。

2020年新冠疫情在全世界范围的暴发波及中俄两国，不但降低了两国经济发展速度，也拖累了双方能源合作的进程。疫情大规模扩散导致的边境封闭、城市封控问题，直接影响到能源的生产、消费和运输的各个环节，出现了诸如油气生产进度迟缓，出入境障碍导致的铁路货运车厢紧张，船员患病、市场需求锐减和油气降价导致的海上油轮供不应求等问题。中俄能源合作要想更进一步就必须具备风险意识，事先备好此类问题的解决预案。

五　俄能源储备的下降和中俄环境可持续性发展政策的调整

矿产资源终归是有限的，随着近年来的大幅开采，俄罗斯能源储备量较之十年前已有明显下降。俄罗斯联邦自然资源部在有关2020年环境保护和现状的国家报告草案中指出，2010年俄石油储备约282亿吨，2020年则降至约191亿吨，较之十年前减少约32.3%；2020年天然气储备降至49.2亿立方米，较之2010年减少27.4%；煤炭储量近十年则保持在2750亿吨的相近水平[1]。油气能源均属于不可再生资源，其快速消耗势必会引发储备量的削减，加剧中、日、欧、印等俄罗斯能源消费大户之间的份额竞争。

同时，各国环境可持续性发展政策近年来陆续出台，能源消费格局正在发生巨大改变，以中国为例，随着"碳达峰""碳中和"工作的全面开展，中国正在努力缩减煤炭在工业制造、电力生产中的使用比例，作为其最主要的替代清洁能源，天然气在进口能源中的比例将显著提高。俄罗斯也颁布了自己的类似计划，俄罗斯总理米舒斯京2021年11月1日批准了《俄罗斯到2050年前实现温室气体低排放的社会经济发展战略》[2]，该战略称俄罗斯将在经济可持续增长的同时实现温室气体低排放，并计划到2060年之前实现碳中和[3]。为实现这一目标，俄罗斯准备对电力、住房和

---

[1] 俄自然资源部：《最近十年内俄石油储备减少近33%》，俄罗斯卫星通讯社，https://sputniknews.cn/russia/202109111034448510/。

[2] «Правительство утвердило Стратегию социально-экономического развития России с низким уровнем выбросов парниковых газов до 2050 года», 2021-11-01, Правительство России, http://government.ru/docs/43708/.

[3] 《俄罗斯发布2050年前低碳发展战略 2060年前实现碳中和》，新华网，http://www.xinhuanet.com/video/20211102/7794113faa684fc3894f67c5e6855132/c.html.

公共服务部门碳排放量加以控制，其中电力领域也将大幅降低火力发电占比，交通等部门也将进行电气化改造，这意味着俄罗斯国内对天然气、核能等清洁能源的需求也会有较大程度提升。

第四节 关于中俄能源合作问题的对策建议

一 在政府协调的基础上加强能源企业间的自主合作

保障中国经济社会平稳发展的能源安全，我们依然需要坚持政府引导下的中俄能源合作，中俄两国能源企业绝大部分属于行业垄断性的大型国企，本身与政府存在密切关系甚至可能承担一部分政府职责，在原则上会服从于国家的能源安全战略。

然而作为企业，中俄两国能源企业的核心动力还是在于追求利益的最大化，需要在操作上规避可预见的市场风险，因此，我们也应当鼓励两国能源企业间开展自主接触和经贸往来，建设服务于能源企业间交流的平台，多举办能源类商务论坛和展销会，拓宽合作渠道、挖掘合作潜能，引导更多大中小企业参与中俄能源合作，充分发挥市场在能源贸易中所应具备的调控能力，避免政治过度主导经济合作引发的滞后性和粗放性，使两国能源企业能够更加迅速、更加细节地对能源市场需求做出反应，准确地匹配上游生产端与下游消费端的异常变动，应对政治局势和能源政策的快速转变，使中俄能源贸易变得更加经济有效。在俄乌冲突的背景下，拟议中的中蒙俄天然气管线（500亿立方米/年）、中俄天然气东线增输（60亿立方米/年）可以加速落实。

二 提高人民币在中俄能源贸易中的结算比例

美国作为曾经的石油最大进口国，长期以来，一直利用石油美元影响着国际能源市场，页岩油革命的爆发和中国市场需求的膨胀使中国取代美国成为世界最大能源进口国，美元作为能源交易结算货币的基础也受到动摇，尤其在中俄贸易结算这点中表现尤为明显。2015年，中俄贸易结算近90%使用美元，到2020年第一季度这一数值已跌至46%，而人民币结算比例已经占到17%①，特别是俄罗斯大型石油公司出口合同很多已不再使用美元结算，而是改用欧元、人民币等其他货币结算。

俄乌冲突爆发后，欧美多国针对俄军事行动加大制裁力度，也迫使中俄能源贸易结算方式更多地向本币倾斜。据彭博社援引消息称②，多家中国公司于2022年3月使用人民币购买俄罗斯煤炭并运抵中国，成为自欧美制裁俄罗斯并切断俄多家银行与国际金融体系的联系以来首批以人民币支付的大宗商品，更多的俄罗斯出口商正准备在与中国的贸易中使用人民币③。

但在"去美元化"的过程中，依然存在众多问题亟待解决：首先，中俄双方货币汇率波动带来的风险是不可避免的，为帮助企业规避风险，应当加强企业的汇率风险管理意识，采取对应的汇率避险措施，包括使用外汇期货等衍生品手段来对冲风险。其次，减少中俄间能源贸易对环球银行金融电信协会系统（SWIFT）的依赖，规避来自美国的金融监管"长臂"，进一步扩大人民币和卢布结算比例，利用中国人民币跨境支付系统（CIPS）和俄罗斯卢布大额支付系统（BRPS）完成跨境交易，摆脱第三方由中俄两国银行独立完成清算；同时完善人民币与卢布互换和调运机制，解决目前制约中俄开展本币结算的技术性问题。此举还有利于弱化石油美元的地位，推动人民币国际化进程，增强中国在世界金融体系的话语权。在西方对俄极限制裁、俄急需改善国际环境之际，在油气贸易价格和项目收购价格等方面，我国可以更多地争取主动。

三 排查风险，提高应对能源突发风险能力，加强能源输送通道建设

中俄能源合作面临多重风险考验，第一重风险来自国际政治格局的变

---

① 王晓泉：《中俄结算支付体系"去美元化"背景与人民币结算前景分析》，《俄罗斯东欧中亚研究》2021年第2期。

② *Russian coal and oil paid for in yuan starts heading to China*, 2022-04-07, Bloomberg, https://www.bloomberg.com/news/articles/2022-04-07/russian-coal-and-oil-paid-for-in-yuan-to-start-flowing-to-china.

③ *Уголь с юанем братья навек*, 2022-04-07, Коммерсантъ, https://www.kommersant.ru/doc/5295729.

化，第二重风险来自两国内部能源政策调整，第三重风险来自能源市场的供求变化及价格波动，第四重风险则来自新冠疫情等非传统安全挑战。解决这些可能出现的问题，除了要加强两国政府间的交流机制和大型国企间合作外，还必须充分发挥市场的积极作用，引导两国更多的中小型能源企业也参与到能源合作中来，形成完备的上中下游一体化能源合作体系。在中俄已有的大额长约合同之外，还要根据市场变化及时签订符合实际需求的合作协议，避免造成与两国能源市场实际需求的滞后与脱节。此外，中国还须继续发展能源进口渠道的多元化，加强除俄罗斯以外的中东、中亚、非洲、拉美等世界其他能源产区的合作关系，为能源安全多上几重保险。在俄乌冲突、西方对俄极限制裁的大背景下，可考虑让中小能源企业或大型能源企业注册"隐性"企业，采取"新公司在前国企在后"的方式在俄开展能源投资，拓展能源技术合作，谨慎规避制裁风险[1]。

中国能源缺口快速扩大和油气产量不足的现状在相当长一段时期内都不会得到改变，中国能源对外依存度不断增大几成定局。作为中国关键邻国和能源进口国，俄罗斯是我们消除能源软肋、保障能源安全的重要渠道之一，中俄之间的能源运输通道将成为助力中国经济稳定成长的推进器。现有的油气管道、海陆运输仍然无法完全满足中国日益增长的能源需求，除了落实双方已经签署的协议，保障俄方通过已有渠道向我国按时按量供货，我们还应该建设更多能源运输通道，让俄油、俄气、俄电更加便捷地进入中国市场，扭转中国特别是东部地区的能源短缺局面，使之更好地服务于中国的经济建设。

四 加强北极能源合作和海运能源通道建设

2019年6月，中俄两国元首共同签署的《中华人民共和国和俄罗斯联邦关于发展新时代全面战略协作伙伴关系的联合声明》指出："将推动中俄北极可持续发展合作，在遵循沿岸国家权益基础上扩大北极

---

[1] 蒋庆哲：《关于深化和拓展中俄能源合作及风险防范的建议》，《中俄战略协作研究》2022年第15期。

航道开发利用以及北极地区基础设施、资源开发、旅游、生态环保等领域合作。"[1] 根据该声明精神，2019 年 6 月，中远海运集团与俄罗斯诺瓦泰克股份公司（НОВАТЭК）、俄罗斯现代商船公共股份公司以及丝路基金有限责任公司在俄罗斯圣彼得堡签署了《关于北极海运有限责任公司的协议》。该协议是中俄两国企业共同打造"冰上丝绸之路"，参与北极航道商业化运作的重要举措。根据该协议各方将致力于组织俄罗斯北极地区向亚太地区的货物运输，而目前其中最主要的货物便是油气资源，特别是亚马尔、格丹半岛等地区生产的液化天然气。作为中国能源企业液化天然气重要贸易伙伴的诺瓦泰克股份公司（НОВАТЭК）就曾于 2020 年 10 月向韩国大宇造船（DSME）订购了 6 艘 Arc7 型号的破冰型 LNG 船，用于实现未来北极地区开发的液化天然气对外运输[2]。正在论证的鄂毕 LNG 项目，将要上马实施的北极 – 1LNG 项目、北极 – 3LNG，均可推动俄方加速实施[3]。

五 改善现有能源结构，加强清洁能源领域的合作

当前面临全球气候变暖的世纪变局，致力于发展低碳经济已经成为全人类的普遍共识，世界各国正在大力推行绿色环保能源的使用，减少粉尘、有害气体和二氧化碳的排放，提高清洁能源、可再生能源在能源结构的占比。无论中国还是俄罗斯，近期都出台了关于优化能源结构，提高清洁能源使用比例，大力发展可再生新能源，缩小有害气体、温室气体排放规模，最终实现"碳中和"目标的相应政策。

中俄两国出台以"碳中和"为目标的能源政策势必会对能源合作产生不小影响，首先便是体现在天然气合作领域，作为煤炭的主要替代清洁

---

[1] 《中华人民共和国和俄罗斯联邦关于发展新时代全面战略协作伙伴关系的联合声明》2019 年 6 月 6 日，中华人民共和国中央人民政府网，http：//www.gov.cn/xinwen/2019 – 06/06/content_ 5397865. htm。

[2] *НОВАТЭК получит танкеры из Южной Кореи*，2020 – 10 – 15，Коммерсантъ，https：//www.kommersant.ru/doc/4531018。

[3] 刘贵洲：《俄乌冲突中能源的三重角色及应对策略》，《中俄战略协作研究》2022 年第 7 期。

能源，天然气在使用比率上将进一步提高，因此中国势必会加大对俄罗斯天然气的进口。其次是以核能为代表的新能源合作领域，作为取代高污染火力发电的选项之一，核能发电拥有极其广阔的前景，俄罗斯在核能和平利用方面拥有极为丰富的经验，中俄目前已拥有田湾、徐大堡两个示范性核能合作项目。此外，在太阳能、风能、水力等其他能源领域，中俄两国也可以发掘出更多潜力，深化开展多种形式新能源的高效合作。

中国不但可以从俄罗斯进口能源，也可以将自身在新能源领域的技术和资金优势加以充分运用，引导国内新能源企业进军俄罗斯市场，在新能源领域开展对俄投资与技术合作，实现中俄双方在该领域的互利共赢。譬如，目前中国在新能源汽车领域拥有较为雄厚的资金和技术储备，而俄罗斯近期也在积极筹划发展以氢电池、燃料电池为动力的电动汽车，推进无人驾驶等高新技术项目[1]，中国企业可以凭借自身优势进入俄罗斯市场或与当地企业开展技术层面合作，这也是帮助中国企业走出去的一次良好契机。

---

[1] Мишустин：Россия планирует выпуск собственной линейк и электромобилей，2021 - 07 - 19，Российская газета，https：//rg.ru/2021/07/19/mishustin-rossiia-planiruet-vypusk-sobstvennoj-linejki- elektromobilej. html.

第十六章 "丝绸之路经济带"框架下的中俄人文合作机制：特点、问题与对策

第一节 国际关系中的人文因素

文化是人类社会最为显著的特征，同时也潜移默化地影响着不同国家和民族的行为，继而影响国家间互动和秩序，成为影响国际关系最不可忽视的因素之一。随着全球化的深入发展，市场经济及科技力量的壮大，国际关系研究也从军事、政治层面逐渐深入到人文社会领域。关于文明或文化关系的研究，亨廷顿在《文明的冲突与世界秩序的重建》第八章"西方和非西方：文明间的问题"中这样表述："在正在显现的世界中，属于不同文明的国家和集团之间的关系不仅不会是紧密的，反而常常会是对抗性的。但是，某些文明之间的关系比其他文明更具有产生冲突的倾向。"[①]这一说法表达了作者对于文化或文明之间关系的论断：国家或集团之间会因为所属文明的不同而产生对抗性的关系。当然，亨廷顿的观点遭到了不少的反对，但是，无论其对文明关系的论断有怎样的差异，都说明了一个问题：国家之间的文化关系，或者说因文明不同而受到影响的国家间关系，是一个无法回避的现实问题。

通过对近年国内关于中国对外人文合作的研究梳理可知，对人文合作或文化交流，国内研究虽然有着不同的表述，但对其重要性的认识已经基

[①] [美]塞缪尔·亨廷顿：《文明的冲突与世界秩序的重建》，周琪等译，新华出版社1998年版，第199页。

本形成共识：人文合作是对外关系中除政治、经贸之外的第三大重要支柱[①]。在对人文合作意义所在，则有不同的侧重。有的研究认为，人文合作的意义在于提升中国的软实力和影响力，是作为一种软实力实现和发挥作用的工具载体。如杨毅的《软实力视角下中国人文交流机制的构建》，认为人文合作是公共外交的重要组成部分，是建设国家软实力的重要途径，能够进一步提升中国的国际影响力和道义感召力[②]。有的研究认为，人文合作的意义在于增进双边互信，是实现其他政治或经济目标的路径之一，如赵明龙《人文交流：海上丝绸之路建设不可或缺的内容》一文中认为，人文合作能够为中国与东盟的经济合作搭台唱戏[③]。邢丽菊的《何以人文：中外人文交流的意义》一文则明确提出，人文合作的意义在于推进民心相通、促进政治互信、深化经贸合作[④]。因此，上述研究成果多是将人文合作作为一种途径、工具，以实现其他层面的目标，如互信、软实力提升、经济合作等。由于人文合作内容属于所谓"低级政治"，因此，对其作用和意义的关注都集中在其对其他领域的影响上，缺乏对人文合作或者文化本身意义的关注。

既然文化是两国关系中的客观存在，那么文化关系理应同政治、经济等关系一样，受到同样的重视。中俄人文合作的重要意义除巩固中俄整体友好关系、扩大中俄友好合作的基础外，更为本质的是，促进中俄作为两个不同文明主体之间的关系。但从现实来看，文化关系在全球发展并不成熟，不同国家之间的文化关系并未实现普遍的互信、友好、亲近，相反，不同文化的国家之间在文化关系上还存在相当程度的不了解、误解甚至冲突。因此，文化关系需要国家之间按照各自需求和现实条件进行构建。文化关系的构建，如同政治关系、经贸关系一样，既有共同利益所在，也包

[①] 如邢丽菊认为人文合作与政治安全合作、经济贸易合作一道构成现代国际关系的三大推动力。赵可金认为作为除安全保障、经济发展之外的第三层面，人文合作历来是国际关系中不可忽视的重要组成部分。

[②] 杨毅：《软实力视角下中国人文交流机制的构建》，《理论与改革》2012年第4期。

[③] 赵明龙：《人文交流：海上丝绸之路建设不可或缺的内容》，《东南亚纵横》2014年第11期。

[④] 邢丽菊：《何以人文：中外人文交流的意义》，《世界知识》2017年第23期。

含自身利益诉求、核心利益维护等现实因素，还可能包含一些难以逾越的结构性障碍，很难做到完全理想化的状态。例如酒文化在中国文化和俄罗斯文化中都是一个非常具有代表性的文化载体，但是，在有些国家的文化中，酒则是一种禁忌，甚至是一种罪恶。有些国家的文化受宗教影响很大，而中国则是一个世俗国家。这种文化差异的现实，决定了不同国家在文化关系上必然存在一定的亲疏远近，影响着两国文化关系的现实构建。而对不同国家之间文化关系目标的设立，很难用同一种标准对待。理想的文化关系是相互尊重、相互理解，但这样的关系并非天然存在，需要两国加强人文合作，通过全面有效的人文交流活动，促进良好文化关系的建立和发展。

第二节 "一带一路"倡议下中俄人文合作机制特点

人文合作的现实状况反映的是两国在人文领域的关系状况，通过对人文合作的研究，可以有效把握两国关系的发展。自中俄建交以来，人文领域的交流与合作就是两国关系中的重要内容。经过两国多年的努力和推动，中俄人文合作基础逐渐牢固，合作内容与形式越来越丰富多样，参与主体日益扩大。2013年，中国提出了"丝绸之路经济带"的合作倡议，旨在推进亚欧非大陆各国之间的互联互通，构建全方位、多层次、复合型的合作网络，实现沿线各国合作的共商共建共享。"丝绸之路经济带"倡议，为中俄人文合作提供了新的平台和机遇。在这种背景下，中俄人文合作继续从共识走向实践，从官方走向民间，形成了以政治互信为基础，以官方为主要推动力，以科技、教育、文化、卫生、信息等不同人文领域为主要内容，以高校、地方、青年、企业、社会团体等不同主体为参与方的人文合作机制，在"一带一路"框架下，当前中俄人文合作机制呈现出如下特点。

一 充实的政策法律基础

早在1992年，中俄就签署了《中华人民共和国政府和俄罗斯联邦政府文化合作协定》，明确了中俄关于文化合作的愿望，并对合作的内容、方式进行了详细规定。近年来，中俄以"一带一路"倡议为契机，开启了新的发展。自"一带一路"倡议提出以来，中俄多次签署相关合作文件，发布联合声明，从政策法律层面为中俄人文合作提供保障。中俄制订了《中俄人文合作行动计划》，指出充分利用两国人文领域的资源，培养中俄人文交流人才。2014 年 5 月 20 日，中俄签署了《中华人民共和国与俄罗斯联邦关于全面战略协作伙伴关系新阶段的联合声明》，强调"充分尊重对方维护本国历史、文化和道德价值观的权利"，以及"加强人文合作"[1]。2016 年 6 月 25 日，正值《中华人民共和国与俄罗斯联邦睦邻友好合作条约》签署 15 周年，俄总统普京访华，中俄发布新的联合声明，指出，"中俄社会和人文基础得到实质性巩固，人文交流取得显著进展"[2]。在中俄总理定期会晤的联合公报中，多次对中俄人文合作给予高度评价，指出坚实的社会基础是中俄关系长期发展的保障。2017 年，中俄还发布了《中华人民共和国与俄罗斯联邦关于进一步深化全面战略协作伙伴关系的联合声明》，强调民意相通和文化相融是两国世代友好的根基。2018 年 6 月，中俄再次发表联合声明，重申继续扩大并提升两国人文交流至新水平，巩固两国关系的社会基础。此外，自 2013 年中国提出"一带一路"倡议以来，中俄政府还签署了相互设立文化中心、便利公民往来以及合作拍摄电影等协议。2021 年 6 月 28 日，两国元首宣布发表中华人民共和国和俄罗斯联邦关于《中华人民共和国与俄罗斯联邦睦邻友好合作条约》签署 20 周年的联合声明，正式决定《中华人民共和国与俄罗斯联邦睦邻友好合作条约》延期。普京表示，《中华人民共和国与俄罗斯联邦睦邻友好合作条约》体现了两国人民世代友好的意愿，相互尊重各自选择的制度和发展道路，深化务实合作和人文交流[3]。

---

[1] 《中华人民共和国—条约数据库》，http：//treaty.mfa.gov.cn/Treaty/web/detail1.jsp? objid = 1531877026443。

[2] 《中华人民共和国和俄罗斯联邦联合声明》，中国一带一路网，https：//www.yidaiyilu.gov.cn/zchj/sbwj/2404.htm。

[3] 习近平主席同俄罗斯总统普京举行视频会晤 两国元首宣布《中俄睦邻友好合作条约》延期—新华网，http：//www.xinhuanet.com/2021 - 06/28/c_ 1127606503.htm。

中俄人文合作得到双方高层的高度重视并大力支持，通过联合声明、公报以及其他专门的合作协定，中俄人文合作有了一系列正式政策文件的指导和保障，能够使中俄人文合作始终沿着有利于中俄两国战略利益的轨道发展。

二　高度契合的文化战略和政策

作为当前中国最为重要的对外合作倡议，"一带一路"本身就包含中国在文化层面的战略需求，而同样在文化领域具有重大影响力的俄罗斯，在当前发展战略上也对文化的作用极为重视。2016年2月29日，俄罗斯总理梅德韦杰夫签署了确定实施《2030年前国家文化政策战略》的联邦政府令，将文化作为国家战略的重要组成部分。从目标、内容和方式上看，中俄双方在文化战略和政策上是高度契合的。这为中俄人文合作机制打下了坚实的互信基础，是中俄人文合作机制最突出的特点。

从目标上看，中俄的文化战略都意在提升本国文化的影响力，加强本国文化的内在凝聚力，获得国际或周边地区认可。2017年，中共十九大报告中，习近平总书记强调："文化是一个国家、一个民族的灵魂。文化兴国运兴，文化强民族强。没有高度的文化自信，没有文化的繁荣兴盛，就没有中华民族伟大复兴。"[①] 在2019年4月俄罗斯的文化战略中，则强调通过促进文化和人文优先发展来加强俄罗斯社会的统一。从内容和方式上看，中俄都将扩大对外人文交流与合作作为必选项。2019年4月27日，在第二届"一带一路"国际合作高峰论坛圆桌峰会联合公报中提到了关于加强人文交流的内容："互联互通让不同国家、人民和社会之间的联系更加紧密。我们相信'一带一路'合作有利于促进各国人民以及不同文化和文明间的对话交流、互学互鉴。"[②] 在俄罗斯的文化战略中，遵循的原则包括："拓宽与支持国际文化与人文交流"，优先发展方向包括

[①] 《习近平在中国共产党第十九次全国代表大会上的报告》，人民网，http://cpc.people.com.cn/n1/2017/1028/c64094-29613660-9.html。

[②] 《第二届"一带一路"国际合作高峰论坛圆桌峰会联合公报》，中国一带一路网，https://www.yidaiyilu.gov.cn/zchj/qwfb/88222.htm。

第十六章 "丝绸之路经济带"框架下的中俄人文合作机制：特点、问题与对策 345

"加强与拓宽俄罗斯文化在国外的影响力"，"推动俄罗斯文化组织与国外文化组织的合作"①。因此，对俄罗斯来说，"一带一路"是中国对外人文合作交流的重要平台，同时也是俄罗斯扩大自身文化影响的有效渠道。中国可以通过"一带一路"带动相关文化产业走出国门，俄罗斯同样也可以通过参与"一带一路"项目，扩大俄罗斯文化在海外的影响力。可以认为，中俄人文合作机制是符合中俄双方的战略利益的，是以中俄高度契合的文化战略和政策为基础，能够确保中俄人文合作的稳定持久。

三 广泛的参与主体

从理论上讲，人是文化活动的主体，也是文化的载体，但凡有人参与的活动，特别是两个不同文化国家的人员往来，无论这种往来是以什么为目标，或多或少都会带有人文的因素。中俄人文合作并不一定必须是专业的文化合作机构，只要有人员参与，就有发生人文交流的可能性。赵可金的《人文外交：全球化时代的新外交形态》一文较为全面地论述了人文合作的主体：人文外交的载体十分广泛，凡是存在人员互动的地方，诸如教育机构、宗教组织、民族族群、非政府组织、商业机构乃至政府机构，都可以在国际交往中成为人文交往的载体②。中俄人文合作发展经历了从官方到民间，从共识到实践的历程，参与主体逐渐扩大。在官方，中俄设立了"中俄人文合作委员会"，建立了副总理级的人文交流机制。其他参与主体则主要是各合作领域的人员，如教育领域合作主体包括留学生、教师、学者等，体育领域包括专业运动团体，医疗卫生领域的从业人员等等，而早在中俄文化协定规定的人文合作内容中就包括派遣文化、艺术工作者，学者、教师、专家，新闻媒体，影视行业工作者，旅游机构，其他行业机构等。随着中俄人文合作领域的不断扩大，不同性质的主体越来越多地参与到中俄人文合作之中，发挥了各自不同的作用，共同促进中俄人

---

① 中国社会科学院中国文化研究中心中俄合作课题"后苏联时期俄罗斯文化政策的国际视角"课题组主编：《全球化视野下的中俄文化政策研究》，经济管理出版社2018年版，第139—141页。

② 赵可金：《人文外交：全球化时代的新外交形态》，《外交评论》（外交学院学报）2011年第6期。

文合作深入发展。

四 丰富多样的内容与形式

在中俄官方、地方以及社会各界的推动下，中俄人文合作广泛开展起来，进行了一系列丰富多样的人文交流活动。在中俄官方签署的关于人文合作的文件中，合作领域一般都包括文化、艺术、教育、新闻出版、影视、体育、旅游、卫生等。现有的研究均认为，中俄人文交流涉及的内容已经十分全面了，刘利民的《"一带一路"框架下的中俄人文合作与交流》一文中提道：中俄人文合作机制已成为大国间开展文明对话的典范。合作涉及人文领域的方方面面：教育、文化、卫生、体育、旅游、媒体、电影、档案、青年等，其中每一个领域都有实实在在的合作[①]。

中俄人文交流的内容主要有以下几类：第一，官方专门举办的大型主题交流年，如自"一带一路"倡议提出以来，中俄相互举办的中国文化年，俄罗斯文化年，中俄旅游年，中俄媒体交流年，"中俄地方合作交流年"，中俄青年友好交流年等。这类合作的特点是规模大，级别高，影响广泛，体现了中俄人文合作的高度。第二，各领域合作交流活动，如互派留学生，访问学者，各行各业的访问团，交流团等，以及其他相关活动，中俄成立了各种类型的大学联盟，如分别以北京师范大学和莫斯科师范大学牵头的师范大学联盟。第三，各具体行业的合作活动，如中俄合作拍摄影视作品，中俄合作进行旅游开发等。这类活动已经不是纯粹为了扩大人文交流而进行，而是对这些领域本身的发展具有促进作用，具有一定的自主性和可持续性。

五 树立了良好的文化关系典范

有效的人文合作是实现双边稳定、友好、互相了解、理解、互不否认的文化关系的必由之路。中俄之间文化关系的构建，能够为新型国际关系增添有意义的内容，也能够为国际社会中不同文明、不同文化之间良好关系的构建树立一个典范。从当前中俄人文合作机制，以及国际关系中的文

---

① 刘利民：《"一带一路"框架下的中俄人文合作与交流》，《中国俄语教学》2015 年第 3 期。

化关系角度来看，中俄之间的文化关系具有良好的天然条件和现实基础。中俄两国在历史上虽然有过领土之争，中苏之间发生过意识形态冲突，但是，没有真正意义上的文化冲突，中俄两国文化之间具有高度的包容性和开放性，因此，中俄双方能够通过有效的人文合作来构建符合使中俄两国利益最大化或者符合两国预期目标的文化关系。

"一带一路"本身就带有强烈的文化色彩，它是以古老的丝绸之路为文化符号，倡导和平、共享等"和"文化的理念。在这种合作理念的作用下，中俄在人文领域的合作就展现出不同文明之间良好关系的特点，有利于打破文化关系中的"零和现象"。非此即彼，否定异己，是"零和"的根本逻辑。国际关系中政治领域存在着零和博弈的现象，文化领域同样也存在非此即彼的"零和"现象。文化领域的"零和"现象，是指某一种文化对于其他与自己不同，或者其他某种特定文化及其群体持明确的否定态度。这种否定存在着不同程度，也会导致不同的行为及后果。有的是否定对方文化的正当性、合法性，有的则是某一文化群体的生存权。其产生的结果包括交流的隔离，相互排斥，冲突，甚至演变成大规模的流血事件。不同国家之间的文化关系如同政治、经济关系一样，差异性远远大于相同性，如中美之间、俄美之间，欧美之间的政治关系无论从哪方面看都具有明显的差异性。同样，一国与别的国家之间的文化关系，很难做到千篇一律，因此，文化关系能够发展到何种程度，也受到诸多因素的影响，两国的人文合作机制为两国文化关系构建，同时既有的文化特性，国际环境因素以及其他现实条件等，也制约了人文合作机制本身发挥作用的限度。

从中俄两国之间文化特性来看，中国主流文化没有对外征服的传统，更不存在以文化征服或者宗教传播为目的的对外宗教战争。俄罗斯在历史上虽然有过东正教的对外征服，但是，其中起决定作用的并非东正教文化，而是对外扩张的政治需要，宗教在其中充当了工具，而不是动力。因此，一旦这种政治需要消失，宗教也就失去了扩张的动力。在意识形态的文化中，中俄都不存在否定对方的因素，换句话说，依照中俄各自的文化价值体系。中俄之间不存在文化领域的"零和现象"。2019年4月，中国以8种语言发布的《共建"一带一路"倡议：进展、贡献与展望》，指出，"共建'一带一路'推动文明交流超越文明隔阂、文明互鉴超越文明冲突、文明共存超越文明优越，使各国相互理解、相互尊重、相互信任"[1]，再次表明了中国通过共建"一带一路"推进人文合作的目标，这为中俄两国通过有效的人文合作，构建良好的文化关系，奠定了良好的基础。中俄良好的政治关系——全面战略协作伙伴关系，频繁的首脑外交和高层互动，经济发展方面的战略对接，即"丝绸之路经济带"与欧亚经济联盟（"一带一盟"）的对接合作，是双方人文交流的有力推动和厚实的保障，奠定了其稳固的基础。2023 年 12 月普京签署总统令，决定授予北京大学副校长宁琦教授俄罗斯友谊勋章，以表彰她在中国普及俄语和推进中俄文化交流方面做出的巨大贡献。

第三节 中俄人文合作机制存在的问题

对于中俄人文合作中存在的问题，目前国内研究已经有了一定的总结。如文记东的《21 世纪中俄人文交流与展望》一文认为，中俄人文合作还存在官方交流与民间交流不平衡问题[2]。高艺的《"一带一路"背景下中俄人文交流转型发展的挑战与思考》则是从人文合作主体，人文合作方式、路径选择以及思维方式上提出"一带一路"倡议背景下中俄人文合作与合作面临的新问题、新挑战。该文认为，中俄之间存在官方为主、民间力量不足等问题，思维方式上也应跳出服务双边经贸、服务国家战略等既定思维模式，要从习近平主席所提倡的加强文化交流与文明互鉴的高度，重新审视中俄文化的共性与互补之处，弘义融利，共同发展，推动两国人民在思想文化价值观、文艺审美等精神世界层面的相互体认与理解[3]。该文事实上已经触及人文合作对于文化关系的重要性。但是，对于

---

[1] 《共建"一带一路"倡议：进展、贡献与展望》，中国一带一路网，https://www.yidaiyilu.gov.cn/ldzd/dejgfld/wjxz/86708.htm。

[2] 文记东：《21 世纪中俄人文交流与展望》，《中国社会科学院研究生院学报》2016 年第 6 期。

[3] 高艺：《"一带一路"背景下中俄人文交流转型发展的挑战与思考》，《对外传播》2017 年第 7 期。

如何通过人文合作构建这种关系，则没有展开系统性的论述。在"一带一路"框架下，中俄人文合作机制有了更多发展，合作内容逐渐扩大，层次不断深入，影响日趋广泛，但受制于一些领域实际发展的不平衡，不成熟，当前中俄人文合作机制仍然存在一些不足之处，主要包括以下方面。

一　合作成果不足

尽管中俄人文合作领域几乎已经扩展到了方方面面，但限于发展中的一些主客观因素，中俄人文合作在成果体现上依旧薄弱。以电影产业为例，近年来，中俄的电影产业都取得了长足发展，在中俄双方文化部门的推动下，共同举办了多次"俄罗斯电影节""中国电影节"等活动，并且多次合作拍摄影视作品，这些合作的举办，不仅促进了中俄影视产业的发展，更是人文合作的重要组成部分，但是，从现实情况看，中俄电影在对方国内的实际影响仍然比较有限，例如2018年俄罗斯年度票房榜中，排名前25位的电影，美国占21部，中国仅一部上榜，并且是中美合拍。同年中国排行榜中，前25位的美国占11部，此外，还有印度电影上榜，而俄罗斯电影则无一上榜[①]。这种现象说明，虽然中俄相关部门极力推动人文领域合作交流，但是受制于社会性、市场性等因素，中俄人文合作最终结出的果实非常有限，同时也说明，官方举办的大型交流活动能够为中俄人文合作提供契机和平台，以及相互了解的信息渠道，但是，怎样使合作扩大、产生持久的动力，还需要考虑更多经济性、社会性、市场性的因素。

二　合作基础薄弱，缺乏长效机制

中俄人文合作虽然已经取得了巨大的进展，但合作基础仍然薄弱，主要表现为，官方以外的合作动力不足，影响有限。中俄之间有着丰富的文化资源，俄罗斯在文学、艺术、高等教育等方面拥有很多可以合作交流的

---

① 根据中国电影网数据统计2018年俄罗斯超越法国成欧洲最大电影市场，中国电影网，https://www.chinafilm.com/gjhzl/7274.jhtml；2018年中国电影票房609.76亿元，同比增长9.06%，中国电影网，https://www.chinafilm.com/xwzx/7218.jhtml。

地方，中国在这方面也有相对应的内容。但是，这部分群体仍然是中俄两国民众当中的少数，其影响也只限于这些领域和群体本身，范围极为有限，真正产生能广泛影响的合作内容少之又少。中俄民众对彼此的印象大多来自媒体的宣传，对待中国文化，俄罗斯人表现出一定的接触意愿，但被吸引和被感召的效果不明显。俄罗斯民意调查基金会进行过一项关于中国文化影响力的调查，数据显示：在文化倾向方面，大部分俄罗斯人对欧洲文化更感兴趣，接受过高等教育的人群表现更为突出[1]。而在中国方面，中国民众对俄罗斯的印象很多还停留在媒体传播的符号上，诸如"战斗民族""伏特加""北极熊"，还有很多民众对俄罗斯的认知还深受苏联时代影响，在中国留学目的地上，俄罗斯虽然在近年有所发展，但在中国学生的选项中远远及不上美欧的吸引力。此外，在中俄贸易进出口产品构成上，也能够说明问题：俄罗斯出口中国的产品中，矿物燃料占70%以上，其余以重工业制品、其他矿物等为主，能够体现俄罗斯文化的产品少之又少。这一切都说明，中俄人文合作交流还远远没有真正"落地"。

三　局部矛盾仍然存在

中俄人文合作整体上发展迅速，但也仍然受到一些局部矛盾的干扰，随着中俄各方面交流的扩大，俄罗斯国内对中国的疑虑和不友好的声音时有出现，包括认为中国参与俄罗斯远东开发，会威胁到俄罗斯的经济安全以及社会文化安全。例如，有俄罗斯学者认为，"中国移民是在俄罗斯建立永久独立且封闭的居住区，在此保留自己文化传统及习俗，同居住区附近的俄罗斯社会隔绝，随着这种永久封闭的中国移民社区形成，将对俄罗斯的社会文化造成威胁"[2]。此外，俄罗斯境内极端民族、种族主义者对中国人采取的敌视态度等，虽然这是俄罗斯国家治理的问题，并不代表俄罗斯普通民众，但是，这直接影响了中俄民众对彼此的印象。此外，"一带一路"客观上加强了中国在俄传统"势力范围"中亚的影响，同样需

---

[1] 许华：《中俄文化互鉴：如何有效培育两国民众间的亲近感》，《对外传播》2018年第9期。

[2] 吴松辉：《对俄罗斯国内"中国移民威胁论"的思考》，华中师范大学出版社2012年版。

要中国采取必要措施，以消除俄罗斯的疑虑和误解。

应该指出的是，中俄人文合作目前存在的问题，总体上不是中俄主观上的偏见或猜忌造成的，而是客观条件不足导致的。因此，中俄人文合作仍然有着巨大的发展空间。中俄两国既有条件，也有意愿发展两国人文合作，优化两国文化关系，在国际上，人文合作具备道义上的制高点，较少受到直接的质疑和非议。因此，中俄之间的文化关系构建具有良好的主客观条件，能够也需要构建有效的人文合作机制加以实现并不断巩固完善，这样不仅能够使中俄文化关系不断向前推进，也能够为中俄整体关系增加更为坚实的纽带，同时也能为世界范围内不同文化之间的良好关系构建树立良好的典范。这既符合中俄两国的根本利益，同时又是中俄两国对于世界和平与发展的贡献。

第四节 思考与对策

从目前来看，中俄人文合作发展势头良好，前景乐观，尽管也存在一些问题，但是，不足以影响中俄人文合作的大局，在两国全面友好合作的大背景下，这些问题也是能够得到妥善解决的。未来，中俄需要继续巩固两国人文合作的基础，同时遵循"一带一路"平台所倡导原则以及有效利用"一带一路"合作带来的机遇和资源，创新形式，使得中俄人文合作成为中俄全面战略协作伙伴关系的重要发展引擎，以及良好的，具有持久示范效应的文化关系的重要助力。

一 继续巩固中俄战略互信基础

尽管中俄人文合作还远没有达到成熟完美的地步，但是，中俄人文合作机制是建立在坚实的政治与战略互信基础之上的，能够保证中俄人文合作始终沿着符合中俄双方共同利益的轨道上进行。因此，发展中俄人文交流，需要继续巩固中俄战略互信基础。继续保持中俄在"一带一路"框架下的合作，同时加大对俄罗斯相关文化战略，文化政策，以及具体国情、民情的研究，确保中俄人文合作始终符合两国的整体战略利益。

二 突出中俄人文合作的国际影响

以中国为代表的华夏—儒家文明和以俄罗斯为代表的斯拉夫—东正教文明，是当今世界最为突出的两大不同文明。中俄在人文领域的合作不仅促进了中俄关系的发展，更为重要的是，它为国际社会不同文明之间的友好合作提供了良好的示范。2019年5月，习近平总书记指出："文明因交流而多彩，文明因互鉴而丰富。文明交流互鉴，是推动人类文明进步和世界和平发展的重要动力"[①]。不同文明能否友好交流，决定了未来国际社会的和平与发展，从这个意义上讲，中俄人文合作的意义远远超越两国关系本身。因此，未来中俄人文合作的发展，可以着重突出中俄作为两个不同文明国家之间，在文化领域是如何相互尊重，友好交流，共同发展的，用中俄人文合作经验去影响其他不同文明国家之间的合作关系。因此，突出中俄人文合作在国际上的影响，不仅能够提升中俄关系以及中俄本身的影响力，同时也是中俄作为大国对世界和平与发展，文明与进步的贡献。通过人文交流的现状可以认为，人文合作的成果取决于双方合作的力度，但更为重要的是各自文化的发展。做大做强中国自身文化产业，是中国建立对外友好关系，扩大人文合作基础的根本性措施。

三 注意发挥不同主体、内容的作用

当前中俄人文合作主体已经相当广泛，构建有效的中俄人文合作机制的一个前提，就是需要认清中俄之间的哪些主体能够参与到人文合作交流之中，它们各自能够发挥何种作用。中俄之间的人文合作主体具有广泛性和多层次性的特点：中俄人文合作中，最高层次是中俄两个文明之间的交流，中俄关系不仅是两个国家的关系，更是两个文明的关系。在文明之下，人文合作主体还有政府部门、跨国企业、教育机构、民间团体、个人等。从当前来看，这些主体几乎都参与到中俄人文合作之中，所存在的问题是，有些主体参与程度还不够，没有发挥出应有的作用，使得中俄人文

---

① 《文明交流互鉴是推动人类文明进步和世界和平发展的重要动力》，求是网，http://www.qstheory.cn/dukan/qs/2019-05/01/c_1124440781.htm。

合作主要依靠政府推动，政府的角色和作用过于突出。政府间互信程度较高，掌握信息全面，效率高，资源广，有利于把握大的格局和方向，开展人文合作效果明显。但仅仅依靠政府也造成了政治色彩过于浓厚，没有真正发挥出人文领域的特征和作用，使得中俄人文合作的民间基础较为薄弱，不利于形成人文合作长效机制。"民心相通"是"一带一路"建设中的一个重要目标，也是丝路建设的重要手段。因此，在"一带一路"框架下，中俄之间的人文合作主体应侧重在民间、非政府组织、个体层面发挥作用。当然，需要明确的是，人文合作中各主体的作用都有其不可替代的一面，发挥非政府主体的作用并不是要厚此薄彼，而是要充分发挥各个主体的作用，使之相互配合，相得益彰。

此外，中俄人文合作在内容选择上，需要秉承一定的原则，既不能大而化之，也没必要面面俱到，有的需要有所取舍，有所保留。人文合作内容广泛，涵盖了社会文化活动的方方面面。由于中俄文化之间不存在"零和"现象，中俄在人文合作的内容选择上具有广泛的空间，理论上中俄几乎可以在任何人文领域开展合作，而不必担心文化上的利益损害。但是，在具体内容上，需要根据其对中俄文化关系作用的实际影响，以及中俄人文合作中存在的不足之处而有所偏重。在明确中国在"一带一路"框架下的文化战略需求的前提下，进一步加强对俄罗斯文化战略和文化政策的研究，使中俄人文合作的内容始终符合双方的战略利益。中俄双方还可以重点加强具有良好经济效益和社会效益的合作，使这些合作产生的良好经济和社会效益，能够为中俄人文合作提供持久稳定的动力。

四 建立有效的纠错机制

当今世界有关文明、种族之间在很多方面都比较脆弱和敏感，在特定的情境下，个案的发生可能会被放大到整个群体中，因此，需要有效的纠错机制来避免出现完全由于个体层面或者其他层面的摩擦，演变成对于整体的误解和反感。这种情况在很多文化关系没有有效构建的群体或国家之间频频发生，大规模的群体冲突很多时候都是从个体之间的矛盾演化而来。

虽然中俄人文合作已经取得了一系列的成果，并且在中俄整体关系的影响下，人文合作一直顺利进行，但是，这并不意味着中俄人文合作之间不存在问题；相反，随着交流和接触的增多，产生矛盾和摩擦的概率也有所增加，由于现实世界的复杂性以及人文合作的广泛性和多层次性，谁都无法避免出现误会、摩擦甚至冲突，尤其是具体层面的接触。如中国在贝加尔湖附近的旅游和经济开发，引起了当地人对环境问题的担忧，进而引发了抗议行为，使得合作开发中断。虽然是经济和环境问题，但是，由于人的参与，会直接影响中俄部分民众对彼此的认识，进而影响民心相通。因此，中俄人文合作中还需要构建相应的纠错机制，有效的纠错机制依赖于充分的信息交流与沟通，以及整体良好的互动氛围。"一带一路"框架下，中俄之间可以建立多层次，多领域的交流对话机制，使得双方能够及时、有效沟通，有充分接触和相互了解的空间。这样，即使中俄在一些局部或个体层面产生一些误会和摩擦，但是，有了有效的纠错机制就能够使这些问题对中俄整体关系的影响最小化。

五　重视"求同"，也要注意"存异"

人文合作还需遵循一定的原则，尤其是目标方面的设定。人文合作机制的目标设定，应首先明确本国在文化领域的核心利益所在。文化的核心利益包括核心安全，文化主权。应防止其他文化对于本国文化的侵蚀、颠覆。文化之间的差异性并不一定导致冲突，决定两国文化关系的并不单单是差异性本身，而是两国对于这种差异性所持的态度。政治领域的求同存异完全可以用在文化领域。当然，文化领域的求同存异在实现条件上与政治领域的求同存异有很大的不同，由于政治的高度敏感性，国家在政治方面求同的同时，对于"存异"也同样敏感，甚至在某些情况下，极力维护自己相对于他国的差异，以免出现主权被干涉的情况。而文化上的弱敏感性，使得有些国家过于"求同"而忽视了"存异"。当然，中俄之间不存在相互颠覆对方文化传统的现实，但是可以在文化关系的"求同存异"方面达成有效共识，扩大和巩固"同"，也尊重和正视"异"，使之成为中俄人文合作机制中的保障，也为其他国家处理文化关系，建立有效人文合作机制提供一个安全阀。

总之，从当前发展状况来看，中俄人文合作前景乐观，虽然存在一些问题和不足，但是，两国人文合作具有良好的现实基础，包括政治方面、国际环境方面以及文化关系方面。因此，两国人文合作机制未来的发展方向较为清晰，具备较大的发展潜力。当前中俄"一带一路"倡议的提出和建设，是中国发展对外关系的重要举措，也为中俄人文合作提供了新的平台、资源和契机。同时也使得中俄人文合作有了更多的路径可供选择。此外，"一带一路"尚在建设、对接过程之中，各方面也有待完善，对于中俄之间人文合作，既有促进的一面，也有依赖的一面。需要结合"一带一路"发展的现实情况，合理利用"一带一路"的资源和机遇，相互促进，民心相通，共同发展。

第十七章 "丝绸之路经济带"框架下中俄教育合作：特点、问题与对策

作为当前中国最为重要、规格最高、涵盖范围最广的对外合作倡议，"一带一路"给中国和世界，特别是欧亚大陆诸多国家带来了深刻的影响。"一带一路"倡议极大地突破了传统外交的范畴，真正地把各国社会层面纳入合作交流范围中，甚至成为主要参与者。从根源上讲，外交是为国家利益服务的，是为了国家更好地发展。"一带一路"倡议正是将这一根本性的问题，作为对外合作的目标和路径，以共商、共建、共享的理念为指引，从而使得"一带一路"建设更加贴合中国的社会发展需求和各国的利益需求。

作为亚欧大陆最为重要的双边关系，中俄关系不仅对彼此有着重大利益关切，而且对整个亚欧区域的安全、稳定和繁荣都影响很大。中俄关系的发展，不仅关系着两国的命运，也关系到世界的命运。中俄关系经历了历史上的曲折，基本解决了影响双边关系的领土和政治问题，为两国关系的健康发展扫清了障碍。中俄关系得以从政治、安全等"高级政治"层面，逐渐走向文化、艺术、教育等民间社会层面。在中俄关系的具体构成中，教育合作既是"一带一路"倡议的重要合作内容之一，是实现民心相通的主要渠道，同时也越来越成为中俄关系的重要组成部分，对于巩固中俄经济社会联系，增强民间往来，拉近民众心理距离，发挥着不可替代的作用。"一带一路"倡议的实施，为中俄教育合作提供了更大的发展机遇，更优厚的资源条件。在这种形势下，如何正确把握中俄教育合作的特点，不断推进中俄教育合作，使之成为推进"一带一路"倡议

的重要驱动，深化中俄关系的重要领域，具有非常重要的理论意义和实践价值。

第一节 中俄教育交流合作的特点

一 中俄关系的重要组成部分

教育是人文领域的重要组成部分。当前中俄关系整体提升为新时代全面战略协作伙伴关系，意味着中俄关系从以政治、安全为主的高级政治，继续向人文、社会领域等更加广泛的方向深入发展。教育交流合作不仅促进当代中俄关系发展，也为未来的可持续性奠定基础，使得中俄关系的全面性、战略性更加凸显。2017年，教育部制定了《推进共建"一带一路"教育行动》，指出："教育为国家富强、民族繁荣、人民幸福之本，在共建'一带一路'中具有基础性和先导性作用。教育交流为沿线各国民心相通架设桥梁，人才培养为沿线各国政策沟通、设施联通、贸易畅通、资金融通提供支撑。"[1] 因此，教育合作不仅仅作用于教育领域本身，它与青年交流、文化艺术交流等其他领域的交流合作有着深度的交叉和重叠，对其他领域的交流起到相互促进的作用。教育交流合作属于人文社会层面的内容，相对于政治、军事、安全领域的合作，有着更广泛的直接参与者，与普通民众有着更加直接的关联，有利于巩固中俄关系的社会基础。此外，由于中俄教育交流合作中，政府是主要的推动者和参与者，因此，中俄教育合作也有着极大的政策依赖性，对中俄关系有着直接的影响。

无论从哪个方面来看，中俄教育交流合作都是当前中俄关系的重要组成部分。尽管它不属于所谓的"高级政治"，似乎也没有显著的紧迫性，但是，它能够深刻反映两国关系的交流深度与社会广度，反映了两国关系的民心和社会基础，影响着未来中俄关系发展的走向。因此，需要从战略

---

[1] 中国教育部：推进共建"一带一路"教育行动——中国一带一路网，https：//www.yidaiyilu.gov.cn/zchj/jggg/2397.htm。

角度全面推进中俄教育交流的发展。这种教育合作仍然包含有继续深入了解彼此、推动两国关系可持续性发展的意图，这种相互了解对促进双边关系有更加积极的意义，不是同盟但胜似同盟，不是历史上两国关系不平等时期的控制与反控制、霸权与反霸权的关系，而是在新时代全面战略协作伙伴关系背景下的平等互利关系。

二 政府主导—社会参与的交流模式

教育交流合作是一项多主体参与的活动，受到制度因素、政策因素、经济发展水平等诸多条件的影响，呈现出不同的模式。从目前中俄教育交流合作的参与主体、合作方式等整体情况来看，中俄教育交流合作可以界定为政府主导—社会参与模式[①]。

在中俄教育交流合作中，政府起到了主导性的作用，提供政策支持和资源支撑。教育是重要的人文领域，也是中俄开展人文合作较为常态化的主题内容[②]，在"一带一路"倡议的实践中，是促进民心相通的重要措施。因此，受到了中国政府的大力支持，2016年，教育部发布《推进共建"一带一路"教育行动》，致力于通过教育交流推进民心相通，为"一带一路"建设提供人才支撑，实现与各国教育的共同发展[③]。从中俄近年来的合作来看，中俄教育合作的基本目标和内容有：一是互派留学生，保持留学人员的规模，努力保持2020年中俄留学交流人员达10万人的水平。中国政府通过"一带一路"项目，以及其他由政府支持设立的项目，

[①] 教育部《推进共建"一带一路"教育行动》的合作原则之一就是：政府引导，民间主体。沿线国家政府加强沟通协调，整合多种资源，引导教育融合发展。发挥学校、企业及其他社会力量的主体作用，活跃教育合作局面，丰富教育交流内涵。参见：教育部：推进共建"一带一路"教育行动——中国一带一路网，https：//www. yidaiyilu. gov. cn/zchj/jggg/2397. htm。

[②] 习近平总书记指出：教育是国家发展进步的重要推动力，也是促进各国人民交流合作的重要纽带。参见：习近平主席同俄罗斯总统普京分别向深圳北理莫斯科大学开学典礼致贺辞，中华人民共和国教育部政府门户网站，http：//www. moe. gov. cn/jyb_ xwfb/s6052/moe_ 838/201709/t20170914_ 314445. html。

[③] 推进民心相通，提供人才支撑，实现共同发展。参见教育部关于印发《推进共建"一带一路"教育行动》的通知，中华人民共和国教育部政府门户网站，http：//www. moe. gov. cn/srcsite/A20/s7068/201608/t20160811_ 274679. html。

为包括俄罗斯在内的留学生提供专项奖学金[1]，俄罗斯每年来华留学生人数稳中有升，从 2014 年的 1.7 万人增加到 2019 年的 1.9 万人，来华留学生人数排名基本稳定在第五、第六位[2]。而中国则成为目前俄罗斯原苏联疆界以外国家中最大的留学生来源国[3]。二是合作办学。在两国政府教育部门的支持下，越来越多的中俄高校及科研机构开展了合作办学项目，共同制定课程大纲，互用教材，联合培养，使得两国学生有机会同时接受中俄高校的优质教育，并获得两国高等院校的学历认可。三是开展语言交流学习，中俄政府不仅签订有专门的语言交流合作协议，而且专门举办了中俄"语言年"和语言政策论坛等活动，支持国内开展汉语教育和俄语教育，鼓励开展语言文化文学的人员、机构交流学习。四是发展普通教育、中等职业教育及补充教育领域的合作，加强两国中小学交流，确保中俄交流合作的全面性。

在中俄教育领域的人文合作基本架构中，企业和市场机制的作用并不十分突出，政府、教育机构和以学生为主体的社会群体在其中发挥了主要作用。教育合作既包括被教育者，也包括教育者本身。当然教育交流合作不仅是互派留学生学习，还包括在如何促进教育发展，提高教育水平上的互学互鉴。教育属于社会公共事业，对促进两国民心相通，加强相互了解具有重要作用。中俄教育合作需要政府的支持，对于政策有一定的依赖性，但在国际交往中政治意味并不十分突出。因此，尽管中俄政府大力支持两国教育领域合作，但是真正驱动教育领域交流的是两国本身教育资源、质量水平对两国教育领域从业者、接受教育的群体的吸引力。对留学生个体而言，他们选择出国留学的动机是与个体有关的，如获得更好的教育，增加就业优势，逃避国内激烈的考试竞争，开阔视野等，而非是出于

---

[1] "一带一路"沿线国家奖学金生占比61%，巴基斯坦、蒙古、俄罗斯留学生获得中国政府奖学金人数位列前三。参见《光明日报》我国留学工作呈现新趋势，中华人民共和国教育部政府门户网站，http：//www.moe.gov.cn/jyb_ xwfb/xw_ fbh/moe_ 2069/xwfbh_ 2017n/xwfb_ 170301/170301_ mtbd/201703/t20170302_ 297920.html。

[2] 数据来源参见教育部网站信息：来华留学统计，中华人民共和国教育部政府门户网站，http：//www.moe.gov.cn/jyb_ xwfb/gzdt_ gzdt/s5987/201904/t20190412_ 377692.html。

[3] 参见 2019 年俄罗斯中国留学生人数同比增长近25%，俄罗斯卫星通讯社，http：//sputniknews.cn/russia_ china_ relations/202003101030965742/。

促进两国关系这样宏大的国家意愿①。因此，就目前发展水平来看，中俄教育交流仍然有很大发展空间。促进中俄教育合作的关键在于中俄各自教育事业本身的发展，能够真正吸引两国学生，满足其获得更高质量教育的需求，而不仅仅是靠政策优惠。事实上政府也不可能负担所有个体出于不同目的进行交流学习的费用。在来华留学生人数中，自费留学人员比例占绝大多数。这也决定了教育领域的交流最终决定因素是双方教育质量水平及其他综合因素对教育群体的吸引力。

以政府为主导，社会参与的交流模式，在中俄教育交流合作中有着独特的优势，是适当、可行且必要的。目前中俄教育事业都有了长足发展，但是国际影响力与发达国家相比仍有一定的差距。在这种情况下，政府的大力支持和倡导，能够保证中俄教育交流在现有的资源条件下，最大程度地开展交流合作，并且具有稳定性和可持续性。

三 鲜明的时代性

教育合作虽然在国家间关系中的角色并不十分突出，但是却能生动反映国家间关系的发展状况和水平。梳理中俄关系发展史可以发现，教育在其中有着非常特殊的存在，透过教育在两国关系中扮演的角色，可以从不同的角度把握两国关系状况、实力对比甚至是战略意图。在中俄关系的初始阶段，两国交往甚少，相互了解情况也很有限，没有实质上的教育合作。但是出于更多地了解对方情况的需要，双方各自建立了有关对方语言、习俗、文化等方面的学习教育。特别是俄罗斯方面，在与中国的交往中很快建立了相对完整的汉学教育体系，翻译了大量的中国典籍，培养了诸多通晓中国事务的人才。但这一时期的教育方面所展现出的是一种极端的不对等。以留学为例：与俄国人留学中国相比，中国人留学俄国要晚得多，前者是沙俄为向东扩张实行的积极政策，后者则是丧权辱国之后的被动选择②。俄国出于政治目的积极搜集中国的各方面信息，中国出于不得

---

① Г. А. Краснова, В. В. Белоус, Китайские студенты за рубежом, https://akvobr.ru/kitaiskie_studenty_za_rubezhom.html.

② 肖玉秋主编：《中俄文化交流史·清代民国卷》，天津出版传媒集团、天津人民出版社2016年版，第190页。

不与俄国接触的需要去了解俄国。因此,这一时期中俄虽有相互学习和了解的行动,但实质是前期实力对等之下的相互妥协和后期实力差距悬殊之下的无奈。这种交流既谈不上真诚友好,更谈不上互利互信,很难发挥促进两国关系的作用。但是,无论如何,中俄都在客观上开启了相互交流与了解历史进程。

在中苏关系发展史上,中国曾派遣大量的留学生前往苏联学习、培训,苏联也曾派遣大量专家等帮助中国进行教育在内的各项建设,建立了稳定的互访机制。由于当时苏联相对中国的全方位优势,中苏教育合作更多的是中国向苏联学习。现今的中俄在教育领域的交流合作,是在平等互利且实力水平相当的基础上进行,既反映了中俄平等的政治地位,也反映了双方互利共赢的关系状态,还反映了双方共同发展教育合作,促进人文领域进步的意图。

通过上述历史梳理可知,无论双方是哪种关系,加强相互了解都是极有必要的。作为重要的交流渠道之一,教育领域的合作更是必不可少的。当前中俄教育交流合作具有鲜明的时代性:一是经历过多年的发展建设,中俄无论是高等教育还是基础教育,都取得了长足进步,受教育水平显著提高,这些都为中俄教育交流打下了良好的基础,同时也使得中俄教育交流的均衡性更加明显,不再是一方相对于另一方的绝对优势,双方交流更加平等。二是教育水平的提高,促进了全社会对教育的普遍重视,单纯依靠国内教育资源无法满足日益增长的社会教育需求,因此通过不断扩大对外教育交流合作,充分利用对外交流合作的机遇为国内社会创造享受外部教育资源的机遇,也是促进国内日益增长的教育需求的重要渠道之一。可以说,当前中俄教育合作具有内外双重动力,迫切需要中俄教育事业的进一步发展。

第二节 中俄教育交流合作的不足

虽然当前中俄教育合作有着良好的双边关系基础,整体有利的国际国内环境,还处于最为有利的历史时期,得到了双方政府的全方位支持。但是，中俄教育交流合作还远远没有达到理想的效果，受制于一定的客观条件，中俄教育交流合作还存在一些明显的不足。

一 交流领域的不均衡性

在中俄关系发展史上，不均衡性始终存在，但是，不同时期有所差别。历史上的不均衡性主要是中俄（中苏）的实力悬殊所致，中国迫切需要学习苏联的经验进行社会建设，而中国落后的状态，无法使苏联产生同样的需要，这种交流合作具有明显的不均衡性。当前中俄教育交流合作的不均衡最明显的体现是交流领域的不均衡。

首先，高等教育合作是目前中俄教育交流合作的主流，高校成为教育交流的主体，基础教育、职业教育、特殊教育、艺术教育以及其他专业教育交流明显不足。就开展对外交流合作而言，高校相对于其他教育机构，无论是政策支持力度、人员、资源等都具有天然的优势。高校更容易出成果，其交流合作很容易形成各种可量化的指标，如培养专业人才的数量，科研成果等。但是，教育发展不能只有高校，其他领域的教育同样需要发展。否则不仅使得中俄教育交流的范围受限，也影响国内教育领域的均衡发展。

其次，受制于语言因素的障碍，中俄教育交流更多的是在与俄罗斯有关的专业领域进行，如俄罗斯语言、文学、区域国别研究等。换句话说，中俄教育交流更多体现的是"中俄"，而非"教育"本身。随着中俄关系的推进，特别是"一带一路"倡议提出以来，双方语言方面的教育有了极大的发展，俄语专业的发展速度明显加快，目前设有俄语专业的高校162所（分布在专业外语院校、综合性大学、师范院校和理工类大学），为扩大各个领域交流提供了更加便利的条件[①]。这是"一带一路"倡议下，中俄教育交流合作最为显著的成果之一。但是，从整体层面来看，中俄教育交流合作应该不止于俄罗斯相关的专业和领域，应该随着条件变化适度扩大，使其他领域也有共同进步和提高的机遇。

---

① 王加兴：《新世纪以来的中俄教育合作与交流：现状与前景》，《中国俄语教学》2020年第1期。

再次是区域间的不均衡。与俄罗斯有着地理区位优势的边境地区、经济发达且教育资源较为集中的地区与俄罗斯的教育交流合作较为明显，在中俄教育交流合作中扮演突出的角色。而地理区位相对较远和欠发达地区，特别是教育资源薄弱地区的交流则少得多。基于平等性的考虑，教育交流合作不能只成为发达地区或教育资源丰厚地区的专利，应该有更广泛的参与者，否则中俄教育交流合作仍然局限于专业性领域和发达地区，对整体教育发展的促进作用也就有限。

上述不均衡性的表现说明，中俄教育交流仍然存在一定的短板，受客观因素影响较多，过于依赖政策和资源投入，以及参与主体自身的优势，教育本身产生的合作动力不足。

二 交流方式的相对单一性

单从具体形式上说，中俄教育交流合作可以说形式丰富多样，诸如互派留学生、互派访问团体、学者，联合培养学生、共同研究和出版成果，举办教育交流年，开展中小学夏令营，举办"汉语桥""留学生之夜"等各种文化教育方面的竞赛等。在具体的地方、高校和其他单位，这样的活动更是不胜枚举。这些活动的大量举行，充分说明中俄教育交流合作的蓬勃发展。从更宏观的层面来看，这些形式仍然属于同一类型或相似类型，仍然相对单一。具体表现为：一是主体单一，这些交流方式和活动的组织者和参与者，大部分仍然是高校群体，而相同的主体很难突破自身的特点去拓展其他方式；二是驱动机制的单一性，当前中俄教育交流合作大多数是按照两国既定的政策、计划开展实施的，具有一定的政策和资源保障，因此其动力更多的是自上而下的计划执行。如各种年度互访、学术论坛等活动的定期举办等。这种机制有利于保证相互交流合作的频率，但是从长期来看，内生性的动力迫切需要补充。

三 交流主体的分散性

从当前中俄教育交流的状况来看，尽管有越来越多的主体参与其中，但是各主体之间的相互协同、合作仍然缺失，社会力量的作用远没有发挥出来。主要原因在于：一是功能定位不同。一些主体本身就有对外交流合作的功能，如很多高校都有国际交流合作处，能够经常性地开展对外交流活动。一些发达地区资源优厚的中小学也具有对外交流的功能，而大多数教育单位，特别是广大基础教育机构往往并不具备直接或专门开展对外交流的职能。二是资源条件不同。一些高校、科研机构或者政府教育部门，往往都有专业的人员、部门开展交流合作活动，有专项的资金或拨款，有专门的制度和政策。这些条件并不是所有学校或教育机构都具备的。三是利益诉求的差异。在教育交流合作过程中，不同的主体有着不同的利益诉求是必然的。政府的利益诉求在于将教育交流不断推进、深化，重在交流合作的发生、发展和扩大。高校的利益诉求在于促进自身教育质量水平、专业水平等各项指标的进步，社会影响力乃至国家影响力的提升，从而获得更多的资源和政策支持。而对广大教育工作者、学生等个体层面来说，其利益诉求更加关乎个体的提升和发展，具有更多的选择性。

此外，在具体的交流合作中，还涉及很多复杂的细节问题，包括交流方案设计、合作交流的流程、交流合作的物质保障、合作成果的转化，等等。对于每一个具体参与的主体而言，这些工作量并不小，有些甚至还很繁重。随着未来中俄教育交流合作的深入发展，这些具体的细节需要有更加专业的机构来进行，从而进一步优化合作交流的主体分工。但从目前来看，这种多主体高效分工还没有完全成熟。

四　持续发展的动力问题

作为国家顶层设计的"一带一路"倡议，中国政府进行了大量的投资，在教育领域也通过设立多种奖学金鼓励沿线国家的学生前往中国留学。可以说，在初始阶段，政府直接提供资源、政策支持的直接效果是带来了人员交流的显著增加，为进一步深化交流合作奠定了基础。但是，这种方式无法作为根本性的措施来长期实施，因为教育交流合作最根本的是要促进教育本身的发展和增进双边关系。一方面，教育是涉及社会公平的民生问题，教育交流合作的实质是教育资源的共建共享，如近年来出现的留学生"超国民待遇"问题，引发社会舆论的争议，这种现象与通过教育合作增进民心相通的目标是背道而驰的，因此需要进行一定的调整。另一方面，政策资源和资金的吸引力，是满足对方的发展需求，而对方能否对等地满足自身的发展需求，能否保证持续地发展，还需进行深入研判。

第三节 对策建议

尽管中俄教育交流合作仍然存在一些短板和不足，但这些不足多源于客观因素的制约，并非中俄双方在主观意愿上的分歧。因此，只要双方能够坚定信心开展合作，继续相互学习，取长补短，中俄教育合作必然有着更加光明的前景。具体政策措施本书有如下建议。

一 加强自身教育质量建设

推动中俄教育交流合作的根本在于提升自身教育质量水平。任何领域，任何内容的交流合作，其根本前提是存在进行交流合作的价值。交流与合作是必要的途径，但并不是目的。交流合作的根本目的是促进彼此的相互了解，通过学习对方来促进自身的发展。因此，促进"一带一路"倡议下的教育交流，最根本的是加强自身教育质量建设。优质的教育资源，一流的教育水平，自然能够吸引越来越多的交流合作。欧美等教育水平较为发达的国家不需要政府间采取大量的鼓励、激励措施就能吸引世界各地的高校、学生前往访问学习就是这个道理。高质量的教育本身就是教育交流合作的追求，是一种自然而然的吸引力。教育水平得到提升，教育交流合作也就有了更可靠的保障。对中国来说如此，对俄罗斯亦然。

当然，交流合作本身也是一种发展教育的方式。通过交流学习，吸纳对方的长处和优势，进而促进自身的发展，是教育交流合作最显著的意义。古代中国相对发达的经济文化水平，曾吸引了周边各个国家派遣留学生，"遣唐使"等前来学习，将中国的先进文化带到本国，大大促进了本国的历史发展进程，产生了积极且深远的影响。在当下和未来，促进自身发展，仍然是教育交流合作最重要的意义。

二 充分利用"一带一盟"对接合作契机

"一带一路"倡议对中俄双方都是前所未有的机遇。对政府来说，

"一带一路"倡议已经从概念走向了深入实施阶段，签署了诸多合作协议，包括中俄"一带一盟"对接合作协议，设立了众多的支持资金，截至 2019 年，我国已与 24 个"一带一路"沿线国家签署高等教育学历学位互认协议，共有 60 所高校在 23 个沿线国家开展境外办学，16 所高校与沿线国家高校建立了 17 个教育部国际合作联合实验室①。这些政策支持和资金投入所要达到的目标，需要教育交流合作的各个主体共同参与才能实现。对于具体领域的各个群体，诸如高校、中小学、各种专业、特殊教育机构乃至个体的学生、教师、其他教育工作者来说，更是一个增加对外交流、获得更多政策支持、共享不同的教育资源、提高自身教育质量水平、提高自身能力素质的良好机遇。

三　扩大交流合作领域，培养中俄语言人才

当前中俄教育交流合作更多地集中在高校，集中在与俄罗斯有关的专业领域。因此，适当扩大中俄教育交流领域有一定的必要性。未来中俄教育合作中，可以将基础教育，职业教育，艺术教育，以及其他专业教育等，特别是中俄青年语言人才培养，纳入中俄教育交流合作中，要防止中国的俄语人才、俄罗斯的汉语人才出现青黄不接、后继无人的现象，为中俄关系的可持续性发展储备未来力量。目前这类人才的数量不能满足中俄关系发展的需要，仍然有很大的缺口。对于俄方发展较为成功的教育领域，如文化、体育、艺术教育等，可以进行重点倾斜。一方面，有利于拓展交流范围，扩大民间交流的基础；另一方面，有利于促进中国学习和借鉴俄方的经验方法，促进国内相关领域的发展进步。

四　构建中俄教育发展共同体

由于政府的大力推动和政策支持，当前中俄教育交流更多的是一种对政治外交的响应和补充，政府在其中发挥了主导作用，其他社会主体的作用远远没有充分发挥出来。因此，中俄教育合作交流需要主体下沉，并尝

---

① 教育部与四省市签署《推进共建"一带一路"教育行动国际合作备忘录》，中国一带一路网，https://www.yidaiyilu.gov.cn/xwzx/gnxw/79979.htm。

试将不同领域的主体进行整合，将各个主体的积极性和优势尽可能地调动出来。教育部的《推进共建"一带一路"教育行动》中明确提出，加强政府部门的协调推动，地方重点推进，各级学校共同参与、有序推行，社会力量顺势而行，形成高度灵活，富有弹性的合作机制[①]。其中特别强调吸纳更多民间力量、民间智慧参与到对外教育交流中，大力发展我国非营利组织，通过购买服务、市场调配等举措，大力支持社会机构和专业组织投身教育对外开放事业，活跃民间教育国际合作交流[②]。在当前教育"双减"政策下，社会上大量教育培训机构面临转型，其中一些具备开展国际教育交流合作的潜质（如语言类培训、出国留学培训等），可以尝试对其进行转型引导，探索其参与国际教育交流合作业务的可能性。将一些政府、高校因人力，或者政策因素不便于直接参与的环节、业务，转由其进行承接。一方面，有利于充分利用社会资源来促进国际教育交流，使其他主体能够更加专一地发挥自身优势促进交流合作；另一方面，对配合相关政策实施，促进类似机构的转型，稳定社会就业也有一定的帮助。结合"一带一路"共商、共建、共享的理念来看，将不同参与主体进行充分整合，充分发挥各自的优势，促进不同主体更好地实现其利益诉求，形成中俄教育发展共同体，也符合"一带一路"倡议的根本理念精神。

第四节　小结

大国关系不能只有政治和安全，深化经济社会联系，发展更广泛的共同利益，才能使双边关系长久健康发展。教育合作是中俄关系的重要组成部分，它既包括官方的外交，也与社会层面息息相关，相关的主体早已不单是中央政府层面的，而更多的是地方、教育管理部门、学校甚至是企业及其他非营利性机构。"一带一路"倡议本身就包含民心相通、利益共享

[①] 教育部：《推进共建"一带一路"教育行动》，中国一带一路网，https://www.yidaiyi-lu.gov.cn/zchj/jggg/2397.htm。

[②] 教育部：《推进共建"一带一路"教育行动》，中国一带一路网，https://www.yidaiyi-lu.gov.cn/zchj/jggg/2397.htm。

的理念，因此，教育合作的深化发展，青年语言人才与复合型人才的培养，教育合作主体的下沉，打造教育利益共同体，这对整个中俄命运共同体乃至人类命运共同体的构建有着积极的促进作用。当然，中俄两国在国情、社情、文化习俗等方面存在很大的差别，两国教育交流合作不可能完全突破这些客观因素影响，因此，中俄教育交流合作应以相互促进共同发展为根本目标，不能完全为交流而交流，要通过交流达到增进相互了解，促进民心相通，相互取长补短等实质性的目的。未来中俄教育合作交流既要全面进行，也要抓住重点，确保交流合作取得预期、理想的效果，后继有人，从而推动和保障中俄关系可持续性地健康发展。

第十八章 "丝绸之路经济带"框架下中俄媒体合作的问题与对策

"一带一路"倡议提出以来,中俄媒体合作步伐加快,在多个领域获得新发展。中俄媒体合作深入开展,对于深化两国关系,增进两国"民心相通",推动"一带一路"建设,提升两国的国际传播能力等,具有重要影响。

第一节 "丝绸之路经济带"框架下中俄媒体合作的新发展

2013年"丝绸之路经济带"倡议提出以来,中俄双方都致力于进一步促进区域一体化,加强区域政治、经济、文化交流与合作,在此背景下,中俄媒体合作也迎来了战略机遇期。加强媒体合作,对于促进两国"民心相通",构建命运共同体,提高两国国际话语权,具有重要影响,因此日益受到两国政府的关注。2015年5月8日,中国国家主席习近平与俄罗斯总统普京共同宣布,中俄两国将于2016年和2017年举办"中俄媒体交流年"[1]。中俄媒体合作更是上升到了国家层次。2020年新冠疫情暴发,引发了又一波"逆全球化"的趋势,在此百年未有之大变局的背

---

[1] 《深耕中俄媒体合作 助力两国民心相通》,http://www.xinhuanet.com/newmedia/2015-06/24/c_134351726.htm。

景下，中俄继续深化媒体合作，增强官方和民间层面的互信。近年来，中俄媒体合作呈现以下特点。

一 中俄媒体合作协议不断增多，合作程度逐渐深化

2014年、2015年两年间，双方顺利完成多项交流合作项目，具体包括：在俄罗斯播出《你好，中国》大型媒体项目、合作制定专题节目、主流报刊加强交流、互译中俄文化经典书籍等。多项交流合作项目的顺利完成，为之后的中俄媒体合作的进一步深入发展奠定了基础。2016—2017年"中俄媒体交流年"间，双方规划了227个合作项目，绝大多数都已高质量完成并取得务实效果：期间两国合拍大型电视纪录片；联合推出新型媒体产品；建立新闻人才互换交流机制，广播和电视频道顺利落地……2018—2019年，"中俄地方合作交流年"，中俄双方进一步规划、落实媒体合作项目，两国媒体合作的参与机构从30个增至50个[1]，围绕政策沟通、主题报道、社交媒体合作、举办大型活动、共同研发电影、电视剧等领域深化合作[2]。新冠疫情发生以来，中俄媒体合作交流活动以视频连线、联合报道等方式继续深化推进。2020年2月，中央广播电视总台和《俄罗斯报》共同推出40多篇关于中国新冠疫情防控的系列报道和评论，全面报道了中国防控疫情的进展和做法，对于世界的合作抗疫也起到了积极的推动作用。2021年6月4日，新华通讯社社长何平通过视频连线出席与俄总统普京和全球主要信息通讯社负责人的视频对话。2021年7月15日，中俄友好、和平与发展委员会媒体分委会共同发表题为《加强媒体合作筑牢睦邻友好》倡议。2021年10月21日，由中俄友好、和平与发展委员会主持的"睦邻友好与共同未来"中俄媒体视频交流活动在哈尔滨举行[3]。总之，"一带一路"倡议实施以来，两国媒体合作程度在不断深化，由联合播放电影、节目互换等浅层合作朝着共同制作、合作研发

---

[1] 《专访：俄中媒体合作令人印象深刻——访俄联邦数字发展、通信和大众传媒部副部长沃林》，https://www.sohu.com/a/338137631_267106。

[2] Россия и Китай обсудили сотрудничество в области СМИ, https://glasnarod.ru/vlast/198192-rossiya-i-kitaj-obsudili-sotrudnichestvo-v-oblasti-smi。

[3] 《中俄对话：2022模式》，复旦大学国际问题研究院，2022年7月发表。

等深度合作的方向演变。两国媒体对某些国际热点问题的报道，经常观点相同或相近，相互援引和策应。

二 中俄媒体合作领域不断拓展，新旧媒体通力合作

在"一带一路"倡议实施以前，中俄媒体合作主要集中在广播、电视、报刊等传统媒体领域，如联合播放电影、开办俄语（中文）频道、开展中俄记者征文活动、主流报刊加强高层对话、互译经典作品等。"一带一路"倡议提出以后，中俄媒体合作领域不断拓展，传统媒体领域合作深化的同时，新兴网络媒体的合作程度也在不断强化。两国政府对新兴媒体领域更加关注，借助于论坛、会议等平台组织媒体人员、专家学者探讨合作原则和路径。其中，对中俄双方影响很大的有俄罗斯卫星网和RT，还有CGTN的俄语频道等。2016年10月30日，中俄网络媒体论坛在广州召开，相关部门领导、网络媒体代表、专家学者共同探讨，达成《天元共识》。在"中俄媒体交流年"期间，中俄双方签署的合作协议中，广泛涉及了新媒体领域的合作，如建立新闻社交应用平台，深化网络电视合作等。而且，两国媒体组织抓住有利时机，加强合作，并取得较好的效果。2017年7月中俄联合发布的"中俄头条"双语客户端，下载量突破400万，成为促进中俄民众相互了解的新媒体客户端平台。2017年9月25日，中国日报网和俄罗斯SPBTV正式签署协议，授权SPBTV通过在线平台及旗下"一带一路"的专属应用，来向全世界播放中国日报网的节目[①]。2019年，中央广播电视总台和今日俄罗斯国际通讯社共同策划的"乐动中俄"全媒体跨国创意活动，点阅互动量突破10亿次。2021年11月，中俄网络媒体论坛在北京和莫斯科分设会场，以视频连线的方式举办，主题聚焦于"促进交流互鉴，深化务实合作"，会议通过了《2021年中俄网络媒体共识》。中国中央电视台《俄语频道》经常邀请中俄嘉宾，就中俄关系和国际问题发表意见，产生了很好的社会影响。

---

① Пресс-релизы-2017，http：//www.spbtvsolutions.ru/company/press/spb-tv-i-mediaholding-china-daily.htm.

三 地方媒体合作增多，影响力逐渐增强

根据媒体的影响力范围，可以将其分为地方主流媒体、全国性的主流媒体、区域主流媒体和全球主流媒体①。近年来，随着全球化浪潮和新媒体技术的发展，传统地方媒体凭借本地优势资源和区域优势，通过节目外送、开通国际频道等，提高走出去的能力。"一带一路"倡议实施以来，不仅两国全国性的主流媒体合作深化，中俄两国地方性的媒体合作也在不断增强。例如2014年2月18—22日，中国东北地区与俄罗斯远东地区媒体举办定期交流活动，双方围绕联合采访、节目交流等达成合作意向。2016年7月13日，中国香港卫视和俄罗斯欧亚广播电视协会正式签署联盟协议，充分发挥双方优势，吸引更多媒体机构加入。2017年11月29日，浙江广播电视集团与俄罗斯 REN-TV 电视台合作推出的"美丽浙江"电视周在俄罗斯上映，《杭州》等5部讲述浙江的大型纪录片向俄罗斯民众展现了浙江人民的生活状态。此外，两国政府为地方媒体的发展提供政策和平台支持，2018年"中俄地方合作交流年"活动的有序开展，为中俄地方媒体合作搭建了新平台。2019年，东北网和《俄罗斯报》签署了"共建中俄地方合作新闻联盟"的协议，有利于推动两国媒体的融合发展，增强影响力。

第二节 "丝绸之路经济带"框架下中俄媒体合作面临的挑战

目前，中俄关系处于历史上最好时期，"一带一盟"对接合作顺利推进，两国的政治、经济、文化合作不断增强，媒体领域的合作也取得可喜成绩。但不容忽视的是，相比于中俄政治合作和互动程度，媒体领域的合作水平仍有一定差距。目前，在中俄媒体合作过程中存在一些问题：如长

---

① 地方媒体国际合作传播的有益探索，http://news.youth.cn/jsxw/201705/t20170527_9896074.htm。

期合作机制目前还未健全，市场活力未充分释放，文化传统、经营理念差异较大，对外传播能力有限等，阻碍媒体合作的深入发展。

一 中俄媒体长期合作机制尚未健全

中俄虽然每年会召开媒体合作等相关论坛、会议，但长效合作机制还未完全建立。目前，"一带一路"框架下中俄媒体合作主要平台有：2008年成立的中俄人文合作委员会媒体合作分委会，2014年成立的中俄友好、和平与发展委员会媒体理事会，金砖新闻网和上海合作组织媒体俱乐部，以及中俄的多种形式的合作论坛，如中俄2015年起开展的中俄媒体论坛、中国东北地区与俄罗斯远东地区媒体定期交流论坛、中俄"新媒体"论坛等。在每年召开的上述媒体论坛和会议中，尽管中俄相关政府部门官员和部分媒体代表参与其中，为中俄媒体提供了一个交流沟通的场所，但依然存在以下问题：一是每年举办的时间并未明确固定，会随着领导人互访等两国重大政治事项而选择举办时间。例如第一届、第二届、第三届、第四届、第五届中俄媒体论坛举行的时间分别是2015年6月、2016年3月、2017年7月、2018年11月、2019年9月，时间并未完全固定化、机制化，特别是2020年新冠疫情暴发以来，论坛举办时间更是一再拖延。二是合作论坛、会议等举办时间较短，往往只有一两天的时间，中俄媒体很难在这么短的时间内获得对彼此的深入了解，进而达成更深层次的合作。三是论坛会议等交流平台往往各自为营，彼此间缺乏沟通和交流，在一定程度上浪费了资源，也影响了传播效果。四是对在合作平台上达成的项目协议的执行和完成情况缺乏科学评估机制。在论坛等交流平台上，中俄往往达成一定数量的合作协议，但对于协议的后期落实、最终完成情况缺乏有效监督和反思。中俄媒体合作要想进一步推进，需要建立长期有效的合作机制，并对其进行有效评估，而不能仅仅依靠论坛、会议等交流平台。

二 民间媒体参与度较低，中俄媒体合作的市场活力未充分释放

尽管当前中俄媒体合作项目逐渐增多，但合作项目主要以顶层推动为主，民间媒体参与度低，媒体市场活力还未充分释放。例如《这里是中国》《你好，中国》《中国梦·复兴之路》《发现中国》等纪录片，"中俄

头条"双语客户端，中俄文学作品评选活动等，这些活动主要由中俄官方主流媒体来推进，但缺乏较深的市场研究，使得这些节目在传播方面缺少弹性和适应性，受众群体较为有限。目前，中俄在共同开拓两国媒体市场上的合作还处于起步阶段，2017年俄罗斯第一频道和中国中央电视台签署协议，在华推出"喀秋莎"双语频道，被认为是俄罗斯国内媒体企业在积极开拓中国媒体市场方向上迈出的重要一步。[1] 整体而言，目前中俄媒体合作中民间媒体参与度较低，达成合作数量较少。但其实中俄媒体合作市场前景广大，市场份额在逐年扩大，尤其是中国，根据媒介资源整合中心MAGNA盟诺的数据分析显示，中国仍是亚太地区的最大广告市场，也是全球范围内仅次于美国的第二大市场，商业化发展市场广阔[2]。俄罗斯方面近年来广告市场回暖，2020年数字广告支出增长位居世界第九[3]。中俄媒体潜在市场广阔，合作空间大，未来民间媒体在传媒市场方面的合作可以不断强化，进而成为两国媒体合作的又一大推动力。

三 不同的文化传统影响中俄媒体合作

中俄两国不同的自然环境、生活方式和演进历程，使得中俄两国形成了不同内涵和形态的文化模式，在信仰、表现形式、家国观念等方面形成明显差异。在信仰方面，中国宗教信仰自由，无神论者数量占绝大多数，俄罗斯人信奉东正教，具有追求真理、拯救人类的使命感等特点；在表现形式上，中国文化具有包容性，强调中庸、和谐，主张兼收并蓄，呈现典型的多维结构，俄罗斯文化具有明显的相对性、两极性，在东西方文化的两端间游走，呈现非此即彼的特点；在家国观念上，中国人强调集体意识，奉行"百善孝为先"，重视家族利益，习惯于抱团取暖，俄罗斯人家族观念较为淡薄，重视民族主义，轻物质重精神，具有较强的爱国主义情

---

[1] В Китае начнет вещание первый российский телеканал на китайском языке «Катюша», https：//www. 1tv. ru/news/2017 - 07 - 04/328232 - v_ 2017_ godu_ v_ kitae_ nachnet_ veschani.

[2] 2017年全球广告收入下跌显著，预计2018年将重新提速，http：//www. sohu. com/a/155884966_ 455202.

[3] 2020年数字广告支出增长排名TOP10国家/地区（附原数据表），http：//www. 199it. com/archives/1092479. html.

怀，在特定时期表现为液态流动性，容易演化为对外扩张的思想。中俄文化的内涵及形式等差异较大，在一定程度上降低了对彼此文化的认同感。"文化折扣"理论指出，植根于一种文化的节目，在国外吸引力逐渐减弱，因为观众对于节目中的价值观念、行为模式、信仰、社会制度、历史、自然环境等很难取得认同。中俄文化差异会影响两国的媒体合作，例如，中俄合办的第一份报纸《商务指南报》，后来因一些客观原因，成为中方独立办报，但该报纸的内容、风格等并不符合俄罗斯民众的"口味"，难以受到俄罗斯民众的欢迎，两年过后就宣布停刊。而且，中俄文化等方面的差异，在一定程度上使俄罗斯精英阶层和普通民众并不能完全认可中国的和平崛起，加上"中国威胁论"等言论的煽动，影响了民众对中国的信任感，对媒体合作持谨慎怀疑的态度，阻碍了中俄媒体间的深入合作。

四 中俄媒体经营理念差异影响媒体合作的深化发展

中俄媒体经营理念差异较大，使双方在内容、形式等方面的侧重点存在较大差异，在一定程度上不利于中俄合作的深度开展。首先，从内容来说，中俄媒体对两国的报道关注点选择存在差异，整体而言，俄罗斯媒体更加关注中国的经济发展和金融状况，对中俄合作产能项目报道较多，中国媒体更关注俄罗斯的政治类事件，对两国领导人会谈、互访等报道较多。具体来说，中俄媒体关于同一事件在报道中的侧重点也存在差异，以第一届"一带一路"国际合作高峰论坛为例，中国主流媒体在报道中更多"以会议为中心"，较多对论坛实际进程、中国及国外领导人的发言、评论进行报道，在报道文章中会部分引用或者全篇引用领导人的发言，而俄罗斯的主流媒体在报道中精简对会议流程的报道，而更加侧重于分析中俄合作前景和俄罗斯的参与利益，除了中国，对白俄罗斯、哈萨克斯坦、土耳其给予高度关注。其次，从形式来说，中国媒体在合作中更加注重电视形态，侧重于通过与俄罗斯合拍《这里是中国》《你好，中国》《中国游记：铁面人之谜》等纪录片，利用电视形态来传播中华文化。俄罗斯高度重视信息化建设，并将其作为国家经济现代化的重要战略目标之一，在中俄媒体合作中更关注网络媒体领域，侧重于建立新闻社交应用平台、深化网络电视合作等。

五 中俄媒体对外传播影响力有限

中俄媒体对外传播影响力有限，首先，在中俄媒体合作中，外宣思维较强，侧重于主观介绍、弘扬两国文化，对海外受众心理关注不足。媒体合作中存在重视开播，而轻视后续效果的现象，对于开播节目的收视率、市场反应等关注不足，在一定程度上降低了中俄媒体合作的实际影响力，致使对外辐射能力不足。其次，中俄媒体在媒体议程设置上的国际竞争力有限，而以美国为首的西方共同体垄断了全球主要的传播资源，在国际议题设置上占据有利地位。2020年新冠肺炎疫情暴发以来，引发了又一波"逆全球化"的趋势，西方国家媒体制造了很多意识形态化、泛政治化的议题，对中俄主流媒体账号添加了"政府账号"等标签，限制中俄媒体内容的传播，破坏了国际传播秩序，这给中俄媒体合作传播带来了新的挑战。再次，中俄两国在跨国传媒集团方面，两国仍需进一步加强，但整体而言，俄罗斯比中国发展相对较快，例如今日俄罗斯电台在不断开拓海外市场，提升对外传播能力，努力构建全媒体平台，逐渐向世界传递俄罗斯的声音，而中国方面则缺少在世界上极具影响力的媒体。中俄两国如何强化对外传播方面的合作，提升媒体影响力，更好地传播"一带一路"正能量，消除周边国家的疑惑，是进一步深化中俄媒体合作面临的难题。

第三节 "丝绸之路经济带"框架下中俄媒体合作的思考与对策

目前，中俄两国媒体合作既面临"一带一路"所带来的战略机遇，又要谨慎应对合作过程中的多种挑战。在此背景下，结合两国媒体界资深人士、专家、学者的意见，总结出中俄的应对措施：先要明确媒体合作阶段性具体目标，给予方向性指导；增强媒体合作的长效机制建设，健全科学评估体系；在新冠大流行局势稳定后继续加强媒体人才交流合作，增加对彼此经营理念的理解；加强民间媒体合作，打造中俄媒体合作品牌；最后要增强对外传播能力，推动构建后疫情时代多元平衡的国际传播格局。

一 明确中俄媒体合作目标

"一带一路"框架下中俄媒体合作中，首先应对中俄媒体的发展方向进行宏观把控。对于两国政府而言，根据目前中俄在政治、经济、文化等领域面临的具体情况，可制定媒体合作的初级目标、现阶段具体目标和未来长期目标。首先，从历史发展演变的角度来看，中俄两国彼此为邻，两国文化相互影响，但由于中俄属于不同的文化体系，差异性明显，需要媒体作为"润滑剂"，传播彼此的文化内涵，深化公众对两国文化的理解，减少因误会而引发的两国间的摩擦，改善两国民众对彼此的认知。因此两国媒体合作的初级目标是通过媒体合作，加快传播两国文化，深化两国公众对彼此文化的理解，促进两国人民的民心相通。其次，两国结合"一带一路"的实施背景，确定现阶段的具体目标是：推动丝绸之路经济带与欧亚经济联盟的对接建设，通过双方的媒体合作，传播投资信息，减少对彼此战略意图的误判，为进一步扩大贸易规模、加强基础设施建设、增强投资打好基础，促进双方间的经济贸易领域合作。再次，中俄媒体合作的长期目标是促进中俄关系的深化，促进中俄命运共同体的建设，增强中俄媒体对外传播能力。在此基础上，扩大中俄媒体的国际影响力，增强其"走出去"的能力，强化议题设置的能力，提升其在国际传媒体系中的地位。比如，面对媒体歪曲和抹黑中俄在第二次世界大战中的历史贡献的问题，中俄媒体可以团结合作，共同发声。

二 完善合作机制和平台建设，健全科学评估体系

目前，中俄媒体交流发展与两国的媒体政策息息相关，中俄两国2016—2017年举办的"中俄媒体交流年"期间，两国达成的合作协议数量远超从前，说明政府政策、法规等对两国媒体合作影响较大。为了推动中俄媒体合作的长期发展，中俄政府需要加强顶层设计，全面规划、整体布局，进一步完善双方媒体的管理机制，构建媒体合作的长期机制，建设

高效的合作平台。一是中俄政府要完善中俄媒体的合作管理机制，增强其输出和处理危机的能力。中俄媒体的发展立足于本国国情，完善相应的法律机制和协调机制，设立专门的领导机构和专家团队，明确各部门的责任和职能，避免出现相互推诿、无所作为的情况，保证管理部门高效运转，从而更好地为中俄媒体合作提供支撑，能有效应对合作中面临的问题。二是要在现有的中俄媒体合作分委会、中俄媒体论坛等平台基础上，继续增强媒体合作平台的建设，建设多样化的合作平台，使其能够有效应对多种类型的媒体合作。在平台建设的过程中，要避免平台工作流于表面的现象，将论坛、会议等举办时间每年固定化，做好前期的准备和宣传工作，将合作平台做大做强，确保平台能够真正为中俄媒体合作交流提供场所，解决交流合作中遇到的障碍，促进中俄媒体合作的有序开展。三是加强各媒体合作平台间的沟通合作，加强宏观调控，增强中俄媒体合作交流机制建设。中俄两国要对现有的论坛等交流平台进行有效整合，建立长效合作机制，避免短期行为和功利主义，推动中俄在电视、报纸、互联网等领域签订长期合作合同，为中俄媒体合作长效发展保驾护航。四是要进一步完善科学评估机制，建立起主观指标和客观指标相结合的评估体系，通过一些重要的数据来决定最终评估效果，其中可以统计的数据包括：发稿量，在对方媒体上的转载量、转载率，稿件、节目被对方政府、组织采用的数量，获得的对方市场份额、广告收益，在对方国家的受众的数量、认可度等，以此来推动中俄媒体合作的规范化发展。

三 加强媒体人才交流合作，增强对彼此经营理念的理解和认同

在新冠疫情局势稳定后，应继续推动中俄媒体人员交流，深化对彼此经营观念的理解。首先，中俄可加强两国媒体人才的联合培养，结合两国优质高校资源，挑选精通俄语、汉语、业务熟练、立场坚定、纪律严明的新闻媒体从业人才，赴两国高校进一步研修，通过海外学习，完善理论知识，深化媒体从业人员对彼此经营理念的理解等。其次，中俄两国要加强对在职人员的培训，举行讲座、论坛等，提供两国媒体人员交流的平台，邀请两国媒体领域的专家、学者、资深人士等，结合两国媒体发展现状，进行针对性、建议性发言，对参与人员开展精准有效的培训，让更多的媒

体从业者更好地了解彼此的文化与媒体理念。再次，中俄媒体应进行更多的联合采访、联合制作项目，对于中俄合作的大型联合项目，积极开展信息交流，共同报道双边关系重大事件。在新冠疫情局势稳定后，中俄可派出媒体从业人员到对方国家联合制作节目，在合作中互相学习，适应彼此的风俗习惯，让媒体从业人员在实践中深化对彼此国情的了解，促使其制作的媒体节目、报道更好的符合两国民众的审美，在认知战、宣传战和媒体战中共同发发声，相互呼应和支持，形成合力。

四 加强民间媒体合作，打造中俄媒体合作品牌

中俄媒体在信息化浪潮的影响下，要做到与时俱进，加强民间媒体的参与力度，推动媒体产业化和市场化建设，完善媒体信息来源和沟通渠道，健全中俄媒体品牌管理。首先，中俄合作媒体可以根据市场需求，促进优质民间媒体企业的重构和重组，实现强强联手，由单一的合作模式向多方合作转变，由电视、报纸、广播等单种产品经营转向多样的产品生产，增强数字化、信息化能力，培养国际化的传媒集团。其次，中俄合作媒体要加强调研，制定明确合理的营销策略，关注媒体受众的实际需求，对媒体报道议程的设定、报道风格等进行准确定位。中俄媒体要完善信息来源和沟通渠道，要增加获得外界信息的渠道，尽可能地掌握更多的一手资料，加强与两国民众的联系，鼓励民众积极反映新闻，增强对民众喜闻乐见的生活类信息的搜集和报道能力。同时，中俄媒体应增加信息交流、共享的渠道，及时分享最新信息，整合各方资源，加强信息采集、制作、营销和管理等方面的合作。再次，中俄合作媒体应增强品牌意识，完善品牌管理机制，加强对两国合作领域的品牌建设，增强形象宣传，扩大品牌影响力。2020—2021年是中俄共同确定的"中俄科技创新年"，中俄两国媒体应抓住有利契机，结合两国具体国情和国家政策，明确品牌定位，实现媒体生产方式和内容形态的变革，充分挖掘中俄媒体合作的优势资源和潜在市场，汲取两国传统文件中的精髓，输出高质量、高水准的文化作品，把两国的文化传递到世界其他地区，增强两国媒体的世界影响力，提高对外传播能力。

五　增强对外传播能力，推动构建后疫情时代多元平衡的国际传播格局

在当前百年未有之大变局的国际局势下，权力重心正在由硬实力向软实力逐渐过渡，信息、舆论、话语在国际政治中的地位越来越重要，中俄两国具有广泛的共同利益，中俄媒体加强合作是大势所趋。中俄两国作为新兴大国、传媒大国，应拥有真正具有国际竞争力的大媒体，不断提升对外传播能力，来应对国际舆论战争，维护国家形象。当前，中俄媒体在对外传播领域，在初期阶段，中国可向俄罗斯传媒集团的发展进行学习借鉴，并利用中俄深化合作的有利时期，实现"借船出海"，在"今日俄罗斯"等主流媒体发表稿件，争取开辟专栏，传递中方观点。而从长远来看，中俄需进一步增强国家级媒体的对外传播能力，具体应做到以下三点：一是中俄媒体需树立新的国际传播理念，增强国际公信力，在坚持"以我为主"原则的同时，也要加强受众的针对性，加强对海外受众的调查研究，准确把握其心理和需求。二是提升中俄媒体在议题设定方面的能力，对于新闻题材的选择、报道方式等，中俄媒体不能完全受西方主流媒体的影响，而是应结合受众心理和主观需要自行把握，讲好"一带一路"的故事。三是要提升中俄媒体的整合能力，要学会整合资源，在中俄媒体对"一带一路"等事件报道中，不能仅采用两国专家和学者的意见，还应借助多边合作体系持续扩大影响范围，在全球和区域信息联盟框架内开展合作和实施共同项目同样具有重要意义。中俄可引用具有影响力的国外智库和意见领袖、专家的意见，让秉持公正态度的国外专家对重大事件发表评论，提升中俄媒体对外报道的公信力，最终促进中俄媒体对外传播能力的提升，推动构建后疫情时代多元平衡的国际传播格局。

第十九章 "丝绸之路经济带"框架下中俄旅游合作：影响因素与改进建议

中俄两国政治、经济关系的发展带动了人文领域的合作与交流，其中旅游业凭借其潜力巨大、发展迅速和前景广阔的特点，逐渐成为两国促进经济合作、带动民间交往和促进文化交流的重要合作领域。"丝绸之路经济带"倡议的提出为两国旅游合作提供了良好的发展环境，但由于两国旅游合作领域不平衡、旅游配套设施不完善和地区政治经济安全局势、新冠疫情等影响，旅游合作也面临诸多挑战，阻碍了两国旅游发展进程。如何借助"一带一路"合作平台和机遇，分析自身发展利弊，发挥优势条件，改善不足，应对外来挑战，促进中俄两国旅游合作的进一步发展，显得尤为必要。

第一节 旅游合作是人文交流的重要内容

人文交流是中俄务实合作的重要领域，为两国政治和经济合作提供有力支撑，成为两国整体外交和民间互动的重要组成部分[1]。2000年，中俄人文合作委员会的成立标志着两国人文交流合作进入新的历史阶段，此后两国人文合作内涵不断拓展，涵盖了包括文化、旅游、科技、教育、体育

---

[1] 许华：《"人类命运共同体"愿景中的中俄文化外交》，《俄罗斯东欧中亚研究》2018年第4期。

在内的众多领域。

旅游合作在中俄人文合作中发挥重要作用。作为人文合作的重要领域之一，旅游合作本身就蕴含着丰富的文化内涵，以旅游传播人文知识，更易于拉近人与人之间的距离，促进文化交流，增进两国友谊[①]。此外，旅游合作能够推动两国人文合作发展，促进"民心相通"。同时，旅游合作又能够加强其他人文领域合作，促进文化、教育、科技等领域合作的深入开展。

首先，旅游合作是推动两国人文合作的重要载体。人文合作的基础离不开人员的往来与互动，旅游行为能够在短时间内带动大量人员流动，引导游客同当地人的沟通，为人文合作的进一步开展奠定基础。旅游产品、旅游线路和旅游区在开发建设中不仅会充分考虑游客消费心理和饮食习惯的差异性，更会以文化参观、文化体验和文化交流等形式向游客展示当地独具特色的历史文化，从而促进人文合作的展开。

其次，旅游合作是促进两国"民心相通"的重要方式。相较于政治互信和经贸合作，"民心相通"更加侧重两国民众之间的了解和信任，作为人文交流的主要方式之一，中俄旅游合作在促进民心相通方面发挥重要作用。一方面，身为异域文化的体验者，游客充分调动自身积极性，通过名胜古迹游览、博物馆参观、风俗文化体验、文艺作品欣赏等方式近距离感受他国的历史文化和风俗习惯，加深对当地居民的理解；另一方面，身为本国文化的传播者，游客在同当地群众的交流中以其行为和表现向当地人展示了本国文化，客观上促进了两国文化的交流和碰撞。此外，区别于政府外交和官方活动，旅游过程中的文化交流主体是普通个体，游客能够以更直观和更灵活的方式直接同当地群众开展交流，从而有效加深两国民众的相互沟通和理解，为两国开展进一步的人文合作打下坚实的民心基础。

再次，旅游合作是加强其他人文领域合作的重要推力。旅游合作并非一枝独秀，而是同文化、教育、科技、体育等其他人文领域合作互为补充、相辅相成。旅游合作以参观游览、模拟教学、科技交流、项目体验等方式展示他国文化、教育、科技等领域发展状况，激发合作潜力，从而促

[①] Ю. В. Черневская, Россия и Китай: туризм как один из основных аспектов сотрудничества между странами//Экономика исоциум, No. 5（24）, 2016.

进这些领域之间的相互发展。

第二节 "丝绸之路经济带"框架下中俄旅游合作的成就

作为传统友好的邻邦，随着全面战略协作伙伴关系的加深和经贸合作的不断深化，中俄两国旅游互访得到长足发展，成为两国经济发展新的增长点。"丝绸之路经济带"倡议提出以来，作为亚欧大陆的大国，中俄两国互访游客人数持续稳固增长，据俄罗斯联邦旅游局数据显示，中国赴俄旅游人数从2014年的87.38万人增长到2019年的188.28万人，五年时间增加了近100万人。2015年西方经济制裁导致卢布大幅贬值，俄罗斯访华游客大幅减少，但于次年即恢复制裁前水平，并实现赴华游客的持续快速增长，充分体现"一带一路"倡议对两国旅游业发展的促进作用。2019年疫情暴发前，中国已成为俄罗斯入境旅游人数头号来源国。2020年受新冠疫情影响，世界各国旅游业遭受重创，中俄两国互访游客跌至低谷，但很快由于疫情好转和两国政策支持，中俄旅游业开始逐渐复苏（见图19.1）。

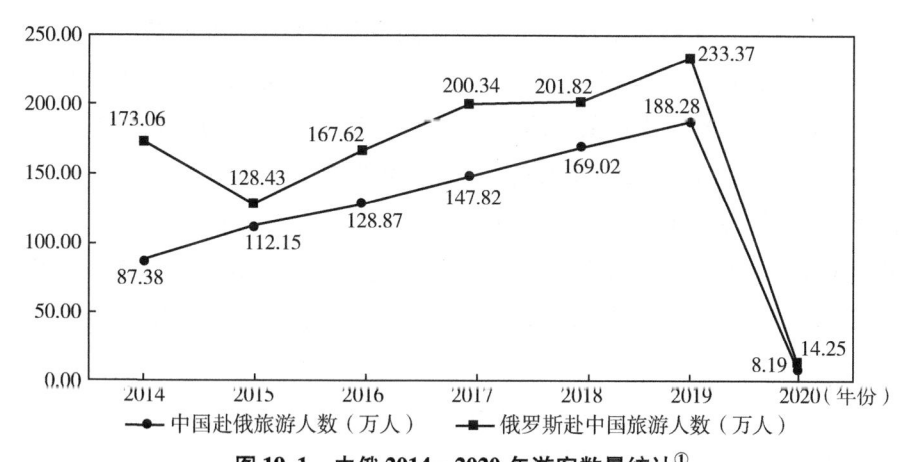

图19.1 中俄2014—2020年游客数量统计①

① 数据来源：俄罗斯联邦旅游局，https://tourism.gov.ru/contents/analytics/statistics。

双边旅游的发展离不开中俄两国的大力合作。2012—2013年中俄互办旅游年，双方在此期间共举办400多项活动，大大促进了两国旅游的交流和合作。2013年"一带一路"倡议的提出更为中俄两国旅游合作提出了新的思路和合作方式。2017年9月，中俄人文交流合作委员会第十八次会议召开，双方强调要以"一带一路"倡议和欧亚经济联盟对接合作为契机，加强两国旅游领域合作①。2020年12月《中俄总理第二十五次定期会晤联合公报》指出，中俄双方将加强两国旅游主管部门、旅游业协会及旅行社之间的合作，商签新的《关于互免团体旅游签证的协定》②，从而进一步拓宽"一带一路"背景下两国旅游合作的深度和广度。

中俄两国以"一带一路"为合作框架，积极推进沿线国家旅游合作，促进政府部门、地方合作和行业合作等各层次的旅游合作，打造中俄蒙万里茶道旅游品牌，促进中俄红色旅游合作，在旅游行业内部推广"友好中国"项目，并就"冰上丝绸之路"旅游合作达成共识。

一 万里茶道旅游品牌建设

万里茶道是欧亚大陆的一条重要国际商道，兴起于17世纪，20世纪30年代后逐渐衰落。万里茶道东起福建武夷山，西至中俄边境的通商口岸恰克图，全程4760公里，途经中国、蒙古和俄罗斯三国，自然和历史文化资源丰富。2013年，习近平主席访问俄罗斯时将万里茶道与中油气管称为联通两国的"世纪动脉"，万里茶道的历史文化价值得到重新认识③。2013年9月，中俄蒙三国签署《万里茶道沿线城市旅游合作协议》和《万里茶道共同申遗倡议书》，就开展旅游合作和共同申遗达成共识。2016年7月，首届中俄蒙三国旅游部长会议举行，会议签署谅解备忘录，并见证了"万里茶道"国际旅游联盟的成立。2020年10月，第五届中俄蒙三国旅游部长会议针对疫情影响、打造"万里茶道"国际旅游品牌和疫

---

① 中俄人文合作委员会第十八次会议举行，2017年9月14日，http://www.gov.cn/guowuyuan/2017-09/14/content_5224944.htm。

② 中华人民共和国文化和旅游部：扩大两国游客往来，加强中俄旅游合作，2020年12月4日，https://www.mct.gov.cn/whzx/whyw/202012/t20201204_904992.htm。

③ 薛秀艳、翟艳峰：《万里茶路研究综述》，《太原学院学报》（社会科学版）2018年第6期。

后旅游合作发展等内容交换意见，提出通过创新"旅游+"模式提升"万里茶道"知名度和美誉度的发展措施。三方通过举办旅游部长会议、建立地区旅游合作平台、创立国际旅游联盟等方式促进了中俄蒙三国在政府层面、地方层面和行业层面的旅游合作，并通过青少年旅游夏令营交流活动、万里茶道文化旅游产业博览会、万里茶道国际旅交会等活动加强旅游品牌的影响力。截至目前，"万里茶道"旅游品牌已成为三国旅游合作的代表性成果，为推进中俄蒙经济走廊建设、加强三国旅游合作发挥了重要作用。

二 红色旅游合作的发展

得益于中苏革命历史和两国传统友谊，中俄两国具备丰富的红色旅游资源，为两国开展红色旅游合作奠定了基础。"一带一路"倡议提出后，中俄两国在各领域合作日益密切，为两国开展红色旅游合作创造了良好契机。2014年，俄罗斯发布《2020年前旅游发展战略行动规划》，明确指出要在伏尔加河沿岸联邦区发展红色旅游[1]，标志着红色旅游合作得到官方承认。2015年6月，中俄红色旅游合作与交流系列活动在韶山举办，活动期间签署了《中俄旅游部门关于2015—2017年红色旅游合作的谅解备忘录》，明确今后三年中俄两国开展红色旅游合作的机制体制、内容形式、发展前景等内容，为中俄旅游合作发展提供总体战略布局。截至2018年，中俄红色旅游系列活动已连续举办四届，成为中俄两国开展红色旅游合作的重要交流平台，两国政府人员、企业主管、行业学者、媒体代表等各界人士借助系列活动的平台开展广泛交流，在地方政府、行业合作和区域合作上达成多项共识，取得多项成果。新冠疫情暴发后，中俄两国通过互联网信息技术和现代化科技手段开展了一系列线上红色旅游活动。2021年9月27日，为庆祝中国共产党成立100周年，中共六大旧址VR云展览馆在中俄两国各大网络平台正式同步上线，探索了红色旅游合作的新模式[2]。2022年6月，俄联邦共产党领导人久加诺夫在接受采访时

---

[1] «План мероприятий по реализации Стратегии развития туризмав РФ до 2020 года», 2014-11-11, https://www.russiatourism.ru/data/File/news_file/2014/.

[2] 人民网：中共六大会址VR云展览馆正式上线，2021年9月28日，http://world.people.com.cn/n1/2021/0928/c1002-32240280.html。

表示，在总统普京和地方政府支持下，预计将有多达 1200 万中国游客参观"红色旅游"项目旅游景点①，展现了中俄红色旅游合作的广阔前景。目前中俄双方在红色旅游系列活动方面的成果见表 19.1。

表 19.1　　2015—2021 年中俄红色旅游系列活动成果一览表②

国家层面	《中俄关于 2015—2017 年红色旅游合作的谅解备忘录》
	推进落实两国政府间协定旅游团体免签政策，实行电子数据管理，简化旅行出行文件和办理手续
	采取"互联网＋"旅游方式，探索线上红色旅游新模式
地方政府	《湖南省与乌里扬诺夫斯克州红色旅游合作协议》
	《长沙市与乌里扬诺夫斯克市旅游合作协议》
	《湘潭市与乌里扬诺夫斯克市建立友好城市关系意向书》
行业合作	《中俄旅游企业开展红色旅游业务合作协议书》
	《中俄红色旅游客源互送协议》
	成立中国红色文化研学旅行联盟
	成立沂蒙红色邮局总局
区域合作	《红色旅游合作韶山宣言》
	《红色旅游创新发展长沙宣言》
	《全国红色旅游创新发展城市联盟盟约》
	《共同推动红色旅游发展的倡议》
自驾游活动	从毛泽东故乡到列宁故乡大型红色自驾游
	"重走刘少奇留学路，从花明楼到莫斯科"中俄红色自驾游
	"越湘赣边重走秋收路"自驾游
旅游线路（中国）	红色古都游：北京—西安—洛阳—郑州 红色滨海游：北京—大连—烟台—威海—青岛 红色江南水乡游：上海—杭州—苏州—南京 毛主席故乡游：上海—张家界—韶山—长沙 红色海岛休闲游：三亚—五指山—琼海—万宁 好客山东红色游：济南—泰安—济宁—临沂—青岛—烟台—威海 亲情沂蒙红色游：莱芜—济宁—枣庄—临沂—淄博—日照

---

① 卫星通讯社：未来俄罗斯的红色旅游景点将迎来 1200 万中国游客，2022 年 6 月 17 日，https：//sputniknews.cn/20220617/1041997737.html。

② 信息来源：根据文化和旅游部、湖南省文化和旅游厅、山东省文化和旅游厅官网新闻整理而得。

续表

旅游线路（俄罗斯）	莫斯科—乌里扬诺夫斯克—喀山—圣彼得堡 莫斯科—乌里扬诺夫斯克—萨马拉—莫斯科 莫斯科—圣彼得堡 喀山—乌里扬诺夫斯克—萨马拉 莫斯科—喀山—乌里扬诺夫斯克—莫斯科

红色旅游合作的开展既丰富了中俄旅游合作类型，提升了中俄旅游市场竞争力，促进两国旅游合作的进一步发展；也加强了区域合作，带动了地方就业和地方经济的增长，推动地方务实合作进程。此外，红色旅游合作的开展也加强了两国民众的往来互动，尤其是自驾游活动和红色旅游路线的开辟为两国民众开展深层次的交流创造了条件。

三 "友好中国"项目的推广

"友好中国"项目由俄罗斯世界无国界旅游协会于2014年发起，旨在通过制定行业标准、加强两国行业合作等方式提升旅游服务水平和服务质量，进而提高中国赴俄旅游市场的竞争力。"友好中国"项目一经发起就得到了业界的广泛认同和参与。截至2018年，"友好中国"项目的参与者已达到100多个，其覆盖范围已扩展至俄罗斯全境，涉及酒店、餐饮、商场、博物馆、机场等诸多同旅游密切相关的行业，并同中国的银联展开合作，大大便利了中国游客的旅游和境外消费。2021年10月20日，第八届中俄旅游论坛以线上形式召开，双方各界人士就"友好中国"项目的开展情况进行总结，探讨后疫情时代中俄旅游合作对经济复苏和双边关系具有重要作用[1]。

与万里茶道旅游品牌和红色旅游路线不同的是，"友好中国"是由俄罗斯旅游行业内部发起的，旨在为特定旅游人群（中国游客）提供便捷性旅游服务的项目，具有非官方的性质。此外，"友好中国"项目不涉及旅游基础设施硬件改造升级等内容，而是通过改善行业服务水平来让游客得到更好的旅游体验，是一种针对旅游服务的"软提升"，对中俄旅游合

---

[1] Российско-китайский туристический форум подводит первые итоги, 2021-10-22, https://www.atorus.ru/news%20/press-centre/new/57388.html.

作的深入开展具有积极意义。

四 冰上丝绸之路旅游合作

2018年1月,《中国的北极政策》白皮书发布,提出中国会"积极参与北极地区旅游资源开发""支持和鼓励企业与北极国家合作开发北极旅游资源"①。2019年《俄罗斯2035年前旅游发展战略》出台,指出要"优先发展远东和北极地区的国际海上游轮和探险旅游业"②。2020年《俄罗斯2035年前的北极区域发展和国家安全保障战略》提出要发展北极地区的基础设施建设,以"增强俄在北极地区国际合作和商务旅游领域的竞争力"③。上述文件的出台充分表明中俄两国已就"冰上丝绸之路"旅游合作达成共识,为推进"冰上丝绸之路"旅游合作的落地发展创造条件。2020年11月俄罗斯远东与北极发展部在俄罗斯旅游局的帮助下推出促进俄罗斯北极地区旅游发展的统一平台,并计划于当年年底将平台覆盖范围增加至500万人④。2021年1月,《长白山指数·中国"冰上丝绸之路"指数报告(2020)》在第三届长白山粉雪节暨第十五届长白山雪文化旅游节开幕式上正式发布。报告显示,中国与俄罗斯的贸易伙伴关系不断加深,与其他"冰上丝绸之路"相关国家间的合作有巨大的提升潜力⑤。

"冰上丝绸之路"建设为中俄开展旅游合作提供新的思路。一方面,"冰上丝绸之路"途经极地地区,既有极地特有的海洋、冰原、极光等自然风光,也有别具风情的原住民传统和文化,旅游资源十分丰富,开发潜力巨大。另一方面,"冰上丝绸之路"东起符拉迪沃斯托克,西至北欧,

---

① 《中国的北极政策》,2018年1月26日,http://www.gov.cn/xinwen/2018-01/26/content_5260891.htm。

② «Стратегия развития туризма в российской федерации в период до 2035 года», 2019-09-20, ст. 19.

③ «Стратегия развития Арктической зоны Россиии обеспечения национально й безопасности до 2035 года», 2020-10-26, стр. 19.

④ Минвостокразвития запустило единую платформу продвижения арктического туризма, 2020-11-11, https://tass.ru/v-strane/9966733.

⑤ 新华丝路国家信息服务平台:"长白山指数·冰上丝绸之路指数"在吉林发布,2021年1月9日,https://www.imsilkroad.com/news/p/441386.html。

能够连接我国东北地区和俄罗斯远东及西伯利亚地区的广大旅游市场，促进沿线地区旅游资源整合，以旅游开发促进当地就业，带动沿线地区经济发展。然而，受限于自然环境恶劣、基础设施落后和"冰上丝绸之路"提出时间尚短等因素，双方围绕"冰上丝绸之路"旅游合作的领域、合作方式和合作效果都需经过进一步检验。

第三节 "丝绸之路经济带"框架下中俄旅游合作的影响因素

作为两国人文合作的具体领域之一，旅游合作既有推动两国经贸往来、刺激产业发展的经济效益，又有加强两国文化交流、促进民众相互理解的社会效益，成为中俄两国深入发展双边关系的重要举措。而深受多重因素影响，尤其是政治事件和经济形势的影响，旅游业的发展具有不确定性。因此，研究影响旅游合作的优势和劣势因素，分析中俄旅游合作面临的机会和挑战，对于加强两国旅游合作、促进两国旅游市场优势互补、规避旅游风险等，具有重要意义。

一 内在优势（Strength）分析

（一）旅游资源丰富，市场互补性强

中俄两国都具有丰富的旅游资源，合作潜力巨大。地理位置上，中俄毗邻而居、山水相连，往来交通便利，方便两国游客互访交流。尤其是俄罗斯远东地区同中国东北地区接壤，为两国边境旅游合作的发展创造了条件。自然资源上，中俄两国多种地质地貌环境孕育了别具特色的自然风光，吸引了国内外众多游客。历史文化上，两国历史悠久，文化资源丰富，中俄共同传承红色基因、传统友谊和伙伴关系拉近了两国人民关系，促进了中俄特色旅游市场——红色旅游的发展。

此外，中俄旅游市场互补性较强，具备合作的基础。从旅游产品来看，中国富含东方文化特色的旅游产品独具魅力，长城、故宫、兵马俑、少林寺等深受俄罗斯人喜爱。俄罗斯东西交融的历史文化特色也吸引众多

中国游客前往，红场、列宁墓、冬宫、普希金故居等成为国人旅游的热门景点。从旅游市场来看，中国经济的发展带动出境旅游的发展，中国需要俄罗斯旅游市场来满足国人日益多元化的旅游需求。俄罗斯也有意借助本国市场吸引中国游客，以促进当地经济发展和基础设施建设的完善。从合作现状来看，当前中俄旅游合作侧重于边境旅游和历史文化旅游，无论从地域还是旅游类型来看，都具有深度合作的空间。随着旅游资源的进一步开发，中国的青岛、三亚和俄罗斯的索契、贝加尔等自然地理环境优越的地区逐渐受到两国游客的关注，风光度假游和生态休闲游正成为两国旅游市场新的增长领域。

（二）旅游管理体制完善

中俄两国作为世界旅游大国，拥有较为完善的旅游管理体制，从法律法规、旅游主管部门和旅游发展战略各个层面加强了对旅游市场的引导、监督和管理，为两国开展旅游合作提供了制度保障。

法律法规方面，我国对于旅游管理的政策法规主要包括《导游人员管理条例》《旅行社条例》和《中国公民出国旅游管理办法》等，对旅游从业资格、出境旅游的申请条件、旅游团境外活动及行为等方面做出规定。2013 年 6 月，《中华人民共和国旅游法》颁布，填补了我国旅游领域的法律空白，对我国旅游业的发展、旅游从业者和出入境旅游规范等相关内容进行补充和完善，进一步规范了旅游市场秩序，促进旅游市场发展。俄罗斯关于旅游管理的法律文件主要由《俄罗斯联邦旅游活动基本法》《俄罗斯联邦出入境管理法》等联邦法律、俄罗斯联邦文化部下发的指导文件和地方性法规三部分组成，三者互相补充，对旅游者的权利和义务、旅行社资格认证和旅行安全等内容进行了规定，为俄罗斯旅游业的发展提供法律保障。

主管部门方面，中俄两国在中央政府层面都设有专门的旅游管理机构，用以统一协调管理全国旅游市场。我国旅游事业主管部门为国务院直属的原国家旅游局，负责协调旅游事业发展、规范旅游市场工作和推动国际交流等各方面工作。2018 年 3 月，国家旅游局变更为中华人民共和国文化和旅游部，实现了对旅游市场更为高效合理的管理。俄罗斯于 2004 年成立旅游署，2008 年设立体育、旅游和青年政策部对旅游署进行管理，

2012 年转由俄罗斯联邦文化部主管旅游署相关工作。

旅游发展战略方面，进入 21 世纪后，随着旅游经济的发展和旅游人数的增长，国家日益认识到旅游业对国民经济发展的促进作用，加强了对旅游业的战略部署。2016 年 12 月国务院印发的《"十三五"旅游业发展规划》历史上第一次将旅游业的发展纳入国家重点专项规划。2021 年《"十四五"旅游业发展规划》进一步认识到出入境旅游对我国经济发展的促进作用，提出"分布有序促进入境旅游，稳步发展出境旅游，持续推进旅游交流合作"的旅游政策目标，并提出要"积极服务和对接高质量共建'一带一路'，扩大与共建国家交流合作，打造跨国跨境旅游带"。① 俄罗斯也于 2014 年出台《俄罗斯联邦 2020 年前旅游发展战略》，提出发展旅游业的目标在于"统筹发展国内外旅游，确保国家经济和社会文化发展"，为实现这一目标，要"提高境内旅游服务水平"、在制订旅游规划时"要保障跨文化交流和国际合作"②。2019 年，俄发布的新版《2035 年前旅游发展战略》则认为，"旅游业在加速经济增长、促进社会发展方面具有巨大潜力"，需要"提高俄罗斯旅游产品竞争力，在旅游业发展方面促进区域和文化交流及国际合作"。③ 为推进旅游战略实施，俄联邦政府于 2021 年批准《2030 年前俄旅游业发展国家规划》，将俄罗斯国内旅游业发展指定为国家优先事项，计划于 2024 年前实现对旅游业总投资 7240 亿卢布的政策目标，并设置发展旅游基础设施建设、增强旅游产品竞争力、改善旅游部门管理三个国家重点项目。④

二 内在劣势（Weakness）分析

基于历史基础和现实条件的限制，中俄两国旅游合作存在诸多问题，

---

① 《"十四五"文化和旅游发展规划》，中华人民共和国国务院，2021 年 12 月 22 日，http://www.gov.cn/zhengce/content/2022 - 01/20/content_ 5669468. htm。

② «Стратегиия развития туризма в Российской Федерации в период до 2020 года», 31 мая 2014 г，ст 41 - 42.

③ «Стратегия развития туризм а вроссийской федерации в период до 2035 года», 2019 - 09 - 20，ст. 19.

④ «Постановление об утверждении государственной программы Российской Федерации "Развитие туризма"», от 24 декабря 2021 г，No. 2439.

不利于旅游合作领域的深入和拓展。综合来看，主要包括以下三个问题。

（一）旅游合作发展不均衡

从旅游类型来看，中俄两国以边境旅游、商贸旅游和观光旅游合作为主，多从经济贸易角度开发旅游合作项目，历史文化体验和与当地人的交流不够深入，旅游的文化传播和交流功能偏弱，影响游客的旅行体验和印象。从旅游产品来看，多注重旅行线路的开发和旅游景点的兴建，文化产品的合作和开发不足，旅游产品的开发和创新力度不够，无法充分发挥地方特色，也无法满足游客多样化的旅行需求，造成旅游资源浪费。从合作主体来看，多以中央和地方政府合作为主，合作形式侧重于相关协议的签署，企业间合作水平较低，旅游产业合作潜力未能充分开发。与此同时，两国旅游市场还面临地区发展不平衡的问题，集中体现在旅行社过于集中在莫斯科、彼得堡等一线城市和同中国接壤的远东地区。根据俄罗斯联邦旅游署发布的2020—2021年授权赴华免签旅游的俄罗斯旅行社清单显示，共计410个免签赴华旅游的旅行社中莫斯科和彼得堡共有130个旅行社，占旅行社总数的31%。排名前10的地区共有7个地区靠近中国或与中国接壤，占旅行社总数的46%（见表19.2）。

表19.2 2020—2021年赴华免签俄罗斯旅行社分布地区及数量（前10名）[1]

行政区	中心城市	旅行社数量（个）
莫斯科	莫斯科	73
彼得堡	彼得堡	57
滨海边疆区	符拉迪沃斯托克	54
哈巴罗夫斯克边疆区	哈巴罗夫斯克	37
阿穆尔州	布拉戈维申斯克	27
伊尔库茨克州	伊尔库茨克	24
后贝加尔边疆区	赤塔	17
布里亚特共和国	乌兰乌德	16
克拉斯诺达尔边疆区	克拉斯诺达尔	13
斯维尔德洛夫斯克州	叶卡捷琳堡	8

---

[1] 数据来源：俄罗斯联邦旅游署。«Список российских туристических организаций, осуществляющих деятельность по реализации Соглашения между Правительством РФ и Правительством КНР о безвизовых групповых туристических поездках»。

（二）旅游服务和接待能力有限

当前中俄两国互访游客的增长幅度远远高于旅行社的增长幅度，激增的游客数量对旅行社的接待能力提出了较高要求。为满足接待需求，获取更多利益，各旅行社短期内招收了数量众多旅游从业人员，对相关人员疏于培训和管理，导致其业务能力普遍较低[1]。

此外，景区、饭店和酒店接待能力差。硬件设施方面，多数旅游景点和住宿酒店未设置对方国家语言标识，大部分饭店未考虑游客的饮食习惯，给游客的参观游览和食宿造成不便。服务人员方面，部分景区工作人员和饭店、酒店服务人员未接受过相关培训，且语言不通，对外国游客的服务和招待质量较差，影响游客的旅行体验和印象。

（三）旅游配套设施建设不完善

近年来，两国旅游市场虽取得一定发展，但在旅游配套设施建设领域仍存在诸多不足。首先，基础设施建设落后。俄罗斯境内铁路和公路分布不均，尤其是西伯利亚和远东地区铁路、公路网密度较低，铁轨和列车设备老化，高昂的交通运输成本阻碍了当地旅游业的发展[2]。酒店设施是旅游基础设施的另一组成部分，是反映旅游接待能力和服务水平的重要指标。中国境内酒店数量众多，但卫生状况和服务质量参差不齐，对游客健康和酒店声誉造成不良影响。俄罗斯旅游住宿业同样面临相似问题，同时受经济制裁和卢布贬值的影响，部分民宿和养老院被迫关闭，酒店业绩也面临下滑局势[3]。

三 外在机会（Opportunity）分析

中俄两国旅游合作的发展既得益于两国旅游市场本身的发展潜力，也

---

[1] Уткин Алексей Алексеевич, Инновационные подходы к организации въездного туризма в России//Российский внешнеэкономический вестник, No. 7, 2013.

[2] А. М. Могзоев, Роль транспорта в развитии туризма между Китаем и Россией//ТДР, 2015, No. 2.

[3] Зиганшин, И. И., Овчаров, А. О. & Рысаева, М. А., Влияние экономических санкций на развитие российского туризма.//Актуальные проблемы экономикии права, 2015, No. 1 (33), с. 17–25.

受益于良好的外部环境保障，中俄全面战略协作伙伴关系的深化和"一带一盟"对接合作的发展在其中起重要作用。

（一）中俄全面战略协作伙伴关系的保障

近年来中国同俄罗斯的交往日益密切，两国关系不断加深，从战略协作伙伴关系上升到全面战略协作伙伴关系，相互合作由政治经济领域拓宽到文化、教育、旅游和科技领域，由官方互动转向更深层次的民间交往，中俄两国人民也加强了相互理解。2021年6月28日，中俄元首宣布《中俄睦邻友好合作条约》延期，为两国关系的长远和稳定发展指明方向，也为两国旅游合作和人文交流的发展提供了坚实的政治保障。

两国友好的双边关系对两国开展旅游合作产生积极影响。一方面，传统良好的睦邻关系促进了两国人文领域的合作，双方通过签订部门合作协议、定期举办文化日、促进民众互访等方式加强交往，为两国开展旅游合作提供了坚实的合作基础和良好的合作经验[①]。另一方面，高度的政治互信使双方始终愿意本着和平合作的原则解决旅游合作过程中出现的问题，缓解矛盾冲突，实现互利共赢。同时，在全面战略协作伙伴关系的保障下，两国人民也愿意本着信任和友好的态度开展多层次、多形式的交流，从而推动两国旅游市场的开发和合作。

（二）"一带一盟"对接合作的有力支持

自2013年习近平主席提出"一带一路"倡议以来，"一带一路"建设发展成为各国普遍关注的重要内容。2015年，《推动共建丝绸之路经济带和21世纪海上丝绸之路的愿景与行动》发布，为"一带一路"建设发展做出总体部署。此后，中俄、中哈分别签署了《关于丝绸之路经济带建设和欧亚经济联盟建设对接合作的联合声明》《"丝绸之路经济带"建设与"光明之路"新经济政策对接合作规划》，标志着"一带一路"倡议发展进入新的历史阶段。2017年和2019年第一届和第二届"一带一路"国际合作高峰论坛的举办进一步扩大了"一带一路"倡议的国际影响力，促进了沿线国家的深入务实合作。

---

① Б. В. Базаров, «Новый шелковый путь»: к постановке Проблемы стратегического взаимодействия России и Китая//Власть, 2017.

第十九章 "丝绸之路经济带"框架下中俄旅游合作：影响因素与改进建议

"一带一路"倡议建设坚持开放合作、和谐包容、市场运作、互利共赢等原则，不仅是我国开展对外贸易交往的重要渠道，更是加强同沿线国家友好合作和弘扬中国文化的重要平台。从地缘位置上看，"一带一路"倡议主要是以亚欧大陆为中心，围绕亚欧大陆腹地和边缘开展的经济贸易合作。从线路规划来看，"一带一路"倡议主要包括北线、中线、南线和横贯亚欧大陆的中心线。从途经国家来看，全球有60多个国家参与支持，其中主要的参与国家为亚欧国家，包括北部的俄罗斯、蒙古，西部的中亚国家、阿富汗，南部东南亚国家、印度、巴基斯坦以及部分欧洲国家，包括波兰、匈牙利和德国等。从定位来看，"一带一路"倡议是以欧亚大陆为中心开放的、综合性的区域合作平台，鼓励世界各个国家的广泛参与，共同开发，共同合作，致力于打造政治互信、经济融合、文化包容的利益共同体、命运共同体和责任共同体。

丝绸之路既是经济贸易带，又是文化带，促进了各文化的交流和融合[1]。在建设"丝绸之路经济带"的过程中，既要加强各地区的商贸往来和能源合作，又不能忽视人文合作的作用。俄罗斯学者认为，"丝绸之路经济带"建设的优先任务之一就是通过扩大旅游、教育、科技交流等领域的合作，发展参与国人民之间的相互关系[2]。

"一带一路"的建设发展不仅为两国经济发展和经贸合作提供了平台，也为两国人民之间的友好往来提供了便利条件，为旅游市场开发提供了新的合作思路和合作模式。合作范围上，"一带一路"倡议、"一带一盟"对接将两国旅游合作市场扩大到"丝绸之路经济带"沿线，促进中俄旅游合作由国家层面发展到区域合作层面，其辐射和影响范围大大提升，合作潜力和合作资源也大大增加。合作模式上，"一带一路"倡议突破了双边合作的局限，从区域和多边视角探索中俄旅游合作模式，为两国

---

[1] 李兴、［俄］阿·沃斯克列先斯基：《亚欧中心跨区域发展体制机制研究》，九州出版社2016年版，第321—322页。

[2] «Экономический пояс Евразийской интеграции»-Доклад о путях реализации проекта сопряжения интеграции Евразийского экономического союза и Экономического пояса «Шёлкового пути»//Фонд«Росконгресс»Всероссийская академия внешней торговли, Исследовательский центрITI, Москва, 2016.

旅游合作提供他国经验，从而促进两国旅游合作的深入发展。从合作效果来看，"一带一盟"对接合作能够协调沿线国家的旅游市场，统筹各国优质旅游资源，促进中俄旅游市场优势互补，释放两国旅游合作潜力，并以中俄旅游市场为基础，逐步将旅游合作的影响范围扩大到其他国家。

四 外在威胁（Threat）分析

中俄两国旅游合作在发展的同时也受到两国经济状况、地区安全局势、其他国家和地区旅游市场的竞争，以及新冠疫情和乌克兰冲突等方面的影响。

（一）两国经济状况

中俄两国经济状况对两国旅游合作具有重要影响。近年来，随着中国经济快速发展，中国公民的生活水平不断提高，人们的消费观念逐渐转变，我国旅游市场日渐发展，出境游客数量急剧上升。尤其是近年我国赴俄人数持续增长，连续多年成为俄罗斯最重要的旅游市场。虽然2019年新冠疫情导致全球经济衰退，但我国凭借有效的疫情防控和宏观调控手段，第一时间控制疫情发展，率先实现经济增长。

相较于我国经济的平稳发展，俄罗斯国内经济波动较大，影响两国旅游合作的开展。受2008年国际金融危机和2014年克里米亚危机的影响，俄罗斯卢布贬值，经济动力发展不足，国内旅游市场疲软，导致俄罗斯游客纷纷选择价格相对较低的国内旅游市场，出境游规模大幅下降[1]。受新冠疫情影响，俄罗斯渐有起色的经济和旅游市场再次受到重挫，据俄罗斯联邦审计署官方统计显示，2021年第一季度，俄罗斯工业生产减少1.3%，实际可支配收入下降3.6%，一季度通胀率达到5.79%，使居民生活水平进一步下降，不利于旅游市场的恢复[2]。俄乌冲突爆发后，西方对俄罗斯黄金、原材料、石油化工等产品的禁运和金融领域的多轮制裁严重威胁俄罗斯国民经济安全，对旅游业发展造成沉重打击。

---

[1] 李琳琳、李尧：《卢布汇率下跌对中俄边境旅游业的影响及对策》，《西伯利亚研究》2015年第1期。

[2] 数据来源：俄罗斯联邦审计署，https://ach.gov.ru/audit/I-quarter-2021。

（二）地区安全局势

地区安全是旅游合作发展的基础，地区安全局势的恶化往往对两国旅游合作造成不良影响。近年来，中国周边安全局势复杂，朝鲜半岛问题、南海仲裁案、中美贸易争端等相关问题影响了中国旅游市场的良性发展。俄罗斯方面，恐怖袭击、乌克兰危机、阿富汗问题等严重影响了俄罗斯境内外安全局势，对俄罗斯旅游市场造成较大影响，阻碍了中俄两国旅游合作的深入发展。尤其是 2021 年 9 月美国从阿富汗撤军，塔利班重新掌握政权，阿富汗局势发生重大变化，恐怖主义、难民危机、毒品走私犯罪等严重威胁边界安全的问题并没有解决，地区安全局势遭遇严峻的挑战，不确定性增加，对中俄旅游合作的开展带来了潜在的消极影响。

（三）其他国家和地区旅游市场的竞争

中俄旅游合作发展还受到其他地区和国家旅游市场的竞争。对于中国市场来说，韩国、日本等东亚国家和泰国、马来西亚、新加坡等东南亚国家由于地理位置优势、文化习俗相近等原因，受到中国游客的喜爱。俄罗斯游客则更偏向于前往距离较近、文化相近的欧洲和气候温和的地中海沿岸度假。此外，独联体国家凭借语言、自然环境和经济成本优势，也吸引了众多俄罗斯游客前往[1]。这些地区和国家的旅游市场对中俄两国旅游市场造成有力竞争，对中俄两国开发旅游市场、加强旅游合作形成挑战。

（四）新冠疫情和俄乌冲突的影响

2019 年新型冠状病毒肆虐全球，给全球旅游业带来沉重打击。中国是第一个遭受严重疫情的国家，虽然后来国内疫情有所缓和，而俄罗斯疫情一直比较严峻。签证中断、口岸关闭、航班停飞、封城断通、居家隔离等一系列出于防控疫情需要的措施确实使中俄两国旅游往来人数锐减，两国旅游暂时陷入了低谷。据俄罗斯联邦旅游署统计，2020 年，中国赴俄旅游人数仅占去年 4.3%，旅游市场基本处于停摆状态[2]。2021 年，得益于良好的防控措施和疫苗的普及，中俄双边旅游得到短暂恢复，但由于世界范围内新冠疫情仍未得到有效控制，两国防控疫情的措施从来也没完全

---

[1] А. В. Лукина, Россия и Китай: четыре века взаимодействия. История, современное состояние и перспектива развития российско-китайских отношенийМ. Москва: ВесьМир, 2013.

[2] 数据来源：俄罗斯联邦旅游署，https：//tourism.gov.ru/contents/analytics/statistics。

放松。两国旅游市场的发展前景仍具有较大的不确定性。

俄罗斯在乌克兰开展"特别军事行动"以来,俄罗斯与西方国家在金融、能源、经济等领域开展多轮的制裁与反制裁措施逐渐影响到全球旅游业的正常发展。继欧盟多国宣布对俄罗斯关闭领空和停发签证后,俄罗斯于2022年6月正式宣布退出世界旅游组织,使俄罗斯在全球旅游市场的份额急剧缩减,加之乌克兰时常使用无人机等对俄境内目标进行袭击,国内旅游业发展也因此受到巨大冲击。考虑到旅游业对国内经济的提振作用,俄罗斯于同年7月11日举行"联邦旅游业发展"筹备会议,提出"将旅游业作为经济社会发展的催化剂",并重点讨论了发展国内旅游业和入境旅游业的相关措施,以及开发旅游统一信息库的设想。① 虽然俄罗斯努力挽回持续低迷的旅游业市场,重点发展国内和入境旅游,但在俄乌冲突的大背景下,相关措施的实施效果存疑,加之本国旅游基础设施的先天薄弱,中俄旅游市场能否取得预期发展,仍需较长时间的检验。

第四节　促进中俄旅游合作的对策建议

中俄旅游合作具备内在优势和外在发展条件,但同时也存在诸多问题,面临各项挑战,需要两国不断巩固和完善旅游合作基础,拓宽旅游合作领域,提升两国旅游市场竞争力,以弥补自身缺陷,应对外在威胁,进一步促进两国旅游合作的全面化、系统化、深入化发展。

一　强调"互利共赢"和"共同发展"原则

对于两国旅游市场的开发合作,既要保障本国旅游业的发展,又要避免对他国旅游市场的挤占,坚持"互惠互通""互利共赢"的原则,积极推进符合双方共同利益的合作项目。应当创新"共同发展"的旅游模式,加强两国旅游产业的合作,对双方的旅游公司和旅行社提供政策优惠和政

---

① Совещание по подготовке заседания Президиума Госсовета по вопросам развития туризма в России, 2022 - 07 - 11, http：//www.kremlin.ru/events/state-council/68859.

策支持。对于利益一致的旅游合作领域，应当扩大合作范围、开发合作潜力。对于有意见分歧的旅游合作领域，应当以沟通为主，通过协议签署、协商共建和合作共赢的方式解决旅游合作中遇到的问题。

此外，还应当继续加强两国在旅游政策领域的合作，为旅游业的发展提供保障。法律政策方面，应当增强两国旅游政策透明性，便利出入境制度，制定适用于两国旅游市场的制度规范。主管部门方面，应当建立旅游主管部门定期交流机制，强化旅游市场监管力度，共同打击非法行为，保障游客生命和财产安全。地方政府方面，应当积极促进地方交流合作，促进边境城市发展，以旅游合作作为发展友好城市的方式和途径。

二 推进"一带一盟"框架下旅游合作走实走深

"一带一路"倡议的实现需要沿线国家的支持，也需要中国同其他国家开展合作，共同打造基于"一带一路"倡议的区域合作平台。在推进中俄关于"一带一路"区域合作的进程中，"丝绸之路经济带"和欧亚经济联盟的对接合作发挥着重要作用。"一带一盟"对接合作框架不仅扩大了中俄旅游合作的影响和辐射范围，提供了新的合作思路和合作方式，更为两国深入开展旅游合作指明方向。与此同时，加强两国旅游合作也在实践层面上为"一带一盟"对接合作的实施提供了经验。因而推进"一带一盟"对接合作势在必行。

"一带一盟"对接合作有其复杂性和特殊性，既需要两国大胆试验、努力创新，又需要充分考虑中俄两国自身利益和其他国家的利益诉求。此外，要提倡"三可"和"三Д"，即可错性（即所谓的"摸着石头过河"）、可测性（风险评估）、可持续性（利益交融）和"Диалог"（对话）、"Доверие"（互信）、"Действие"（行动）[①]，在对话的基础上对合作方式和合作内容进行风险评估，在互信的基础上实现两国利益交融，并用具体行动检测合作方式，从而设计出最适宜的对接合作模式。

在新冠疫情背景下，两国旅游主管部门可借助互联网等信息技术手段在双边和多边框架内积极开展高层对话，以视频会议形式召开中俄旅游分

---

① 李兴：《关于"一带一盟"对接合作的几点思考》，《欧亚经济》2016年第5期。

会、上海合作组织旅游部长会议等重要会议，确保旅游合作领域沟通对话渠道的畅通，通过信息交换、政策协调等方式加强双方互信程度，鼓励旅游企业创新经营思维和旅游产品，加强旅游基础设施建设和人才联合培养，发展线上、网上旅游项目等。

三 完善旅游基础设施建设，提升旅游市场竞争力

其他地区和国家的旅游市场分流了中俄两国的出境游客，对两国旅游市场合作造成冲击，影响两国旅游合作的深度和广度。鉴于此，应当大力提升中俄两国旅游市场竞争力，增加旅游市场对对方国家的吸引力，需要做到如下四点。

第一，应当完善旅游配套设施建设。加强交通、网络、通信等基础设施建设，加大对旅游双语人才的培养力度，在旅游景区设置中文和俄文标识，并提供相应的语言导览服务。

第二，应当充分发掘两国旅游资源，开发多种类型的旅游产品，开辟精品旅游路线，促进红色旅游、绿色生态游和休闲度假游的发展。此外，应当充分调动两国旅游企业积极性，开发富含民族特色的文化产品，提升旅游的文化属性和社会属性。

第三，应当加大双方旅游投资合作力度，提升旅游服务质量，推进签证便利化，提升航空运力，提高旅游市场份额。

第四，应当加大对本国旅游产品和旅游景区的宣传力度，通过广播电视、网络视频等途径宣传本国旅游品牌，扩大中俄旅游市场的影响力和辐射力，促进国际旅游市场良性竞争。

四 实现旅游重点合作领域新突破

受地理和历史文化因素影响，中俄旅游市场具有地区和合作领域发展不平衡的特点，一定程度上影响两国旅游业良性发展，因而需要在重点合作领域尝试新的突破。如两国旅游合作以历史和文化旅游为主要优势，对于自然旅游、疗养旅游、商业旅游等方面的开发和合作力度较低，则可基于两国自然资源丰富和地理位置相邻的特点，重点发展疗养院、商业中心等新型旅游类型，或继续挖掘两国红色旅游潜力，丰富红色旅游路线，以

第十九章 "丝绸之路经济带"框架下中俄旅游合作：影响因素与改进建议 401

红色旅游带动地区和行业旅游业发展。此外，对于两国边境旅游占比较重的地区结构特点，应当积极开发新地区新旅游路线，如"冰上丝绸之路"沿线的邮轮风光游和俄属北极地区的探险旅游等。

五 积极探索新的旅游合作方式

新冠疫情导致全球经济和文化联系长期处于中断状态，疫情防控措施限制人与人之间的往来交流，传统的旅游推介和宣传活动受阻。新冠疫情到底只是一个暂时因素，还是常态化因素，具有很大的不确定性。与此同时，以互联网信息技术和数字媒体为代表的新型旅游方式逐渐兴起，使游客通过线上旅游、云端旅游的方式足不出户即可享受各项旅游服务，成为旅游业新的发展方向。中俄两国应当借助两国先进的信息技术优势，充分发挥互联网的便捷性和实效性，共同探索开发符合后疫情时代特点的智慧旅游、云旅游技术和相关产品，加强数字旅游市场的对话与合作，探索、开创新的旅游合作方式，包括新的旅游线路、新的旅游形式和新的旅游内容。

第五节 小结

作为人文合作的重要领域，中俄旅游合作是推动两国人文合作的重要载体、促进两国"民心相通"的重要方式和加强其他人文领域合作的重要推力，对促进两国人文合作的中俄两国旅游合作具有重要作用。"一带一路"倡议提出以来，中俄旅游合作取得巨大成就，双方互访旅游人数快速增长，旅游合作项目日益增多，积极推进不同领域旅游合作，打造中俄蒙万里茶道旅游品牌，促进中俄红色旅游发展，推动"友好中国项目"的开展，并就"冰上丝绸之路"旅游合作达成初步共识。

中俄旅游合作的成就得益于两国丰富的旅游资源、完善的旅游管理体制、中俄全面战略协作伙伴关系的保障和"一带一路"倡议的有力支持。然而受两国旅游市场自身发展、经济状况、地区安全局势、新冠疫情和其他地区旅游市场的影响，加之俄乌冲突前景未明，中俄旅游合作也面临诸多挑战，具有不确定性，需要两国坚持"互利共赢"和"共同开发"的原则，推进"一带一盟"对接合作、提升旅游市场竞争力，从而促进中俄旅游合作的进一步开展。在"一带一路"框架下，在互联互通得到很大发展（如横跨黑龙江的公路大桥和铁路大桥已经开通，中欧班列迅猛增长）的基础上，可以确定的是，发展旅游合作前景广阔，是推进中俄人文合作的一大亮点。

"一带一路"人文视野下的中俄旅游合作在取得巨大成就的同时也面临内外因素的挑战，但总体呈现良好的发展前景。随着"一带一路"倡议的建设发展，中俄两国旅游合作也会面临新的机遇和挑战，需要两国综合分析外部环境的利弊因素，加强旅游政策领域的沟通对话和旅游市场的合作开发，创造安全的旅游环境，探索、开创新的旅游合作方式，共同解决旅游合作过程中出现的问题，共同推动两国和亚欧大陆旅游合作的发展和繁荣。

第二十章 进一步探讨、拓展和提升中俄关系研究的思考

中俄关系是个老话题,但常谈常新。中俄既是大国关系,又是邻居关系,历史上爱恨情仇,相爱相生。中俄关系需要超越传统的地缘政治和冷战思维,与时俱进,砥砺前行,否则难以适应新形势的发展,继续前进。

对于中俄关系,一种观点认为,俄罗斯历史上对中国侵略多次,扩张成性,唯利是图,实行实用主义,俄罗斯不可信;一种观点认为,俄罗斯各种表现令人失望,见利忘义,没有原则,毫无诚信,不可靠,不可交。俄罗斯迟早会与美欧等西方国家和解,背叛中国,与美欧共同对付中国,因此必须防范。有人进而引申出亲俄还是亲美是两种不同的外交路线、不同的发展道路以及不同的发展前景,提出必须亲美疏俄。

相反,也有观点主张,为了共同对付美国和西方霸权,中俄应该"结盟",而不仅仅是战略协作关系;对俄罗斯,应当无条件地予以支持和援助,不仅是在经济合作上,而且包括军事安全方面,中俄关系坚如磐石,对普京只能讲正面的、积极的方面,不能说三道四;俄罗斯是"一带一路"建设过程中最重要的国家,当前最重要的外交工作就是"丝绸之路经济带"与欧亚经济联盟的对接合作;俄罗斯是中国最重要、最主要的战略伙伴,对俄外交居于我国外交头等重要的地位;俄罗斯具有自身的独特性和自主性,不会依附于西方;俄罗斯"转向东方"是真诚的,具有深刻历史文化背景的,也是结构性的。

不过,无论喜欢与否,如何看待,作为一个具有极大特殊性和影响力

的民族和国家，俄罗斯还是俄罗斯。洗尽铅华，强弱自显，俄罗斯不会因为别人的贬低或抬高而发生变化。对于中俄关系是否有必要发展，应以中国的国家利益，特别是中国的最高利益、核心利益、根本利益为大局，而不是别的其他因素。只有这样，对中俄关系的战略性、特殊性，才会有更好的领会。对俄罗斯和中俄关系评价过高或过低，妖魔化或神圣化，以及期望值过高或过低都不是全面的、科学的、正确的。

第一节　关于几个学理问题的思考

一　新视角、新材料

从"丝绸之路经济带"的新视角出发，注重政治、经济、人文相结合，高级政治与低级政治相结合，历史与现实相结合，务虚与务实相结合，做到点面兼顾，既有宏观、综合、整体的"高大上"分析，又有微观、具体、精准的"接地气"剖析。所谓新材料，就是中俄关系发展中的新实践、新问题、新议题，深入实地，走到前沿，与俄方专家、职能部门、地方政府、社会组织展开多层次、宽领域调研和考察活动，等等。

二　新理论、新方法、新观点

本书主张对中俄关系进行多学科、跨学科、交叉学科的综合研究和比较研究，同时又要有具体领域的微观探讨和个案剖析，包括政治、经济、外交和国际关系、区域国别研究，等等。要在融会贯通的基础上提出新的理论和概念，新的研究路径和方法，并以此来尝试对"丝绸之路经济带"框架下的中俄合作进行立体的综合研究，得出新观点、新看法、新结论。

三　以"亚欧研究"称谓代替"欧亚研究"概念

"欧亚"和"亚欧"都是地缘政治概念。在西方国际关系中，习惯用"欧亚研究"的称谓。"欧亚"的称谓强调欧洲比亚洲重要，是历史的产物，体现了"欧洲中心论""西方中心论"的学术和政治话语霸权。然而，随着冷战后亚洲国家经济的发展，亚洲国际地位的崛起，国际政治的重心从欧洲向亚洲转移，亚太地区逐渐成为当今国际经济政治的中心。所以，以"亚欧"概念代替"欧亚"称谓，以"亚欧研究"取代"欧亚研究"，符合当今国际政治经济局势的变化，是时代发展的要求和产物。

四 关于"结伴而不结盟"

同盟是主权国家在安全和军事领域内进行合作和承诺，往往针对某一或某些特定国家。按照这一传统的概念，中俄的战略协作伙伴关系并不属于同盟性质，因为中俄目前没有签订包含军事援助承诺的协定，而且中俄建立战略协作伙伴关系也没有针对第三方。那么，如何在学术和理论上理解和定性中俄战略协作伙伴关系？这个关系不同于20世纪五六十年代的中苏同盟，不同于七八十年代的中苏敌对，不同于冷战时期的美苏对峙，也不同于现实中的美日同盟。本书认为，结伴而不结盟，不是同盟，胜似同盟，是中俄关系的本质，也即不结盟、不对抗、不针对第三方。"全面战略协作"在程度上远高于"合作"水平。"中俄新时代全面战略协作伙伴关系"是目前官方对中俄关系的定性。这也是研究中俄合作现状的基础。无论"准同盟""亚同盟""次同盟""军政同盟""局部同盟"等种种表述，都是不准确的。

所谓三"不"，即不结盟，不对抗，不针对第三国，是"结伴而不结盟"表述的延伸。"中俄关系是世界上最重要的双边关系之一，也是最好的一组大国关系。中俄关系具有强大的内生动力和独立价值，不受国际风云变幻影响，不受任何其他因素干扰。"[1] 中俄战略协作是依据"相互""对等"原则，是互动的、互利的，不是单向的、单方面的。战略协作高于战略平等。战略平行即目标相同，但没有交集，各行其是；战略协作是互有交集，并且相互策应，其水平和程度明显高于合作。"中俄关系上不封顶，两国战略合作不设禁区"[2]。

---

[1] 中共中央宣传部、中华人民共和国外交部：《习近平外交思想学习纲要》，人民出版社、学习出版社2021年版，第123页。

[2] 赵立坚：《中俄关系上不封顶，两国战略合作不设禁区》，《参考消息》2022年1月17日。

五 将"共生""共享""共同体"概念引入中俄关系，提出"硬思维""软思维"；"硬安全""软安全"的概念

共生本是生物学领域的概念。如果将这一概念引入国际关系领域，得出的观点就是：整个国际社会是一个共生的体系，任何国家之间的关系都是共生的，彼此相互依赖。中俄关系也不例外。我们的目标是如何增强中俄关系的相互依赖性，使其成为包容、克制、共赢、发展的共生关系，构建"利益共同体"和"命运共同体"。不仅自己要发展，对方也要发展，而且彼此以对方的发展作为自身发展的前提和机遇。"硬思维"是指传统的、不易变更的思维；"软思维"是指能够灵活变通的思维。"硬安全"主要是指看得见的传统的军事安全，"软安全"主要是指看不见的非传统安全，如信息安全、文化安全等。

六 将利益划分为"共同利益""相近利益"或"相似利益""不同利益"，提出"硬利益""软利益"概念，倡导"义利兼顾""义字优先"

作为发展中大国，中俄两国在国际社会中的处境相似，都致力于推动国际格局民主化，在国际事务中具有许多共同利益。同时，由于中俄两国在地缘政治、历史、社会、人文方面的差异，彼此又都有各自追求的特殊利益。双方的特殊利益可能是相近或相似的，在某些程度上相契合，也可能是完全不同的。一般情况下，相近或相似利益更容易出现。而共同利益的出现往往是动态的，需要时机的。我们要做的是，抓住机遇，明确共同利益，将共同利益最大化，不同利益最小化，扩大相近利益或相似利益。"硬利益"是指不可让渡的利益，往往看得见，如领土完整；"软利益"是指相对可以让渡的利益，如某种商品价格的调整。

"义"是指道义、原则。不能拿原则做交易，不能见利忘义、唯利是图、利令智昏，要重道义、讲原则、敢担当，这是成熟的大国外交的表现。同时，要正确认识中俄关系中的利益，支持是相互的，需要也是相互的。有相互需要才能长期来往，长期合作，具有可持续性。所以，利益和需要在国际关系中并不总是起消极作用。

"俄罗斯是中国最大的邻国和世界大国，中俄互为最可信赖的战略伙伴。两国都处在国家发展和民族复兴的关键阶段，在一系列重大国际和地

区问题上立场相同或相近，拥有广泛共同利益"①。"新时代的中俄关系，要着力深化利益交融，拉紧共同利益纽带。中俄两国都处在国家发展的关键阶段，要携手并肩实现同步振兴"②。

第二节 比较分析中俄关系与中美关系的特点

中俄关系与中美关系各有特点。为了体现中俄关系的特点，特作表比较如下。

表20.1　　　　　　　　中俄关系与中美关系比较

中俄关系	中美关系
战略协作伙伴关系	新型大国关系
结伴而不结盟	非敌非友
政府主导	民间推动
底线：不反对（不拆台）	底线：不冲突（不战争）
封顶：不结盟	封顶：不 G2
政治、安全比较互信，经贸量相对不大	经济、金融关系密切，政治、安全严重不互信
政治关系胜过经济关系	经济关系胜过政治关系
高级政治关系胜过低级政治关系	低级政治关系胜过高级政治关系
命运共同体	利益共同体
关系比较稳定	关系一波三折
两国地位相对平等	两国地位不平等
战略性、政治性、敏感性	全局性、重要性、复杂性
结伴而不结盟，战术性联盟	最大竞争对手和交往对象，战略性稳定
不互视为头号对手和主要威胁	互视为头号对手和主要威胁

---

① 中共中央宣传部、中华人民共和国外交部：《习近平外交思想学习纲要》，人民出版社、学习出版社2021年版，第122—123页。

② 中共中央宣传部、中华人民共和国外交部：《习近平外交思想学习纲要》，人民出版社、学习出版社2021年版，第123页。

续表

中俄关系	中美关系
发展空间还可继续挖掘	发展空间比较大
可错性（试错性）比较小，期望值高而民意基础弱，容易反弹，非理性	可错性相对比较大，有心理准备和预期
类似朋友、伙伴关系	类似同事、同僚关系
强强联合，抱团取暖，战略合作	新兴大国与守成霸权的关系，战略竞争
期望值高，确定性高，反对声音不小	期望值低，确定性低，反对声音不大
主要动力是政府推动，民间跟上	主要动力是民间推动，政府主导

发展同俄美等主要大国的关系是中国对外关系的重要组成部分。习近平主席指出："大国关系事关全球战略稳定，大国肩上都承担着特殊责任。中国致力于推进大国协调合作，期待大国和睦相处，不冲突不对抗、相互尊重、合作共赢，推动构建总体稳定、均衡发展的大国关系框架。"①

第三节 关于中俄关系中的经济因素

一是经济或贸易因素在中俄关系中作用的正确定位。经济与政治有相关性，但两者相对独立，经济与政治并不一致；经贸关系在两国关系中既不是全部，也不是唯一，也未必是最重要的；两国经贸量与该国的GDP总量有关，也与该国的贸易总量有关，与国际政治关系不大，应更重视两国贸易量占GDP的比重。贸易量受大宗商品价格影响，但更说明问题的是商品过境量。商品过境量重于商品贸易量。从这个角度来看，中俄经济关系还是很好的。如2014年美国的GDP总量是17.4万亿美元，俄罗斯的GDP总量是2.06万亿美元，与中国的贸易量，中俄为952.8亿美元，中美是5550亿美元，即俄中贸易量占俄GDP总量的权重为4.625%，而中美贸易量占美国GDP总量的3.189%。两国贸易量暂时的波动甚至退

---

① 中共中央宣传部、中华人民共和国外交部：《习近平外交思想学习纲要》，人民出版社、学习出版社2021年版，第122页。

步，是可以理解的。① 2021年，在新冠疫情背景下，中俄双边贸易额高达1400亿美元，增长35个百分点，创历史新高。2022年已突破1900亿美元。预计不久，中俄贸易总额将突破两国领导人曾经提出的2000亿美元目标。连续13年，中国成为俄最大的贸易伙伴。其中，能源、军工、交通是特点。电商、数字经济、人工智能合作和农业合作是新的增长点。

二是国家间经济合作主要涉及两个层面，即以能源、军工、高新技术等为核心的战略经济层面（高级经济层面），以商品贸易、商业投资等为核心的市场经济层面（低级经济层面）。"一带一盟"的对接合作特点表现为战略经济层面推动市场经济层面。互联互通是突破口，能源合作是重要内容。高级经济层面从属于高级政治范畴，相对容易；低级经济层面从属于低级政治范畴，涉及具体利益和问题，如能源价格、关税、铁轨轨距、自贸区机制等。不必幻想俄方内部完全达成一致，也不能指望"一带一路"成为俄的国家战略。俄会不会为经济利益而让步政治地位？比较难，但也不是不可能。这就取决于这样做的代价和效益问题，以及中俄政治互信水平。

三是"丝绸之路经济带"六条经济走廊，有两条直接经过俄（中俄蒙经济走廊、新欧亚大陆桥），一条间接相关（中国—中亚—西亚）。中欧班列三条线路（东中西）全部经过俄罗斯境内。故俄罗斯是"一带一路"建设中最重要、最关键的国家之一。当然，在西方经济制裁的大背景下，与中国经济合作，对于俄罗斯也是刚性需求。

四是对接能否成功，对于中方来说取决于实力、动力与能力；对于俄方来说，取决于需求（客观）、诉求（主观）和要求。中方是主动和引领，实质是以经济优势换取政治利益；而俄方是被动和接受，实质上是以政治让步换取经济利益。这都取决于代价和效益。如果效益大大地超过代价，就有可能成功。俄方算计、接受有一个纠结的过程。反过来说，如果俄方经济发展顺风顺水，它不会与我国顺利对接合作。若欲取之，必先予

---

① 李兴：《"丝绸之路经济带"与欧亚经济联盟：比较分析与关系前景》，载《中国高校社会科学》2015年第6期。

之。关键在于要增加相互投资。鉴于乌克兰危机以来俄罗斯的经济状况,中方增加投资量是俄更为迫切的盼望。

五是俄罗斯历史上从来不是经济强国,比起西方经济发达国家,俄国人民性格轻物质重精神,物质欲望不强,不擅长做生意。但俄也不是弱国、穷国。俄罗斯地大物博,资源、能源得天独厚,经济存量很大,甚至还可以说人民生活过得很好。如果中国只是帮助修桥铺路,俄会有更优选择。俄当然不甘心自动让出地缘优势地位,故提出"大欧亚经济伙伴关系"倡议,不能说完全没有对冲"一带一路"倡议的嫌疑。"一带一路"包容了欧亚经济联盟,在一体化方面,相辅相成。中俄合作关键不在于形式,重在实质。

六是俄罗斯的大国地位主要不在于经济,而是军事、政治、资源和文化影响及综合影响。俄对中国的意义主要也不在于经济、贸易,而在于战略、安全、政治、外交。能得到俄国的合作和支持,对于中国的大国地位的实现不证自明。在中国外交发展的三大板块(大国是关键,周边是首要,发展中国家是基础)中,俄三者全占。因此,发展对俄关系肯定是中国外交的"重中之重"之一。

总之,判断中俄经贸关系,不仅要看中俄贸易的数量,还要看中俄贸易的质量;不仅要看中俄贸易绝对数量,还要看中俄贸易相对权重;不仅要静态地看中俄经贸关系,而且要动态地看中俄经贸关系。观察中俄经济关系,同时要联系中俄政治关系。经贸关系不是经济关系的全部,经济关系也不是国际关系的全部。如果以经贸关系去断定国际关系,并且是以静态的数量眼光去看动态的经贸关系,由此推断中俄两国经贸关系不好,进而推导出两国政治关系不好,或者借口中俄"政热经冷""上热下冷""官方热,民间冷",说发展中俄战略协作伙伴关系是不值得、不必要的,这个结论是不实事求是的、不科学的、错误的。

第四节 关于中俄关系中的历史因素

毋庸讳言,中俄关系史是复杂的,大致可分为友好和"交恶"两个方面。从积极的一面来看，历史上中俄多次友好，甚至结盟。特别是20世纪上半期，法西斯主义和军国主义发动的侵略战争给中国、苏联等许多国家和人民带来人类历史上空前灾难和浩劫。在那场正义与邪恶、光明与黑暗、自由与奴役的殊死战斗中，中国、苏联等50多个国家的人民联合在一起，结成广泛的国际反法西斯和反军国主义统一战线，浴血奋战，并肩战斗，最终打败了野蛮侵略者，赢得了世界和平。苏联是第二次世界大战中的欧洲主战场，中国是第二次世界大战中的亚洲主战场，两国人民在共同的战斗中结下了鲜血凝成的友谊。在新中国成立之初，苏联为奠定中国的工业基础做出了非常重要的贡献，尽管其大党主义、大国主义也是有目共睹的历史事实。

同时，中俄历史上也多次交恶，甚至刀戈相向，给两国关系的发展带来了负面影响。

历史与现实有相关性，但毕竟不同。不能说历史因素没有影响，人们也不会忘记历史，但在两国关系中现实的国家利益起主要的、决定性的作用。如两国历史上有争议的领土问题今日已经划定，从法律上说，已经解决；从感情上讲，一部分中国人似乎尚未彻底接受。今日的中俄关系，主要取决于两国现实的国家利益和国际格局，历史因素不可能起决定性作用。另外，现在的俄罗斯联邦与历史上的沙皇俄国虽然有某种继承性，但毕竟还有区别。如过去中苏边界已经变成了中国与俄和中亚国家的边界，不是中国与俄罗斯一国的问题。人们应该从战略着眼，高瞻远瞩，深谋远虑，风物长宜放眼量，要在互动中求同存异，共同前进。但也不必以太遥远的、未来几百年之后的前景预测作为制定政策的依据，那样时间太长，不确定因素、可变因素太多。每一代人，以完成当前和当代历史使命和历史任务为主。当然，历史因素、国家形象、意识形态、现实表现等因素都会对两国关系产生影响。人们对于同样一个历史问题的看法也未必完全相同，这也很正常。历史不能忘记，要尊重历史，面向未来。要多向前看，往好看，开新篇。任何时代的国际关系都是历史发展的过程。要从历史中继承有益的、积极的、建设性的教训和遗产。国际关系要超越历史，重在现实，否则就无法轻装前进。

第五节　关于中俄关系中的元首外交因素

最高领导人个人因素，包括其战略眼光、见识、性格、好恶、定力、能力，以及最高领导人之间的个人关系等对两国关系至关重要。因为最高领导人从事高级政治，掌握着最高的权力。习近平主席首访俄罗斯，他与普京的个人关系和共同推动的首脑外交，对中俄关系的发展影响是巨大的，发挥了战略引领作用，独特而不可替代。2017年7月，习近平主席在莫斯科说："我从2013年3月出任中国国家主席以来，俄罗斯是我出访的第一个国家。迄今我已经六次到俄罗斯访问。我与尊敬的普京总统已经会晤据统计是22次。应该说，俄罗斯是我访问最多的国家，普京总统是与我来往最密切的国家元首。这充分说明了中俄关系的高水平和特殊性。"① 高级政治关系对低级政治关系具有垂范、引领作用。如果没有习近平主席和普京总统的努力，中俄关系高水平化发展是很困难的。两国一些战略性的协议和安排，例如2014年达成的4000亿美元的能源大单，2015年达成的"一带一盟"对接合作的联合声明，邀请普京总统一起登上天安门城楼检阅第二次世界大战暨抗日战争胜利70周年大阅兵，都是国家首脑亲定的，也只有国家首脑才能最后定夺。他说："在我和普京总统的共同引领下，双方战略互信日益提升，相互给予坚定政治支持，各领域合作取得前所未有的大发展，在国际和地区事务中开展密切沟通协作。中俄关系业已成为互信程度最高、协作水平最高、战略价值最高的一组织大国关系。"② 可以说，习近平总书记在创新和推进中俄新时代全面战略协作伙伴关系方面发挥了决定性的作用。

一个国家，领导人可以变，政府可以变，政体也可以变，但国家利益具有历史的继承性和客观性，而正确的对外政策要反映真实的国家利益。中国和俄罗斯都是不缺精英的民族。俄罗斯即便没有普京，相信也会有其

---

① 《习近平主席在莫斯科的26个小时》，http://www.hao123.com/mid/5858532785677747864。
② 习近平：《就中俄建交七十周年致俄罗斯总统普京的贺电（2019年10月2日）》，《人民日报》2019年10月3日。

他人物涌现出来。所以,发展中俄关系也不能把希望寄托在俄罗斯某个人身上,而是把希望寄托在这个国家、这个民族、这个国家的人民身上。只有符合国家利益的政策和关系,才具有可持续性和长远生命力。

第六节 关于上海合作组织在中俄关系中的作用

上海合作组织是冷战结束后在亚欧地区形成的新的政府间国际组织。中俄是上海合作组织的两个核心成员和创始成员,也是上海合作组织机制的主要力量,上海合作组织车轮的两个主轴。上海合作组织有安全和经济两个主要功能。战略利益决定战略构想。战略构想的相同或相近,体现了其共同或相似的战略利益。战略构想不同,是由其不同利益或利益分歧决定的。上海合作组织是否有前途,是否有生命力,从根本上说,取决于中俄两国战略构想是否一致或大体吻合。如果战略构想相差甚远,体现了其战略利益的背道而驰,那么建立在其上的国际组织是不可能有大的发展前途的。中俄关于上海合作组织的战略构想中,相同、相似或交叉之处远远大于或多于不同或分歧之处,说明上海合作组织虽然是一个新建的、年轻的国际组织,还很不成熟,很不完善,但上海合作组织是有生命力的,是有发展前途的[①]。上海合作组织是中俄两国周边外交、亚欧治理和多边外交合作的稳定机制和重要平台。

上海合作组织也是"丝绸之路经济带"与欧亚经济联盟对接合作的主要平台。因为多数欧亚经济联盟国家。如俄罗斯、哈萨克斯坦、吉尔吉斯斯坦、塔吉克斯坦,也是上海合作组织的成员国,而上海合作组织和欧亚经济联盟的几乎所有成员国,都是"丝绸之路经济带"沿线国家。"一带一盟"的对接合作、"一带一路"与"大欧亚伙伴关系"的协调发展,都可以借助上海合作组织比较成熟的平台、机制和资源,从而极大地推进

---

① 李兴:《论上海合作组织的发展前途——基于中俄战略构想比较分析的视角》,《东北亚论坛》2009 年第 1 期;参见李兴《中俄上合组织战略构想比较分析》,《新视野》2009 年第 1 期。

中俄新时代全面战略协作伙伴关系的发展[1]。

2021年9月16日,上海合作组织银行联合体(简称上合银联体)理事会召开第17次会议。各方高度评价上海合作组织成立20周年、上海合作组织银联体成立16年来在促进区域经济繁荣发展方面发挥的重要作用,并围绕加强成员机构间投融资合作、扩大上海合作组织区域内金融交流对话等议题进行探讨。参会有关方签署了《上海合作组织银联体中期发展战略(2022—2026年)》,明确未来五年在金融合作、交流协作、机制发展等领域的重点工作。作为银联体成员行之一,截至2021年6月末,中国国家开发银行与上海合作组织银联体成员行和伙伴行合作项目59个,累计发放贷款107亿美元、181亿元人民币。[2]

上海合作组织成立以来,在维护区域安全和促进区域合作方面取得了积极成果,同时也存在着一些局限性。上海合作组织具有安全功能,其成立和发展一定程度上适应了中国西北周边安全战略需求,可以将其作为中国区域安全战略的支撑平台之一,但不能作为中国西北周边安全战略的独立支撑平台。这是由中国西北周边安全战略需求、中国西北周边安全形势以及上海合作组织自身状况和多边机制特点所决定的。中国在与周边国家打交道时,如果需要各国共同协作才能解决的问题,就在多边机制下进行合作;如果在双边条件下更有利于解决的问题,就拿到双边机制上来解决。为了更好地构建中国西北周边安全环境,应该以更高、更广的视野观察中国西北周边安全局势,以更加开阔的战略思维来思考应对策略。[3] 在经济合作方面,由于经济总体能量及其导致的经济影响力的差距,以一些欧亚经济联盟国家对中国尚存防范心理,因此,当前建立上海合作组织自由贸易区、推进高水平的亚欧一体化的目标在短期内尚不具备条件。

2021年是上海合作组织成立20周年。6月28日,习近平主席在同俄

---

[1] 参见王晓泉《"一带一路"建设中深化中俄战略协作研究》,中国社会科学出版社2018年版。

[2] 《上合组织银联体理事会第十七次会议召开》,新华网,http://finance.people.com.cn/n1/2021/0918/c1004-32231293.html。

[3] 参见李兴、牛义臣《上合组织为何不足以支撑中国西北周边安全战略》,《国际安全研究》2013年第4期。

罗斯总统普京举行视频会晤时，达成了一个重要共识：当前形势下，上海合作组织面临新的机遇和挑战，应全面谋划和推进该组织发展。9月17日，习近平主席以视频方式出席上海合作组织成员国元首理事会第二十一次会议发表讲话，提出构建卫生健康、安全、发展、人文"四个共同体"关键举措。这是2013年以来习近平主席连续第九年出席这一峰会，[①]体现了中国最高领导人对上海合作组织和中俄关系的重视。

第七节　关于发挥"二轨渠道"作用的问题

"二轨外交"是一种特殊的非官方外交，如果把政府间的官方渠道和官方外交定义为"第一轨渠道""第一轨外交"，则"二轨渠道""二轨外交"是指非国家行为者参与的非官方外交领域的谈判活动，也即运用非官方人物，包括学者、退休官员、非官方社会活动家、非政府组织、民间智库等多种渠道进行交流，通过民间友好往来加强相互信任，待条件成熟后，进一步将民间成果和经验向官方的轨道转化，从而推动真正发挥作用、影响大局的"一轨外交"的顺利进行[②]。与中国与美欧发达国家的"二轨渠道"相比，中俄之间的"二轨渠道"不算特别活跃，还有很大的发展空间。在"丝绸之路经济带"倡议内涵的理解问题上，在"一带一路"对接合作的问题上，包括历史认识问题，商品价格问题，铁轨宽度问题，海关税收问题，能源和教育合作问题，国内政治和政策问题，文化传统和民族性格问题，经济成本和收益问题，相互的透明度和相互关系的舒适度问题，双方关系前景和期待问题，等等，诸如此类，有一些问题，"一轨渠道"没精力、没能力做，或不方便做，或需要较长时间去调研，并获得民众的认可、支持，这需要时间与过程。"一带一盟"对接需要专家学者们探讨可接受的可行方案。"一带一盟"对接合作可能提

[①]《习近平连续第九年出席上海合作组织峰会，读懂这些关键之处》，中国新闻网，http://www.chinanews.com/gn/2021/09-18/9568595.shtml。

[②] 关于"二轨外交"的定义，参见朱旭锋《二轨国际机制与中国思想库发展》，《公共外交季刊》2013年第4期。

速"丝绸之路经济带"建设,也可能帮助欧亚经济联盟打破西方经济制裁。由于"一带一盟"对接工作面临着许多现实的困难,特别是很多技术性问题,各国政府对它们也都缺乏明确的认识。这些情况下"二轨渠道"就能派上用场,发挥自己独特的作用,可以通过开展中俄"二轨外交"式对话①,进行广泛的沟通和交流,说服民众,增信释疑,增进中俄民间相互了解和认同,从而发挥独特的作用。在这方面,"二轨渠道"的协调确实有很多的优势②。其中,发起于 2005 年、由西安市政府承办、每两年举办一届的欧亚经济论坛就有许多成功的经验。

第八节　小结与思考

中俄关系是重要的,也是复杂和敏感的。对于中俄关系,过高或过低评价,妖魔化或神圣化,以及期望值过高或期望值过低,都不是实事求是的科学态度。

俄罗斯就是俄罗斯,用所谓冷战的失败或经济数字很难准确、正确地理解和解释俄罗斯,这些只能对俄罗斯的形象产生某些负面影响。中俄全面战略协作对于双方来说都是立国之基。随着中国外交地位的提升,"一带一路"建设推进、"一带一盟"对接展开,随着特朗普"印太战略"的提出,拜登对华政策的特朗普化,中美关系发生了变化,俄罗斯在中国外交中的地位还会得到提高。我们既要对俄罗斯和亚欧区域进行多学科、交叉学科的宏观、综合、立体的区域与国别研究,同时也要进行微观的、全方位、各领域的具体和个案研究,解剖麻雀,见微知著。在条件成熟后建立"俄罗斯学",推动区域与国别学研究。

世界上没有任何两个国家,特别是大国、邻国,时时事事友好而毫无芥蒂。没有哪一个国家外交政策从不犯错,既能使本国国家利益最大化,

---

① [俄]伊戈尔·杰尼索夫:《新政治周期下的中俄关系——俄罗斯专家的视角》,《中国国际战略评论》2018 年第 1 期。

② 参见杨雷《"一带一盟"对接与第二轨道协调》,《新疆大学学报》(哲学·人文科学版)2017 年第 3 期。

又能占据道德的高地，一贯英明、正确，而国内外没有任何人有任何意见。因此，对于中俄两国关系中的历史、经贸等因素，要持一种与时俱进、理性务实、包容合作的态度，良性互动，做一个与人为善、以邻为伴的睦邻和朋友。

在新时期战略协作伙伴和"一带一盟"双框架下，中俄之间既有积极合作，也有消极合作；既有互信合作，也有缺乏互信的合作；既有基于利益的合作，也有基于道义的合作。各种合作给中俄双方都带来了红利，给亚欧区域和全球带来了和平与稳定。不可否认的是，也有个别领域的不合作，甚至逆合作，虽然不多。我们要精心经营和运筹中俄战略协作，包括理论上的清晰与实践中的模糊如何平衡。中俄关系虽然总体互信，也不是无限度的。国际关系，特别是大国关系具有复杂性。与俄罗斯友好并不排斥与包括美国在内的其他国家发展关系。

当前，中俄关系处于历史上最好的时期。中俄新时代全面战略协作伙伴关系是新型国际关系的实践，是对国际政治文明的创新和贡献。中俄双方对于彼此越来越重要。地缘政治有时超过地缘经济，精神的、思想的、灵魂的接近经常压倒物质的、经济的、实际利益的内容。胡适先生说，与人相处要于有疑处无疑，做学问则在无疑处要有疑。中俄关系大体适用胡适先生所说的与人相处的原理：宜粗不宜细。

笔者认为，认识中俄关系要以"一纲两目"为指南。所谓"一纲"，即中华民族伟大复兴为最高目标和根本原则，不以一时一地经济利益、局部利益、短期利益、暂时利益、可让渡利益、次要利益为囿、为念、为意。所谓"两目"，即两个层次："一目"为内部层次，中俄睦邻友好，共同发展，互利互让共赢。另"一目"为外部层面，中俄共同反霸，追求共同安全，抱团取暖，同舟共济，携手推进人类命运共同体建设。指出中俄关系的问题，挑毛病，进行批评，指责，是很容易的，也是必要的，正常的；但更重要的、更需要的、更迫切的是，要提出建设性的、可操作性的、切实管用的方案。要处理好中俄战略协作伙伴关系定位与实践之间的关系，要赋予这一关系实质性内容，避免中俄战略协作伙伴关系空心化、工具化、庸俗政治化，还要防止两国关系陷入"空转"。

中俄关系中问题很多，笔者概括为4"In"、8"互"、3"Д"问题。

4 "In"，即：Infrastructure（基础设施）、Industrialization（工业化）、Internet（互联网）和 Inclusiveness（包容性），这些都是"一带一路"的应有之义。8 "互"即交通上互联互通，经济上互利互惠，政治上互信互帮，安全上互靠互助。3 "Д"即"Диалог"（对话）、"Доверие"（互信）、"Действие"（行动）。那么对策呢？笔者认为要采取 3 "对"、3 "不对"、5 "Li"和 2 "C"的办法。3 "对"，即对照、对表、对接。3 "不对"，即不对立、不对抗、不对决。五 "Li"，即以立（li）（场）服人，以（道）理（li）服人，以利（li）（益）服人，以（实）力（li）服人，以（范）例（li）服人。至于 2 "C"，即多一些这样的 2C（Cooperation、Compromise），少一点那样的 2C（Conflict、Copetition）。从三 "不"（即不结盟、不对抗、不针对第三国）到三 "无"（即合作无止境、无禁区、无上限），体现了中俄关系的循序渐进与弹性变通，战略性与上下限，确实需要宏大格局和长远眼光。总之，中俄关系研究要做到做好：老问题、新思考；热问题、冷思考；小问题、大思考；急问题、远思考；有问题，早思考；切忌感情用事，观点先行，而应客观冷静，科学理性。

结　　语

亚欧大陆在当今国际政治和国际关系中的重要地位自不待言。中国和俄罗斯是亚欧大陆和当今世界两个举足轻重的大国，上海合作组织和金砖国家集团核心成员国，联合国安理会常任理事国。"丝绸之路经济带"和欧亚经济联盟即"一带一盟"，可以说集中了中俄两国的亚欧大战略和周边大战略。亚欧中心地带，是中俄利益和影响力交集、交汇最多之地。"丝绸之路经济带"与欧亚经济联盟的关系，是考察、分析、判断中俄关系水平的一个全新框架、有效视角和重要指标，也可以说是两国关系的风向标，甚至是试金石。

一　成果主要内容

中俄新时代全面战略协作伙伴关系，既是百年未有之大变局发展的表现，也是百年未有之大变局的结果。两国关系发展到今天，与两国元首外交的战略引领是分不开的。"丝绸之路经济带"与欧亚经济联盟的对接合作、共同发展，"一带一路"与"大欧亚伙伴关系"的协调发展、并行不悖，是中俄新时代全面战略协作伙伴关系在经济领域的集中体现。什么是对接合作？"一带一盟"要不要对接合作？如何对接合作？双边还是多边？因为前无借鉴，还无相似，所以在每一个环节上，每一个过程中，都有可能出现不同的问题，不同的意见。毕竟两国国家利益及其重心不可能完全并总是一致，并且两国内部各有不同的国内政治和利益划分。两国政界、学术界、民间也会有不同的声音。这是可以理解的，也是完全正常的。不能忽视，也没有必要夸大。

从倡议到实践，从愿景到行动，从务虚到务实，从实践到创新，中俄在"丝绸之路经济带"与欧亚经济联盟"一带一路"与"大欧亚伙伴关系"框架下的"五通"合作，即政策沟通、设施联通、贸易畅通、资金融通和民心相通方面的对接合作，已经取得了明显的早期收获和很大进展。两国政治上高度互信，元首外交有声有色，经济合作稳步提升，人文交流日趋活跃。即便在新冠疫情防控期间，"一带一路"建设也暂停中有稳，缓中有进，电子商务得到大发展。人文交流没有停顿，线上交流非常频繁。两国人民相互的了解和好感日益增加。一些原来以为很难做到的事情，做成了，也办成了。一些原来以为完全不可能、做不到的事情，有的居然取得出人意料的进展。一些原来毫无头绪的事情也有了眉目，有了路线图甚至时间表。业已成立20周年（2001—2021）的上海合作组织是"丝绸之路经济带"与欧亚经济联盟对接合作的主要平台。"一带一路"建设"五通"合作齐头并进发展，但各有特点。其中，政策沟通、设施联通方面成就最多，也最为明显；贸易畅通和资金融通方面有相当进展，也有很大潜力，但有些没落地、做实；民心相通（人文交流）方面起步较晚，有了很大的进步和改观，但仍然有很大的发展空间。中俄合作经受住了新冠疫情的考验。取得这样的成就，对于两个大国、邻国、特别是历史上关系很复杂的两个国家，是很不容易的，来之不易，应该珍惜，也是令人欣慰的。正如习近平主席在2019年访俄时说："70年来，国际社会风云变幻，中俄关系也经历了种种考验。当前，中俄关系在高水平上持续、稳定、健康发展，处于历史最好时期，也成为当今世界互信程度最高、协作水平最高、战略价值最高的一对大国关系。"[1]"习近平总书记运筹帷幄、定向把舵，亲自指挥、亲自部署，亲力亲为、率先垂范，在推进和引领新时代中国特色大国外交方面发挥了决定性的作用"[2]。同样，在开创和推进中俄新时代全面战略协作伙伴关系方面，习近平主席和元首外交处于核心位置，起到了战略引领的决定性作用。共建"丝绸之路经济

---

[1]《习近平这次访俄，具有特殊重要意义》，http：//www.xinhuanet.com/politics/xxjxs/2019-06/07/c_1124594081.htm。

[2] 中共中央宣传部、中华人民共和国外交部：《习近平外交思想学习纲要》，人民出版社、学习出版社2021年版，第26页。

带"、对接合作、互利共赢、共同发展成为中俄开创的亚欧区域经济一体化新模式。2022年，按照购买力平价计算俄罗斯GDP超过德国，一跃成为欧洲第一经济大国，而这背后是中俄经济的高速发展，中国正在逐步替代欧洲，成为俄罗斯最重要的经济合作伙伴。

"一带一盟"也好，中俄关系也罢，有权衡，有博弈，有竞合，有政策的调整，有暴风骤雨般的凯歌行进，有和风细雨般的匍匐前行，有笔直的通道，便捷的大路，也有蜿蜒的曲折，一时的停滞，暂且的倒退。既不会总是风生水起，也不会永远的一帆风顺，更不会一蹴而就，因为存在障碍和困难，包括心理的和体制的，比如建立上海合作组织自由贸易区、推进高水平的亚欧一体化的目标在短期内可能性不是很大。但"一带一路"对接合作不会销声匿迹，烟消云散，因为两国存在内在的刚需，而且这种内需越来越强。两国和而不同，义利兼顾，互利双赢，共同发展。

对于一些消极因素和问题的存在和影响，本书认为，应持客观、理性、务实的科学态度分析。"一带一盟"对接合作，是在矛盾中对接，实践中发展，博弈中合作，在存在的问题中寻求共识和对接，在克服困难和解决问题中推进。战略格局要大，战略定力要稳，合作主体要下沉，中间工作层面要打开，克服"上热下凉中不为"的状况，经济账和政治账都要算，打造两国利益共同体，培养青年语言和复合型人才，保障中俄关系健康和可持续性发展。

前期合作成果和早期合作收获为"一带一路"建设和中俄关系的百尺竿头进一步发展奠定了良好的基础。关键在于行动，事实胜于雄辩。思想上不能悲观消极，以致无所作为。双方都有很多经验值得总结，很多教训值得吸取，从而发挥"中俄智慧"，践行以互利共赢、共同发展为核心的新型国际关系，弥补中俄关系短板，推动中俄新时代全面战略协作伙伴关系发展，促进人类命运共同体的形成。

二 成果主要创新

在创新方面，本成果力图做到"三新"：即材料新、方法新、观点新。

（一）在材料新方面

运用了大量的俄文资料和第一手材料，其中包括欧亚经济联盟一些最新的数据；紧密跟踪中俄关系和"一带一盟"对接合作的最新进展，以及国内外学界研究动态。课题的俄方合作单位有俄罗斯高等经济大学，课题组主要成员都熟悉俄文，有在俄留学和进修的经历，并且与俄方保持紧密的学术联系，经常赴俄开会交流，能够保持对本课题前沿问题的最新动态的把握。

（二）方法新方面

1. 把课题的研究置于"一带一路"、国际格局和中美俄三角大背景下；

2. 考察中俄双向互动、动态关系和政策研究，而不是单向的、静态的；

3. 比较研究中俄美亚欧一体化倡议，分析其相同和相异点；

4. 案例研究，如"冰上丝绸之路"，黑龙江流域地方合作等。

5. 提出了"亚欧""亚欧区域"和"亚欧研究"新概念，以区别于原来的"欧亚""欧亚大陆"和"欧亚研究"旧概念。注重概念辨别。如"对接"一词（Сопряжение，Состыковка，"一带一路"是"倡议"还是"战略"Стратегия，Инициатива）。

6. 多学科交叉研究，如国际关系，区域经济，战略学、外交学、世界历史。

7. 全面、多元视角。例如俄对"一带一盟"的认知，既然有俄学界，也有俄政界。俄政界与俄学界有一致之处，但并非完全相同。

8. 内容立体，有层次，既包括中俄关系中的高级政治（战略，安全，外交）内容，也包括低级政治（经济、人文、社会等）内容。中俄开创了战略协作、对接合作发展模式，发展了传统的区域一体化理论和新型国际关系。

9. 综合研究。理论与实践相结合，经济与政治相结合，历史与现实相结合，外交与内政相结合，宏观分析与微观探讨相结合，学术研究与应用研究相结合。

10. 见微知著，以小见大。本书从中美俄三强在亚欧中心区域的地区博弈而管窥其全球战略，分析中美俄外交政策和三角关系，从而达到窥一斑而知全豹的效果。

（三）观点新方面

1. 在学术界第一次系统、综合地比较研究中美俄为代表的三种亚欧跨区域合作的体制机制安排，各自的特点与相互关系；公开（或含蓄地）提出一些新观点、新概念。如亚欧区域在全球国际经济政治格局中的重要地位；"丝绸之路经济带"、欧亚经济联盟、"新丝绸之路计划"，集中体现了中国、俄罗斯和美国这三大世界强国的亚欧大战略，是中美俄三角关系在区域经济、地缘政治、人文地理领域一个比较集中、比较具体和比较突出的表现；支持、冷淡还是反对"一带一路"倡议，赞成、消极还是抵制"一带一盟"对接合作，是判断和分析中美俄三角关系的新的视角、重要指标和有效框架；对国际关系中的动机因素如何正确地认识、分析，努力使其不可测性、可变性转变成可预测性和可确定性。

2. 较早在学术研究中提出"亚欧""亚欧研究"的新概念。传统上西方学术体系、话语体系中使用"欧亚"一词，这在某种意义上是西方中心论的表现之一。本书使用"亚欧""亚欧研究"新概念，基于以下原因：从地理上讲，亚洲比欧洲大得多，欧洲只是亚洲的一个半岛；亚洲经济政治地位不断上升，世界经济政治重心在从欧洲向亚洲地区转移。采用"亚欧""亚欧研究"新概念是适应国际形势的发展需要，同时也是学术研究的一点创新。

3. 本书没有回避一些敏感问题，而是直面这些问题，提出正确的解决之道，以服务于国家发展中俄关系和大国外交战略需要。比如，中俄关系"上热中温下凉"的状况，"一带一盟"对接合作成果落地还需努力增加，不能完全排除俄方"大欧亚伙伴关系"倡议对"丝绸之路经济带"倡议部分复杂影响的分析。

4. 探究俄罗斯政界和学界对于"一带一路""一带一盟"的认识，是不一样的。政界往往从政治、战略、大局出发，学界相对滞后，喜欢怀疑，提出问题。笔者认为，"一带一盟"对接合作重在实践，不要陷入理论、框架之争。心动不如行动，事实胜于雄辩。实干兴邦，贵在坚持。

5. 分析中俄关系的特点，提出对两国经济关系的看法。认为中俄高级政治关系已经达到很高的水平，甚至可以说，是历史上最好的时期，也是历史上两国关系最为平等的时期，包括两国的军事合作都实现了常态化、机制化的联训联演联赛。同时，中俄经济关系的发展水平也是很高的，并不像表面上看到的数据那样简单。因为必须考虑中俄贸易量在俄罗斯整个贸易量中的比重,以及中俄贸易量在俄罗斯 GDP 总量中的比重。这两个比重拿来进行国际比较,俄罗斯并不比欧美国家低。

6. 提出与外因相比,内因即发展中俄关系内在的刚需因素越来越重要的观点。认为不断地持续地加强、巩固中俄战略互信和共同发展理念,是一个在实践中需要不断强调和推进的重大课题。

7. 中俄关系经受住了百年未遇的新冠大疫情的考验。中俄经贸量逆势增长,新加了两国电子商务、人文交流、政党交流、首脑外交等新的方式和形式,如视频会议、电子商务、智慧旅游、云交流,等等。在防控疫情的斗争中,两国相互支援,守望相助,共同推进国际合作和真正的多边主义,反对疫情政治化,倡议人类命运共同体理念。

8. 提出研究中俄关系的三个框架:"丝绸之路经济带"与欧亚经济联盟对接合作框架;中俄新时代全面战略协作伙伴关系框架;中俄美大三角关系框架。

9. 提出"冰上丝绸之路"建设是"一带一路"倡议、"一带一盟"对接合作、中俄关系发展的重要创新和亮点。

10. "一带一路"是中国提出的最有活力和全球影响力的一体化倡议,是以互利共赢、共同发展为核心的新型国际关系的重要举措。"一带一路"框架下中俄之间的全面合作,是新型国际关系、邻国关系和大国关系的典范,是推动亚欧区域治理、构建亚欧命运共同体的重要支撑,是对国际政治文明的实践创新和重大贡献。

三 成果社会影响

中俄关系是当今世界最重要的双边关系之一,同时也是中国外交最关注的重大课题之一。本书从中国倡导的"丝绸之路经济带"与俄罗斯主导的欧亚经济联盟相互关系的新视域出发,重点探讨中俄新时代关系中的"一带一盟"因素,"一带一盟"的来龙去脉与复杂互动关系,包括现状与认知,对接与合作,障碍与未来,等等。本书认为,在百年未有之大变局的国际大背景下,中俄新时代全面战略协作伙伴关系的实质,是建立中俄两国发展、安全与命运共同体。发展中俄新时代全面战略协作伙伴关系,可以说是中国外交的优先方向之一。秉持人类命运共同体理念,在

"丝绸之路经济带"框架下，着眼于亚欧大陆新秩序布局谋篇，"一带一盟"对接合作、共同发展，既是中俄新时代全面战略协作伙伴关系的具体体现，也是补两国关系之短板，夯实两国关系的社会基础，促进中俄关系持久稳固发展的新的增长点，潜力巨大，前景广阔，任重道远，要持续大力推进。同时对于一些消极因素的存在和影响，应持客观、理性、务实的科学态度。要克服中俄关系"政冷经热媒体凉""上热下冷中不为""工作层面不作为"的状况，更要防止由于互信不足，相互利用，出现心口不一、言行不一、阳奉阴违的状况。

成果先后发表了近 20 篇 C 刊论文。成果论文发表后，已经有多人（次）的学术引用和下载，产生了很好的学术和社会影响。

成果对如何厘清和处理中俄关系、中美关系、中美俄三角关系，如何推动"一带一路"、促进人类命运共同体建设，具有一定的参考价值和资政意义。

项目成员提交的一些资政报告，因具有建设性和可操作性，得到中央外办、国家安全办公室、国家外事办公室、国家反恐办、北京市、北京市安全局等的表彰，有的在后来的外交实践中被采纳。比如 2017 年提交资政报告《建议我国正国级领导人出席东方经济论坛》，得到中央外办领导表扬，2018 年 9 月，习近平主席出席俄罗斯东方经济论坛，对中俄战略协作伙伴关系起到了巨大的推动作用。关于中美俄大三角关系的资政报告得到中央高层的肯定和表扬。项目组骨干成员围绕本项目的资政报告获得中国社会科学院 8 个奖状，其中《关于提升中俄全面战略协作伙伴关系水平的对策建议》获得中共中央政治局委员领导的批示。项目负责人和成员受邀在外交部、中联部、中俄和平与发展委员会、中国驻俄领事馆、若干重点高校和科研院等单位座谈，一些观点在中俄学术界、使领馆得到了良好反响。若干学术论文和报告以俄文形式与俄罗斯学者合作发表，扩大了成果的国际影响。

四 成果的不足：原因分析与改进方向

主持人非常坦诚地承认和交代，尽管在评审专家意见的基础上进行大量的修改，注意到了主题不集中，重点不突出，弥补经济关系、一体化理论等不足，以及加强中俄在教育、能源、人文、政党交流、旅游等方面的对策性研究，但成果仍然存在不足和问题：研究水平和能力的不足；成果的系统性、逻辑性、规范性不够；由于知识结构不完善，运用国际法分析严重不足。

中俄关系也好，"一带一路"建设也好，"一带一盟"对接合作也好，研究对象处在发展变化的过程当中。连同课题组成员，以及成员的思想观点，都处在变化过程之中，中俄学者合作客观上也增加了观点整合的难度和工作量，计划往往赶不上变化，加之时间因素（项目转眼已过6年），这些因素不可避免地影响到了成果前后观点的调整、逻辑性的完整和材料的最新性。成果在政治性与学术性、全面性与重点论、规范性与创新性等关系的平衡方面，还有很大的提高空间。

自2019年底以来，百年未遇之新冠疫情对课题研究也造成了消极影响。一些原本计划好的国内外学术会议、学术活动也只能放弃或延期，只能通过网络材料、线上联系、云中交流，给整个项目的完成还带来了一些没有预料到的影响。幸好本项目属于基础性研究性质，现代网络也提供了资料之便，更多的是需要坐冷板凳做学问的精神，感谢课题组的共同努力和相关领导机构的大力支持，新冠疫情并未能从根本上影响到本项目的最终完成。

在百年未有之大变局的时代大背景下，新冠疫情肆虐全球，国际格局发生深刻变化，大国关系进行深度调整。特朗普政府公开宣称美国以中国和俄罗斯为战略竞争对手。拜登在对华对俄政策问题上日益"特朗普化"。作为崛起中的新兴经济体，中国和俄罗斯关系既面临巨大的创新发展机遇，也面临新的挑战和不确定性，需要我们去夯实两国关系基础，加固两国关系纽带，对接合作"一带一盟"，使之成为中俄新时代全面战略协作伙伴关系的稳定器和助推剂。在"丝绸之路经济带"倡议与"一带一盟"对接合作框架的背后，是"一带一路"与"大欧亚伙伴关系"协调发展框架，是中俄新时代全面战略协作伙伴关系的存在和发展，是中俄周边和大国外交、亚欧和全球治理、新型国际关系和人类命运共同体理念的具体实践和中俄方案。在"一带一路"框架下，中俄关系的发展总体来说是成就卓著、引人注目的，同时由于主客观诸多原因，中俄关系问题、障碍和困难很多，这种"结伴而不结盟"关系的发展也并非一帆风顺，是复杂的、微妙的，是很不容易的，有时甚至是艰难的，来之不易的，并且并非注定就是不可变的，因而应该珍惜，来不得丝毫的懈怠和马虎，必须精心、用心、细心、耐心地经营、打造和维护。中俄关系貌似老生常谈，但是常谈常新。目前的研究才刚刚开始，还远远不够，跟不上形势发展的需要。实在是路远且长、任重道远。2022年召开的中共二十大，是我国政治生活中的一件大事。大会再次确立习近平同志党和国家的核心领导地位，继往开来，继承创新，在内政外交诸方面出台新的、具有战略意义的顶层设计和大政方针，为推动中国特色的大国外交提供新的动能、开辟新的道路。2023年3月，习近平第三次就任中国国家主席后，再次首访俄罗斯。2023年，"一带一路"倡议提出十周年、第三届"一带一路"国际合作高峰论坛在北京举行等一系列大型活动。普京宣布参加2024年俄罗斯总统大选，这些都必将为促进"丝绸之路经济带"建设和亚欧合作与创新发展注入新的活力。

中俄关系本身是一个不断发展的过程，"一带一路"建设也处于实践过程当中，并且极具复杂性和敏感性。"丝绸之路经济带""二十一世纪海上丝绸之路"，虽然一个重点在陆地，一个主要在海上，但有时也难以彻底分开。因为像俄罗斯这样幅员辽阔的大国，是海陆复合国家，虽然以丝绸之路经济带建设为主，但"冰上丝绸之路"建设也可视为"一带一路"建设交汇、中俄两国发展战略对接合作的实践和创新。从这些意义上来说，关于中俄关系和亚欧合作的任何研究成果其实只能是阶段性的，不是最终的。本书也不例外。我国学术界对中俄关系的研究成绩虽然斐然，但多为宏观性、战略性、政策性、领域性和局部性的阐述，在全面性、综合性、务实性、深层次的精细研究和对策研究等方面存在欠缺。本书努力克服这些不足，加以向前推进，但仍然感到力不从心，难以令人完全满意。课题组负责人和成员的知识结构、研究水平有限，特别是自2019年以来百年未遇的新冠疫情对实地调研的消极影响，课题组对中俄关系的研究很难做到面面俱到，平均用力，只能是有所侧重，有所集中，意在突出亮点，凝聚特色。因此，本书在全面性、系统性、逻辑性方面仍然有很多不足，加上出版周期因素，本书也只是一家之言，一孔之见。作为国家社科基金重大招标项目"丝绸之路经济带框架下中俄全面合作研究"(项目编号：16ZDA040)的结项成果，本书的研究仍然只是阶段性的，仍存在不少缺点和瑕疵，作者有自知之明。逝者如斯夫！从立项到结项，转眼六年过去了。感谢评审专家们的多轮宝贵意见。科学研究永远在路上，没有止境，也不可能有止境，课题组在汲取专家意见的基础上，反复修改、补充和完善，进一步打磨、润色，努力提高质量，最后定名《亚欧合作研究：实践与创新》出版，欢迎各位读者批评指正。

参考文献

一 中文文献

（一）专著

步平、郭蕴深、张宗海、黄定天：《东北国际约章汇释（1689—1919年）》，黑龙江人民出版社1987年版。

陈玉刚：《国家与超国家：欧洲一体化理论比较研究》，上海人民出版社2001年版。

何俊仕、尉成海、王教河：《流域与区域相结合水资源管理理论与实践》，中国水利水电出版社2006年版。

黄晓勇：《能源经济论集》，社会科学文献出版社2020年版。

蒋新卫：《冷战后中亚地缘政治格局变迁与新疆安全和发展》，社会科学文献出版社2009年版。

李凤林：《欧亚发展研究（2013）》，中国发展出版社2013年版。

李兴、[俄]阿·沃斯克列先斯基：《亚欧中心跨区域发展体制机制研究》，九州出版社2016年版。

李兴：《"一带一路"与欧亚经济联盟对接合作研究》，红旗出版社2018年版。

李学杰：《北极区域地质资源与油气资源》，地质出版社2014年版。

李毅、毛日昇、徐奇渊等：《包容性增长与结构转型：新兴经济体的政策选择》，中国社会科学出版社2016年版。

李永全：《俄罗斯黄皮书：俄罗斯发展报告（2017）》，社会科学文献出版社2017年版。

李永全：《"一带一路"蓝皮书："一带一路"建设发展报告（2018）》，社会科学文献出版社 2018 年版。

李志斐：《水与中国周边关系》，时事出版社 2015 年版。

刘华芹等：《丝绸之路经济带：欧亚大陆新棋局》，中国商务出版社 2015 年版。

刘家磊：《东北地区东段中俄边界沿革及其界牌研究》，黑龙江教育出版社 2014 年版。

毛泽东：《毛泽东选集》第一卷，人民出版社 1991 年版。

孙力、吴宏伟：《中亚黄皮书：中亚国家发展报告（2013）》，社会科学文献出版社 2013 年版。

孙力：《中亚黄皮书：中亚国家发展报告（2017）》，社会科学文献出版社 2017 年版。

孙壮志：《俄罗斯黄皮书：俄罗斯发展报告（2018）》，社会科学文献出版社 2018 年版。

孙壮志：《俄罗斯黄皮书：俄罗斯发展报告（2019）》，社会科学文献出版社 2019 年版。

孙壮志：《俄罗斯黄皮书：俄罗斯发展报告（2020）》，社会科学文献出版社 2020 年版。

孙壮志：《俄罗斯黄皮书：俄罗斯发展报告（2021）》，社会科学文献出版社 2021 年版。

孙壮志：《俄罗斯黄皮书：俄罗斯发展报告（2022）》，社会科学文献出版社 2022 年版。

孙壮志：《俄罗斯黄皮书：俄罗斯发展报告（2023）》，社会科学文献出版社 2023 年版。

王晨星：《欧亚经济联盟：成因、现状及前景》，社会科学文献出版社 2019 年版。

王奇：《中俄国界东段学术史研究：中国、俄国、西方学者视野中的中俄国界东段问题》，中央编译出版社 2008 年版。

王晓泉、[俄] 叶莲娜·扎维雅洛娃：《中俄能源行业发展与务实合作研究》，中国社会科学出版社 2020 年版。

王晓泉：《"一带一路"建设中深化中俄战略协作研究》，中国社会科学出版社2018年版。

王义桅：《"一带一路"：机遇与挑战》，人民出版社2015年版。

王治来：《中亚史》，人民出版社2010年版。

习近平：《决胜全面建成小康社会 夺取新时代中国特色社会主义伟大胜利——在中国共产党第十九次全国代表大会上的报告》，人民出版社2017年版。

习近平：《论坚持推动构建人类命运共同体》，中央文献出版社2018年版。

习近平：《习近平谈"一带一路"》，中央文献出版社2018年版。

肖玉秋：《中俄文化交流史·清代民国卷》，天津人民出版社2016年版。

薛衔天等：《中苏国家关系史资料汇编（1917—1924）》，社会科学文献出版社1993年版。

阎学通、孙学峰：《国际关系研究实用方法（第二版）》，人民出版社2007年版。

曾令良：《欧洲联盟法总论——以〈欧洲宪法条约〉为新视角》，武汉大学出版社2007年版。

张宇燕：《习近平新时代中国特色社会主义外交思想研究》，中国社会科学出版社2019年版。

赵江林：《中美丝绸之路战略比较研究——兼议美国新丝绸之路战略对中国的特殊意义》，社会科学文献出版社2015年版。

中共中央党史和文献研究院：《习近平关于中国特色大国外交论述摘编》，中央文献出版社2020年版。

中共中央宣传部、中华人民共和国外交部：《习近平外交思想学习纲要》，人民出版社、学习出版社2021年版。

中共中央宣传部：《习近平总书记系列重要讲话读本》，学习出版社、人民出版社2016年版。

中国社会科学院近代史研究所：《沙俄侵华史（第一卷）》，人民出版社1976年版。

中国社会科学院中国文化研究中心中俄合作课题"后苏联时期俄罗斯文化政策的国际视角"课题组：《全球化视野下的中俄文化政策研究》，

经济管理出版社 2018 年版。

中华人民共和国外交部边界与海洋事务司：《中华人民共和国边界事务条约集（2004—2012 年）》，世界知识出版社 2013 年版。

周丕启：《大战略分析》，上海人民出版社 2009 年版。

（二）译著

［俄］А. П. 齐甘科夫、П. А. 齐甘科夫：《当代俄罗斯国际关系学》，冯玉军、徐向梅译，北京大学出版社 2008 年版。

［美］戴维·阿布夏尔等：《国家安全：今后十年的政治、军事和经济战略》，柯任远译，世界知识出版社 1965 年版。

［俄］Е. В. 冈索维奇：《阿穆尔边区史》，黑龙江省哲学社会科学研究所第三研究室译，商务印书馆 1978 年版。

［美］罗伯特·基欧汉、约瑟夫·奈：《权力与相互依赖》，门洪华译，北京大学出版社 2002 年版。

［美］罗伯特·A. 帕斯特：《世纪之旅：七大国百年风云》，胡利平、杨韵琴译，上海人民出版社 2001 年版。

［美］塞缪尔·亨廷顿：《文明的冲突与世界秩序的重建》，周琪等译，新华出版社 1998 年版。

［俄］谢尔盖·根纳季耶维奇·卢贾宁：《俄罗斯与中国：共建新世界》，万青松、崔珩译，人民出版社 2019 年版。

［美］兹比格纽·布热津斯基：《大棋局：美国的首要地位及其地缘战略》，中国译者研究所译，上海世纪出版社 2007 年版。

（三）论文

［俄］А. В. 伊万措夫、许金秋、张誉馨：《欧亚经济联盟与丝绸之路经济带：中国国家利益与风险》，《俄罗斯学刊》2019 年第 2 期。

［俄］А. Г. 拉林、В. А. 马特维耶夫：《俄罗斯如何看待欧亚经济联盟与"丝绸之路经济带"对接》，《欧亚经济》2016 年第 2 期。

［俄］А. Д. 沃斯克列先斯基、王志远：《俄中合作的发展逻辑、前景和主要演进方向》，《俄罗斯学刊》2019 年第 4 期。

［俄］В. А. 克留科夫、А. Н. 托卡列夫、邹秀婷：《西伯利亚地区在发展俄中石油天然气合作中的作用》，《西伯利亚研究》2020 年第 2 期。

［俄］B. A. 马特维耶夫、邹秀婷：《俄罗斯与中国东部毗邻地区天然气合作分析与预测》，《西伯利亚研究》2019 年第 1 期。

［俄］C. 比留科夫、班婕：《"丝绸之路"与欧亚一体化——两大战略项目相结合的前景》，《俄罗斯研究》2015 年第 6 期。

［俄］E. M. 库兹米娜、农雪梅：《上海合作组织作为欧亚经济联盟与"丝绸之路经济带"对接平台的可能性》，《欧亚经济》2016 年第 5 期。

［俄］斯米尔诺娃、禚明亮、张欢欢：《俄罗斯媒体对"一带一路"的认知》，《俄罗斯学刊》2018 年第 1 期。

［俄］谢·卢贾宁、谢·萨佐诺夫、陈余：《丝绸之路经济带：2015 模式》，《俄罗斯东欧中亚研究》2015 年第 4 期。

［俄］谢尔盖·卡拉加诺夫、季莫费·博尔达切夫、奥列格·巴拉巴诺夫等：《构建中央欧亚："丝绸之路经济带"与欧亚国家协同发展优先事项》，《俄罗斯研究》2015 年第 3 期。

［俄］亚·列克秀金娜、王志远：《"一带一路"倡议框架下俄中合作的成就与问题》，《俄罗斯学刊》2019 年第 1 期。

［俄］伊戈尔·杰尼索夫：《新政治周期下的中俄关系——俄罗斯专家的视角》，《中国国际战略评论》2018 年第 1 期。

卞锦宇、耿雷华、田英：《中俄水质标准的差异及其对我国跨界河流开发与保护的影响》，《中国农村水利水电》2012 年第 5 期。

蔡武：《区域经济一体化与协调发展理论研究综述》，《内蒙古财经学院学报》2012 年第 5 期。

柴瑜、王效云：《"丝绸之路经济带"与欧亚经济联盟的对接——基础、挑战与环境塑造》，《欧亚经济》2018 年第 5 期。

陈小沁：《核能外交的理论与实践——兼评俄罗斯的国际核能合作》，《欧亚经济》2020 年第 6 期。

陈心香、林怀艺：《政党外交在"一带一路"战略中的作用及其实现》，《学习与探索》2016 年第 9 期。

程亦军：《后苏联空间一体化前景黯淡》，《俄罗斯学刊》2013 年第 1 期。

丛晓男：《中国—欧亚经济联盟 FTA 的经济障碍与现实选择——基于可计算一般均衡 GMR – CGE》，《俄罗斯研究》2018 年第 1 期。

董博雯:《中俄经贸合作发展形势分析与展望》,《对外经贸》2021年第12期。

冯玉军、庞昌伟、许勤华等:《俄罗斯在国际能源战略格局变化中的地位及中俄能源合作》,《欧亚经济》2018年第3期。

冯玉军:《论"丝绸之路经济带"与欧亚经济联盟对接的路径》,《欧亚经济》2016年第5期。

富景筠:《俄、白、哈关税同盟的历史演进、动因及前景——基于区域内贸易特点的视角》,《俄罗斯东欧中亚研究》2014年第2期。

高德步、刘文革、邵宇佳:《世界经济新格局与中国特色地缘政治经济学理论——第四届地缘政治经济学论坛综述》,《经济研究》2018年第10期。

高际香:《〈中俄在俄罗斯远东地区合作发展规划(2018—2024年)〉述评》,《俄罗斯学刊》2019年第1期。

高艺:《"一带一路"背景下中俄人文交流转型发展的挑战与思考》,《对外传播》2017年第7期。

黄登学:《俄罗斯构建"欧亚联盟"的制约因素》,《当代世界社会主义问题》2012年第4期。

黄晓燕、秦放鸣:《丝绸之路经济带与欧亚经济联盟对接(2015—2017):国内外研究综述》,《俄罗斯东欧中亚研究》2018年第3期。

贾德香、白建华、梁芙翠:《中俄界河水电项目合作开发前景分析》,《能源技术经济》2010年第2期。

贾生元、戴艳文、阎万江:《中俄界河黑龙江生态环境保护与可持续开发利用研究》,《水资源保护》2003年第3期。

姜岩、郭连成、刘慧:《"一带一路"背景下中俄跨境电商发展的机遇、挑战与对策》,《欧亚经济》2021年第4期。

姜毅:《中俄边界问题的由来及其解决的重大意义》,《欧洲研究》2006年第2期。

蒋菁、刘阳:《〈中华人民共和国与欧亚经济联盟经贸合作协定〉评析》,《俄罗斯学刊》2019年第6期。

蒋菁:《欧亚经济联盟:目标、成效与发展态势》,《欧亚经济》2021年第 6 期。

金丹：《区域经济一体化的理论框架研究》，《西部经济管理论坛》2014 年第 3 期。

康喆文：《俄罗斯主流媒体对"一带一路"倡议的评述——基于俄罗斯新闻社的调查》，《大连海事大学学报》（社会科学版）2018 年第 2 期。

李传勋：《中俄毗邻地区非传统安全领域合作初探》，《俄罗斯中亚东欧研究》2006 年第 6 期。

李建民：《丝绸之路经济带、欧亚经济联盟与中俄合作》，《俄罗斯学刊》2014 年第 5 期。

李琳琳、李尧：《卢布汇率下跌对中俄边境旅游业的影响及对策》，《西伯利亚研究》2015 年第 1 期。

李平：《让环保合作成为中俄战略协作的典范》，《中国环境报》2013 年 7 月 2 日。

李昕蕾：《冲突抑或合作：跨国河流水治理的路径和机制》，《外交评论》（外交学院学报）2016 年第 1 期。

李新：《普京欧亚联盟设想：背景、目标及其可能性》，《现代国际关系》2011 年第 11 期。

李新：《丝绸之路经济带对接欧亚经济联盟：共建欧亚共同经济空间》，《东北亚论坛》2016 年第 4 期。

李兴、耿捷、成志杰：《"一带一路"框架下的金砖合作机制与中俄关系》，《国外理论动态》2019 年第 4 期。

李兴、牛义臣：《上合组织为何不足以支撑中国西北周边安全战略》，《国际安全研究》2013 年第 4 期。

李兴：《冰上丝绸之路"与"一带一盟"："一带一路"合作的新亮点》，《贵州省党校学报》2018 年第 4 期。

李兴：《关于"一带一盟"对接合作的几点思考》，《欧亚经济》2016 年第 5 期。

李兴：《国际秩序新变局与中国对策的思考》，《现代国际关系》2009 年第 1 期。

李兴：《论上海合作组织的发展前途——基于中俄战略构想比较分析的视

角》，《东北亚论坛》2009 年第 1 期。

李兴：《论"一带一路"框架下互联互通与实现亚欧发展共同体的建设》，《东北亚论坛》2017 年第 4 期。

李兴：《欧亚联盟：普京对外新战略》，《新视野》2013 年第 5 期。

李兴：《普京欧亚联盟评析》，《俄罗斯研究》2012 年第 6 期。

李兴：《首脑外交视域下习近平对俄外交战略思想析议》，《国外理论动态》2017 年第 12 期。

李兴：《"丝绸之路经济带"与欧亚经济联盟：比较分析与关系前景》，《中国高校社会科学》2015 年第 6 期。

李兴：《亚欧中心跨区域合作体制机制比较分析："丝绸之路经济带"、欧亚经济联盟和"新丝绸之路"》，《人文杂志》2018 年第 9 期。

李兴：《中俄上合组织战略构想比较分析》，《新视野》2009 年第 1 期。

李兴耕：《俄罗斯的新欧亚主义思潮与欧亚党》，《俄罗斯研究》2003 年第 2 期。

李永全：《和而不同：丝绸之路经济带与欧亚经济联盟》，《俄罗斯东欧中亚研究》2015 年第 4 期。

李勇慧：《2018 年中国对俄外交：特点、问题及前景》，《东北亚学刊》2019 年第 4 期。

李志斐：《中国跨国界河流问题影响因素分析》，《国际政治科学》2015 年第 2 期。

李中海：《俄罗斯经济的非优性：地理角度的阐释和分析》，《俄罗斯研究》2018 年第 4 期。

李自国：《大欧亚伙伴关系：重塑欧亚新秩序?》，《国际问题研究》2017 年第 1 期。

刘德斌：《中俄关系与欧亚变局》，《东北亚论坛》2017 年第 2 期。

刘利民：《"一带一路"框架下的中俄人文合作与交流》，《中国俄语教学》2015 年第 3 期。

刘亚洲：《西部论》，《凤凰周刊》2010 年 8 月 5 日。

米军：《中国与欧亚经济联盟国家金融合作发展战略研究》，《财经问题研究》2019 年第 1 期。

欧阳向英:《欧亚联盟——后苏联空间俄罗斯发展前景》,《俄罗斯东欧中亚研究》2012年第4期。

曲颂:《中俄培育贸易增长新动能》,《人民日报》2017年2月17日。

任洪生:《论地缘政治经济学研究的核心概念——一个分析框架的提出》,《中国政法大学学报》2016年第6期。

邵永灵、时殷弘:《近代欧洲陆海复合国家的命运与当代中国的选择》,《世界经济与政治》2000年第10期。

盛斌、陈帅:《全球价值链如何改变了贸易政策：对产业升级的影响和启示》,《国际经济评论》2015年第1期。

宋兰旗:《亚太区域经济一体化的进程与影响因素》,《经济纵横》2012年第12期。

孙平、刘晓丽、徐丹:《中俄跨界水体水质联合监测长期合作若干问题的思考》,《环境科学与管理》2009年第8期。

唐皇凤、黄小珊:《新冠肺炎疫情防控彰显政党能力》,《探索与争鸣》2020年第4期。

陶文昭:《中国梦：寻求共识最大公约数》,《光明日报》2014年5月19日。

滕仁:《中俄毗邻地区生态安全合作研究》,《西伯利亚研究》2010年第4期。

王晨星、李兴:《欧亚经济共同体与欧亚经济联盟比较分析》,《俄罗斯东欧中亚研究》2016年第4期。

王晨星:《矛盾与彷徨：欧盟对欧亚经济联盟的认知与对策分析》,《俄罗斯学刊》2017年第2期。

王晨星:《美国对欧亚经济联盟的认知与对策分析——兼对俄美关系的若干思考》,《北京教育学院学报》2018年第1期。

王晨星:《有限团结：欧亚经济联盟效能评估》,《俄罗斯学刊》2020年第6期。

王海运、赵常庆、李建民等:《"丝绸之路经济带"构想的背景、潜在挑战和未来走势》,《欧亚经济》2014年第4期。

王缉思:《"西进",中国地缘战略的再平衡》,《环球时报》2012年10月17日。

王加兴:《新世纪以来的中俄教育合作与交流：现状与前景》,《中国俄语教学》2020 年第 1 期。

王郦久:《俄"欧亚联盟"战略及其对中俄关系的影响》,《现代国际关系》2012 年第 4 期。

王树春、万青松:《试论欧亚联盟的未来前景》,《俄罗斯研究》2012 年第 2 期。

王宛、李兴:《中俄关系视域下的黑龙江:从争议之边到合作之界》,《俄罗斯东欧中亚研究》2018 年第 1 期。

王宪举:《俄对欧亚经济联盟和丝绸之路经济带建设对接的态度及中国应采取的策略》,《西伯利亚研究》2016 年第 4 期。

王晓泉:《试析中俄上中下游全链条多业一体化油气合作模式》,《欧亚经济》2020 年第 4 期。

王晓泉:《中俄结算支付体系"去美元化"背景与人民币结算前景分析》,《俄罗斯东欧中亚研究》2021 年第 2 期。

王雪梅:《俄罗斯学者对"一带一路"倡议的认知》,《战略决策研究》2019 年第 4 期。

王莹丽:《中俄贸易结算与汇率风险防范研究》,《中国外汇》2021 年第 10 期。

王志坚、翟晓敏:《我国东北国际河流与东北亚安全》,《东北亚论坛》2007 年第 4 期。

文记东:《21 世纪中俄人文交流与展望》,《中国社会科学院研究生院学报》2016 年第 6 期。

吴宏伟:《俄美欧中亚政策及其演变》,《俄罗斯学刊》2017 年第 2 期。

吴思科:《"一带一路",中国外交的新思路》,《光明日报》2014 年 6 月 7 日。

吴焰:《中俄贸易在结构优化中回暖走强》,《人民日报》2018 年 1 月 23 日。

习近平:《构建中巴命运共同体,开辟合作共赢新征程:在巴基斯坦议会的演讲(2015 年 4 月 21 日,伊斯兰堡)》,《人民日报》2015 年 4 月 22 日。

邢丽菊:《何以人文:中外人文交流的意义》,《世界知识》2017 年第 23 期。

徐洪峰、李扬:《国际油价综合分析:影响因素、均衡点与中俄能源合作》,《俄罗斯东欧中亚研究》2021 年第 2 期。

徐洪峰、王海燕：《中俄能源合作的新进展及存在的制约因素》，《欧亚经济》2017年第1期。

许华：《人类命运共同体"愿景中的中俄文化外交》，《俄罗斯东欧中亚研究》2018年第4期。

许华：《中俄文化互鉴：如何有效培育两国民众间的亲近感》，《对外传播》2018年第9期。

许勤华、王思羽：《俄属北极地区油气资源与中俄油气合作》，《俄罗斯东欧中亚研究》2019年第4期。

许云霞、李钦：《中国对俄白哈关税同盟直接投资的影响因素分析》，《对外经贸实务》2013年第8期。

薛福岐：《欧亚地区的发展缺失：基于国家、资本与社会关系的分析》，《俄罗斯东欧中亚研究》2018年第5期。

薛秀艳、翟艳峰：《万里茶路研究综述》，《太原学院学报》（社会科学版）2018年第6期。

杨波、唐朱昌：《共建"丝绸之路经济带"：欧亚经济联盟国家学界的认知综述》，《欧亚经济》2019年第3期。

杨雷：《一带一盟"对接与第二轨道协调》，《新疆大学学报》（哲学·人文社会科学版）2017年第3期。

杨恕、王术森：《俄白哈关税同盟的发展及其影响》，《国际问题研究》2014年第4期。

杨恕、王术森：《丝绸之路经济带：战略构想及其挑战》，《兰州大学学报》（社会科学版）2014年第1期。

杨希燕、陈秋容、唐朱昌：《外国学者如何看待"一带"、"一盟"及其对接》，《欧亚经济》2018年第5期。

杨毅：《软实力视角下中国人文交流机制的构建》，《理论与改革》2012年第4期。

殷红：《建立东北地区对俄合作协调机制的必要性及可行性分析——基于俄罗斯远东国际合作地区协调机制的经验》，《东北亚论坛》2012年第1期。

殷新宇：《中俄经贸合作量质齐升》，《人民日报》2019年1月19日。

岳鹏:《共建"冰上丝绸之路"中的俄方诉求及内在挑战分析》,《东北亚论坛》2020年第2期。

展妍男:《丝绸之路经济带与欧亚经济联盟的差异与对接》,《国际经济评论》2017年第4期。

张宁、张琳:《丝绸之路经济带与欧亚经济联盟对接分析》,《新疆师范大学学报》(哲学社会科学版)2016年第2期。

张侠、屠景芳、郭培清等:《北极航线的海运经济潜力评估及其对我国经济发展的战略意义》,《中国软科学》2009年第2期。

张严峻:《如何对俄讲好中国共产党的故事——以十九大在俄罗斯的传播与讨论为例》,《对外传播》2017年第12期。

赵常庆:《论影响中国与中亚关系的"俄罗斯因素"及中俄关系的"中亚因素"》,《新疆师范大学学报》(哲学社会科学版)2011年第4期。

赵东波、李英武:《中俄及中亚各国"新丝绸之路"构建的战略研究》,《东北亚论坛》2014年第1期。

赵可金:《人文外交:全球化时代的新外交形态》,《外交评论》(外交学院学报)2011年第6期。

赵隆:《共建"冰上丝绸之路"的背景、制约因素与可行路径》,《俄罗斯东欧中亚研究》2018年第2期。

赵明龙:《人文交流:海上丝绸之路建设不可或缺的内容》,《东南亚纵横》2014年第11期。

郑猛:《欧亚经济联盟一体化:特征事实与深度评估》,《太平洋学报》2022年第3期。

钟准:《把政党找回来——政党与对外政策》,《世界经济与政治》2019年第2期。

周海炜、郑莹、姜骞:《黑龙江流域跨境水污染防治的多层合作机制研究》,《中国人口·资源与环境》2013年第9期。

朱晓峰:《黑龙江水系江海联运发展策略》,《水运管理》2008年第2期。

朱旭锋:《二轨国际机制与中国思想库发展》,《公共外交季刊》2013年第4期。

左凤荣:《欧亚联盟:普京地缘政治谋划的核心》,《当代世界》2015年第 4 期。

二 英文文献

Andrew Moravcsik, *The Choice for Europe: Social Purpose and State Power from Messinato Maastricht*, Ithaca: Cornell University Press, 1998.

Ariel Dinar, Shlomi Dinar, Stephen McCaffrey, Daene McKinney, "Bridges over Water: Understanding Transboundary Water Conflict, Negotiation and Cooperation", World Scientific Publishing Co. Pte. Ltd., 2007.

Ben Rosamond, *Theories of European Integration*, London: Macmillan Press Ltd., 2000.

Camille Brugier, "China's way: the new Silk Road", *European Union Institute for Security Studies*, Vol. 14, 2014.

Chen Huiping, "The 1997 UNWC and China's Treaty Practice on Transboundary Waters", *Water International*, No. 2, 2013.

David G. Le Marquand, *International Rivers: The Politics of Cooperation*, Westwater Research Centre, University of British Columbia, 1977.

Dinar, S., "Assessing Side-payments and Cost-sharing Patterns in International Water Agreements: The Geographic and Economic Connection", *Political Geography*, No. 4, 2006.

Dokken Karen, "Environmental Conflict and International Integration", *Conflict and the Environment*, Kluwer Academic Publishers, 1997.

Economic Instruments for Water Resources Management in the Russian Federation, OECD Publishing.

Environmental Risks to Sino-Russian Transboundary Cooperation: from brown plans to a green strategy, *WWF's Trade and Investment Programme Report*, 2011.

Eugene B. Rumer, "China, Russia and the Balance of Power in Central Asia", *Strategic Forum*, No. 223, 2006.

Frederick W. Frey, *Middle East Water: The Potential for Conflict or Cooperation*, Water in the Middle East: Conflict or Cooperation, Boulder: Westview

Press.

Geng Zhe, "Сотрудничество между Китаем и странами Центральной Азии в нефтегазовой области", *Региональная экономика и управление: электронный научный журнал*, Vol. 51, No. 3, 2017.

George J. Demko, William B. Wood, *Reordering the World: Geopolitical Perspectives on the Twenty-First Century*, Westview Press, 1994.

Iris Kempe, "The South Caucasus Between the EU and the Eurasian Union", *Center for Security Studies*, No. 51 - 52, 2013.

Ivan Krastev, Mark Leonard, "The New European Disorder", *European Council of Foreign Relations Essay*, No. 117, 2014.

J. Mackinder, *Democratic Ideals and Reality: A Study in the Politics of Reconstruction*, NewYork: Henry Holtand Company, 1942.

Jeremy Richardson, *European Union: Power and Policy-Making*, London: Routledge, 2006.

Joanne Linnerooth-Bayer, "Negotiated River Basin Management", *The Management of International River Basin Conflicts*, George Washington University, 1986.

Joseph Dobbs, "The Eurasian Economic Union: A Bridge to Nowhere?", *European Leadership Network-Policy Brief*, No. 3, 2015.

Laure Delcour, Hrant Kostanyan, "Towards a Fragmented Neighbourhood: Policies of the EU and Russia and their consequences for the area that lies in between", *CEPS Essay*, No. 17, 2014.

Marlene Laruelle, "Kazakhstan's Posture in the Eurasian Union: In Search of Serene Sovereignty", *Russian Analytical Digest*, No. 165, 2015.

Miriam R. Lowi, *Water and Power: The Politics of a Scarce Resource in the ordan River Basin*, Press Syndicate of the University of Cambridge, 1993.

Molly Espey, Basman Towfique, "International Bilateral Water Treaty Formation", *Water Resources Research*, No. 5, 2004.

N. J. Spykman, *The Geography of the Peace*, NewYork: Harcourt Brace Co., 1944.

Natalia Pervushina, "Water Management and Use in the Amur-Heilong River Basin: Challenges and Prospects", *Environmental Security in Watersheds: The Sea of Azov*, Springer, 2010.

Nate Schenkkan, "Impact of the Economic Crisis in Russia on Central Asia", *Russian Analytical Digest*, No. 165, 2015.

Patricia Wouters, "Can the dragon and bear drink from the same well? Examining Sino-Russian cooperation on transboundary rivers through a legal lens", *Social Science Electronic Publishing*, 2013.

Patricia Wouters, "China's Soft Path to Transboundary Water Cooperation Examined in the Light of Two UN Global Water Conventions-Exploring the 'Chinese Way'", *The Journal of Water Law*, 2011.

Paul R. Hensel, Sara M. Mitchell, Thomas E. Sowers, "Conflict Management of Riparian Disputes", *Political Geography*, No. 2, 2006.

Peter H. Gleick, "Water and Conflict", *International Security*, No. 1, 1993.

Rilka Dragneva, Kataryna Wolczuk, "Trade and Geopolitics: Should the EU engage with the Eurasian Economic Union", *European Policy Centre Policy Brief*, No. 4, 2015. https://www.epc.eu/documents/uploads/pub_5462_trade_and_geopolitics.pdf.

Saodat Olimova, "Tajikistan's Prospects of Joining the Eurasian Economic Union", *Russian Analytical Digest*, No. 165, 2015.

Sebastien Peyrouse, "Kyrgyzstan's Membership in the Eurasian Economic Union: A Marriage of Convenience?", *Russian Analytical Digest*, No. 165, 2015.

Sergei Blagov, "Damage control for Russia and China after chemical spill", *Eurasia Daily Monitor*, No. 15, 2006.

Sergei Vinogradov, Patricia Wouters, "Sino-Russian Transboundary Waters: A Legal Perspective on Cooperation", *Stockholm paper*, Institute for Security and Development Policy, 2013.

Stanley Hoffmann, "Obstinate or Obsolete? The Fate of the Nation-State and the Case of Western Europe", *Daedalus*, No. 3, 1966.

Stanley Hoffmann, "The European Process at Atlantic Cross Purposes", *Journal of Common Market Studies, No. 3, 1964.

Taylor, Peter J. Book reviews-Reordering the World: Geopolitical Perspectives on the Twenty-First Century edited by George J. Demko and William B. Wood, Economic Geography, Vol. 1, 1996.

Vladimir P. Karakin, "Transboundary water resources management on the Amur River: competition and cooperation", Environmental Risks to Sino-Russian Transboundary Cooperation: from Brown Plans to a Green Strategy, 2011.

Voronov, B., The Amur basin ecosystem: state and main possibilities of its stabilization, Ministry of Natural Resources of the Russian Federation, Moscow, 2007.

三 俄文文献

А. В. Лукин, Возвышающийся Китай и будущее России, Москва: Международные Отношения, 2015.

А. В. Лукина, Россия и Китай: Четыре Века Взаимодействия: История, Современное Состояние и Перспективы Развития Российско-Китайских Отношений, Весь Мир, 2013.

А. Г. Ларин, К анализу сушности проекта ЭПШП и его сопряжения с ЕАЭС, Китай в Глобалбной и Региональной политике: История и Современность, No. 21, 2016.

А. М. Могзоев, Роль транспорта в развитии туризма между Китаем и Россией, ТДР, No. 2, 2015.

А. С. Скриба, Сопряжение ЕАЭС и Экономического Пояса Шелкого: пути интересы участников и вызовы реализации, Вестник Международныхорганизаций, No. 3, 2016.

Абубакирова Д. Б., "Интересы Китая в Центральной Азии в Рамках Инициативы «Один Пояс-Один Путь»", Постсоветские исследования, Vol. 4, No. 4, 2021.

Абубакирова Диана Бакытжановна, "Инициатива «Один Пояс-Один Путь» Как Новый Импульс Развития Региона Центральной Азии",

Постсоветские Исследования, Vol. 5, No. 1, 2022.

Айкануш Чобанян, *Возвратная миграция и вопросы реинтеграции: Армения*, CARIM-EastRR, No. 4, 2013.

Акмади Молдир Арманкызы, "Социально-Экономические Последствия Пандемии Covid – 19 и Её Влияние на Инициативу «Один Пояс, Один Путь» в Странах Центральной Азии", *Эпоха Науки*, No. 24, 2020.

Александр Быков, "Евразийская интеграция, её перспектива и возможности", *Российский экономический журнал*, No. 1, 2014.

Александр Быков, "Россия и евразийская интеграция в условиях глобализации", *Проблемы прогнозирования*, No. 4, 2004.

Александр Быков, *Постсоветское пространство: стратегии интеграции и новые вызовы глобализации*, Москва: Алетейл, 2009.

Александр Дугин, *Геополитика*, Москва: Академический проект, 2015.

Александр Петерсен, *Россия, Китай и энергетическая геополитика в Центральной Азии*, Центр Европейских реформ, 2012.

Александров Ю. Г., *Казахстан перед барьером модернизации*, ИВРАН, 2013.

Алексеенко Александр Петрович, "Государственное Управление Организованными Торгами в КНР", *Административное и муниципальное Право*, No. 9, 2017.

Алексей Дайнеко, *Геоэкономические приоритеты Республики Беларусь*, Минск: Беларуская навука, 2011.

Алексей Подберёзкин, *Ксения Боришполец и Ольга Подберёзкина, Евразия и Россия*, Москва: МГИМО, 2013.

Анатолий Бутенко, *Социалистическая интеграция, её сущность и перспективы*, Москва, 1971.

Арефьев А. Л. и Шереги Ф. Э., *Обучение иностранных граждан в высших учебных заведениях Российской Федерации*, Стат. сб. Вып. 12. Министерство образования и науки Российской Федерации, Центр социологических исследований, 2015.

Арсентьева И. И., "Курс на Здоровье: Китайская Инициатива «Пояс и Путь» в Условиях Пандемии COVID – 19", *Евразийская Интеграция: Экономика, Право, Политика*, No. 1, 2022.

Ашот Тавадян, "Интеграционные приоритеты Армении: взгляд из Еревана", *Россия и новые государства Евразии*, No. 2, 2014.

Б. А. Хейфец, *Экономический Пояс Шелкого Пути-новая модель привлекательного экономичечкого партнерства для ЕАЭС*, Проблемы Дальнего Востока, No. 5, 2016.

Б. В. Базаров, *Новый шелковый путь: кпостановке Проблемы стратегического взаимодействия Россиии Китая*, Власть, 2017.

Бао Хунянь и Новосельцева Галина Борисовна, "Использование Технологий Электронной Коммерции в Межгосударственной Торговле Китая и России", *Известия Высших Учебных Заведений*, Поволжский Регион: Экономические Науки, No. 2, 2018.

Бермет Акаева, Андрей Коротаев, Леонид Исаев и Алиса Шишкина, *Системный мониторинг глобальных и региональных рисков: Центральная Азия: новые вызовы*, Москва: ЛЕНАНД, 2013.

Болгов М. В., Демин А. П. и Шаталова К. Ю., *Российско-Китайское сотрудничество в области использования и охраны трансграничных водных объектов: опытипроблемы*, Использование и охрана природных ресурсов в России, No. 2, 2016.

Болгов В. М., *Российско-Китайское сотрудничество в области использования и охраны трансграничных водных объектов: опыт и проблемы*, Использование и Охрана Природных Ресурсов в России, 2016.

Булат Султанов, *Интеграционые процессы в евразийском пространстве и современный мир*, Алматы: КИСИ при Президенте РК, 2012.

Булат Султанов, *Современное экономическое развитие Казахстана: отраслевые, региональные, внешнеэкономические приоритеты*, Алматы: КИСИ при Президенте РК, 2011.

В. М. Котляков и В. А. Шупер, *Россия в формирующейся Большой Евразии Москва*, 2019.

В. Е. Петровского, А. Г. Ларина и Е. И., *Сафроновой, Новый Шелковый путь и его значение для России*, ДеЛи плюс, 2016.

В. Е. Петровский, *Россия, Китай и контуры большого евразийского парнерства*, Москва: ИДВ РАН, 2018.

Варфаловская Р. А. и Варфаловский А. В., "Электронное Сотрудничество Между РФ и КНР в Период Пандемии в Рамках Международного Права", *Образование и Право*, No. 11, 2020.

Васильева Нина Ивановна, Кашуро Ирина Анатольевна и Бузанов Никита Алексеевич, "Стратегическое Партнерство и Сотрудничество России и Китая в Условиях Пандемии Covid-19: Взгляд из России и Взгляд из Китая", *Россия и современный мир*, No. 3, 2021.

Владимир Бобков, *Беларусь в интеграционных проектах*, Минск: Беларуская навука, 2011.

Владимир Якунин, *Евгений Зеленев и Ирина Зеленева, Российская школа геополитики*, Санкт-Петербург: СПбГУ, 2008.

Владислав Иноземцев, "Национальные интересы России на постсоветском пространстве: в чем они состоят и какими должны быть?", *Россия и современный мир*, No. 3, 2012.

Воронов Б. А., Мандыч А. Ф. и Махинов А. Н., *Современность и вероятное будущее Амура и связанных с нимэкосистем, Регионы новогоосв ения: ресурсный потенциал и инновационные пути его использования*, Хабаровск, 2011.

Г. Д. Толорая и Р. С. Чуков, *Рассчитывать На БРИКС*, Вестник Международных Организаций, No. 2, 2016.

Глазьев С. Ю., Архипова В. В., Агеев А. И., Ершов М. В., Митяев Д. А., Нагорный А. А., Вэнь Ван, Цинцин Ян, Росс Джон, Чжаоюй Гуань и Тинтин Чжан, "Вопросы и Состояние Процессов Сопряжения Евразийского Экономического Союза и Инициативы «Один Пояс-

Один Путь» в Представлениях Китая и России", *Евразийская Интеграция*: *Экономика*, *Право*, *Политика*, No. 3, 2019.

Глущенко В. В., *Метод и ческие аспекты развития геополитической экономики в условиях выхода из глобального кризиса*, Международный научно-исследовательский журнал, 2015.

Говорушко М. С. и Горбатенко В. Л., *Трансграничное водопользование в бассейне р. Амур*, Вестник ДВО РАН, No. 2, 2013.

Горбатенко В. Л., *Российский дальний востокв АТР: Водные ресурсы и проблемы водопользования*, 2014.

Готванский И. В., *Бассейн Амура: осваивая-сохранить*, 2007.

Давыборец Елена Николаевна, Павловская Ирина Владимировна и Радиков Иван Владимирович, "Российско-Китайское Торгово-Экономическое Сотрудничество в Рамках Политики Поворота России на Восток: Проблемы, Тенденции", *Вестник Забайкальского Государственного Университета*, Vol. 28, No. 1, 2022.

Давыденко Елизавета Васильевна и Колесникова Татьяна Васильевна, "«Один Пояс-Один Путь» как катализатор инвестиционного сотрудничества России и Китая", *Вестник Евразийской Науки*, Vol. 10, No. 5, 2018.

Даниленко Н. Н., Рубцова Н. В., "Возможность и Направления Сотрудничества России и Монголии в Аспекте Развития Туризма", *Россия и Монголия: История*, *Дипломатия*, *Экономика*, *Наука*, Иркутск: Изд-во Байкальского Государственного Университета, 2016.

Денисенко Виктория Анатольевна и Чересов Всеволод Сергеевич, "Российско-Китайское Инновационное Сотрудничество на Современном Этапе: Атомная Энергетика", *Общество: Политика*, *Экономика*, *Право*, No. 2, 2021.

Денисов И. Е., *Шелковая безопасность*, новая китайская концепция развития и правила игры в Евразии, Индекс безопасности, No. 3, 2015.

Дмитриева Марина Олеговна, "Россия и Китай в Центральной Азии: сотрудничество или соперничество", *Вестник Московского государственного* областного университета, Серия: История и политические науки, No. 1, 2019.

Дятлов С. А., Лобанов О. С. *Влияние КОВИД-пандемии на развитие цифровой экономики*, Инновации, No. 1, 2021.

Дятлов С. А. и Трунин В. И., *Формирование Институционально-Правовых Основ Цифровой Трансформации Стран ЕАЭС*, Известия СПбГЭУ, No. 3, 2021.

Дятлов Сергей Алексеевич, Селищева Тамара Алексеевна и Трунин Виктор Иванович, "Институциональные Новации Обеспечения Цифровой Трансформации и Цифровой Торговли в Евразийском Экономическом Союзе", *Известия Санкт-Петербургского государственного экономического университета*, No. 5, 2021.

Евгений Винокуров и Александр Либман, "Две евразийские интеграции", *Вопросы экономики*, No. 2, 2013.

Евгений Винокуров и Александр Либман, *Евразийская континентальная интеграция*, Санкт-Петербург: Евразийский банк развития, 2012.

Евгений Винокуров, "Прагматическое евразийство", *Евразийская экономическая интеграция*, Vol. 21, No. 4, 2013.

Евгений Винокуров и Александр Либман, *Евразийская Континентальная интеграция*, ЕвразийскаяБанк развития, Санкт-Петербург, 2012.

Ельчанинов Анатолий Иванович, "По Великому Шелковому Пути-Ледовому Шелковому Пути-Дороге Мира и Экономического Сотрудничества", *Культурологический Журнал*, Vol. 37, No. 3, 2019.

Ефременко Дмитрий Валерьевич, "сопряжение китайской инициативы «Экономический пояс Шелкового пути» и интеграционного проекта «Евразийский экономический союз» в контексте трансформаций современного мирового порядка", *Китай в мировой и региональной политике, История и современность*, Vol. 23, No. 23, 2018.

Жариков Михаил Вячеславович, "Организация Внешнеэкономических Расчетов Между Россией и Китаем в Национальных Валютах", *Вестник

Российской Таможенной Академии, No. 2, 2015.

Залесская Ольга Владимировна и Янь Мэйвэй, "Российско-Китайское Гуманитарное Сотрудничество в Области Молодежных Культурно-Образовательных Проектов Между Амурской Областью и Провинцией Хэйлунцзян (Начало XXI в.)", Genesis: Исторические Исследования, No. 10, 2020.

Зиганшин И. И., Овчаров А. О. и Рысаева М. А., Влияние экономических санкций на развитие российскоготуризма, Актуальные проблемы экономикии права, Vol. 33, No. 1, 2015.

И. А. Макаров и А. К. Соколова, Сопряжение евразийской интеграции и Экономического пояса Шелкого Пути: Возможности для России, Вестник Международных организаций, No. 2, 2016.

И. А. Макаров, Поворот на Восток: Развитие Сибирии Дальнего Востока в условияхусиления азиатского вектора, 2015.

И. А. Макаров и А. К. Соколова, Сопряжение Евразийской интеграции и Экономического пояса Шелкого пути: Возможности для России, Вестник Международных Организаций, No. 2, 2016.

Ижу Лю и Авдокушин Евгений Федорович, "Проект «Один пояс, один путь» 2.0-стратегия стимулирования глобальной экспансии Китая", Мир Новой Экономики, No. 1, 2019.

Институт стран СНГ, Будущее Союзного государства и потенциальные модели его развития, Москва: Институт стран СНГ, 2013.

К. Т. Габдуллин, "Центральная Азия и Россия в энергетической политике Китая", Вестник КазНУ-Серия востоковедения, Vol. 56, No. 3, 2011.

Кобринская И., Россия и Китайский "шелковыйпуть", К какому соглашению придут партнеры, Россия вглобальнойпо литике, 2016.

Ковба Д. М., "Китайские Ученые о Новом Мировом Порядке и Роли КНР в Нем", Дискурс-Пи, Vol. 19, No. 1, 2022.

Козлов Дмитрий Игоревич, "Первые итоги и ближайшие перспективы реализации китайской инициативы «один пояс, один путь»", Polit-

book, No. 2, 2018.

Кондратьева М. Л., Фишер К. Н. и Бардюк В. В., *Биоиндикация трансграничного загрязнения реки Амур ароматическими углеводородами после техногенной аварии в Китае*, Сибирский экологический журнал, No. 2, 2012.

Конторович А. Э., *Пути освоения ресурсов нефти и газа российского сектора Арктики*, Вестник РАН, Vol. 85, No. 5, 2015.

Кулинцев Юрий Викторович, "Большое Евразийское Партнерство в Системе Региональных Интеграционных Процессов", *Китай в Мировой и Региональной Политике, История и Современность*, Vol. 25, No. 25, 2020.

Кульгачев Иван Петрович, Лепешкин Вячеслав Анатольевич и Мантейфель Елена Алексеевна, "Туристские Обмены России и Стран Восточной Азии: Состояние и Перспективы Развития", *Международная Торговля и Торговая Политика*, Vol. 9, No. 1, 2017.

Лазарев Максим Александрович и Ласкин Александр Анатольевич, "Российско-Китайские Отношения в Новую Эпоху: Стратегия Партнерства", *Вестник Экономической Безопасности*, No. 1, 2020.

Ли Син, Братетский, *Россия и Китай В Евразийской Интеграции: Сотрудничество или Соперничество?*, Москва-Санкт Петербург, 2015.

Ли Син и М. В. Братетский, *Россия и Китай в Евразийской интеграции: Сотрудничество или Соперничество?*, Нестор-История (Москва Санкт-Петербург), 2015.

Ли Син, Д. А. Савкин и Е. Б. Завьялова, *Китай и Россия: Новое Евразийское Экономическое парнерство?*, Издательство «Нестор--История», Москва, 2018.

Лимар Валерія Валеріївна і Цзі Їжі, "Стратегия Инклюзивной Глобализации «Один Пояс, Один Путь»", *Бизнес Информ*, No. 2, 2020.

Лузянин Сергей Геннадьевич и Афонасьева Алина Владиславовна, "Один пояс, один путь-политические и экономические измерения", *Вестник Томского государственного университета*, Экономика, No. 40, 2017.

Лузянин Сергей Геннадьевич и Клименко Анатолий Филиппович, "Сотрудничество России и Китая в ШОС по Реализации Концепции Большого Евразийского Партнерства", *Китай в Мировой и Региональной Политике, История и Современность*, Vol. 24, No. 24, 2019.

Лузянин Сергей Геннадьевич, "«Один пояс, один путь»: Российская проекция и проблемы сопряжения", *Китай в мировой и региональной политике, История и современность*, Vol. 22, No. 22, 2017.

Лысоченко Алла Алексеевна и Ван Сюган, "Стратегическое Развитие Транспортной Системы Китая в Рамках Концепции «Один Пояс Один Путь»", *Московский экономический журнал*, No. 4, 2022.

Мадиярова Д. М. и У Шуай, "Сотрудничество России и Китая в Сфере Реализации Проекта «Один Пояс-Один Путь»", *Вестник Науки*, Vol. 4, No. 6, 2022.

Маргарита Максимова, "Экономическая интеграция: некоторые вопросы методотогии", *Мировая экономика и международные отношения*, No. 5, 1969.

Матвеев Владимир Александрович, "Новейшие тенденции развития российско китайского экономического сотрудничества в Большой Евразии", *Китай в мировой и региональной политике, История и современность*, Vol. 23, No. 23, 2018.

Мгер Саакян, "Перспективы вовлечения Армении в китайскую инициативу «Один пояс, один путь»", *21-й век*, No. 4, 2017.

Межрегиональное и приграничное сотрудничество, *Докладроссийско-китайского комитетадружбы, мира и развития*, Тенденции и перспективы российско-китайских отношений, Москва, 2017.

Михаил Носов, *ЕврАзЭС и интеграционный опыт ЕС*, Москва: Институт Европы РАН, 2009.

Михалёв Максим Сергеевичб, "«Один пояс, Один путь» как новая внешнеполитическая стратегия КНР. Краткий анализ внутрикитайской дискуссии", *Контуры глобальных трансформаций: политика, экономика,* право, Vol. 9, No. 6, 2016.

Муратшина Ксения Геннадьевна, "Китайская инициатива «один пояс, один путь» в оценках европейских экспертно-аналитических центров (2013 – 2017 гг.)", *Вестник Волгоградского государственного университета*, *Серия* 4: *История*, *Регионоведение*, *Международные Отношения*, Vol. 23, No. 4, 2018.

Николай Шмелев, *В поисках здравого смысла: двадцать лет российских экономических реформ*, Москва: Весь Мир, 2006.

Носова С. Ф., *Россия-Китай: правовое регулирование отношений природопользо в анияв бассейне реки Амур*, Власть и управление на востоке россии, No. 3, 2007.

Нурсултан Назарбаев, "Евразийский союз: от идеи к истории будущего", *Известия*, 25 октября 2011 года.

Останин Владимир Анатольевич, Печерица Владимир Федорович и Бояркина Анна Владимировна, "Российско-Китайское Экономическое Сотрудничество в Концепции Глобальной Цифровизации", *Вестник Забайкальского Государственного Университета*, Vol. 28, No. 4, 2022.

Ператинская Д. А., Харланов А. С. и Бобошко А. А., "Трехстороннее Сотрудничество «Китай-Монголия-Россия»: Развитие Транспортного Коридора", *Инновации и Инвестиции*, No. 2, 2022.

Петрова Дарья Анатольевна, "Россия на Периферии Шелкового Пути", Территория Новых Возможностей, *Вестник Владивостокского Государственного Университета Экономики и Сервиса*, Vol. 11, No. 4, 2019.

Петровский Владимир Евгеньевич, "Россия, Китай и контуры «Большого евразийского партнерства»", *Китай в мировой и региональной политике, История и современность*, Vol. 22, No. 22, 2017.

Подвойский Глеб Львович, "Феномен глобализации по-китайски и проблема евразийской интеграции", Гуманитарные науки. *Вестник Финансового университета*, No. 4, 2017.

Поштич Мина, "Сравнительный Анализ Энергетической Стратегии КНР

В Отношении Стран Центральной Азии", *Сравнительная политика*, Vol. 20, No. 3, 2015.

Прохорова В. Н. , "Развитие российско-китайских отношений в свете освоения бассейна реки Аму", *Китай в мировой и региональной политике, история и современность*, No. 16, 2011.

Рисухина Ольга Николаевна, "Развитие культурных связей российского Дальнего Востока и Северо-Восточного Китая（середина 80-х гг. Xx В. -начало XXI В.）", *Россия и АТР*, No. 3, 2014.

Романова Екатерина Александровна, "Российско-Китайское Стратегическое Партнерство в Рамках ШОС на Примере Энергетического Сотрудничества: Новые Подходы в XXI в. ", *Социальные и Гуманитарные Науки, Отечественная и Зарубежная Литература*, Сер. 9, *Востоковедение и Африканистика: Реферативный Журнал*, No. 1, 2022.

С. Г. Лузянин, *Россия-Китай: Формирование обновленного мира*, Москва: Издательство "Весь Мир", 2018.

Савостина О. В. , Синянская Е. Р. , и Коршунова Д. А. , "Идентификация Понятия «Финансовое Сотрудничество» в Контексте Развития Российско-Китайских Торгово-Экономических Отношений", *Дискуссия*, No. 5, 2021.

Светлана Глинкина, *Евразийский интеграционный проект: эффекты и проблемы реализации*, Москва: Институт экономики РАН, 2013.

Семенкова Кристина Кирилловна, "Состояние и Перспективы Трансграничной Электронной Торговли Китая", *Российский Внешнеэкономический Вестник*, No. 2, 2022.

Сергей Глазьев и Сергей Ткачук, "Перспективы развития евразийской экономической интеграции: от ТС-ЕЭП к ЕЭС（концептуальный аспект）", *Российский экономический журнал*, No. 1, 2013.

Сергей Глазьев, "Стратегия-2020: антимодернизационный документ", *Российский экономический журнал*, No. 2, 2012.

Сергей Нарышкин, "Парламентский вектор евразийской интеграции",

Евразийская интеграция：экономика，право，политика, No. 11, 2012.

Смоляков Дмитрий Анатольевич, "Перспективы Российско-Китайского Гуманитарного Сотрудничества в Рамках Реализации Инициативы «Один Пояс, Один Путь»", *Образование и Наука*, Vol. 20, No. 7, 2018.

Соколова Ольга Юрьевна, Скворцова Валентина Алексеевна и Антипова Юлия Игоревна, "Евразийский экономический союз и экономический пояс Шелкового пути：проблемы и перспективы сотрудничества", *Известия высших учебных заведений*, *Поволжский регион*, *Общественные науки*, No. 2, 2018.

Солнцев М. А., *От конфликта к сотрудничеству：Российско-китайские отношения в области управления в одными ресурсами*, Международное право, No. 1, 2009.

Спартак Андрей Николаевич, "Новый этап регионализации：основное содержание, вызовы для многосторонней торговой системы и постсоветской интеграции", *Международная торговля и торговая политика*, No. 2, 2016.

Спартак Андрей Николаевич, "Трансатлантическое торговое и инвестиционное партнерство：возможные эффекты для России и ЕАЭС", *Российский внешнеэкономический вестник*, No. 6, 2016.

Строганов Андрей Олегович, "Новый шелковый путь：вызов российской логистике", *Азимут научных исследований：экономика и управление*, Vol. 5, No. 4, 2016.

Таир Мансуров, "ЕврАзЭС：от интеграционного сотрудничества к Евразийскому экономическому союзу", *Международная жизнь*, No. 10, 2014.

Тимофей Бордачев, *Новый этап отношений России и Китая*, 2019.

Украинцев Дмитрий Витальевич, "Эволюция Маркетинга в Цифровой Экономике", *Идеи и Идеалы*, Vol. 12, No. 3－2, 2020.

Уянаев Сергей Владимирович, "Россия-Китай：70-Летний Юбилей Установления Дипломатических Отношений и Взаимодействие в Текущем

Столетии", *Китай в Мировой и Региональной Политике*, *История и Современность*, Vol. 24, No. 24, 2019.

Чернова А. Ф., "Инициатива «Один Пояс, Один Путь» Как Инструмент Инклюзивной Глобализации", *Via in tempore. История. Политология*, Vol. 46, No. 2, 2019.

Ю. В. Тавровский, *Китай Россия и Соседи-новое тысячеление*, Восточная Книга, 2015.

Ю. В. Черневская, *Россия и Китай: туризм как один из основных аспектов сотрудничества между странами*, Экономика исоциум, No. 5, 2016.

Юрий Кириницяянов, *Евразийское партнёрство: идеи, мнения, предложения*, Алматы: КИСИ при Президенте РК, 2014.

Юрий Шишков, *Интеграционные процессы на пороге XXI века: Почему не интегрируются страны СНГ*, Москва: III тысячелетие, 2001.

Юрий Шишков, *Общийрынок: надежды и действительность*, Москва: Мысль, 1972.

Яковлев А. А., "Евразийский экономический союз и китайская инициатива «Один Пояс-Один Путь» Возможности для сотрудничества", *Вестник Института экономики Российской академии наук*, No. 1, 2018.

后　　记

本书是国家社科基金重大项目的最终结项成果（项目号项目号16ZDA040）。全书共分3编20章，另加绪言、结语和后记。

作者情况如下：

李兴（北京师范大学教授）：第一章、第三章、第五章、第六章、第七章、第十一章、第十三章、第二十章，绪言、结语；

王晨星（中国社会科学院俄罗斯东欧中亚研究所副研究员、博士）、李兴：第二章、第四章；

蒋菁（中国社会科学院俄罗斯东欧中亚研究所研究员、博士）、李兴：第八章、第九章；

王宛（国家发展与改革委员会宏观经济司副处长，北京师范大学博士）、李兴：第十章；

耿捷（山东大学马克思主义学院讲师、北京师范大学博士）、李兴：第十二章；

李兴、韩燕红（北京师范大学博士）：第十四章；

李兴、陶克清（北京师范大学博士生、讲师）：第十五章；

李兴、吴赛（北京师范大学博士）：第十六章、第十七章；

李兴、董云（北京师范大学硕士、讲师）：第十八章；

李兴、宋知远（武汉大学博士）：第十九章；

全书由李兴编写大纲、统稿并撰写后记。

2024年7月

李　兴

京师园